Johannes Hürter/Michael Mayer (Hrsg.)
Das Auswärtige Amt in der NS-Diktatur

Schriftenreihe der Vierteljahrshefte für Zeitgeschichte
Band 109

Im Auftrag des
Instituts für Zeitgeschichte München – Berlin
herausgegeben von
Helmut Altrichter   Horst Möller
Andreas Wirsching

Redaktion:
Johannes Hürter und Thomas Raithel

Das Auswärtige Amt in der NS-Diktatur

Herausgegeben von
Johannes Hürter und Michael Mayer

ISBN 978-3-486-78139-7
e-ISBN (PDF) 978-3-11-034543-8
e-ISBN (EPUB) 978-3-11-039714-7
ISSN 0506-9408

Bibliografische Information der Deutschen Nationalbibliothek
Die Deutsche Nationalbibliothek verzeichnet diese Publikation in der Deutschen Nationalbibliografie; detaillierte bibliografische Daten sind im Internet über http://dnb.dnb.de abrufbar.

Library of Congress Cataloging-in-Publication Data
A CIP catalog record for this book has been applied for at the Library of Congress.

© 2014 Walter de Gruyter GmbH, Berlin/München/Boston
Titelbild: Berlin, Gebäude des Auswärtigen Amts, Wilhelmstraße 75/76, ca. 1935; BArch, Bild 146-1983-028-08 / o. Ang.
Druck und Bindung: Hubert & Co. GmbH & Co. KG, Göttingen
♾ Gedruckt auf säurefreiem Papier
Printed in Germany

www.degruyter.com

Inhalt

Vorwort VII

Das Personal des Auswärtigen Amts

Martin Kröger
Aspekte der Personalentwicklung im Auswärtigen Amt – der höhere
Auswärtige Dienst 1933–1945 3

Bernd Isphording
Der gehobene Auswärtige Dienst in der NS-Zeit 21

Lars Lüdicke
Die Personalpolitik der Minister Neurath und Ribbentrop 37

Georges-Henri Soutou
Amt und Verantwortung: Diplomaten in Deutschland und Frankreich
1933–1945 59

Das außenpolitische Kerngeschäft des Auswärtigen Amts

Marie-Luise Recker
Die Außenpolitik des Auswärtigen Amts. Ergebnisse, Probleme und
Perspektiven der Forschung 79

Wolfgang Michalka
Das Auswärtige Amt und der Weg in den Krieg 93

Annette Schmidt-Klügmann
Bernhard Wilhelm von Bülow, Hans Heinrich Dieckhoff, Friedrich Gaus.
Die Leitung des Auswärtigen Amts zwischen Kontinuität und Anpassung
1933–1936 111

Michael Jonas
Das Auswärtige Amt und die deutsche Nordeuropapolitik im
Zweiten Weltkrieg 131

Das Auswärtige Amt und die NS-Verbrechen

Magnus Brechtken
Auswärtiges Amt, Sicherheitsdienst und Reichssicherheitshauptamt
1933 bis 1942. Antisemitismus und Judenpolitik zwischen Machtfrage
und Radikalisierungserfahrung 151

Moshe Zimmermann
Das Auswärtige Amt und der Holocaust. **165**

Michael Mayer
Diplomaten im Krieg: Die Deutsche Botschaft Paris und die NS-Unrechts-
politik im besetzten Frankreich **177**

Sebastian Weitkamp
Kooperativtäter – die Beteiligung des Auswärtigen Amts an der
NS-Gewaltpolitik jenseits der „Endlösung". **197**

Eckart Conze
„Verbrecherische Organisation". Genese, Anwendung und Reichweite
einer Rechtsfigur **219**

Abkürzungen. **239**

Die Autorinnen und Autoren dieses Bandes. **243**

Personenregister **247**

Vorwort

Die Studie einer vom Auswärtigen Amt (AA) beauftragten Historikerkommission über „Das Amt und die Vergangenheit" hat im Oktober 2010 eine Debatte ausgelöst, die wohl schon jetzt als eine der intensivsten und interessantesten öffentlichen Auseinandersetzungen über die NS-Vergangenheit und ihr Nachwirken in der Bundesrepublik gelten kann[1]. Die Diskussion wurde zunächst vor allem in den überregionalen Publikumsmedien geführt und verlagerte sich dann in den fachwissenschaftlichen Bereich. Im Mittelpunkt der fachlichen Kritik stand der erste Teil der Studie über die Rolle des Auswärtigen Amts in der NS-Diktatur, während eine genaue professionelle Bewertung des zweiten Teils, der den Umgang des bundesdeutschen Auswärtigen Amts mit seiner NS-Vergangenheit thematisiert, noch immer aussteht.

Wie die medienöffentliche Diskussion wurde auch die wissenschaftliche Kontroverse ungewöhnlich scharf geführt. Ein Dialog zwischen Autoren, Kritikern und Verteidigern des Kommissionsberichts kam nicht zustande. Sachliche Argumente wurden als tendenziös und polemisch wahrgenommen und entsprechend beantwortet. Die Streitkultur innerhalb der „Historikerzunft" erwies sich einmal mehr als defizitär. Dies empfanden die Herausgeber des vorliegenden Sammelbands, die sich in der Debatte als Kritiker der Studie positioniert hatten[2], als so unbefriedigend, dass sie die wichtigsten Kontrahenten sowie weitere Experten für die NS-Außenpolitik zum direkten wissenschaftlichen Austausch nach Tutzing an den Starnberger See einluden.

Auf der vom Institut für Zeitgeschichte München-Berlin und der Akademie für Politische Bildung Tutzing vom 21. bis 23. Juni 2013 ausgerichteten Konferenz „Das Auswärtige Amt in der NS-Diktatur. Forschungsstand – Forschungskontroversen – Forschungsdesiderate" kamen erfreulich viele Debattenbeiträger zusammen, unter ihnen mit Eckart Conze der Sprecher der Historikerkommission und mit Moshe Zimmermann der für den umstrittenen ersten Teil der Studie maßgeblich verantwortliche Herausgeber. Wer aber das Spektakel einer heftigen persönlichen Konfrontation erwartet hatte, wurde enttäuscht. Süffisant schrieb Willi Winkler anschließend in der Süddeutschen Zeitung: „Zu seinem größten Bedauern kann der Chronist keine nennenswerten Ehrenhändel, keine Duellforderung und nicht einmal das angetäuschte Ertränken eines Gegners im Starnberger See melden."[3] In

---

[1] Eckart Conze/Norbert Frei/Peter Hayes/Moshe Zimmermann, Das Amt und die Vergangenheit. Deutsche Diplomaten im Dritten Reich und in der Bundesrepublik, München 2010. Ausführliche Dokumentation der Debatte: Martin Sabrow/Christian Mentel (Hrsg.), Das Auswärtige Amt und seine umstrittene Vergangenheit. Eine deutsche Debatte, Frankfurt a. M. 2014. Vgl. auch Christian Mentel, Die Debatte um „Das Amt und die Vergangenheit", in: Aus Politik und Zeitgeschichte 62 (2012), H. 32-34, S. 38–46.
[2] Vgl. Johannes Hürter, Das Auswärtige Amt, die NS-Diktatur und der Holocaust. Kritische Bemerkungen zu einem Kommissionsbericht, in: Vierteljahrshefte für Zeitgeschichte 59 (2011), H. 2, S. 167–192; Michael Mayer, Akteure, Verbrechen und Kontinuitäten. Das Auswärtige Amt im Dritten Reich. Eine Binnendifferenzierung, in: Vierteljahrshefte für Zeitgeschichte 59 (2011), H. 4, S. 509–532.
[3] Willi Winkler, Die vielen Schatten des Antisemitismus. 2010 ließ das Außenministerium seine Rolle im Dritten Reich aufarbeiten. Nun diskutierten Autoren und Kritiker der Studie, in: Süddeutsche Zeitung, 24. 6. 2013, S. 11.

der Wissenschaft selbst wurde hingegen mit einer gewissen Erleichterung eine „von den bisherigen publizistischen Frontstellungen weitgehend befreite Diskussion über den Gang und Ertrag der Debatte mit Blick auf zukünftige Forschungsperspektiven" vermerkt[4].

Dabei wurden in den Tutzinger Frühsommertagen die fachlichen Gegensätze keineswegs übertüncht oder nivelliert, sondern traten deutlich hervor, am deutlichsten auf einer abschließenden **Podiumsdiskussion**, in der resümierend über „Nutzen und Nachteil" der Debatte gestritten wurde[5]. Die wichtigsten Argumente der Teilnehmer dieses Podiums seien wenigstens knapp wiedergegeben, da dieser Teil der Konferenz im Sammelband nicht weiter dokumentiert wird:

Eckart Conze betonte, dass ein zentraler Beitrag der Studie „Das Amt" darin bestehe, neue Forschungen zur Geschichte des Auswärtigen Amts und überhaupt der staatlichen Institutionen im Nationalsozialismus angeregt zu haben. Außerdem habe sie die zuvor fragwürdige Traditionsbildung des Amts verändert. Für *Johannes Hürter* wurden die positiven Effekte auf die nachfolgende Forschung weniger durch den Kommissionsbericht als durch die Debatte über ihn verursacht. Er kritisierte, die Studie habe nicht den selbst formulierten Anspruch erfüllt, eine „systematische und integrierende Gesamtdarstellung"[6] der Geschichte des Auswärtigen Amts in der Zeit des Nationalsozialismus zu liefern: „Sie sind zu kurz gesprungen!" In Hinblick auf die teilweise polemisch geführte Debatte forderte er ein Nachdenken über die Streitkultur unter Fachkollegen. *Michael Mayer* vertrat die Auffassung, dass drei grundlegende Fragen der Debatte nach dieser Konferenz allesamt mit Nein beantwortet werden müssten: „Nein, das Auswärtige Amt war nicht maßgeblich in den Entscheidungsfindungsprozess zum Holocaust einbezogen. Nein, der Holocaust ist nicht durch Initiativen des Auswärtigen Amts entscheidend vorangetrieben worden. Nein, zwischen dem Auswärtigen Amt und dem Reichssicherheitshauptamt bestand kein Verhältnis ‚auf Augenhöhe'." Dabei sei selbstverständlich die grundlegende Beteiligung des Auswärtigen Amts am Holocaust unbestreitbar. Nach Ansicht von *Hans Mommsen* hat die Historikerkommission in ihrer Studie zu viele relevante Aspekte vernachlässigt oder ausgeklammert. Sie habe sich zu stark von den Erwartungshaltungen des Auftraggebers beeinflussen lassen. *Moshe Zimmermann* hob dagegen hervor, der Bericht sei an eine breite Öffentlichkeit gerichtet, die es vor allem über den Anteil des Amts am Holocaust aufzuklären gegolten habe. Die Historikerkommission habe in ihrem Werk gezeigt, welche Handlungsalternativen die Mitarbeiter des Auswärtigen Amts im „Dritten Reich" gehabt hätten. Der Titel einer Neuausgabe des Buches könne sein: „Hitlers willige Abschirmer".

Ein Fortschritt auf der Tutzinger Konferenz war, so jedenfalls unser Eindruck, der kollegiale Modus der kontroversen Diskussionen. Es wurde nicht mehr übereinander, sondern miteinander geredet, es wurde zugehört, ernst genommen, argumentiert. Die Rückkehr zu den selbstverständlichen Gepflogenheiten einer wissenschaftlichen Auseinandersetzung wurde auch dadurch erleichtert, dass sich die Konferenz – mit Ausnahme der Podiumsdiskussion – *nicht* mit dem Verlauf der Debatte beschäftigte oder diese einfach nur mit den hinlänglich bekannten Argumenten fortführte. Vielmehr wurde eine wissenschaftliche Bestandsaufnahme versucht und gefragt, was die Forschung bisher über das Auswärtige Amt

---

[4] Christian Mentel/Martin Sabrow, Einleitung, in: Sabrow/Mentel (Hrsg.), Das Auswärtige Amt, S. 9–46, hier S. 31.
[5] Vgl. den Tagungsbericht von Matthias Irlinger, H-Soz-u-Kult, 5.9.2013, http://hsozkult.geschichte.hu-berlin.de/tagungsberichte/id=5000 (26.6.2014).
[6] Conze u.a., Das Amt und die Vergangenheit, S. 11.

in der NS-Diktatur erarbeitet hat, was in Arbeit ist, was gesichert, was umstritten, was Desiderat ist. Ziel war es, und ist es in diesem Band, die wichtigsten im ersten Teil des Kommissionsberichts formulierten Antworten und aufgeworfenen Fragen zu prüfen, zu diskutieren und perspektivisch weiterzuentwickeln.

Wie das Programm der Konferenz orientiert sich die Gliederung des Sammelbands an den drei Kernpunkten der fachlichen Kritik am ersten, die NS-Zeit betreffenden Teil der Studie „Das Amt und die Vergangenheit" und damit an den wesentlichen wissenschaftlich relevanten Gegenständen der Debatte, die man mit den Stichworten Personal, Außenpolitik und NS-Verbrechen markieren kann. Es geht um die grundlegenden Fragen 1) nach der Nazifizierung des AA-Personals, 2) nach dem NS-Spezifischen in der „klassischen" Diplomatie und 3) nach dem Gewicht des Auswärtigen Amts innerhalb der, um mit Raul Hilberg zu sprechen, deutschen Vernichtungsmaschinerie.

Zunächst wird nach dem **Personal des Auswärtigen Amts** gefragt. *Martin Kröger* und *Bernd Isphording* diskutieren auf der Grundlage der Personalakten, welche Personalstruktur und Personalentwicklung den höheren und mittleren/gehobenen Auswärtigen Dienst in der NS-Zeit kennzeichneten. *Lars Lüdicke* wendet sich den Unterschieden und Kontinuitäten der konkreten Personalpolitik der beiden Reichsaußenminister Constantin von Neurath und Joachim von Ribbentrop zu. *Georges-Henri Soutou* gibt Hinweise für einen Vergleich des diplomatischen Personals in NS-Deutschland und Frankreich. Alle diese Zugänge folgen mehr oder weniger dem roten Faden der Frage, ob (und inwieweit) sich das Personal des Auswärtigen Amts selbst nazifizierte oder ob (und inwieweit) es durch gezielte personalpolitische und organisatorische Eingriffe nazifiziert wurde. Im Ergebnis muss eine umfassende Selbst- und Fremdnazifizierung des AA konstatiert werden, die jedoch nicht unbegrenzt verlief und von gewissen Brüchen zwischen den Amtszeiten der Außenminister Neurath und Ribbentrop geprägt war.

Im zweiten Abschnitt wendet sich der Band dem **außenpolitischen Kerngeschäft des Auswärtigen Amts** und damit einem Thema zu, das im Kommissionsbericht weitgehend ausgelassen wurde, das aber dringend behandelt werden muss, wenn ein Gesamtbild des Auswärtigen Amts in der NS-Diktatur angestrebt wird. Die ureigenste Domäne eines Außenministeriums ist die Diplomatie, die „klassische" Außenpolitik. Gerade für dieses Kerngeschäft soll und muss danach gefragt werden, wie das Auswärtige Amt die radikale Expansions- und Eroberungspolitik des NS-Regimes unterstützte. Nach einer Skizzierung der Entwicklung, des Standes und der Perspektiven der Forschung über die Außenpolitik der Wilhelmstraße durch *Marie-Luise Recker* folgen exemplarische Aufsätze über den Anteil des Auswärtigen Amts am Weg in den Krieg (*Wolfgang Michalka*), über die Persönlichkeiten, Konzeptionen und Politiken von drei leitenden Beamten in den ersten Jahren der NS-Herrschaft (*Annette Schmidt-Klügmann*) sowie über die bisher zu wenig beachtete Nordeuropapolitik des Auswärtigen Amts im Zweiten Weltkrieg (*Michael Jonas*).

Der dritte Teil ist schließlich dem Thema gewidmet, das im Mittelpunkt der Debatte stand: dem **Anteil des Auswärtigen Amts an den NS-Verbrechen**, vor allem am singulären Menschheitsverbrechen des Holocaust. Die Historikerkommission hat der Wilhelmstraße eine sehr große, teilweise sogar zentrale Rolle bei der Entrechtung, Verfolgung und Ermordung der deutschen und europäischen Juden zugewiesen. Diese These wird in drei Beiträgen mit unterschiedlichen Positionen und Ansätzen diskutiert. *Moshe Zimmermann* begründet noch einmal die Interpretation der Historikerkommission in „Das Amt und die Vergangenheit". *Magnus Brechtken* widmet sich der Kooperation von Auswärtigem Amt und Reichssicherheitshauptamt und damit der von der Historikerkommission angenommenen initiativen Rolle des AA im Rahmen der NS-Verbrechen. *Michael Mayer* untersucht die Vorgänge im deutsch besetzten Frankreich, die in der Studie „Das Amt" als zentrales Argument für die zwischen Auswärtigem Amt und Reichssicherheitshauptamt koordinierte Ingangsetzung des Holocaust vorgebracht wurden. Brechtken und Mayer kommen dabei zu vom Kommissionsbericht deutlich abweichenden Ergebnissen. Ein weiterer Aufsatz, von *Sebastian Weitkamp*, nimmt die bisher kaum untersuchte Beteiligung des Auswärtigen Amts an anderen Verbrechenskomplexen, etwa an Maßnahmen gegen nichtjüdische Kriegsgefangene und Zivilisten, in den Blick. *Eckart Conze* analysiert den Begriff der „Verbrecherischen Organisation", den er zu Beginn der Debatte für das Auswärtige Amt verwendet hat, in seinen größeren rechtshistorischen Zusammenhängen.

In diesem Band wird auf eine grundsätzliche Beschäftigung mit der Debatte als solche sowie auf den notwendigen und noch ausstehenden Versuch, sie im Rahmen der Entwicklung des politischen, medienöffentlichen und wissenschaftlichen Umgangs mit der NS-Geschichte sowie der deutschen Debattenkultur zu interpretieren[7], bewusst verzichtet. Aber ebenso, wie die Kontroverse über den Kommissionsbericht in den Diskussionen der Tutzinger Konferenz mitschwang, beziehen sich auch die meisten Aufsätze des Sammelbands auf die Debatte, so dass er implizit doch zu ihrer Einordnung in den Kontext der NS-Forschung beiträgt.

Aus unserer Sicht, die wegen der erwähnten Positionierung in der Debatte nicht „neutral" sein kann, wurde auf der Tutzinger Konferenz offenkundig und verdeutlicht auch der aus ihr hervorgehende Sammelband,

dass *erstens* für eine historische Bewertung des Personals sowie der Personalpolitik der Wilhelmstraße eine gründliche Auswertung der Personalakten und weitere biografische Studien notwendig sind,

dass *zweitens* eine Einordnung des Auswärtigen Amts in die NS-Geschichte ohne Berücksichtigung der eigentlichen Außenpolitik nicht möglich ist (und dadurch voraussichtlich noch negativer ausfallen müsste),

dass *drittens* die Größe des unbestritten bedeutsamen Anteils des Auswärtigen Amts am Holocaust nicht zur Übergröße verzerrt und vom Beitrag anderer zentraler Verfolgungsinstanzen wie vor allem des Reichssicherheitshauptamts unterschieden werden sollte.

Insgesamt werden somit zentrale inhaltliche Kritikpunkte am ersten Teil der Studie „Das Amt und die Vergangenheit" eher bestätigt als entkräftet und wichtige Desiderate aufgezeigt. Wie der vorliegende Band ebenfalls belegt, ist es eine erfreuliche Wirkung der Debatte über „Das Amt", dass inzwischen mehrere junge Historikerinnen und Historiker diese Herausforderung angenommen haben und weitere Teile zu einem nach wie vor fehlenden Gesamtbild des Auswärtigen Amts und seiner Politik im „Dritten Reich" beisteuern werden.

Wir danken allen Autorinnen und Autoren für die gute Zusammenarbeit sowie Angelika Reizle für die hervorragende redaktionelle Betreuung des Bandes.

München und Tutzing, im Juni 2014   Johannes Hürter   Michael Mayer

---

[7] Auch die Einleitung der Dokumentation von Martin Sabrow und Christian Mentel will und kann das nicht leisten. Vgl. Sabrow/Mentel (Hrsg.), Das Auswärtige Amt, S. 9–46, hier S. 13.

Das Personal des Auswärtigen Amts

Martin Kröger
Aspekte der Personalentwicklung im Auswärtigen Amt – der höhere Auswärtige Dienst 1933–1945

Auch Zahlen können eine Geschichte bekommen – insbesondere dann, wenn sich Historiker mit ihnen beschäftigen. Und manchmal werden Zahlen – nur weil Historiker sie in die Welt bringen – zu geschichtlichen Tatsachen.

In dem Buch „Das Amt und die Vergangenheit" wird die Zahl der Mitarbeiter des Auswärtigen Amts für das Jahr 1943 mit punktgenau 6458 angegeben[1]. Als Beleg verweisen die Autoren auf einen 1985 erschienenen Aufsatz von Hans-Adolf Jacobsen[2], zweifelsfrei ein Kenner der NS-Außenpolitik, ihrer Institutionen und Organisation. Folgt man der dort ungenau angegebenen Belegstelle, landet man bei einer 1970 veröffentlichten Festschrift zum 100-jährigen Bestehen des Auswärtigen Amts. Darin findet sich die Zahl dann ohne jeden Quellenhinweis[3]. Jacobsen hatte die „6458" aber schon einmal 1968 in seiner großen Studie über die nationalsozialistische Außenpolitik angeführt[4]. Dort hatte er auf einen undatierten Sonderdruck aus der Feder von Heinz Günther Sasse verwiesen. Sasse war in den Jahren 1966 bis 1971 Leiter des Politischen Archivs des Auswärtigen Amts. Von ihm stammten auch weite Teile der 1970er-Festschrift. Er hatte die „6458" erstmals 1959 in einem kleinen Beitrag in einer Vereinszeitschrift unter die Leute gebracht[5]. Das war wohl auch der Sonderdruck aus Jacobsens Fußnote. Sasse war ein Vielschreiber aus den Akten des Auswärtigen Amts, die er, was sein im Politischen Archiv verwahrter Nachlass zeigt, weitgehend als Privatbesitz betrachtete und entsprechend nutzte. Er arbeitete jedoch stets völlig ohne Quellenbelege. Deshalb ist die Zahl auch hier leider unbelegt. Und sie bleibt es auch, wenn man sich in den überlieferten Akten umschaut. Sie ist jedenfalls weder in Sasses Notizen noch in den Dutzenden von überlieferten Haushaltsakten zu finden, sie ist auch aus keiner möglichen Addition verstreuter Angaben zu errechnen.

Hier findet man bestätigt, was alle wissen und selbstredend stets beherzigen: Erstens: trau keiner Statistik! Zweitens: alles immer selbst nachrecherchieren!

Mit Recht ist einzuwenden, dass die in der hohen Zahl sich zeigende Entwicklung doch stimmt, dass nämlich das Auswärtige Amt im Verlaufe seiner Geschichte und ganz besonders während des Zweiten Weltkriegs einen personellen Zuwachs erfahren hat. Was aber zeigt dieser Trend tatsächlich? Doch nur, dass im Falle eines Krieges Arbeit anfällt, die es zuvor nicht gab, dass sie umfangreich ist und zusätzliches Personal erfordert. Nicht besonders bemerkenswert! Zudem lehrt die Erfahrung mit jeder Art von Verwaltung: Behörden wachsen! Oder wie es ein Außenamtsdiener 1919 ausdrückte: „Ick weeß nich, wat det is,

---
[1] Eckart Conze u. a., Das Amt und die Vergangenheit. Deutsche Diplomaten im Dritten Reich und in der Bundesrepublik, München 2010, S. 128 und 152 mit Anm. 31 (S. 731).
[2] Hans-Adolf Jacobsen, Zur Rolle der Diplomatie im Dritten Reich, in: Klaus Schwabe (Hrsg.), Das Diplomatische Korps 1871–1945. Büdinger Forschungen zur Sozialgeschichte 1982, Boppard a. Rh. 1985 (Deutsche Führungsschichten der Neuzeit, Bd. 16), S. 171–199, hier S. 179.
[3] 100 Jahre Auswärtiges Amt 1870–1970, hrsg. vom Auswärtigen Amt, Bonn 1970, S. 44.
[4] Hans-Adolf Jacobsen, Nationalsozialistische Außenpolitik 1933–1938, Frankfurt a. M. 1968, S. 24.
[5] Heinz Günther Sasse, Zur Geschichte des Auswärtigen Amts, in: Nachrichtenblatt der Vereinigung Deutscher Auslandsbeamter e. V. 22 (1959), S. 171–191.

det Deutsche Reich wird immer kleener und det Auswärtje Amt immer jrößer."[6] Diese langfristige Tendenz kann keiner bestreiten: 1870 fing das Auswärtige Amt mit 76 Männern an[7], heute arbeiten im In- und Ausland über 13 000 Frauen und Männer im Auswärtigen Dienst[8]. Gerade die letzte Zahl deutet in ihrer Unschärfe schon das größte Problem an: Verlässliche Zahlen sind nur schwer zu bekommen. Hier bewegt sich viel im Bereich des „circa" und der Auf- und Abrundung.

Das Buch der Historikerkommission hilft nicht weiter. Die Studie schwankt in ihren Aussagen zwischen gegensätzlichen Positionen. Heißt es an einer Stelle, es habe keine Infiltration durch NS-Quereinsteiger gegeben, ein Befund, der durch „qualitative Auswertung der Personalbestände" bestätigt werde, so ist an anderen Stellen durchaus von einer „schleichenden personellen Durchdringung" die Rede[9]. Der dynamische personelle Wandlungsprozess sei durch Joachim von Ribbentrop beschleunigt worden[10]. Zahlenangaben sind dabei keineswegs immer einleuchtend: Wieso umfasst der „Kreis der Spitzendiplomaten" nur 17 Personen[11] und welche sind dies? Die hohe Zahl aller Bediensteten im Jahr 1943 führt in die Irre, wenn man sich im Rest des Buchs nur mit den Diplomaten des höheren Dienstes beschäftigt. Insgesamt lieferte „Das Amt und die Vergangenheit" zu wenige belastbare Zahlen, die sich aus eigenen statistischen Erhebungen ergeben hätten. Besser wäre sicherlich eine quantitative Auswertung der Personalakten gewesen. Die Kommission hatte sich jedoch andere Prioritäten gesetzt. Auch die schon angesprochenen Arbeiten von Jacobsen kratzen in der Frage des Personals entweder an der Oberfläche oder bleiben im Biographisch-Anekdotischen. Eine noch ältere amerikanische Dissertation von Elke Frank hat eine viel zu schmale Quellengrundlage[12]. Somit bleiben die im Reichshaushalt ausgewiesenen Planstellen und die Akten im Politischen Archiv. Die einschlägigen Unterlagen der Personal- und Verwaltungsabteilung haben jedoch nur als Restbestände den Zweiten Weltkrieg überstanden, darunter allerhand Sach- und Handakten von Haushaltsbeamten. Aus diesen Materialsammlungen für die Etatverhandlungen kann man die eine oder andere Information ziehen, eine Aufstellung wie die aus dem Jahr 1942[13] ist jedoch leider ein Solitär.

So schön es wäre, wenn eine solche Aufstellung für jedes Jahr zur Verfügung stünde, so verdeutlicht sie auch ein zweites Problem: Sie führt nur das Personal der Zentrale auf, das aber immerhin vollständig bis zur letzten Reinigungskraft. Es herrscht also gleichzeitig ein Übermaß an Information hinsichtlich des nicht entscheidungstragenden Personals und ein völliger Mangel an Information hinsichtlich des eigentlichen Spezifikums des Auswärtigen Dienstes, nämlich der Auslandsvertretungen.

Das Personal des Auswärtigen Amts zergliedert sich einerseits in Beamte, Angestellte und Arbeiter, zudem in die beamten- bzw. tarifrechtlichen Laufbahnen, den höheren,

---

[6] Frei wiedergegeben nach: Politisches Archiv des Auswärtigen Amts (im Folgenden PA AA), Nachlass Ernst von Simson, Aufzeichnung „Auswärtiger Dienst", S. 24.
[7] PA AA, R 143307: Haushaltsplan für 1870.
[8] Inkl. 5500 Ortskräfte und 1200 Entsandte anderer Bundesressorts, URL: http://www.auswaertiges-amt.de/DE/AAmt/AuswDienst/Mitarbeiter_node.html (letzter Zugriff 27. 9. 2013).
[9] Conze u. a., Das Amt, S. 62f. und 118.
[10] Ebenda, S. 126.
[11] Ebenda, S. 64.
[12] Elke Frank, The Wilhelmstrasse during the Third Reich. Changes in Its Organizational Structure and Personnel Policies, Diss. Harvard 1963, S. 180.
[13] PA AA, R 54409: „Personal des AA's in Berlin".

Personaltableau Mitte 1942

den gehobenen, den mittleren und den einfachen Dienst, sowie nicht zuletzt in die im In- und Ausland eingesetzten und den Einsatzort stets wechselnden Angehörigen des Auswärtigen Dienstes; dazu gesellt sich im Ausland noch von den Missionen direkt angeheuertes, nahezu immer nachgeordnetes sowie von anderen Reichsbehörden entsandtes, oftmals nicht unwichtiges, Personal. Hier die Übersicht zu bewahren ist kaum möglich.

Tatsächlich interessiert man sich in erster Linie für die sogenannten Entscheidungsträger. So aufschlussreich es sich nämlich zunächst anhört, dass im Jahr 1942 3408 Menschen in der Zentrale des Auswärtigen Amts beschäftigt wurden und 1931 nur 788[14], so ist doch die eigentliche Frage, ob das nur ein quantitativer Zuwachs in der Hausverwaltung war, wo dreieinhalb Jahre nach Kriegsbeginn allein 1510 Personen arbeiteten, oder ob es sich auch um eine qualitative Veränderung auf der Ebene der diplomatischen Funktionselite, des höheren Auswärtigen Dienstes, handelte. Für diesen bieten die fünf

---

[14] Berechnet nach dem Haushalt des Auswärtigen Amts für das Rechnungsjahr 1931: PA AA, R 143332.

Bände des „Biographischen Handbuchs des deutschen Auswärtigen Dienstes"[15] mit ihren 2890 Biogrammen eine zuverlässige Basis für gesicherte Aussagen. Im Zeitraum von 1933 bis 1945 arbeiteten im höheren Dienst des Auswärtigen Amts 1933 Personen, 558 davon traten ihren Dienst schon vor 1933 an. Das ist die Grundgesamtheit der folgenden statistischen Untersuchungen, die sich vier Aspekten widmen: 1) der zahlenmäßigen Entwicklung der Beamten und Angestellten des höheren Dienstes; 2) der Parteizugehörigkeit dieses Personenkreises; 3) den Attachés von 1933, dem ersten unter den Bedingungen der Diktatur einberufenen Jahrgang, bis 1938, der letzten regulären Jahrgangscrew; 4) der Wiederverwendung von Beamten und Angestellten aus der Wilhelmstraße im neuen Auswärtigen Amt in Bonn[16].

Nach dem, was die Nationalsozialisten als Machtergreifung empfanden, stellten sich dieser Macht im Behördenalltag sehr banale Hindernisse in den Weg. Ohne Frage war es die Absicht der Partei, das Auswärtige Amt zu verändern. Die Aufgabe war, so der außenpolitische Referent im Verbindungsstab der NSDAP Herbert Scholz, „in die auswärtige Politik und den Beamtenkörper des A. A. den Geist der Partei, ihre Weltanschauung, hineinzutragen und zu verankern"[17]. Doch anfangs waren die Möglichkeiten begrenzt, es mussten beamtenrechtliche Bestimmungen, Laufbahnrichtlinien, der Stellenplan des Reichshaushalts und Beförderungsvorschriften beachtet werden.

Das wirksamste Mittel, Einfluss auf die Personalstruktur zu nehmen, ist, mit langem Atem die übliche Fluktuation für gezielte Veränderungen zu nutzen. Schaut man sich die Zahlen in der Tabelle 1 an, so fällt das Jahr 1933 mit einer hohen Zahl an Abgängen (durch Ruhestand, Entlassung und Tod) sogleich ins Auge. Darunter sind allein zehn Personen[18], die aus rassischen Gründen aus dem Dienst gedrängt wurden, weitere acht[19], bei denen auch politische Gründe eine Rolle gespielt haben, und einer[20], der den Dienst wegen seiner Homosexualität quittieren musste. Lässt man die durch Kriegsopfer besonders hohe Quote des Jahres 1944 außer Acht, so liegt die Fluktuationsrate (Abgänge/durchschnittliche Personalstärke x 100) während der NS-Zeit im Schnitt bei 5,44%, 1933 war sie mit 7,5% deutlich höher. Derart hohe Quoten wurden erst im Krieg wieder erreicht, dann aus anderem Grund.

Auch bei entsprechend radikalem Willen lässt sich die Personalfluktuation offenbar nur in Maßen beeinflussen. Die relativ stabilen, unter dem Durchschnitt liegenden Raten der folgenden Jahre zeigen aber, dass schon rasch keine erkennbaren Regimegegner und Juden mehr aus dem Dienst gedrängt werden konnten bzw. mussten. Und wenn man die Neueinstellungen der Beamten im Jahr 1933 im Einzelnen betrachtet, scheint der Effekt in der Anfangsphase der NS-Herrschaft nur ein geringer gewesen zu sein.

---

[15] Biographisches Handbuch des deutschen Auswärtigen Dienstes 1871–1945, hrsg. vom Auswärtigen Amt, 5 Bde., Paderborn u. a. 2000–2014.
[16] Die Auswertung, d. h. die Erstellung langer Zähllisten aus den fünf Bänden des Biographischen Handbuchs, hat Bernd Isphording geleistet, dem ich dafür sehr dankbar bin.
[17] PA AA, R 260974, pag. 21: Aufzeichnung von Scholz, 14. 9. 1933; zu Scholz: Biographisches Handbuch, Bd. 4: S, S. 160f.; Jacobsen, Außenpolitik, S. 465.
[18] Walter Fuchs, Erich Gerth, Bruno Hahn, Donald Freiherr von Hirsch, Heinrich Jordan, Heinrich Ritter von Kaufmann-Asser, Friedrich Leyden, Hans Riesser, Moritz Schlesinger und Johannes Sievers.
[19] Albrecht Graf von Bernstorff, Dietrich Freiherr von Lentz, Hugo Graf von und zu Lerchenfeld auf Köfering und Schönberg, Adolf Müller, Friedrich von Prittwitz und Gaffron, Hans von Schoen, Hugo-Ferdinand Simon und Walter Zechlin.
[20] Ludwig Anton Graf von Saurma Freiherr von und zu der Jeltsch.

Lediglich drei Quereinsteiger kamen 1933 in herausgehobene Positionen ins Auswärtige Amt. Hans Luther, ehemaliger Reichskanzler und seit 1930 Reichsbankpräsident, wurde neuer Botschafter in Washington. Er gehörte der NSDAP nicht an. Vicco von Bülow-Schwante benötigte keine Protektion der Partei, der er 1933 noch gar nicht angehörte. Er war vielmehr der Neffe des Staatssekretärs (der sich allerdings gegen die Einberufung ausgesprochen hat) und ein Bekannter des Außenministers. So war lediglich die Frage, welchen hohen Posten er einnehmen sollte. Er wurde Leiter des wieder eingerichteten Deutschlandreferats. Josias Prinz zu Waldeck und Pyrmont soll von Hitler „zur Beaufsichtigung der Personalangelegenheiten in das AA gesetzt" worden sein. Das behauptete jedenfalls der Leiter des Außenpolitischen Amts der NSDAP, Alfred Rosenberg[21]. Doch Außenminister Constantin von Neurath ließ sich nicht in seine Personalentscheidungen hineinreden: „Wie Sie wissen", schrieb er dem Prinzen, „bespreche ich speziell alle Personalfragen mit dem Reichskanzler und habe auch bei meiner letzten Zusammenkunft in München seine volle Zustimmung zu den von mir getroffenen Maßnahmen erhalten."[22] Waldeck verließ nach nur einem Jahr frustriert das Auswärtige Amt.

Viktor Prinz zu Wied war dagegen kein echter Seiteneinsteiger, als er 1933 zum Gesandten in Stockholm ernannt wurde: Seit 1923 im einstweiligen Ruhestand, wurde der Altdiplomat jetzt nur reaktiviert. Dass er seit 1932 Mitglied der NSDAP und ein Freund Hermann Görings war, mag dabei bedeutsam gewesen sein, wichtiger aber dürfte die Bekanntschaft mit Außenminister Neurath und der seit langem bestehende Wunsch des schwedischen Königs gewesen sein[23]. Ein anderer reaktivierter Beamter war Paul Barandon, der schon einmal von 1909 bis 1913 im Auswärtigen Dienst tätig gewesen war. 1933 kehrte er als stellvertretender Leiter der Rechtsabteilung ins Auswärtige Amt zurück. Ein Parteieinfluss ist hierbei nicht zu erkennen.

Anders ist dies bei Stefan Prinz zu Schaumburg-Lippe und Alexander Bogs. Beide waren seit 1930 Mitglieder der NSDAP und der SS. Ohne deren Einfluss wären sie wohl nicht in den Auswärtigen Dienst gelangt, doch übten sie zu keinem Zeitpunkt eine besondere Führungsfunktion aus. Ebenfalls von geringerer Bedeutung waren die anderen Einberufungen von Beamten in den Sprachendienst (Tassilo Schultheiss, NSDAP seit 1932), die Bibliothek (Hans Wender) und das Politische Archiv (Johannes Ulrich). Letzterer wurde 1938, nachdem Ribbentrop Außenminister geworden war, Leiter des Archivs. Dass er der NSDAP nie beigetreten war, stand dem offenbar nicht im Wege. Neben den Genannten traten 1933 noch elf Attachés neu in den Auswärtigen Dienst – dazu später mehr.

Die Tabelle 1 zeigt aber auch, dass in den Jahren 1934 bis 1941 die Zahl der Zugänge die der Abgänge stets überstieg, dass also versucht wurde, durch die Schaffung neuer Stellen auf die personelle Zusammensetzung Einfluss zu nehmen. So stieg die Zahl der Beamten des höheren Dienstes stetig an. Insgesamt wurden in diesen acht Jahren 362 neue Beamte einberufen. Eine deutliche Spitze zeichnet sich um das Jahr 1938 ab (201 Neueinberufungen von 1937 bis 1939). Die 90 neuen Beamten des Jahres 1938 dürfen dabei als eine Folge des Ministerwechsels von Neurath zu Ribbentrop, ein großer Teil der 62 Beamten des Jahres 1939 als Folge des Kriegsausbruchs gesehen werden. Insgesamt wurden

---

[21] Jacobsen, Außenpolitik S. 467, Zitat von Rosenberg dort in Anm. 13; Conze u. a., Das Amt, S. 56f.
[22] PA AA, R 260974, pag. 19: Neurath an Waldeck, 25. 7. 1933.
[23] Daniel Roth, Hitlers Brückenkopf in Schweden. Die deutsche Gesandtschaft in Stockholm 1933–1945, Berlin 2009, S. 55f. und 357f.

während der NS-Zeit 432 Beamte neu in das Auswärtige Amt einberufen. Bei einer Gesamtzahl von 467 Beamten bei Kriegsende sind also die Mehrzahl der Beamten des höheren Dienstes zwischen 1933 und 1945 in den Auswärtigen Dienst gekommen, 259 erst seit 1938. Angesichts dieser Tatsache und der hohen Zahl an Parteimitgliedern von 87,3% im Jahr 1945 (auch dazu später) fällt es selbst dann schwer, nicht von einer personellen Durchdringung der höheren Beamtenschaft zu sprechen, wenn man bei vielen Mitgliedschaften von karrierebedingtem Opportunismus ausgehen will.

Tabelle 1: Zuwachs und Fluktuation bei den Beamten und Angestellten des höheren Auswärtigen Dienstes 1933–1945

Jahr	Beamte des höheren Dienstes	Zugang	Abgang	Fluktuationsquote in Prozent	Angestellte des höheren Dienstes	Zugang	Abgang
1933	505	22	42	7,50	53	6	11
1934	485	33	22	3,93	48	7	3
1935	496	28	26	4,64	52	12	4
1936	498	41	19	3,40	60	12	7
1937	520	49	28	5,00	65	23	9
1938	542	90	26	4,64	79	25	8
1939	606	62	29	5,18	96	157	20
1940	639	30	19	3,40	233	267	38
1941	650	29	25	4,47	462	213	69
1942	654	20	49	8,75	606	102	149
1943	625	11	50	8,94	559	63	94
1944	586	12	131	23,41	528	53	138
1945	467	5			443	3	
	Ø 559,46	∑ 432	∑ 466	Ø 5,44	Ø 252,6	∑ 943	∑ 550

Das Auswärtige Amt bestand (und besteht) jedoch nicht bloß aus beamteten Staatsdienern. Bereits vor der NS-Zeit hatte es dort angestelltes Personal gegeben, wenn auch keinen breit aufgestellten höheren Dienst. Das Dienstverhältnis war zunächst privatrechtlicher Natur gewesen. Im und nach dem Ersten Weltkrieg nahm die Zahl der Angestellten zu, ihre Beschäftigung war durch den Reichsangestelltentarifvertrag vom 2. Mai 1924[24] geregelt, der sich am Beamtenrecht orientierte. Zum höheren Dienst zählten die Angestellten der Vergütungsgruppen X, XI und XII.

Die Angestellten des höheren Dienstes trugen die schöne, proletarisch anmutende Bezeichnung „Wissenschaftliche Hilfsarbeiter". Waren diese „WHA" bis 1933 eher eine Besonderheit, so werden sie danach zum Normalfall. Das öffentliche Dienstverhältnis der Angestellten unterlag nun Richtlinien der Arbeitsordnungsgesetze vom 20. Januar und 23. März 1934[25]. Seit dem 7. Februar 1938 war dann die „Tarifordnung für Angestellte" maßgebend, den bisherigen Vergütungsgruppen im höheren Dienst X bis XII entsprachen fortan die Tarifgruppen III, II und I.

Gab es 1933 nur 53 Angestellte des höheren Dienstes, so waren es 1945 mehr als acht Mal so viele. Eine besondere Spitze stellten die über 600 Angestellten zur Mitte des Zwei-

---

[24] Reichsbesoldungsblatt 1924, S. 113.
[25] Reichsgesetzblatt 1934, I, S. 45 und 220.

ten Weltkriegs dar. Die Tabelle 1 zeigt überdies, dass der Ausbruch des Krieges zu dieser eklatanten Zunahme an Angestellten geführt hatte. Die großen personalintensiven Propagandainstrumente (Presse-, Rundfunk- und Informationsabteilung mit den Informationsstellen) sowie die Kryptologie und das Chiffrierwesen (Referat Pers Z) des Auswärtigen Amts sind dafür der wohl gewichtigste Grund. Dort war allein mehr als ein Drittel der höheren Angestellten beschäftigt (1942: 229, davon 46 Frauen). Übrigens ist dieser Beschäftigungssektor auch derjenige Bereich, in dem es Frauen in signifikanter Zahl gelang, in das Auswärtige Amt zu kommen.

Fasst man als entscheidungstragende Funktionselite des Auswärtigen Dienstes die beiden Gruppen des höheren Dienstes zusammen, zeigt sich noch einmal deutlich der insgesamt zu verzeichnende personelle Zuwachs des Auswärtigen Amts während der NS-Zeit und insbesondere in den ersten Kriegsjahren. Die Tabelle 2 zeigt zudem, dass sich die Zahl der Angestellten im Laufe der Zeit derjenigen der Beamten nahezu angleicht. Am Ende steht fast eine 50-Prozent-Parität.

Tabelle 2: Zahl der Beamten und Angestellten des höheren Auswärtigen Dienstes 1933–1945

Jahr	Beamte des höheren Dienstes	Angestellte des höheren Dienstes	gesamt
1933	505	53	558
1934	485	48	533
1935	496	52	548
1936	498	60	558
1937	520	65	585
1938	542	79	621
1939	606	96	702
1940	639	233	872
1941	650	462	1112
1942	654	606	1260
1943	625	559	1184
1944	586	528	1114
1945	467	443	910
Mai 1945	472	446	918

Der Hinweis darauf, dass sich im Bereich der Propaganda ein gewisses Angestellten-Cluster gebildet hatte, zeigt aber, dass klassische Politikbereiche der Diplomatie den Beamten vorbehalten blieben. Und selbst in den Arbeitseinheiten, in denen sehr viele Angestellte arbeiteten, blieben diese in aller Regel den beamteten Referatsleitern und Abteilungsleitern unterstellt. Das änderte sich erst in den Kriegsjahren, als vermehrt auch Wissenschaftliche Hilfsarbeiter Leitungsfunktionen übernahmen. Einen Grund für die Zunahme des angestellten Dienstverhältnisses darf man darin sehen, dass, anders als die lebenslang beschäftigten Beamten, die Wissenschaftlichen Hilfsarbeiter kündbar waren[26]. Nach der Rückkehr von zur Wehrmacht eingezogenen Beamten hätten die Angestellten ihre

---

[26] So auch Alexander Werth in seiner nachgelassenen Aufzeichnung „Mein Weg bis zum Zusammenbruch 1945", S. 2, in: PA AA, Nachlass Alexander Werth.

Arbeitsplätze wieder räumen können. Gleiches hätte in dem Fall gegolten, wenn die aufgeblähten Propagandaapparate wieder zurückgefahren worden wären.

Es gibt aber auch Indizien dafür, dass mit der Einstellung von Angestellten die bei Beamten zu gewärtigenden Einsprüche seitens der Partei umgangen werden sollten. Wie weit die Bevormundung für einen Beamten des Auswärtigen Dienstes reichte, zeigt beispielhaft und besonders eindrücklich der Führererlass vom 21. September 1940, der die Eheschließung mit Ausländerinnen verbot[27]. In mehreren Führererlassen machte Hitler die Ernennung von Beamten und die Beendigung des Beamtenverhältnisses von seiner Zustimmung abhängig, sorgte zugleich aber für eine Dezentralisierung der Personalverwaltung und setzte personalrechtliche Vereinfachungen durch. Im Krieg verlangte er dann von den Verwaltungen, „sich weitgehend mit älteren Arbeitskräften und Frauen [zu] behelfen"[28]. Offenkundig ließen sich diese Richtlinien auslegen und ausnutzen. So finden sich unter den im Auswärtigen Amt beschäftigten Wissenschaftlichen Hilfsarbeitern immer wieder solche, die als Beamte niemals die Zustimmung der Partei gefunden hätten, deren Anstellung jedoch durch die Forderungen nach Vereinfachung und Behelf gerechtfertigt werden konnte. So wurden beispielsweise vier Pfarrer der Bekennenden Kirche in der Chiffrierabteilung des Auswärtigen Amts eingestellt oder privatgelehrte Außenseiter wie Felix Noeggerath, der immerhin Kultusminister der Münchner Räterepublik gewesen war, und Kurt Rheindorf, der 1940/41 eine Haftstrafe wegen Wehrkraftzersetzung abgesessen hatte, im Bereich des Politischen Archivs verwendet.

Erweitert man die gemeinsame Erfassung des höheren Auswärtigen Dienstes, also der Beamten und Angestellten, wie sie sich aus der Auswertung des „Biographischen Handbuchs" ergibt, um die Stichtagserhebungen, die für das Jahr 1942 vorliegen, lassen sich auch plausible Werte hinsichtlich der Gesamtzahl der Bediensteten errechnen. 1942 waren – ausweislich der abgebildeten tabellarischen Zusammenstellung – in der Zentrale in Berlin 662 Personen des höheren Dienstes beschäftigt, das sind 37 % des gesamten Personals (3408) im Auswärtigen Amt. Eine andere Auflistung mit Stichtag 20. Mai 1942 zählt von den Botschaftern bis zu den Pförtnern und Heizern insgesamt 2587 an den Auslandsvertretungen Beschäftigte auf[29]. Dagegen ergeben die im Haushalt des Jahres 1942 ausgewiesenen Stellen in ihrer Summe mit 2522 im Ausland arbeitenden Angehörigen des Auswärtigen Dienstes einen leicht darunter liegenden Wert[30]. Lässt man diese kleine Ungenauigkeit außer Betracht, dann lag die Gesamtzahl der Beschäftigten 1942 bei fast 6000 Personen. Da im Reichshaushalt für das Jahr 1943[31] die Zahl der im Ausland Beschäftigten (2529) nicht angestiegen ist und auch die Zahl der Beamten und Angestellten des höheren Dienstes in der Zentrale sich nur geringfügig (minus 76) veränderte, darf man wohl auch für dieses Jahr von etwa 6000 Personen ausgehen.

Dass es sich hierbei nur um einen mathematischen Zählwert handelt, ist evident. Es wird nicht möglich sein, eine fixe Zahl festzulegen. Völlig valide Zahlen sind aus einfachen Gründen nicht zu ermitteln. In einer Behörde dieser Größenordnung mit zahlreichen geographisch weit auseinander liegenden Arbeitsstätten lassen sich Stichtagszahlen

---

[27] „Führer-Erlasse" 1939–1945. Zusammengestellt und eingeleitet von Martin Moll, Stuttgart 1997, S. 138f.
[28] Ebenda, S. 231.
[29] PA AA, R 143359: Stellenplan betr. die Beamten und Angestellten des Auslandsdienstes, Stand: 20. 5. 1942.
[30] PA AA, R 143354: Haushalt 1942.
[31] PA AA, R 143355: Haushalt 1942–1943.

nur bedingt ermitteln und addieren. Zu der alltäglichen Fluktuation kamen in Kriegszeiten enorm hohe Personalschwankungen durch die Schließung von Auslandsvertretungen, gleichzeitig änderte sich ständig der Personalbedarf im Inland durch die Schaffung neuer Arbeitseinheiten oder durch Verlagerungen in Ausweichquartiere außerhalb Berlins. Der schnelle Wechsel der angestellt Beschäftigten war der Normalfall, während zur selben Zeit viele beamtete Mitarbeiter zur Wehrmacht eingezogen wurden. Dies sind ganz reale Beschränkungen, die es erschweren, robuste Zahlen zu ermitteln. Daneben ergeben sich aber auch Probleme daraus, wie die Zahlen im Reichshaushalt dargestellt sind. Die dort präsentierten Listen zergliedern die Angaben stark, ohne dass dies in allen Fällen nachvollziehbar erläutert würde. Was Haushältern seinerzeit leicht ersichtlich gewesen sein mag, ist heute oft nicht mehr wahrzunehmen. Zudem ist nicht mehr zu erkennen, was damals möglicherweise der etatrechtlichen Vernebelung von wirklichen Verhältnissen diente. Gerade bei den Angaben zur Personalstärke der vielen Auslandsvertretungen gibt es Unklarheiten. Wie hoch war beispielsweise die Zahl der Beamten, die auf Inlandsplanstellen tatsächlich im Ausland arbeiteten? Wer gehört zum Stammpersonal, wer nicht? Wie viele Beamte und Angestellte anderer Behörden waren im Ausland beschäftigt und wie rechnet man sie in die Personalstärke des Auswärtigen Amts ein? Wie verhält es sich mit Wehrmachtsangehörigen, die zu Dienstleistungen an eine Vertretung kommandiert wurden? Und wie viele waren dies?

Wenn auch die Ermittlung einer Gesamtzahl der Mitarbeiter des Auswärtigen Dienstes gewiss problematisch ist, so lässt sich mit dem errechneten Näherungswert durchaus operieren. Er bestätigt zwar, was oben schon über die bei Sasse, Jacobsen und der Historikerkommission angegebene Zahl gesagt wurde: Das Auswärtige Amt hat in seiner Geschichte und besonders während des Zweiten Weltkriegs einen personellen Zuwachs erfahren. Jedoch ist es eine Bestätigung auf einem etwas (ca. 7%) niedrigeren Level.

Neben der Frage nach der Personalanzahl und -entwicklung stand in der bisherigen Forschung die Frage nach der Mitgliedschaft der Diplomaten in der NSDAP im Fokus. Die ältere Forschung stocherte mangels Datenbasis weitgehend im Dunkeln. Frank untersucht 126 „higher officials" des Auswärtigen Amts, von denen 84 (66%) Parteimitglieder gewesen seien. Sie schließt daraus, „that many of the higher civil servants did not identify themselves at any time with the NSDAP"[32]. Jacobsen geht für 1937 bei 92 untersuchten Beamten von einem Drittel, für 1940 bei 120 untersuchten Beamten von 60% und für 1941 von rund 76% Parteimitgliedern aus[33]. Die Studie von Conze u. a. ist in ihren Aussagen zur Parteimitgliedschaft der Beamten des Auswärtigen Dienstes unentschieden. Auf der einen Seite konstatieren die Autoren, dass „eine reine Parteimitgliedschaftsarithmetik […] nur bedingten Erklärungswert" habe[34]. Gleichwohl werden in der Studie, wie Johannes Hürter mit Recht feststellte, „die zahlreichen NSDAP-, SA- und SS-Mitgliedschaften auch älterer Diplomaten als Beweis für die Nazifizierung des Amts angeführt und jeweils im Einzelfall stereotyp erwähnt"[35]. Hinsichtlich der Zahlen stützen sich die Autoren von „Das Amt und die Vergangenheit" auf Jacobsen[36]. Eigene Erhebungen haben sie nicht unternommen.

---

[32] Frank, Wilhelmstraße, S. 184ff., Zitat S. 186.
[33] Jacobsen, Rolle der Diplomatie, S. 186f.
[34] Conze u. a., Das Amt, S. 68.
[35] Johannes Hürter, Das Auswärtige Amt, die NS-Diktatur und der Holocaust. Kritische Bemerkungen zu einem Kommissionsbericht, in: Vierteljahrshefte für Zeitgeschichte (VfZ) 59 (2011), S. 167–192, hier S. 173.
[36] Conze u. a., Das Amt, S. 159.

Die Auswertung des gesamten Personalaktenbestandes im Politischen Archiv des Auswärtigen Amts für die Zwecke des „Biographischen Handbuchs" kann auch hier erstmals gesicherte Zahlen bieten.

Die Entwicklungslinie zeigt seit 1933 konstant und gleichmäßig aufwärts, bis die 80-Prozent-Marke überschritten ist, danach flacht sie leicht ab und klettert noch auf einen Höchstwert von 87,3% bei Kriegsende. Bei genauem Hinsehen kann man eine leicht erhöhte Eintrittsrate im Jahr 1938 erkennen. Während die Mitgliedschaftsquote in den Jahren zuvor in 10-Prozent-Schritten ansteigt, sind es nun einmal 13% mehr als im Vorjahr. Das ist ein Mehr, aber keine Eintrittswelle. Im Folgejahr fällt der Zuwachs entsprechend geringer aus.

Die Parteimitgliedschaft war für die Personalabteilung offenbar kein außer Acht zu lassendes Kriterium, denn sie ist in Personallisten ebenso selbstverständlich eingetragen wie die Konfession oder der Familienstand. Schaut man sich eine solche Liste vom 1. Mai 1943 an[37], lassen sich erste Anhaltspunkte gewinnen. Die Aufstellung führt 695 Beamte namentlich auf, von denen für 595 eine NSDAP-Mitgliedschaft ausgewiesen ist (82,73%). Dieser Wert bestätigt die Auswertung des „Biographischen Handbuchs", wie sie in der Tabelle 3 dargestellt ist. Zwei Aspekte sind erkennbar: 1) Jüngere Beamte waren nahezu ausnahmslos in der Partei. 2) Von den 93 ebenfalls aufgeführten aus dem Ruhestand reaktivierten, also älteren Beamten waren nur 48 Parteigenossen (51,61%).

Wenn die Parteimitgliedschaft in der Personalabteilung erhoben wurde, dann wird man auch davon ausgehen dürfen, dass es für den einzelnen Bediensteten Konsequenzen hatte, ob er in die NSDAP eintrat oder nicht. Jan Erik Schulte konstatiert ganz zu Recht, dass zweifelhaft ist, ob „nach dem Ausbruch des Krieges allein eine Parteimitgliedschaft die Karriere befördern konnte", schließlich „standen genug Parteigenossen zur Verfügung. Auf der anderen Seite scheint eine Nichtmitgliedschaft als negative Auslese den weiteren Aufstieg gehemmt zu haben."[38] Es gibt durchaus Belege dafür, dass die Karriere im Auswärtigen Amt spätestens ab 1939 an das NS-Parteibuch geknüpft war. Fritz von Twardowski vertrat seit 1935 den Leiter der Kulturabteilung. Im Dezember 1938 sollte der Vortragende Legationsrat befördert werden. Hierzu musste die Genehmigung der Partei-Kanzlei in München eingeholt werden. In der Antwort hieß es, „dass der Stellvertreter des Führers zu den ihm zugehenden Beförderungsvorschlägen stets die Auffassung vertreten hat, dass wichtige Stellen nur mit Beamten besetzt werden sollen, die der NSDAP als Mitglieder angehören. Der Stellvertreter des Führers hat daher stets gebeten, zumindest bei Beförderungen in Stellen vom Ministerialrat an aufwärts, so zu verfahren. Diese Auffassung hat der Führer nunmehr ausdrücklich gebilligt. Es kann daher in Zukunft seitens des Stellvertreters des Führers die Zustimmung zu Beförderungen von Beamten in Stellen der Besoldungsgruppen A 1 a [= Vortragender Legationsrat, Gesandter, Botschaftsrat, Generalkonsul] und höher nur dann gegeben werden, wenn die zu befördernden Beamten Mitglieder der NSDAP sind."[39] Twardowski beantragte offenbar sogleich eine Aufnahme in die NSDAP, denn die Ernennung zum Ministerialdirigenten erfolgte im Mai, die zum Leiter der Kulturabteilung im Juni 1939. Am 1. März 1940 wurde er Mitglied der NSDAP.

---

[37] PA AA, R 143407, fasc. 2 a.
[38] Conze u. a., Das Amt, S. 161.
[39] PA AA, Personalakte 15665 (Twardowski): Helms an Reichsminister des Auswärtigen, 20. 3. 1939; zur zeitgenössischen Diskussion um die Beförderung von Beamten vgl. die bei Hans Mommsen, Das Beamtentum im Dritten Reich, Stuttgart 1966, auf S. 182–197 abgedruckten Dokumente.

Das belegt zweifelsfrei ein hohes Maß an karrierebewusstem Opportunismus. Ebenso zweifelsfrei ist aber auch ein Akt von Widerständigkeit Twardowskis in seiner Funktion als Abteilungsleiter. Sechs junge Juden verdanken seinem Eingreifen das Abitur im Jahr 1941, als ihnen ein solches an der Deutschen Schule in Budapest eigentlich nicht mehr hätte erteilt werden dürfen[40]. Es bleibt festzuhalten, dass die bloße Parteimitgliedschaft einen sehr begrenzten Aussagewert hat: „Eine Mitgliedschaft in der NSDAP […] kann keinen Aufschluss über die wirkliche politische Einstellung der Beamtenschaft geben."[41]

Tabelle 3: NSDAP-Mitgliedschaft bei den Beamten und Angestellten des höheren Auswärtigen Dienstes 1933–1945

Jahr	Beamte des höheren Dienstes	Anzahl der NSDAP-Mitglieder	in Prozent	Angestellte des höheren Dienstes	Anzahl der NSDAP-Mitglieder	in Prozent
1933	505	5	1%	53	2	4%
1934	485	57	12%	48	9	19%
1935	496	110	22%	52	13	25%
1936	498	160	32%	60	18	30%
1937	520	218	42%	65	22	34%
1938	542	297	55%	79	44	56%
1939	606	377	62%	96	55	57%
1940	639	452	71%	233	129	55%
1941	650	514	79%	462	296	64%
1942	654	532	81%	606	374	62%
1943	625	519	83%	559	332	59%
1944	586	489	83%	528	315	60%
1945	467	407	87%	443	274	62%
Mai 1945	472	412	87,3%	446	277	62%

Das gilt ohne Einschränkung auch für die Angestellten des höheren Auswärtigen Dienstes. Doch machen gerade die Unterschiede zum Befund bei den Beamten die Frage nach der Parteimitgliedschaft der Wissenschaftlichen Hilfsarbeiter interessant. Der rasante Anstieg ihrer Zahl in den ersten beiden Kriegsjahren verzerrt zwar das statistische Bild, gleichwohl kann die Tabelle 3 wesentliche Besonderheiten gegenüber den Beamten veranschaulichen.

Von einem niedrigen Niveau wuchs der Anteil der Parteigenossen an der Gesamtheit der Angestellten kontinuierlich an, um sich dann jedoch auf einer um 60% kreisenden Quote zu stabilisieren. Diese blieb auch dann stabil, als die Zahl der Wissenschaftlichen Hilfsarbeiter nach 1941 wieder zurückging. Der höchste Wert wird mit 64% schon im Jahr 1940 erreicht, bei den Beamten mit 87,3% erst bei Kriegsende. Für das angestellte Dienstverhältnis im Auswärtigen Amt war eine Parteimitgliedschaft weit weniger ausschlagge-

---

[40] Helge Schröder, „Dürfen jüdische Schüler auf der deutschen Schule Budapest 1941/42 noch das Abitur erwerben?" Ein Zufallsfund im Politischen Archiv des Auswärtigen Amts und dessen mögliche Verwendung im Geschichts- und Politikunterricht, in: Geschichte für heute. Zeitschrift für historisch-politische Bildung 4 (2011), S. 38–48.
[41] Conze u. a., Das Amt, S. 158.

bend, als dies bei den Beamten (insbesondere bei den Attachés) der Fall war. Darüber hinaus ließen die weitaus geringeren Aufstiegschancen von Angestellten einen Parteieintritt weniger attraktiv erscheinen.

Wie bei den Beamten reichte auch bei den Wissenschaftlichen Hilfsarbeitern das Spektrum von Übereinstimmung, Opportunismus und Gleichgültigkeit bis zu stillem Dissens und Widerstand. Neben dem NSDAP-Mitglied Kurt Kiesinger, der es als Angestellter zum stellvertretenden Abteilungsleiter brachte, steht beispielsweise die Angestellte Ilse Stöbe, die ihre (wahrscheinlich nur kurze) Dienstzeit in der Informationsabteilung dazu benutzte, der Sowjetunion die Angriffspläne der Wehrmacht zu offenbaren[42]. Mag es auch statistische Unterschiede gegeben haben, so lassen sich aus den bloßen Zahlen keinerlei Rückschlüsse auf die tatsächliche politische Einstellung der Angestellten des höheren Auswärtigen Dienstes ziehen.

Die markanten Besonderheiten auf der Seite der Angestellten verändern das Gesamtbild des höheren Dienstes zwar erheblich, doch zumindest während der Kriegsjahre wird man die Wissenschaftlichen Hilfsarbeiter zur entscheidungstragenden Führungselite des Auswärtigen Amts zählen müssen. Zahlreiche Referate in der Handels- und der Kulturpolitischen Abteilung sowie der Rundfunk- und der Presseabteilung wurden jetzt von Angestellten geleitet. In vielen Referaten der Politischen Abteilung, aber auch der Deutschlandabteilung (später Gruppen Inland) waren Wissenschaftliche Hilfsarbeiter in die Arbeit eingebunden.

Tabelle 4: NSDAP-Mitgliedschaft bei Beamten und Angestellten des höheren Auswärtigen Dienstes 1933–1945 – Gesamtzahl

Jahr	Beamte des höheren Dienstes	Angestellte des höheren Dienstes	gesamt	Anzahl der NSDAP-Mitglieder	in Prozent
1933	505	53	558	7	1%
1934	485	48	533	66	12%
1935	496	52	548	123	22%
1936	498	60	558	178	32%
1937	520	65	585	240	41%
1938	542	79	621	341	55%
1939	606	96	702	432	62%
1940	639	233	872	581	67%
1941	650	462	1112	810	73%
1942	654	606	1260	906	72%
1943	625	559	1184	851	72%
1944	586	528	1114	804	72%
1945	467	443	910	681	75%
Mai 1945	472	446	918	687	75%

Maximal drei Viertel der höheren Bediensteten des Auswärtigen Amts waren Mitglieder der NSDAP. Der Aussagewert der Mitgliedschaft allein ist oben diskutiert worden, hier ist

---

[42] Hans Coppi/Sabine Kebir, Ilse Stöbe: Wieder im Amt. Eine Widerstandskämpferin in der Wilhelmstraße, Hamburg 2013; Elke Scherstjanoi, Ilse Stöbe. Verräterin oder Patriotin? Ein Gutachten des Instituts für Zeitgeschichte, in: VfZ 62 (2014), S. 141–156.

nur mehr zu fragen, wie sich diese Zahl(en) im Vergleich mit anderen Arbeitseinheiten, Behörden oder Berufsgruppen darstellen.

Über die Parteimitgliedschaft der NSDAP glauben wir gut informiert zu sein. Dabei ist nicht einmal die Zahl der Parteigenossen gesichert. Die Schätzungen reichen von 7,5 Millionen (Wikipedia) bis zu 10 Millionen[43]. Offizielle Zahlen lieferte der Reichsorganisationsleiter der NSDAP nur einmal. Danach gab es am 1. Januar 1935 rund 2,5 Millionen Mitglieder bei damals knapp 70 Millionen Einwohnern (< 3,6%)[44]. Eine Aufschlüsselung gibt es dort nach Regionen, nicht aber nach Berufsgruppen. Unter den akademischen Berufen gelten die Mediziner als besonders NS-affin. Neue Studien geben hier 45% Parteigenossen an[45]. Lehrer waren zwar zu einem großen Teil im NS-Lehrerbund organisiert (z. B. im Gau Köln Aachen zu 83%), in der Partei selbst sollen sie aber nur zu einem geringeren Teil gewesen sein. Im Unterschied hierzu werden für die Stadt Köln 50% bis maximal 68% angesetzt, aber auch 70% bis 80% behauptet[46]. Im Reichsarbeitsministerium soll der Anteil der Parteimitglieder unter den Ministerialräten bei nur 13% (5 von 38) gelegen haben[47]. Im bayerischen Innenministerium haben dagegen 1941 keine höheren Beamten mehr ohne Parteibuch gearbeitet[48]. Für die höheren Beamten in Südwestdeutschland lässt sich ein Prozentsatz von 82,55% errechnen[49]. Auch für das Reichsinnenministerium liegen Zahlen vor. Danach waren 1943 82% und im Januar 1945 86% der Beamten ab dem Rang eines Ministerialrats in der NSDAP[50]. Bei dem letzten Beispiel sind die absoluten Zahlen keineswegs mit denen im Auswärtigen Dienst zu vergleichen: Das Innenministerium war mit 62 höheren Beamten 1943 und nur noch 36 im Januar 1945 nachgerade winzig. Aber die Übereinstimmung der relativen Zahlen im Vergleich mit dem Auswärtigen Amt mag die hier vorgestellten Befunde zusätzlich bestätigen. Stephan Lehnstaedt verweist auf den hohen Altersdurchschnitt der untersuchten Beamtenschaft und konstatiert eine größere Bereitschaft der jüngeren Beamten zum Parteibeitritt[51].

Im Hinblick auf die Entwicklung des Personals einer Behörde kommt den nachrückenden Jahrgängen des Verwaltungspersonals eine Bedeutung zu, die nicht besonders begründet werden muss. Wenn es die Absicht der Nationalsozialisten war, den Auswärtigen Dienst nachhaltig in ihrem Sinne zu verändern, so lag auf der Eignung des Nachwuchses ein besonderes Gewicht.

Im Auswärtigen Amt hatte sich eine Ausbildungstradition herausgebildet, die ihre Wurzeln im preußischen Ministerium der auswärtigen Angelegenheiten hatte. Auch das später immer wieder beklagte Juristenmonopol entwickelte sich bereits in der ersten Hälfte des

---

[43] http://de.wikipedia.org/wiki/Nationalsozialistische_Deutsche_Arbeiterpartei#Mitgliedszahlen_und_-kartei (26.5.2014); German Rosanow, Das Ende des Dritten Reiches, Berlin 1965, S. 57.
[44] Reichsorganisationsleiter der NSDAP (Hrsg.), Parteistatistik der NSDAP. Stand 1. Januar 1935 (ohne Saarland), Bd. 1: Parteimitglieder, München 1935.
[45] Robert Jütte u. a., Medizin und Nationalsozialismus. Bilanz und Perspektiven der Forschung, Göttingen 2012, S. 58f. mit Verweis auf die Arbeiten von Michael H. Kater.
[46] Joachim Trapp, Kölner Schulen in der NS-Zeit, Köln/Weimar/Wien 1994, S. 151 Anm. 36 und 39.
[47] Mommsen, Beamtentum, S. 82 Anm. 73.
[48] Thomas Forstner, Die Beamten des bayerischen Innenministeriums im Dritten Reich. Loyale Gefolgsleute oder kritische Staatsdiener?, St. Ottilien 2002, S. 112.
[49] Durchschnittsberechnung nach Michael Ruck, Korpsgeist und Staatsbewußtsein. Beamte im deutschen Südwesten 1928 bis 1972, München 1996, S. 304.
[50] Stephan Lehnstaedt, Das Reichsministerium des Innern unter Heinrich Himmler 1943–1945, in: VfZ 54 (2006), S. 639–672, hier S. 665.
[51] Ebenda, S. 663f.

19. Jahrhunderts. Die Regeln der Zulassung zum Auswärtigen Dienst und die Art und Weise der Ausbildung blieben über die Jahrzehnte im Wesentlichen gleich. Bis 1945 gab es den Dreischritt aus (Jura-)Studium, Verwaltungserfahrung und Praxis im Auswärtigen Amt mit abschließender Prüfung. Bewerber hatten ein dreijähriges Studium mit erfolgreichem Examensabschluss vorzuweisen. Im günstigsten Fall besaßen sie etwas Auslandserfahrung durch Reisen, notwendig aber waren Verwaltungskenntnisse an kleineren Gerichten oder einem Regierungspräsidium. Die Ausbildung erfolgte in der Zentrale in Berlin. Nach meist einem Jahr schloss sich die erste Zuteilung an eine Auslandsvertretung, nach einem weiteren Jahr die diplomatische Prüfung an. Erst wenn der Anwärter erfolgreich bestanden hatte, konnte er mit einer Anstellung als Legationssekretär rechnen.

Das Verfahren erfuhr im Laufe der Zeit einige Anpassungen. Ein letztes Mal wurde es 1924 gestrafft und vereinheitlicht. Während der NS-Zeit ist es zu keiner grundlegenden Änderung gekommen. Zwar plante man ein eigenes Nachwuchshaus, eine Diplomatenschule, die den Einfluss der NSDAP auf die Ausbildung der Diplomaten langfristig garantieren sollte, der Zweite Weltkrieg verhinderte jedoch die Realisierung. Tatsächlich galt die Ausbildungsverordnung von 1924 fort. Kurzfristig ließ sich die nationalsozialistische Außenpolitik personell auch viel einfacher absichern. Es reichten die Loyalität einer anpassungswilligen Beamtenschaft und der „Einbau" linientreuer Quereinsteiger. Der Nachwuchs erhielt seine ideologische Schulung einstweilen im „Reichslager für Beamte" in Bad Tölz[52]. Der erste Jahrgang, der unter den Bedingungen der Diktatur einberufen wurde, war derjenige des Jahres 1933. Als letzte reguläre Attachécrew kam der Jahrgang 1938 ins Auswärtige Amt. Eine regelkonforme Ausbildung erhielten die Jahrgänge 1937 und 1938 infolge des Kriegsausbruches nicht mehr, ihre diplomatischen Prüfungen entfielen ganz. Später gelangten nur noch einzelne Jungdiplomaten in den Dienst, jedoch keine geschlossene Crew mehr. Eine solche war offenbar erst wieder für das Jahr 1941 in dem geplanten Nachwuchshaus vorgesehen. Das geht aus einem Schreiben von Axel von dem Bussche hervor, der seinen Dienstantritt zum 1. April 1941 absagte und eine erneute Bewerbung auf die Zeit nach dem Krieg verschob[53]. Tatsächlich kam es wegen des Krieges nicht zur Einstellung einer weiteren Attachécrew.

Im Jahr 1938 nahm der neue Außenminister Ribbentrop nur oberflächlich Einfluss auf die Auswahl der Attachés. Zwar waren die angehenden Diplomaten, ausgelöst durch den Ministerwechsel, verspätet einberufen worden, ihre Auswahl aber wurde nicht mehr verändert. Bei einem Tee-Empfang Anfang Juni 1938 im Hotel Kaiserhof am Wilhelmplatz, nur wenige Schritte vom Auswärtigen Amt entfernt, soll Ribbentrop die aufgeregten Attachés lediglich mit stereotypen Fragen auf ihre Eignung geprüft haben. Er sei dann, ohne ein Wort an die Gruppe gerichtet zu haben, verschwunden. Nach zehnminütiger Wartezeit habe man allen das pauschale Einverständnis des Ministers mitgeteilt[54].

Alle 129 zwischen 1933 und 1938 einberufenen Attachés waren zwischen 1900 und 1914 geboren worden, selbst der jüngste unter ihnen, der Hamburger Bankierssohn Manfred Freiherr von Schröder, noch vor dem Ersten Weltkrieg. Der älteste unter ihnen, Hans-Richard Hirschfeld, war eine Ausnahme: Er war schon seit 1930 Beamter in der Auswärtigen

---

[52] Martin Kröger, Schule der Diplomatie, in: Villa Borsig. Gästehaus des Auswärtigen Amtes und der Akademie Auswärtiger Dienst, hrsg. vom Auswärtigen Amt und vom Bundesamt für Bauwesen und Raumordnung, Köln 2006, S. 10–21, hier S. 11f.
[53] PA AA, R 27639: von dem Bussche an Luther, 30. 9. 1940.
[54] PA AA, Nachlass Walter Schmid: „Chronik der Attache-Crew 1938", S. 2f.

Abteilung des Danziger Senats. Als er 1936 ins Auswärtige Amt einberufen wurde, erhielt er pro forma die Amtsbezeichnung Attaché. Eine Prüfung wurde ihm aber nicht mehr abverlangt.

Fast vier Fünftel der Attachés kamen im ersten Jahrzehnt des 20. Jahrhunderts zur Welt. Für diese Jahrgänge prägte Michael Wildt in seiner gruppenbiographischen Studie über 221 Mitarbeiter des Reichssicherheitshauptamts den Begriff der „Generation des Unbedingten". Diese Altersklasse verfügte nicht über eigene Kriegserfahrungen, den Ersten Weltkrieg hatten sie als Brüder, Söhne und Schüler nur durch Ältere (Geschwister, Eltern, Lehrer) vermittelt (nach)erlebt. Die generationsspezifischen Gemeinsamkeiten der Attachés im Auswärtigen Amt lassen sich hier nicht darstellen. Die Frage aber ist erlaubt und kennzeichnet eine Forschungslücke, ob auf diese spezifische Gruppe tatsächlich zutrifft, was Ulrike Jureit allgemein beschreibt, dass sie nämlich über ein gemeinsames „Erfahrungsreservoir" verfügt habe, dass sie sich berechtigt gesehen habe, „die Macht an sich zu reißen" und dass „ihre Ideen militant, antibürgerlich und antidemokratisch" gewesen seien[55]. An dieser Stelle ist jedoch keine kollektive Biographie der während der NS-Zeit ins Auswärtige Amt gekommenen Attachés möglich. Lediglich einige bedeutsame Aspekte sollen statistisch untermauert werden.

In den Jahren von 1920 bis 1932 waren in das Auswärtige Amt 152 Attachés einberufen worden. Diese verteilten sich jedoch keineswegs gleichmäßig auf die einzelnen Jahre[56]. Im Jahr 1924 wurden, weil man in diesem Jahr die Ausbildungsordnung modernisierte, gar keine Attachés eingestellt. Das holte man dann 1925 nach, als 41 Attachés den Weg ins Auswärtige Amt fanden, davon elf als Überhang des Vorjahres zum 2. Januar. In den Jahren der Weltwirtschaftskrise 1930 bis 1932 wurde lediglich ein einziger Nachwuchsbeamter zugelassen: Wilhelm Tannenberg hatte jedoch schon seit sechs Jahren als Angestellter für das Auswärtige Amt gearbeitet.

Nach dem Regierungsantritt Hitlers war der 1933er-Jahrgang also die erste Attachécrew seit drei Jahren. Mit elf Nachwuchsdiplomaten war sie zudem keine besonders große Gruppe. In den darauf folgenden Jahren pendelte sich die Zahl der jungen Beamten bei 23,5 pro neue Crew ein. Dieser Schnitt lag damit deutlich über dem der Weimarer Republik (> 15%).

Das traditionelle Juristenmonopol blieb während der NS-Zeit erhalten, 1933 und 1935 wurden sogar ausschließlich Juristen einberufen. Als weitere „Qualifikation" kam nun aber die Parteizugehörigkeit hinzu. War vom 1933er-Jahrgang lediglich einer bereits beim Dienstantritt in der NSDAP (Lato Graf von Mirbach-Geldern-Egmont), so stieg der Anteil derjenigen, die schon als Parteigenossen ins Auswärtige Amt kamen und nicht erst dort beitraten, sehr rasch an. Nur vier Diplomaten vermieden die Mitgliedschaft konsequent: Franz Breer, Hans-Bernd von Haeften, Stanislaus Klimek und Gerhard Stahlberg.

Konnte vom 1933er-Jahrgang noch jeweils ein Drittel mit dem Parteieintritt bis zur Prüfung oder zur ersten Beförderung warten oder ihn sogar darüber hinaus verschieben, so waren von 1934 bis 1936 schon die Hälfte der Attachés als Parteigenossen ins Auswärtige Amt gekommen. 1937 wartete nur noch ein Fünftel der Neuen mit dem Parteieintritt, bis sie im Auswärtigen Dienst etabliert waren. Schließlich aber waren alle Mitglieder der

---

[55] Ulrike Jureit, Generation, Generationalität, Generationenforschung, Version: 1.0, in: Docupedia-Zeitgeschichte, 11.2.2010, URL: http://docupedia.de/zg/Generation?oldid=84611 (letzter Zugriff 27.9.2013).
[56] Nach einer Aufstellung in PA AA, R 143408.

Tabelle 5: Die Attachéjahrgänge 1933–1938

	Anzahl	Juristen	SS	NSDAP	Beitritt vor 1933	1933 bis Dienstantritt	bis zur Prüfung	bis zur 1. Beförderung	danach	später wieder im AA
1933	11	11 (100%)	0 (0%)	10 (91%)	1 (10%)	0 (0%)	3 (30%)	3 (30%)	3 (30%)	5 (45,5%)
1934	22	17 (77%)	5 (23%)	21 (95,5%)	2 (9,5%)	9 (43%)	1 (4,5%)	4 (19%)	5 (24%)	11 (50%)
1935	22	22 (100%)	4 (18%)	21 (95,5%)	2 (9,5%)	9 (43%)	3 (14%)	4 (19%)	3 (14,5%)	18 (81%)
1936	28	26 (93%)	6 (21,5%)	27 (96,5%)	5 (19%)	8 (29,5%)	5 (18,5%)	7 (25,5%)	2 (7,5%)	15 (53,5%)
1937	24	20 (80%)	8 (32%)	24 (100%)	11 (46%)	8 (33%)	–	5 (21%)	0 (0%)	5 (21%)
1938	22	19 (86,5%)	10 (43,5%)	22 (100%)	7 (32%)	14 (63,5%)	–	1 (4,5%)	0 (0%)	9 (40%)
	129	115 (89%)	33 (25%)	125 (97%)	28 (22%)	48 (37%)	12 (9,5%)	24 (19%)	13 (10%)	63 (49%)

1937er-Crew der NSDAP beigetreten. Gleiches gilt für den letzten regulären Jahrgang, die Crew von 1938. Nur ein Nachwuchsdiplomat war zum Zeitpunkt seines Dienstantritts nicht in der NSDAP, sondern trat ihr erst später bei. Jacobus Reimers war aber schon seit 1937 Anwärter der SS. Überhaupt stieg der Anteil der SS-Mitglieder stetig an. Insgesamt gehörten von den 129 Attachés ein Viertel zur SS, vom 1938er-Jahrgang nahezu jeder zweite. Insgesamt bestätigen die Zahlen zur NSDAP-Mitgliedschaft der Attachés die Erkenntnis, dass jüngere Beamte des höheren Auswärtigen Dienstes eher einem Parteieintritt zuneigten als ältere oder Ruhestandsbeamte.

Auch zur Wiederverwendung der Attachés aus der Wilhelmstraße im Auswärtigen Dienst der Bundesrepublik Deutschland lassen sich nach Auswertung der Personalakten für das „Biographische Handbuch" quantitative Aussagen machen. Die Hälfte von ihnen (sechs starben vor 1949/51) wurde im Auswärtigen Dienst der Bundesrepublik Deutschland wiederverwendet. Dabei wurde augenscheinlich den frühen Jahrgängen eine größere Möglichkeit zur Rückkehr ins Auswärtige Amt gegeben als den Crews von 1937 und 1938. Ein markantes Muster aber ist das nicht, jedenfalls war es nicht geeignet, ehemalige Parteigenossen oder auch nur alle ehemaligen SS-Männer draußen zu halten.

Die Diskussion darüber, dass Diplomaten aus der Wilhelmstraße, Mitglieder der NSDAP und sogar solche, die in der SS Mitglieder gewesen waren, im Auswärtigen Dienst der Bundesrepublik Deutschland verwendet wurden, hat das Auswärtige Amt seit seiner Wiedereinrichtung 1951 begleitet. Die Erregung, die darüber in den 1950er-Jahren herrschte und die zu einem Bundestagsuntersuchungsausschuss führte, wird man verstehen. Die Empörung nach mehr als sechzig Jahren wirkt dagegen gespielt und auf Sensation gebürstet. Ihr fehlt es an der wesentlichen Grundlage: Es gibt keine verlässlichen Zahlen über den Anteil der ehemaligen NSDAP-Mitglieder unter den Diplomaten der frühen Bundesrepublik! Ein bekanntes Bonmot, es seien in Bonn mehr Parteigenossen als ehedem in der Wilhelmstraße gewesen, klingt gut, ist aber Unfug. Hier tut sich – was angesichts des öffentlichen Geredes um das Thema mehr als verwundert – eine erhebliche Wissenslücke auf.

Die belastbarsten Zahlen hat Claus M. Müller für die Jahre 1950 bis 1954 zusammengetragen[57]. Hierauf beruhen auch alle entsprechenden Passagen sowohl in Thomas Mauluccis Studie über „Adenauers Auswärtiges Amt" als auch in „Das Amt und die Vergangenheit"[58]. Leider hat die Historikerkommission, die Zeit und Ressourcen dafür gehabt hätte, auch in dieser Frage keine eigenen Erhebungen unternommen.

Für die Jahre nach der Wiedereinrichtung des Auswärtigen Amts kommt Müller auf ein Drittel ehemaliger Parteimitglieder unter den Beamten des höheren Dienstes (ohne die Angestellten).

Es lassen sich insgesamt 329 Beamte und Angestellte des höheren Dienstes identifizieren, die im Auswärtigen Amt der Bundesrepublik Deutschland wiederverwendet wurden. Ihre Zahl stieg von 16 im Jahr 1949, als die Auswärtigen Angelegenheiten noch im Bundeskanzleramt bearbeitet wurden, auf rund 250 zur Mitte des Jahrzehnts an. Danach sank ihre Zahl wieder ab. Beschränkt man sich bei der Betrachtung nur auf diese „Veteranen der Wilhelmstraße" (Maulucci), erhält man tatsächlich einen hohen Wert ehemaliger Parteimitglieder.

Tabelle 6: NSDAP-Mitgliedschaft bei wiederverwendeten höheren Beamten und Angestellten 1949–1960

Jahr	vor 1945 schon im AA	davon ehem. Pg	in Prozent	davon nicht ehem. Pg	in Prozent
1949	16	11	68,75%	5	31,25%
1950	92	58	63,04%	34	36,96%
1951	153	98	64,05%	55	35,95%
1952	198	133	67,17%	65	32,83%
1953	252	178	70,63%	74	29,37%
1954	249	180	72,29%	69	27,71%
1955	253	186	73,52%	67	26,48%
1956	247	186	75,30%	61	24,70%
1957	245	188	76,73%	57	23,27%
1958	235	182	77,45%	53	22,55%
1959	228	180	78,95%	48	21,05%
1960	212	168	79,25%	44	20,75%

Doch führt solch eine verengte Sicht zu allzu verzerrten Ergebnissen. Interne Statistiken des Auswärtigen Amts und der Bundesregierung zeigen deutlich[59], dass die wiederverwendeten Beamten und Angestellten des höheren Auswärtigen Dienstes im Bonner Auswärtigen Amt immer nur eine Minderheit unter den Bediensteten darstellten. Ihr Anteil reichte 1953 einmal fast an 30% heran, fiel dann aber kontinuierlich ab, bis auf einen Wert unter 20% am Ende der 1950er-Jahre.

---

[57] Claus M. Müller, Relaunching German Diplomacy. The Auswärtiges Amt in the 1950s, Münster 1996, S. 280.
[58] Thomas W. Maulucci, jr., Adenauer's Foreign Office. West German Diplomacy in the Shadow of the Third Reich, Northern Illinois University Press, Chicago 2012, S. 167 ff.; Conze u. a., Das Amt, S. 490 ff.
[59] PA AA, B 110, Bd. 478: Aufzeichnung aus dem Mai 1957 „Die Stellenpläne des Auswärtigen Amts in den Rechnungsjahren 1951 bis 1957" und Aufzeichnung aus dem Statistischen Bundesamt vom 30. 12. 1961 „Das Personal der Bundesbehörden und -betriebe am 2. Oktober 1960".

Tabelle 7: Anteil der vor 1945 im Auswärtigen Amt beschäftigt gewesenen höheren Beamten und Angestellten 1951–1960

Jahr	Beamte und Angestellte des höheren Dienstes	davon vor 1945 schon im Auswärtigen Amt	in Prozent
1951	691	153	22,14%
1952	794	198	24,94%
1953	859	252	29,33%
1954	932	249	26,71%
1955	968	253	26,13%
1956	962	247	25,67%
1957	954	245	25,68%
1958	keine Angabe	235	–
1959	1064	228	21,43%
1960	1227	212	17,28%

Es fehlen alle Zahlen zu jenen Mitarbeitern, die vor 1945 nicht im alten Auswärtigen Amt beschäftigt gewesen waren. Von diesen Bonner Neulingen wissen wir nicht, ob und wo sie zuvor tätig waren, ob sie in der NSDAP waren oder nicht. Einstweilen ist lediglich die Forschungslücke festzustellen, die nur durch die Auswertung der Personalunterlagen des Auswärtigen Amts seit 1949/51 behoben werden könnte. Aber: Wenn man nicht leichtfertig annehmen will, dass unter den neu eingestellten, zudem häufig auch jüngeren Mitarbeitern außerordentlich viele ehemalige Parteimitglieder gewesen seien, erscheint das Drittel ehemaliger Parteigenossen, das Claus M. Müller errechnet hat, durchaus plausibel. Seit Mitte der 1950er-Jahre wäre der Anteil früherer NSDAP-Mitglieder dann mit jedem Ruhestand eines „Veteranen" weiter zurückgegangen, bis 1983 auch der letzte von ihnen (Ewald Mühlen) außer Dienst war.

Es steht außer Frage, dass man mit Statistiken alle Arten von Unterschieden und Besonderheiten nivelliert, und dass hinter den Zahlen die Menschen verschwinden, deren einzelne Geschichten jeweils zu beschreiben wären. Es ist zu wünschen, dass die hier aus Tausenden von Personalakten in langjähriger Arbeit an einem Biographischen Handbuch vorgelegten Tabellen und Zahlen dazu anregen, den Geschichten dahinter nachzugehen, statt nur die Ziffern und Relationen in zukünftigen Fußnoten immer wieder voneinander abzuschreiben und sie jeweils den neuen Interessen anzueignen. Und wenn die eingangs erwähnte, scheinbar so exakte Zahl wieder vergessen würde, wäre das auch nicht schlecht.

Bernd Isphording
Der gehobene Auswärtige Dienst in der NS-Zeit

In den vergangenen Jahren stand vor allem Fritz Kolbe im Zentrum der Erinnerung des Auswärtigen Amts an den Widerstand von Angehörigen des Auswärtigen Dienstes gegen die NS-Diktatur[1]. Im „Biographischen Handbuch des deutschen Auswärtigen Dienstes"[2] sucht man ihn allerdings vergebens. Das ist nicht überraschend, denn das Handbuch verzeichnet ausschließlich Mitarbeiter des höheren Dienstes, und Kolbe gehörte dem mittleren bzw. gehobenen Dienst an. Zugleich ist es durchaus signifikant, denn wenn sich Historiker der Beamtenschaft mit Hilfe der biographischen Methode nähern, ist der Fokus fast automatisch auf die Mitarbeiter des höheren Dienstes gerichtet. Das ist auch im Umgang mit der Geschichte des Auswärtigen Amts nicht anders[3]. Ein solcher Ansatz mag berechtigte Gründe haben – etwa wenn die *movers and shakers* der Außenpolitik im Blickpunkt stehen. Breit angelegte Sammlungen von Beamtenbiographien, wie das „Biographische Handbuch" mit fast 2900 Biogrammen, können neben allgemeinen Aussagen über Herkunft, Karriereverlauf etc. einen Beitrag zum tieferen Verstehen der Institution als Ganze leisten, also der Klärung der Frage dienen, wie das Auswärtige Amt die ihm gestellten Aufgaben durch Personalauswahl und Selbstorganisation zu lösen versuchte.

Kann aber eine so vielfältig gegliederte Struktur wie das Auswärtige Amt allein aus der Perspektive des höheren Dienstes verstanden werden? Schon zur Beantwortung dieser Frage lohnt ein Blick auf alle Ebenen des Auswärtigen Dienstes. Hierfür bietet sich der gehobene Dienst als direkter Nachbar des höheren Dienstes zum Vergleich besonders an. Er bildet noch immer die größte Personengruppe unter den Beamtenlaufbahnen des Auswärtigen Amts – und ist nach Auffassung eines aktuellen Textes auf seiner Website ohnehin „das Rückgrat des Auswärtigen Dienstes"[4].

Basis der folgenden „Probebohrung" in seine Geschichte sind neben allgemeinen Akten des Personalreferats, den Etats und Organigrammen vor allem die Personalakten von ca. 120 Beamten im Politischen Archiv des Auswärtigen Amts. Um die Veränderung des Dienstes und der ihn tragenden Beamten in den Blick nehmen zu können, wurden im Zehnjahresabstand Samples von jeweils 10 Beamten der Geburtsjahrgänge 1870/71 bis

---

[1] So wurde 2004 ein Saal im Besucherzentrum des Auswärtigen Amts nach Fritz Kolbe benannt. Vgl. dazu Joschka Fischer: Rede anlässlich der Gedenkveranstaltung für Fritz Kolbe (1900–1971), Angehöriger des Auswärtigen Dienstes von 1925 bis 1945, aktiver Widerstandskämpfer gegen den Nationalsozialismus, gehalten am 9.9.2004 (http://www.auswaertiges-amt.de/cae/servlet/contentblob/373260/publicationFile/3836/WiderstandRedeKolbe.pdf, abgerufen am 6.8.2013).
[2] Biographisches Handbuch des deutschen Auswärtigen Dienstes 1871–1945, hrsg. vom Auswärtigen Amt, 5 Bde., Paderborn u. a. 2000–2014.
[3] Zuletzt etwa Eckart Conze u. a., Das Amt und die Vergangenheit. Deutsche Diplomaten im Dritten Reich und in der Bundesrepublik, München 2010; Andrea Wiegeshoff, „Wir müssen alle etwas umlernen". Zur Internationalisierung des Auswärtigen Dienstes der Bundesrepublik Deutschland (1945/51–1969), Göttingen 2013, und Sönke Neitzel, Diplomatie der Generationen? Kollektivbiographische Perspektiven auf die internationalen Beziehungen 1871–1914, in: Historische Zeitschrift (HZ) 296 (2013), H. 1, S. 84–113.
[4] http://www.auswaertiges-amt.de/cae/servlet/contentblob/375368/publicationFile/3987/StudienfachAAngelegenheiten.pdf, abgerufen am 7.6.2013.

1910/11 herangezogen, also der Jahrgänge, die während der NS-Zeit Dienst taten. Diese Auswahl wurde um einige auffällige bzw. für den Auswärtigen Dienst in der NS-Zeit relevante Biographien erweitert.

Auch bei einer Konzentration auf die Beamten der NS-Zeit sollte man nicht außer Acht lassen, dass der überwiegende Teil der gehobenen Beamten dieser Zeit ihre entscheidenden Prägungen in Kaiserreich und Weimarer Republik erhalten hatten. Noch im Jahr 1944 machte der Anteil der vor 1919 ins Amt eingetretenen Beamten des gehobenen Dienstes 32% aus. Da ein großer Teil der Jüngeren zur Wehrmacht eingezogen war, lag der Anteil dieser älteren Beamten in der Praxis sogar bei 38%. Der Anteil der zwischen 1919 und 1932 Eingetretenen betrug 30% (real: 35%), jener der seit 1933 Eingetretenen 39% (real 32%).

Mittlerer und gehobener Dienst – eine Laufbahn im Wandel

Doch nicht nur deshalb lohnt sich eine gewisse zeitliche Ausweitung des Blicks, sondern weil diese Gruppe der Beamtenschaft – im deutlichen Unterschied zum höheren oder zum einfachen Dienst – seit Anfang des 20. Jahrhunderts einer Fülle von Veränderungen unterworfen war. Das zeigt schon der Wandel der Terminologie: Aus den „Subalternbeamten" der Kaiserzeit[5] waren 1928 die „mittleren oder Bureaubeamten" geworden, unter denen sich die Beamten des „schwierigeren Bureaudienstes" abhoben[6]. Diese bilden seit 1936 eine eigene Laufbahn als „gehobener mittlerer Dienst"[7], ab 1939 als „gehobener Dienst"[8]. Dieser Differenzierung liegt auch ein Wandel des Anforderungs- und Leistungsprofils – vielleicht aber auch nur von dessen Wahrnehmung – zugrunde: Stand für das Handwörterbuch der Preußischen Verwaltung 1906 noch fest, dass der höhere Beamte beschließe und anordne, der mittlere Beamte hingegen nur vollziehe, was ihm vorgeschrieben werde[9], so ist das Handbuch in seiner dritten Auflage von 1928 deutlich verunsichert: Ein feststehendes Unterscheidungsmerkmal fehle, zahlreiche mittlere Beamte beschlössen selbständig und ordneten an, verdienten gar in manchen Fällen mehr als höhere Beamte[10]. 1936 stellte dann Ernst von Harnack in seiner „Praxis der öffentlichen Verwaltung" fest, die geistigen Arbeitsvorgänge seien der höheren und mittleren Beamtenschaft anvertraut. Bei der Sonderung zwischen Beamten des höheren und mittleren Dienstes gehe es in Wirklichkeit um die Verteidigung einer überholten gesellschaftlichen Schichtung, wenn „gleichwertige, aber auf verschiedene Ziele ausgerichtete Berufsgruppen" nicht als ein Nebeneinander, sondern als ein „wertbetontes Oben und Unten" verstanden würden[11].

---

[5] Rudolf von Bitter (Hrsg.), Handwörterbuch der Preußischen Verwaltung, Leipzig 1906, Bd. I, S. 195.

[6] Bill Drews/Franz Hoffmann (Hrsg.), Bitter. Handwörterbuch der preußischen Verwaltung, 3. vollständig umgearbeitete Auflage, Berlin/Leipzig 1928, Bd. I, S. 194.

[7] Reichsgrundsätze über Anstellung, Einstellung und Beförderung der Reichs- und Landesbeamten vom 14. 10. 1936, in: Reichsgesetzblatt (RGBl.) 1936, I, S. 893–896.

[8] Verordnung über die Vorbildung und die Laufbahnen der deutschen Beamten vom 28. 2. 1939, in: RGBl. 1939, I, S. 371–376.

[9] Bitter (Hrsg.), Handwörterbuch, Bd. I, S. 195.

[10] Drews/Hoffmann (Hrsg.), Bitter, Bd. I, S. 194.

[11] Ernst von Harnack, Die Praxis der Öffentlichen Verwaltung, Berlin 1936, S. 35f.

Wie zeigte sich dieser Wandel im Auswärtigen Amt? Hier stellt sich die Situation insofern einfacher dar, als das Auswärtige Amt zu Beginn der NS-Zeit im mittleren Dienst fast ausschließlich Beamte des späteren gehobenen Dienstes beschäftigte. Hatte das Zahlenverhältnis zwischen späterem gehobenem und späterem mittlerem Dienst 1913 in der Zentrale noch 200 zu 89 betragen, so sank es 1931 auf nur noch 241 zu 34, und bezieht man die Auslandsvertretungen mit ein, an denen keine Beamte des späteren mittleren Dienstes tätig waren, sogar auf nur 599 zu 34[12]. 1938 sank das Zahlenverhältnis weiter auf 679 zu 31, also unter 5%[13]. Dies hat mit der parallelen Entwicklung zu tun, dass die einfachere Schreib- und Bürotätigkeit seit 1929 aus dem mittleren in den einfachen Dienst gedrückt[14] bzw. zunehmend durch Angestellte versehen wurde[15]. Auf Grund dieser Struktur innerhalb des Auswärtigen Amts soll im Folgenden zur sprachlichen Vereinfachung und zum besseren Verständnis auch für die Zeit vor 1939 durchgehend von gehobenem Dienst gesprochen werden, wenn die Personengruppe innerhalb des damaligen mittleren Dienstes gemeint ist, die seit 1939 den gehobenen Auswärtigen Dienst ausmachte.

Gesellschaftliche Herkunft, Rekrutierung und Ausbildung

Die Beamten des gehobenen Dienstes entstammten fast durchweg einfacheren Verhältnissen. Die Väter waren vor allem kleinere Selbständige, Handwerksmeister, Bauern, Beamte des einfachen und mittleren Dienstes, Facharbeiter etc. Die wenigen Ausnahmen aus vermögenderen Gesellschaftsschichten waren junge Männer, deren Väter früh gestorben waren. Ein angestrebtes oder begonnenes Studium hatten sie daraufhin aus finanziellen Gründen abgebrochen und stattdessen eine Verwaltungsausbildung begonnen[16]. Unter diesen finden sich dann auch die wenigen Reserveoffiziere, während die übrigen gehobenen Beamten als Einjährig-Freiwillige oder Mannschaftsdienstgrade ohne weitere Ambitionen gedient hatten. Hier wird Harnacks These „vom wertbetonten Oben und Unten" gestützt, denn der höhere Auswärtige Dienst der Weimarer Zeit setzte sich fast durchweg aus Juristen zusammen, deren Väter höhere Beamte, Freiberufler, Fabrikanten oder Gutsbesitzer waren. Im höheren Auswärtigen Dienst, in dem jetzt der diplomatische und der

---

[12] Vgl. die Etats für 1913 (Politisches Archiv des Auswärtigen Amts [PA AA], R 143318) und 1931 (PA AA, R 143332). Im Etat von 1913 lassen sich die Auslandsbeamten wegen des Fehlens differenzierender Amtsbezeichnungen noch nicht entsprechend zuordnen.
[13] Das Verhältnis betrug 228 zu 20 im Inland und 414 zu 11 im Ausland (PA AA, R 143350).
[14] Gesetz über die Feststellung des Reichshaushaltsplans für das Rechnungsjahr 1929 vom 29.6.1929 § 18, in: RGBl. 1929, II, S. 445.
[15] Denkschrift des Reichsfinanzministers über die Kanzleibeamtenfrage, in: Verhandlungen des Reichstags, VII. Wahlperiode 1932, Bd. 456, Berlin 1933, Nr. 231, S. 1–3.
[16] Vgl. etwa den Reserveoffizier Kuno Weber (*1870), der nach dem frühen Tode des Vaters das Gymnasium abbrach und statt des geplanten Jurastudiums eine Verwaltungsausbildung begann, oder George Roland (*1859), der nach dem Tod des Vaters ein Geschichtsstudium abbrach und in den Bürodienst des Auswärtigen Amts eintrat. Letzterer begann wenig später berufsbegleitend Jura zu studieren und legte 1888 das Referendarexamen und die Doktorprüfung ab. Gewissermaßen als Gegenentwurf sei Otto Hoffmann (*1870) genannt, der – als Sohn eines mittleren Bahnbeamten – mehrere Jahre studiert hatte, ohne einen Abschluss zu machen, dann 1901 ein Diplom am Seminar für orientalische Sprachen in Berlin erwarb und mit Unterstützung eines bayerischen Prinzen im gleichen Jahr in den gehobenen Auswärtigen Dienst gelangte. Auch er war intensiv übender Reserveoffizier.

konsularische Dienst vereinigt waren, spielten Hochadel und Industriellendynastien als Reservoir des diplomatischen Dienstes keine Rolle mehr. Erst durch den Einbau von Parteifunktionären während der NS-Zeit wurde diese gesellschaftliche Grenze in breiterer Front nach unten hin aufgebrochen.

Im höheren wie im gehobenen Dienst bildete sich ein festes Anforderungsprofil für Bewerber für den Auswärtigen Dienst erst allmählich heraus. Länger als beim höheren Dienst hielt sich allerdings besonders bei den Konsulaten die Möglichkeit der Anstellung grundsätzlich geeigneter Kandidaten für den Bürodienst vor Ort im Ausland[17]. Den Nachwuchs für den mittleren und gehobenen Dienst bildete das Auswärtige Amt – im Unterschied zu heute – bis zum Ende des Zweiten Weltkriegs nicht selbst aus. Das war bei anderen Ministerien nicht anders, doch im Unterschied zu diesen konnte das Auswärtige Amt nicht auf nachgeordnete Behörden im Inland und dort ausgebildetes Personal zurückgreifen. Man war deshalb darauf angewiesen, fertig ausgebildete Beamtenanwärter oder Beamte aus anderen Verwaltungen anzuwerben. Als formale Voraussetzung wurde die Obersekretärs- bzw. Inspektorenprüfung festgesetzt. Das führte dazu, dass die neu eintretenden Konsulatspraktikanten ein ähnliches Lebensalter wie die Attachés, 25–30 Jahre, und durchschnittlich zehn bis zwölf Jahre Verwaltungserfahrung aufwiesen.

Die Höhe der erreichten Schulabschlüsse stellte auf Grund dieses Rekrutierungsverfahrens für das Auswärtige Amt kein entscheidendes Kriterium dar. Bei der oben beschriebenen Wandlung des Berufsbildes im gehobenen Dienst kann es allerdings kaum überraschen, dass während der zwanziger und dreißiger Jahre intensiv um die Frage gerungen wurde, ob statt eines mittleren Schulabschlusses das Abitur als Zugangsberechtigung verlangt werden sollte[18]. Das Auswärtige Amt beobachtete diese Diskussion, ohne Position zu beziehen, scheint allerdings in der NS-Zeit zeitweise geplant zu haben, von Bewerbern das Abitur zu fordern[19]. Das Amt folgte dann jedoch den allgemeinen Regelungen, die weiterhin einen mittleren Schulabschluss vorsahen[20]. Betrachtet man vor diesem Hintergrund die erreichten Schulabschlüsse der gehobenen Beamten des Auswärtigen Amts, lässt sich über die Jahre eine Zunahme der höheren Schulbildung feststellen. So hatten die Beamten der Geburtsjahre 1870 bis 1890 die Schule meist mit der Sekunda- oder Pri-

---

[17] Vgl. etwa Joseph Krauss (* 1870), der 1900 vom Marinesanitätsdienst am Deutschen Lazarett Yokohama als Hilfsschreiber ans Konsulat Nagasaki wechselte, Adolf Haussmann (* 1890), der als Handlungsgehilfe in Italien arbeitete, bevor er 1909 Hilfsschreiber am Konsulat in Rom wurde, oder Gottlob Frank (* 1890), Sohn eines deutschen Hoteliers in Jaffa, der nach einer begonnenen Postausbildung am deutschen Postamt in Jaffa 1909 Hilfsschreiber am Vizekonsulat in Haifa wurde.

[18] Vgl. die Akte zur Frage der Anstellungsgrundsätze (PA AA, R 139417). Hier heißt es in einem Vermerk vom 19.1.1931: „In der Frage der Vorbildung für den gehobenen mittleren Dienst gingen jedoch die Meinungen stark auseinander. Für das Abiturium sprach sich lediglich der Vertreter des Reichsfinanzministeriums aus, der erklärte, hierauf mit Rücksicht auf die hohen Anforderungen des Zoll- und Steuerdienstes nicht verzichten zu können. Das Reichswehrministerium trat für mittlere Reife, das Reichsjustizministerium und das Reichswirtschaftsministerium für Primareife ein. Gegen den Standpunkt des Reichsfinanzministeriums opponierten insbesondere das Reichsverkehrsministerium und Reichspostministerium."

[19] Vgl. die Richtlinien für die Einstellung von Anwärtern für die Laufbahn des gehobenen mittleren Dienstes beim Auswärtigen Amt aus der zweiten Hälfte der 1930er Jahre (undatiert, gedruckt mit handschriftlichen Streichungen und Korrekturen) in PA AA, R 144954, in denen in der gedruckten Fassung das Abitur gefordert wurde, was handschriftlich in ein „Zeugnis einer höheren Lehranstalt" geändert wurde.

[20] Vgl. die Verordnung über die Vorbildung und die Laufbahnen der deutschen Beamten vom 28.2.1939, in: RGBl. 1939, I, S. 371–376, sowie die folgenden Ausführungen.

mareife beendet. Der Geburtsjahrgang 1900 der Stichprobe verzeichnet schon gut 50% Abiturienten, der Jahrgang 1910 fast 100%.

Wie sahen die Anforderungen an einen Bewerber konkret aus? Die entsprechenden Regelungen blieben während der 1920er und frühen 1930er Jahre unverändert in Kraft und seien hier in einer Fassung aus der Zeit vor 1927 zitiert[21]:

> „Für den Bürodienst des Auswärtigen Amts finden grundsätzlich nur solche Bewerber Annahme, die bei Reichs-, Landes- oder Kommunalbehörden eine büromäßige Ausbildung genossen und dort die Obersekretärsprüfung abgelegt haben. Die Bewerber müssen gute Kenntnisse in der französischen und englischen oder auch in anderen Fremdsprachen nachweisen können, von guter Gesundheit, d. h. tropendiensttauglich, unverheiratet und etwa 25, jedenfalls nicht über 30 Jahre alt sein. Sie müssen stenographieren können und die Schreibmaschine beherrschen.
>
> Vormerkungen lediglich für den inneren Bürodienst finden nicht statt; vielmehr werden die planmäßigen Bürobeamten der Zentrale aus dem Auslandsdienst entnommen. Jeder Bewerber muß daher zum Bürodienst bei allen deutschen Reichsvertretungen im Auslande bereit sein. Da die spätere endgültige Anstellung nicht nur von der Bewährung, sondern auch von der Gestaltung der Etatverhältnisse abhängig ist, können nur solche Anwärter angenommen werden, die von ihrer Mutterbehörde beurlaubt werden oder denen wenigstens ein etwaiger Rücktritt in den heimischen Dienst ausdrücklich zugesichert worden ist.
>
> Der Nachweis der erforderlichen französischen und englischen Sprachkenntnisse ist in einer Prüfung zu erbringen, welche der Einberufung vorausgeht. Verlangt wird möglichst gute Aussprache und eine gewisse Ausdrucksfähigkeit. Die Prüfung besteht im Schriftlichen aus einem Diktat in den fremden Sprachen sowie aus einer Übersetzung in die fremden Sprachen, im Mündlichen aus einer Unterhaltung in diesen Sprachen sowie in Lektüre und sinngemäßer Wiedergabe.
>
> Die einberufenen Anwärter haben im Auswärtigen Amt einen sechsmonatigen Ausbildungskursus durchzumachen, der neben der Einführung in den Bürodienst der Zentrale die Pflege und Vertiefung der fremdsprachlichen Kenntnisse und eine auf die Bedürfnisse des Dienstes und Lebens im Auslande eingestellte Schulung der Anwärter bezweckt. Die Lehrkräfte sind Professoren und Dozenten der hiesigen Hochschulen. Neben dem Sprachunterricht umfaßt der Lehrplan Vorlesungen und Übungen über Staats- und Verwaltungsrecht, Völkerrecht, Staatenkunde und Weltwirtschaftslehre.
>
> Nach erfolgreichem Abschluß des Kursus werden die Anwärter im praktischen Dienst der Zentrale oder im Auslande verwendet. Sie finden ihre erste planmäßige Anstellung als Konsulatssekretäre in Besoldungsgruppe VII."

Dieser Katalog wurde in der NS-Zeit um die Forderung nach einem „urkundlichen Ariernachweis" und der „Mitgliedschaft in der NSDAP oder einer ihrer Gliederungen" erweitert; außerdem musste, „wer nach dem 31. Dezember 1935 das 16. Lebensjahr vollendet hat, mit Erfolg der HJ angehört haben". Gleichzeitig wurde die Dauer der Ausbildung in der Zentrale von sechs auf zwölf Monate verlängert[22].

Dieses Rekrutierungsverfahren sollte im Vorfeld der Neufassung der reichsweiten Laufbahnverordnung 1939 geändert werden, die als Voraussetzung zum Eintritt in den nun offiziell bestehenden gehobenen Dienst einen mittleren Schulabschluss und eine interne mindestens zweijährige Ausbildung in der Behörde vorsah[23]. Das Auswärtige Amt reagierte auf diese neue Vorgabe seit 1938 mit der Idee einer gemeinsamen Ausbildung der Anwärter für den gehobenen und den höheren Dienst in einem Nachwuchshaus[24]. Man

---

[21] PA AA, R 144954.
[22] Vgl. die Richtlinien für die Einstellung von Anwärtern (wie Anm. 19).
[23] Vgl. Verordnung über die Vorbildung und die Laufbahnen der deutschen Beamten vom 28. 2. 1939, in: RGBl. 1939, I, S. 371–376, hier §§ 26 und 29.
[24] Die Auswahl des Standorts erfolgte im November 1938. Die Raumnutzungspläne standen im Dezember 1938 fest. Der Umbau der vorhandenen Wohngebäude selbst dauerte kriegsbedingt verzögert von April 1939 bis Ende Januar 1942, vgl. den Einleitungstext im repräsentativen Fotoalbum zur Übernahme des Nachwuchshauses (PA AA, Bildsammlung, Album 001).

plante jährliche Kurse von 100 Anwärtern für den höheren und 50 Anwärtern für den gehobenen Dienst[25]. Aus dieser frühen Planungsphase dürften kurz gefasste „Richtlinien für Auswahl und Ausbildung der Anwärter des höheren und gehobenen Auswärtigen Dienstes" stammen[26], die sich von den bisherigen Ausbildungswegen für höheren und gehobenen Dienst deutlich absetzten. War bisher die Vorbildung durch Jurastudium und Referendariat bzw. durch langwierige Verwaltungserfahrung Vorbedingung des Eintritts in den Auswärtigen Dienst, sollte sie nun durch nationalsozialistisches Elitebewusstsein und die feste Einbindung in die Strukturen der NSDAP ersetzt werden:

> „Vorbedingung für alle Anwärter ist Mitgliedschaft der NSDAP oder Bewährung in ihren Gliederungen.
> Nur eine neue Auslese der rassisch Besten wird als Anwärter zugelassen. Bei ihrer Auswahl wird keinerlei Rücksicht genommen auf Vermögen und Herkommen. Gefordert wird, daß der Anwärter Gewähr bietet für eine durch nichts zu erschütternde Gefolgstreue zum Führer, daß er Nationalsozialist ist, daß er einen verantwortungsfreudigen, unerschrockenen, harten und sauberen Charakter besitzt."

Auf diese ideologisch aufgeladene Präambel folgten die spezifischen Anforderungen an die Bewerber beider Laufbahnen und eine Skizze des jeweiligen Ausbildungsgangs – wobei die Gemeinsamkeiten gegenüber den Unterschieden deutlich überwiegen: Gemeinsame Voraussetzung sollte der abgeleistete Arbeits- oder Wehrdienst sein. Abitur und Eignung zum Reserveoffizier sollten für den höheren Dienst Bedingung, für den gehobenen Dienst nur erwünscht sein. Fremdsprachliche Fähigkeiten sollte allein der höhere Dienst nachweisen – überraschenderweise sollte Gleiches für die Tropentauglichkeit gelten, wohl ein Flüchtigkeitsfehler des Entwurfs. Das Eintrittsalter der Anwärter war für den höheren Dienst mit 21 bis maximal 30 Jahren, das des gehobenen Dienstes mit 20 bis maximal 25 Jahren angegeben. Diese Differenzierung ergab sich daraus, dass die Anwärter des höheren Dienstes „ausschließlich aus der Partei, ihren Gliederungen und Schulen entnommen" werden sollten. Einsatzbereitschaft und Linientreue zum Nationalsozialismus waren bei Herkunft aus der hauptamtlichen Tätigkeit für die NSDAP und ihre Gliederungen bzw. durch Ausbildung an NS-Ausleseschulen als gesichert vorauszusetzen. Anzunehmen ist auch, dass es sich in ihrem Fall nicht um freie Bewerbungen, sondern die Entsendung geeigneter Kandidaten handeln sollte. Entsprechend konnte die Probezeit, die für beide Dienste ein Jahr überwiegend theoretischer Ausbildung im Nachwuchshaus umfassen sollte, im höheren Dienst gegebenenfalls auf sechs Monate verkürzt werden. Auf die Probezeit folgte in beiden Laufbahnen ein Jahr praktische Ausbildung an einer Auslandsvertretung, darauf nach einem weiteren Jahr (höherer Dienst) bzw. sechs Monaten (gehobener Dienst) in Nachwuchshaus und Zentrale des Auswärtigen Amts die Abschlussprüfung. Der theoretische Unterricht in Berlin sollte nach den späteren Aufgabengebieten differenziert sein, hinzu kamen Sprachunterricht und Leibesübungen. Eine unbestimmte Zahl von Anwärterplätzen im höheren Dienst sollte für Volljuristen bzw. Absolventen eines Stu-

---

[25] Dabei war zumindest die Zahl der Anwärter des höheren Dienstes auf eine weitere drastische Auslese während der Ausbildung hin angelegt. Zur Zahl der Anwärter des höheren Dienstes vgl. die aus dem Überlieferungszusammenhang wohl auf 1938 zu datierende Denkschrift „Zweck und Ziel des Nachwuchshauses junger deutscher Diplomaten" (PA AA, R 27188), zur Zahl der Anwärter des gehobenen Dienstes die „Aufzeichnung betr. Ausbildungslehrgang der Konsulatspraktikanten" aus dem Mai 1939 (PA AA, R 144953).
[26] Richtlinien für den Nachwuchs des höheren und gehobenen Dienstes im Auswärtigen Amt (PA AA, R 144954).

diums in einer der klassischen orientalischen Sprachen des Auswärtigen Dienstes reserviert sein, nämlich Arabisch, Türkisch, Persisch, Chinesisch, Russisch oder Japanisch. Geeignete Anwärter des gehobenen Dienstes sollten diese Sprachen während ihrer Ausbildung erlernen.

Diese in jeder Hinsicht radikale Ausbildungsordnung zeigt den Willen des neuen Außenministers Joachim von Ribbentrop, mit Traditionen des Auswärtigen Amts wie des Beamtenapparats allgemein zu brechen und das Auswärtige Amt mit Hilfe der Ausbildung des Nachwuchses zu einer nationalsozialistischen Avantgarde umzubauen. Als Verfasser wird man SA-Standartenführer Franz Braun oder SS-Obersturmbannführer Heinz Bertling vermuten können, die den Aufbau des Nachwuchshauses planten[27].

Als am 1. November 1944 – verzögert durch den Krieg und durch seinen Verlauf eigentlich schon obsolet geworden – eine Neuregelung der Ausbildung für den gehobenen Auswärtigen Dienst in Kraft trat[28], hatte sie den revolutionären Umgestaltungswillen weitgehend verloren. Sie orientierte sich stattdessen eng an der deutlich konservativeren Ausbildungsordnung für den gehobenen Dienst der allgemeinen Verwaltung von 1939[29]. Zentrale Punkte waren: ein Eintrittsalter zwischen 18 und 30 Jahren, der mittlere Schulabschluss, deutschblütige Abstammung, Mitgliedschaft in der NSDAP oder einer ihrer Gliederungen und Tropentauglichkeit. Die Anwärter sollten zunächst eine zweijährige Verwaltungslehre im Auswärtigen Amt absolvieren, von der Abiturienten freigestellt wurden. Voraussetzung zum anschließenden Übertritt in den Vorbereitungsdienst waren Beherrschung von Stenographie und Schreibmaschine sowie gute Sprachkenntnisse im Englischen und Französischen[30]. Die Zulassung zur abschließenden Prüfung setzte „dienstliche Eignung, gute Führung, praktische Bewährung und die von einem Beamten des nationalsozialistischen Staates zu verlangenden Charaktereigenschaften voraus". Diese Ausbildung sollte auch entsprechend qualifizierten mittleren Beamten offenstehen.

Beschäftigtenzahl und Aufgaben des gehobenen Auswärtigen Dienstes

Im Folgenden ist eine Darstellung der Aufgaben des gehobenen Auswärtigen Dienstes nur sehr eingeschränkt möglich. Dies gilt gerade auch für die Bewertung, wie groß der Anteil der gehobenen Beamten an Inhalt und Gestaltung des politischen Handelns des Auswärtigen Amts war. Einige Beobachtungen lassen sich jedoch durchaus machen:

Inland

Betrachtet man die Beschäftigtenzahlen, so nahm die Rolle des gehobenen Dienstes in der Zentrale seit der Kaiserzeit beständig ab: Die Zahl der höheren Beamten stieg hier an

---

[27] Vgl. Biographisches Handbuch, Bd. 1: A–F, S. 262f. und 133f.
[28] Ausbildungs- und Prüfungsordnung für die Anwärter des gehobenen nichttechnischen Dienstes im Geschäftsbereich des Auswärtigen Amts vom Oktober 1944 (PA AA, R 144953).
[29] Verordnung über die Ausbildung und Prüfung der Anwärter des gehobenen Dienstes in der allgemeinen und inneren Verwaltung vom 1. 3. 1939 in der Fassung vom 1. 4. 1942, in: Ministerialblatt des Reichs- und Preußischen Ministeriums des Innern 1942, Nr. 15, Spalte 691–702.
[30] Beide Sprachen konnten gegebenenfalls durch eine oder zwei andere lebende Sprachen ersetzt werden.

von 55 im Jahr 1913 über 99 (1927) auf 138 (1931) und sank dann im Jahr 1938 auf 126. Die Zahl der gehobenen Beamten stieg dagegen nur zeitweise von 200 (1913) auf 270 (1927) und sank dann wieder über 253 (1931) auf 222 (1938)[31]. 1913 kamen also noch 3,6 Beamte des gehobenen Dienstes auf einen Beamten des höheren Dienstes. 1938 waren es nur noch 1,7. Insgesamt scheinen also Aufgaben vom gehobenen zum höheren Dienst verschoben worden zu sein.

Über die Verteilung der Beamten in der Zentrale geben die Organigramme Aufschluss, die zwischen 1927 und 1939 besonders ausführlich gehalten waren und neben den Beamten und Angestellten des höheren Dienstes auch die den Referaten zugeteilten Beamten des gehobenen Dienstes und die Bürovorsteher verzeichnen[32]. Als Beispiele sollen hier die Geschäftsverteilungspläne von Mai 1930 und Februar 1939 dienen. Dabei gilt es, sich bewusst zu sein, dass beide Pläne nicht alle etatmäßig in der Zentrale des Auswärtigen Amts beschäftigten Beamten erfassen. Der Plan von 1930 nennt mit 173 der 235 im Etat genannten gehobenen Beamten 74% dieser Gruppe in der Zentrale. Dabei nimmt der Prozentsatz der aufgeführten Beamten hierarchisch nach unten ab: 87% der Ministerialamtmänner, 60% der Oberinspektoren, 30% der Inspektoren. Der entsprechende Plan für 1939 nennt mit 196 von 222 gehobenen Beamten des Haushalts von 1938 rund 88% – wiederum 87% der Amtsräte, über 100% der Amtmänner, 81% der Konsulatssekretäre I. Klasse und 76% der Konsulatssekretäre. Man wird die fehlenden Mitarbeiter teils im allgemeinen Bürodienst der Zentrale, teils abgeordnet im Ausland vermuten können.

Wo lagen nun die Schwerpunkte der Verwendung des höheren und gehobenen Dienstes in der Zentrale des Auswärtigen Amts? Die folgende Tabelle zeigt die Personalverteilung beider Dienste für 1930 und 1939 sowie den prozentualen Anteil der jeweiligen Abteilungen am Personal der jeweiligen Laufbahn in der Zentrale. Die hier vorgenommene Kombination der Bereiche Politik und Wirtschaft folgt aus der Umstrukturierung des Jahres 1936, die die Aufgaben der bisherigen Abteilungen II bis IV und des Sonderreferats Wirtschaft auf die Politische und die Wirtschaftspolitische Abteilung verteilte[33]:

Schwerpunkt der Arbeit des gehobenen Dienstes war 1939 mit einem Anteil von 60% die Personal- und Verwaltungsabteilung. Die übrigen Beamten verteilten sich über die restlichen Abteilungen, wobei Rechts-, Kultur- und Politische Abteilung jeweils gut 10% der Beamten beschäftigten, gefolgt von der Wirtschaftspolitischen Abteilung und der Leitungsebene mit 5% bzw. 4% sowie der Presseabteilung mit weniger als 1% der Beamten. Die Zahlenverhältnisse bei den höheren Beamten sind etwas ausgeglichener: Hier erreichte die Politische Abteilung mit fast einem Viertel der Beamten den höchsten Anteil, gefolgt von der Personal- und Verwaltungsabteilung mit 21% und der Wirtschaftspolitischen Abteilung mit 15%. Die Abteilungen für Kultur, Recht und Presse schlossen sich mit jeweils rund 10% an. Der Vergleich mit den Zahlen für 1930 zeigt ein ähnliches Bild, wobei ein allgemeiner Personalanstieg in höherem und gehobenem Dienst zu erkennen ist. Ein Personalrückgang – im gehobenen Dienst deutlicher als im höheren – ist allein bei den

---

[31] Vgl. die Etats für 1913 (PA AA, R 143318), 1927 (PA AA, R 143326), 1931 (PA AA, R 143332) und 1938 (in den Haushaltsakten für 1939, PA AA, R 143351).
[32] Vgl. die Sammlung der Geschäftsverteilungspläne im PA AA. Die auf diesen Originalen beruhenden Abdrucke in den Akten zur deutschen auswärtigen Politik sind um einen Teil der gehobenen Beamten gekürzt und deshalb für unsere Fragestellung nicht zu gebrauchen.
[33] Vgl. Biographisches Handbuch, Bd. 1: A–F, S. XXV–XXVIII.

Personalstärke und prozentuale Verteilung der Beamten des höheren und gehobenen Auswärtigen Dienstes in der Zentrale 1930 und 1939

Abteilung	Höherer Dienst 1930	%	Höherer Dienst 1939	%	Gehobener Dienst 1930	%	Gehobener Dienst 1939	%
Leitung[34]	6	3,8	14	7,5	1	0,6	8	4,1
Personal/Verwaltung[35]	28	17,7	40	21,3	98	56,6	119	60,7
Politik/Wirtschaft[36]	80	50,6	75	40,1	40	23,1	28	14,2
Recht	14	8,7	20	10,7	17	9,8	20	10,2
Kultur	14	8,7	21	11,2	15	8,7	20	10,2
Presse	16	10,1	17	9,0	2	1,2	1	0,5
gesamt	158		187		173		196	

Abteilungen für Politik und Wirtschaft zu erkennen, der ihren prozentualen Anteil in Kombination mit dem Wachsen anderer Abteilungen deutlich schmälerte[37].

Neben dem thematischen Schwerpunkt der inneren Verwaltung ist durch die Auswertung der Geschäftsverteilungspläne eine bemerkenswerte Spezialisierung des gehobenen Dienstes festzustellen. Vergleicht man die Namen beider Pläne, so zeigt sich, dass 81 der Beamten von 1930 auch neun Jahre später noch in der Zentrale beschäftigt waren. Von diesen wiederum arbeiteten 61 im gleichen Aufgabengebiet wie schon 1930 und zehn in der gleichen Abteilung, aber mit anderen Aufgaben. Zehn weitere waren innerhalb des Hauses gewechselt, unter ihnen zwei wegen der Übernahme verantwortungsvollerer Aufgaben, zwei, weil ihr alter Arbeitsbereich weggefallen war, und ein weiterer begann in einem neu gegründeten Referat. Da mindestens 27 der Beamten von 1930 neun Jahre später im Ruhestandsalter waren, verblieben mehr als 40% der gehobenen Beamten der Zentrale in diesem Zeitraum auf dem gleichen Posten[38]. Als Beispiel hierfür sei Erich Granaß genannt, Jahrgang 1892, der nach Abitur und Kriegsdienst seit 1919 eine Ausbildung bei der Zollverwaltung absolvierte. Ab 1925 war er Expedient für den Zolltarif im Reichsfinanzministerium und wechselte 1935 als Sachverständiger für Zollrecht in die Handelspolitische Abteilung des Auswärtigen Amts. Diese Position hatte er bis 1945 inne, dann arbeitete er als Maurer. 1949 kehrte er in sein altes Arbeitsfeld zurück und wurde Leiter der Zolltarifstelle des Zollamts Berlin, 1950 Sachbearbeiter für den Zolltarif im Bundesfinanzministerium, seit 1951 war er erneut Zollsachverständiger und technischer Bearbeiter von Wirtschaftsverträgen im Auswärtigen Amt[39]. Man wird kaum fehlgehen, wenn man in Beamten wie Erich Granaß ausgewiesene Spezialisten auch zu politischen

---

[34] Umfasst die Büros von Minister und Staatssekretär(en) sowie das Referat Deutschland (1930) bzw. die Referate Deutschland und Partei (1939).
[35] 1939 unter Einbeziehung der 1936 ausgegliederten Protokollabteilung.
[36] Geringe Teile der Abteilungen II–IV gingen auch an die Rechts- und Kulturabteilung. Die klar zu trennenden Zahlen für 1939 betragen für die Wirtschaftspolitische Abteilung 10 (5,1%) gehobene und 29 (15,5%) höhere Beamte, für die Politische Abteilung 18 (9,2%) gehobene und 46 (24,6%) der höheren Beamten.
[37] Dies lag vor allem am Wegfall bzw. an der Reduzierung von Aufgabenfeldern (Völkerbund, besetzte Gebiete, Abrüstung), in geringerem Maße an der Abwanderung von Zuständigkeiten zur Rechts- bzw. Kulturabteilung.
[38] Da der Großteil dieser Lebensläufe nicht in der Stichprobe erschlossen wurde, bleibt dies allerdings eine Vermutung.
[39] Vgl. seine Personalakte im PA AA.

Fragestellungen sieht, denen wenige ihrer häufig wechselnden Vorgesetzten inhaltlich überlegen gewesen sein dürften.

Diese Spezialisierung des gehobenen Dienstes wird noch deutlicher, wenn man die Beamten des höheren Dienstes zum Vergleich heranzieht: Von den 156 im Geschäftsverteilungsplan 1930 genannten höheren Beamten erscheinen 29 unter den 180 des Plans vom Februar 1939 wieder. Von diesen gehörten neun nicht der allgemeinen Laufbahn, sondern Fachlaufbahnen an, die keinen Auslandsdienst versahen (die Leiter von Bibliothek und Sprachendienst sowie sieben Beamte im Chiffrierdienst). Von den übrigen 20 sind nur sechs offenkundige Spezialisten, die langjährig als Referenten, dann als Referats- oder Abteilungsleiter ein einziges Ressort betreuten: Hermann Davidsen den Handel mit Amerika, Fritz Bleyert Schifffahrtsangelegenheiten, Ernst Kundt das Auswanderungswesen, Friedrich Gaus, Adolf Siedler und Erich Albrecht Aufgaben in der Rechtsabteilung. Alle übrigen waren zwischendurch auf einem oder mehreren Auslandsposten eingesetzt und kehrten mit wenigen Ausnahmen nicht in dieselbe Abteilung in der Zentrale zurück.

Ausland

Im Unterschied zur Zentrale blieb das Zahlenverhältnis zwischen höherem und gehobenem Dienst im Ausland von 1913 bis 1938 konstant: Bei einer geringfügig höheren Zahl von gehobenen Beamten lag es durchgehend ungefähr gleichauf[40]. Zugleich stieg die Zahl der im Ausland beschäftigten Beamten der beiden Laufbahnen von 556 im Jahr 1913 über 702 (1931) auf 797 im Jahr 1938. Die Gesamtzahl der Auslandsvertretungen änderte sich dabei – trotz deutlicher Umstrukturierungen im Detail – kaum: von 166 (1913) über 170 (1931) zu 179 (1938)[41].

Für die Beurteilung der Rolle des gehobenen Dienstes lohnt es sich, folgende Aspekte festzuhalten: Eine große Zahl von Vertretungen war nur mit einem Beamten des höheren Dienstes besetzt, 1913 fast 54%, 1931 etwa 50%, 1938 noch 46% der Vertretungen. Heute trifft dies noch auf gut ein Drittel der deutschen Auslandsvertretungen zu. In einer großen Zahl vor allem von Konsulaten war also der Kanzler der stellvertretende Leiter. Die geringe Größe vieler Konsulate, aber auch mancher Gesandtschaft brachte es mit sich, dass der Kanzler oder Konsulatssekretär häufig der einzige Beamte des gehobenen Dienstes vor Ort war und damit die innere Verwaltung und einzelne Bereiche der Außenkontakte des Konsulats relativ selbständig bearbeitete. Dies wurde durch die häufig langen Standzeiten dieser Beamten unterstützt. Acht bis zehn Jahre an einem Ort, in einem Land oder Sprach- und Kulturraum waren trotz der ungeplanten Abbrüche durch beide Weltkriege keine Seltenheit[42]. Dabei wechselten die Beamten in größeren Vertretungen häufig

---

[40] Höherer Dienst – mittlerer Dienst 1913: 272 zu 284, höherer Dienst – gehobener Dienst 1931: 334 zu 368 bzw. 1938: 383 zu 414.
[41] Vgl. die Etats des Auswärtigen Amts für 1913, 1931 und 1938 (PA AA, R 143318, 143332 und 143350).
[42] Als Beispiele seien genannt: Wilhelm Achilles (*1880), der 1904–1914 und 1920–1939 die gesamte Friedenszeit seiner Laufbahn, nur unterbrochen durch eine kurze Rückkehr in den preußischen Justizdienst 1905/06, in London verbrachte, vgl. Biographisches Handbuch, Bd. 1: A–F, S. 4f.; Theodor Lang (*1890), der 1913/14 seine Karriere in den Niederlanden begann, nach einer kriegsbedingt abgebrochenen Verwendung in Singapur 1915–1921 wegen seiner Sprachkenntnisse erneut in den Niederlanden eingesetzt wurde, um dann von 1921 bis 1939 in Großbritannien zu arbeiten; auch Fritz Kolbe (*1900) verbrachte 1925–1935 immerhin die ersten zehn Jahre seiner Dienstzeit in Spanien.

je nach Bedarf durch alle Arbeitsbereiche und sammelten so vielfältige Erfahrungen und Kontakte im Gastland[43].

Man kann deshalb davon ausgehen, dass die Kenntnisse der Landessprache[44], der wirtschaftlichen und rechtlichen Gegebenheiten und der immer wieder wichtigen deutschen und Ausländergemeinde vor Ort durchaus von Bedeutung waren. Das mag ein Schreiben aus der Personalakte von Alexander Kopf unterstreichen[45]: 1870 geboren, hatte Kopf nach einer kaufmännischen Lehre in Deutschland zwei Jahre als Handlungsgehilfe in Marseille gearbeitet, um dann seit 1894 im Konsulat Marseille als Hilfsschreiber Dienst zu tun. 1906 wurde er verbeamtet und bis zum Kriegsausbruch 1914 als Konsulatssekretär am Konsulat Algier beschäftigt. Aus Anlass der geplanten Wiedereröffnung eines Konsulats in Algier empfahl die Exportfirma Loeb & Cie (Karlsruhe – Algier – Oran) im Oktober 1920 dem Auswärtigen Amt Kopf als neuen Konsul. Die Begründung dieser Empfehlung sei hier etwas ausführlicher zitiert, weil sie die Aufgabenstellung der Konsulatstätigkeit und die sich bei ihrer Umsetzung ergebenden möglichen Defizite im höheren und Chancen im gehobenen Dienst sicherlich überzeichnet, aber doch plastisch und in gewisser Weise zeitlos umreißt:

> „Die verschiedenen deutschen Consuln, welche während unserer langjährigen geschäftlichen Tätigkeit in Algerien amtiert haben, waren für den betreffenden für den deutschen Handel außerordentlich wichtigen Posten absolut nicht geeignet. Wir sind weit davon entfernt, den betreffenden längst verstorbenen Herren irgend einen Vorwurf machen zu wollen und glauben, dass sie sich vielleicht an irgend einem anderen Posten ganz gut bewährt hatten; in Algier war dies jedenfalls nicht der Fall. Die früheren Consuln kümmerten sich um die Amtsgeschäfte so gut wie gar nicht, kannten die algerischen Verhältnisse nur ganz oberflächlich, verstanden es nicht, sich die Sympathie weder der französischen Behörden noch der französischen und eingeborenen Bevölkerung zu erwerben, ganz abgesehen davon, dass der großen deutschen Kolonie in Algier mit einer derartigen Amtsführung, welche ihre Interessen so gut wie unberücksichtigt ließ, absolut nicht gedient sein konnte. Die Herren hatten lediglich Sinn und Interesse für Repräsentation nach außen hin; die eigentliche Tätigkeit eines Consuls, der Land und Leute gründlich kennen soll, der für die Bedürfnisse von Handel und Industrie sowohl des Landes, in dem er lebt, als speziell auch des von ihm vertretenen Landes ein offenes Auge und Ohr haben muss, war ihnen fremd. Dazu kam auch der bedauerliche Umstand, dass die früheren Consuln in Algier sehr häufig wechselten, so dass es ihnen oft selbst beim besten Willen nur sehr schwer möglich gewesen wäre, sich in die eigenartigen nordafrikanischen Verhältnisse einzuarbeiten. Die ganze Last der sehr umfangreichen Consulatsgeschäfte ruhte aus diesen Gründen seit langen Jahren auf dem früheren langjährigen Sekretär des deutschen Consulats in Algier, Herrn Alexander Kopf. [...] Herr Kopf hat es verstanden, sich sowohl bei den französischen Behörden als auch bei der französischen und eingeborenen Bevölkerung außerordentlich beliebt zu machen, wozu nicht wenig der Umstand beigetragen haben mag, dass seine Frau geborene Französin ist. Dabei müssen wir ausdrücklich betonen, dass Herr Kopf jederzeit die Interessen der großen deutschen Kolonie in Algerien auf das nachdrücklichste vertreten hat, zu jeder Stunde für jedermann zu sprechen war und dass sein Haus, trotzdem seine Frau Französin war, in gastfreundlichster Weise jedem Deutschen geöffnet war, während die Herrn Consuln es meistens vorzogen, speziell nur in englischen Kreisen zu verkehren."

Zu beiden vgl. ihre Personalakten im PA AA sowie zu Fritz Kolbe: Lucas Delattre, Fritz Kolbe. Der wichtigste Spion des Zweiten Weltkriegs, München 2004.
[43] Hierauf gibt es in den Personalakten im PA AA vor 1945 keine Hinweise, da die Behördenleiter die Geschäftsordnung in ihrer Auslandsvertretung je nach Bedarf selbst gestalteten, vgl. Erich Kraske (Bearb.), Handbuch des Auswärtigen Dienstes, Halle/Saale 1939, S. 129. Kurzbeschreibungen der Tätigkeitsbereiche finden sich dagegen häufiger in den Personalakten (Personalfragebogen) der in den Auswärtigen Dienst der Bundesrepublik wiedereingestellten Beamten.
[44] So wurde Walter Gerlach (* 1911) in einem Versetzungserlass von 1936 gesondert darauf hingewiesen, „daß die Vervollkommnung Ihrer französischen und englischen Sprachkenntnisse sowie die Erlernung der Landessprache mit zu Ihren Dienstpflichten gehört" (vgl. seine Personalakte im PA AA).
[45] Vgl. in der Personalakte von Alexander Kopf im PA AA das Schreiben der Firma Loeb & Cie vom 23. 10. 1920.

Der Wahrheitsgehalt dieser Darstellung ist schwer einzuschätzen[46] – ein Empfehlungsschreiben eben. Doch es hatte zumindest teilweise Erfolg, denn bei der Wiedereröffnung des nunmehrigen Generalkonsulats Algier 1927 kehrte Alexander Kopf wenn nicht als Konsul, so doch als Kanzler nach Algier zurück, wo er 1929 starb.

Die hier unterstrichene Wichtigkeit der Beamten des gehobenen Dienstes auch für die Außenwirksamkeit ganzer Auslandsvertretungen folgt der Faustregel: Je kleiner die Vertretung, desto größer die Bedeutung des Einzelnen – und umgekehrt. Das heißt, dass auch erfahrene Beamte des gehobenen Dienstes in großen Vertretungen oder der Zentrale des Auswärtigen Amts oft überwiegend mit Schreibarbeiten beschäftigt sein konnten.

Gehobener Auswärtiger Dienst und NSDAP

Wie verhielten sich die Beamten des gehobenen Auswärtigen Dienstes dem Nationalsozialismus gegenüber? Einen Ansatz für erste Einschätzungen bietet eine Personalliste aus dem Spätherbst 1944, die u. a. Geburtsjahr und Eintrittsdaten in das Auswärtige Amt und die NSDAP verzeichnet[47]. Immer unter dem Vorbehalt, dass sich Aussagen über die Anfangsjahre nur sehr begrenzt mit Hilfe von Quellen aus der Schlussphase machen lassen, sei hier zumindest ein Versuch unternommen.

Der gehobene Auswärtige Dienst umfasste zum Ende der NS-Zeit 670 Beamte. 107 vor allem jüngere Beamte taten Dienst bei der Wehrmacht[48]. 47 im Jahre 1944 theoretisch schon im Ruhestand befindliche Beamte glichen dies teilweise wieder aus[49], sodass von aktiven 563 Beamten auszugehen ist. Rund drei Viertel von ihnen waren schon vor 1933 in das Auswärtige Amt eingetreten. Von diesen gehörten 13 der NSDAP vor 1933 an – einer schon seit 1929, zwölf seit 1932. Hinzu kommt ein weiterer, der ebenfalls 1932 in die NSDAP eintrat, jedoch 1938 in den höheren Dienst aufstieg[50]. Das ist ein deutlich größerer Anteil als bei den 1944 noch im Dienst befindlichen höheren Beamten. Hier gehörten nur drei der NSDAP vor der „Machtergreifung" an, einer von ihnen mit Decknamen[51], was für einen stärkeren Druck gegen Mitglieder der NSDAP im höheren Dienst spricht.

Wie im höheren Dienst kam es 1933 auch bei den schon im gehobenen Auswärtigen Dienst tätigen Beamten zu einer Welle der Parteibeitritte: Sie setzte 1933 hoch ein und

---

[46] So waren etwa die Vorgesetzten Kopfs in Algier, die Konsuln Paul von Tischendorf und Emil Baerecke, mit acht bzw. sieben Jahren Aufenthaltsdauer genauso lange im Land wie Kopf selbst.
[47] Vgl. PA AA, R 143447. Die Liste ist nicht fehlerfrei, so verzeichnet sie Gottfried Friedrich (* 1911) als parteilos, der laut Personalakte der NSDAP seit 1934 angehörte, nachdem ein erster Aufnahmeantrag 1931 wegen Mittellosigkeit gescheitert war.
[48] 97 Konsulatssekretäre (einer von ihnen vermisst), neun Konsulatssekretäre I. Klasse (Kl.), ein Regierungsamtmann. 96 von ihnen waren dem Auswärtigen Dienst seit 1933 beigetreten, einer in der Weimarer Zeit, ein Beitritt ist undatiert. Von ihnen waren 95 Mitglieder der NSDAP, von diesen wiederum zwölf der Partei vor 1933 beigetreten. Weitere zwölf Beamte gehörten keiner Partei an.
[49] 44 Amtsräte/Kanzler I. Kl., zwei Kanzler, ein Konsulatssekretär I. Kl.
[50] Es handelt sich um Rudolf Engelmann, zwei weitere (Ernst Neumann und Carl Bürgam) waren 1944 nicht mehr im Dienst.
[51] Hans Bernard, Georg Gyssling und Erich von Luckwald. Die reale Zahl liegt um eins höher (Viktor Prinz zu Wied schied schon 1943 aus dem Auswärtigen Dienst aus). Zwei weitere Beamte gehörten der NSDAP vor Eintritt ins Auswärtige Amt an, traten vor Dienstantritt jedoch aus der Partei aus, um 1935 bzw. 1939 wieder einzutreten (Eduard von Selzam, Elgar von Randow). Bogislav Graf Dönhoff, Otto von Radowitz und Johannes Richter gehörten dem Amt zum Zeitpunkt ihres Parteibeitritts nicht aktiv an.

ebbte dann Jahr für Jahr bis 1939 stetig ab: 75 – 64 – 33 – 30 – 18 – 14 – 4. Die militärischen Erfolge des Krieges überzeugten dann noch einmal verbliebene Zweifler: 1940 traten 45, 1941 noch einmal sechs Beamte der NSDAP bei, ein Nachzügler 1942. 112 blieben bis zum Schluss der Partei fern. Nun war der gehobene Dienst mit vier Beförderungsstufen vom Inspektor bis zum Amtsrat von seiner Struktur her eine kürzere Laufbahn als der höhere Dienst mit seiner Beförderungsmöglichkeit vom Legationsrat bis zum Staatssekretär. Dies legt die Vermutung nahe, dass weniger gehobene als höhere Beamte durch die Hoffnung auf eine Förderung ihrer Karriere zum Eintritt in die NSDAP bewegt wurden. Nimmt man den Geburtsjahrgang 1880 als Beispiel, so erreichten alle neun gehobenen Beamten der Auswahl für dieses Geburtsjahr[52] die Beförderungsendstufe als Amtsrat. Fünf von ihnen erreichen sie schon 1920 bei der Schaffung der neuen Besoldungsordnung, die übrigen vier 1925 bzw. 1934. Setzt man die noch bestehenden oder schon ausgereizten Beförderungsmöglichkeiten[53] in Beziehung zum Nichtbeitritt oder Beitritt zu NSDAP/SA/SS und dessen Datum, ist kein Zusammenhang zu erkennen. In beiden Gruppen traten gleich viele Beamte der NSDAP bzw. SS oder SA 1933 bei oder hielten sich der Partei und ihren Gliederungen auf Dauer fern. Der Geburtsjahrgang 1890, in dem nur einige bis 1945 zum Amtsrat befördert wurden, bietet ein ähnlich uneinheitliches Bild. Zumindest auf der Grundlage der hier erhobenen Daten lässt sich über die Frage nach einem Zusammenhang von Karrierehoffnung und Beitritt zur NSDAP also keine Aussage machen.

Bei den höheren Beamten lässt sich ein ähnlicher Verlauf der Beitrittszahlen zur NSDAP feststellen, allerdings reduzierten sich die Parteibeitritte bis 1939 nicht so deutlich wie im gehobenen Dienst. Gleichzeitig war die Zunahme der Beitritte 1940 verhaltener[54]. Die Zahlen zeigen aber, dass die Beamten des gehobenen Auswärtigen Dienstes von der NSDAP als so wichtig eingestuft wurden, dass die zeitweilige Aussetzung der Aufnahme in die Partei nach 1933 bei ihnen nicht angewandt wurde. Bei den nach 1933 eingestellten gehobenen Beamten lässt sich das „Tal" zwischen den hohen Beitrittszahlen 1933 und 1937 gut erkennen. Da diese Neuzugänge vor ihrem Eintritt in das Auswärtige Amt alle schon Beamte bzw. Beamtenanwärter in anderen Behörden waren, wird man diesen Unterschied als Zeichen für die besondere Stellung des Auswärtigen Amts bzw. der Ministerien allgemein werten können.

Seit 1937 lässt sich im höheren Auswärtigen Dienst eine deutliche Zunahme des Einbaus von Parteifunktionären, z.B. aus der Dienststelle Ribbentrop, beobachten, die schnell auf verantwortungsvolle Posten geschoben wurden. Im gehobenen Dienst ist dies nicht zu erkennen. Zwar waren jährlich zwei bis drei der Neueintritte schon vor 1933 Parteigenossen, doch machten sie keine auffällig schnelle Karriere. Nimmt man die Endstufe des gehobenen Dienstes, die Amtsräte des Jahres 1944 in den Blick, so findet sich unter den nach 1933 in das Auswärtige Amt Eingetretenen nur einer, der offenbar vor allem auf Grund von Protektion in diese Position gelangt war: Dr. Walter Schatz (*1899), ein promovierter Volkswirt und gescheiterter Lampenfabrikant, der von 1933 bis 1936 vom einfa-

---

[52] Ein aus dem Kolonialdienst stammender Beamter, Paul Röhr, trat in das Auswärtige Amt erst 1935 ein und starb schon 1939 als Konsulatssekretär.
[53] Hier einmal abgesehen vom eher seltenen Aufstieg in den höheren Dienst.
[54] Bezogen auf alle 1933 im Auswärtigen Amt tätigen Beamten des höheren Dienstes: (1933) 66 – (1934) 48 – (1935) 40 – (1936) 35 – (1937) 35 – (1938) 20 – (1939) 26 – (1940) 37 – (1941) 9 – (1942) 4.

chen Bürodienst bis zur Inspektorenprüfung aufstieg und dann im Auswärtigen Amt bis zum Amtsrat mit der Amtsbezeichnung Konsul befördert wurde. Er dürfte dabei seine frühe Partei- und aktive SA-Mitgliedschaft seit 1931 genutzt haben[55].

Gründe für diese Zurückhaltung lassen sich durchaus vermuten: Nicht nur für den quasioffiziellen Einbau hochrangiger Parteifunktionäre in Schlüsselstellungen des Auswärtigen Amts, sondern auch für Karrieristen, deren einzige Qualifikation „eine durch nichts zu erschütternde Gefolgstreue zum Führer"[56] war, musste der höhere Dienst allein schon auf Grund des mit ihm verbundenen Prestiges einen weit größeren Reiz ausüben als die nachgeordneten Laufbahnen. In der kurzen Frist von 1937 bis 1939 wird dieses durch den Ausbau des Auswärtigen Dienstes zudem noch wachsende Stellenreservoir kaum auszuschöpfen gewesen sein. Die oben beschriebene Spezialisierung des gehobenen Dienstes dürfte aber auch innerhalb des Auswärtigen Amts gerade in Zeiten des deutlichen Personalanstiegs die Sorge um den Erhalt des nötigen Sachverstands für einen geordneten Geschäftsbetrieb gefördert haben. Diese lässt sich mit Blick auf die zu erwartenden Folgen des Ausscheidens älterer erfahrener Beamter z. B. für 1942 nachweisen[57]. Dass dieser Sorge zum Trotz auch dem gehobenen Dienst gravierende Veränderungen bevorstanden, hat der oben vorgestellte Entwurf einer Ausbildungsordnung gezeigt.

Der Kriegsdienst der jüngeren Beamten veränderte ab 1939 die Zusammensetzung des gehobenen Auswärtigen Dienstes nicht gerade im Sinne des Nationalsozialismus. Da vor allem Konsulatssekretäre eingezogen wurden und pensionsreife Amtsräte an ihrer Stelle weiter Dienst taten, wurde die aktive Beamtenschaft älter, erfahrener und hochrangiger, zugleich geringfügig weniger parteilastig. Der Anteil der Parteigenossen sank so im Jahre 1944 von 78% auf 76%, der der Parteilosen stieg von 22% auf 24%. Dies gilt für die 1944 im Auswärtigen Dienst befindlichen Beamten. Da die Liste die vor 1944/45 Ausgeschiedenen nicht aufführt, lässt sich auf dieser Grundlage die Entwicklung der Parteimitgliedschaft seit 1933 im gehobenen Dienst insgesamt nicht nachzeichnen. Die Situation im höheren Dienst legt nahe, dass auch im gehobenen Dienst politisch Andersdenkende das Amt früh verließen bzw. dass die älteren Beamten am Ende ihrer Laufbahn und Dienstzeit der Partei reservierter gegenüberstanden. Gleichzeitig fehlen bei den Jüngeren die schon gefallenen Beamten. Eine Tendenz lässt sich allerdings ausmachen: Die Zahl der Parteimitglieder am Ende der NS-Zeit liegt im gehobenen Dienst unter der im höheren Dienst, wo 1944 immerhin 87% der Partei angehörten[58]. Ähnlich wie im höheren Dienst wird auch

---

[55] Vgl. die Personalakte von Walter Schatz im PA AA.
[56] Vgl. oben S. 26
[57] Vgl. das Schreiben des Büroleiters der Politischen Abteilung Hofrat Erich Kownatzki an den stellvertretenden Ministerialbürodirektor Amtsrat Arno Voß vom 9.3.1942 (PA AA, R 143359): „Die Beschäftigung der in anliegender Liste aufgeführten Amtsräte und des Amtmannes, also alter eingearbeiteter und bewährter Kräfte, deren Tätigkeit sich auf das Auszeichnen der Konzepte, Führung der Archivbücher und Verwaltung der Politischen Verträge erstreckt, ist mit Rücksicht auf die Schwierigkeit und Wichtigkeit der Materie als unbedingt notwendig wiederholt anerkannt worden. Eine Abziehung dieser Beamten und Ersetzung durch weniger qualifiziertes Personal müßte eine ordnungsmässige Geschäftsführung ausschließen. Die Folgen wären für die Politische Abteilung untragbar, da der Qualitätsbestand [lies: Qualitätsabstand] zwischen ihnen und dem übrigen Personal ein besonders großer ist. [...] Die immer wieder auftauchenden Fehler und Versehen des übrigen, weniger qualifizierten Personals können jetzt großenteils gerade durch die Amtsräte und den Amtmann wieder repariert werden."
[58] Die hier gemachten Aussagen zum höheren Dienst beruhen auf einer Auszählung der Biogramme des Biographischen Handbuchs des deutschen Auswärtigen Dienstes.

die nicht bezifferbare Zahl der Angestellten in vergleichbarer Position den Anteil der Mitglieder der NSDAP im gehobenen Dienst weiter gedrückt haben. Im höheren Dienst sinkt er bei Einbeziehung der höheren Angestellten im Jahr 1944 von 87% auf 75%.

Schluss

Fragen nach der inhaltlichen Aufteilung von Aufgaben und damit von Verantwortung zwischen höherem und gehobenem Dienst gerade innerhalb der politisch wirksamen Abteilungen lassen sich auf der hier ausgewerteten Quellenbasis nicht beantworten. Die Ergebnisse dieser Untersuchung können lediglich Bausteine einer größeren Darstellung liefern. Zwei Dinge sind aber deutlich geworden: erstens, wie stark sich der gehobene Auswärtige Dienst während der Dienstzeit der bis 1945 tätigen Beamten wandelte; zweitens, dass es sich beim gehobenen Dienst der Zeit vor 1945 nicht etwa um ein Spiegelbild des höheren Dienstes mit weniger Kompetenzen handelt, sondern um eine in ihrer Vielseitigkeit nicht leicht zu fassende, vielfach anders strukturierte Laufbahn. Die in ihr tätigen Beamten trugen eine durch die erreichte Karrierestufe, aber auch durch Arbeitsgebiet und Einsatzort stark variierende Verantwortung für das Gesamthandeln des Auswärtigen Dienstes – nicht allein, aber eben auch – in der NS-Zeit. Eine Bewertung des Auswärtigen Amts in der NS-Zeit allein anhand von Befunden zum höheren Dienst greift damit eindeutig zu kurz. So bleibt eine Gesamtsicht des Auswärtigen Amts im Nationalsozialismus auch in dieser Hinsicht ein Desiderat der Forschung.

Lars Lüdicke
Die Personalpolitik der Minister Neurath und Ribbentrop

Ausgangslage: Vom Reichsamt zum Reichsministerium

Jede Geschichte der Personalpolitik des Freiherrn Constantin von Neurath hat eigentlich vor seiner Berufung zum Außenminister einzusetzen, jedenfalls lässt sich sein Wollen und Wirken ab Juni 1932 nicht erklären, wenn es losgelöst von jener Vorvergangenheit zu analysieren versucht wird, in der er bereits Akteur und Repräsentant einer wechselvollen Geschichte von Personalpolitik gewesen ist. Den ersten hoheitlichen Vorstoß in die Personalpolitik hatte Neurath in den Jahren 1920/21 unternommen, in denen er von seinem Kopenhagener Gesandtenposten, auf dem er seit Februar 1919 tätig war, zur kommissarischen Beschäftigung in die Zentrale zurückgerufen wurde. Den Hintergrund der Einberufung bildete ein Umstrukturierungs- und Modernisierungsprogramm, das unter dem Namen seines maßgeblichen Schöpfers als Schüler'sche Reform in die Geschichte einging. Neurath wurde mit einer Reorganisation der Reform betraut und umschrieb rückblickend seine Aufgabe mit den Worten, er habe „das Auswärtige Amt von unliebsamen Neulingen ohne geeignete Vorbildung, darunter diverse Juden[,] zu reinigen"[1] gehabt.

In wenigen Worten und einigen Auslassungen hatte Neurath angedeutet, unter welchen Vorzeichen jene Personalpolitik stand, die seine Person verbürgte. Unbenannt – und unberührt – blieb zunächst einmal der Kern der strukturellen Reform, der weitgehende Akzeptanz fand; explizit erwähnt wissen wollte Neurath hingegen die Personalien, die mit der Schüler'schen Reform zusammenhingen. Im Ganzen gab es unter den 161 leitenden Beamten in der Weimarer Republik etwa 20 Seiteneinsteiger, womit die „Außenseiter" einen Anteil von einem Achtel stellten[2]. Die übergroße Mehrheit von ihnen wechselte auf besonders wichtige, nicht selten auf sensible Auslandsposten. Sie verfügten allesamt über einen höheren Bildungsgrad, weithin sogar über ein mit Promotion abgeschlossenes Studium; sie konnten allesamt auf respektable Vorleistungen in politischen oder wirtschaftlichen Bereichen vorweisen; und sie hatten – zum Teil reiche – Auslandserfahrungen vorzuweisen. Obgleich also objektiv kaum Grund für eine Kritik an den Seiteneinsteigern bestand, schien ihnen subjektiv das Ressentiment der Karrierediplomaten entgegenzuschlagen.

Wohlgemerkt: 1919 arbeitete nur noch die Hälfte der vor 1914 tätigen Beamten des höheren Dienstes im Auswärtigen Amt; bis hinunter zu den Vortragenden Räten waren alle Posten der Politischen Abteilung ausgewechselt worden, ebenso die Direktoren der übrigen Abteilungen[3]. Der Linie der Amtsleitung entsprechend, nach der es „ein Gebot der Stunde sei, nach außen durch neue Persönlichkeiten auch in der diplomatischen Vertretung den Wechsel im Innern des Reiches erkennbar zum Ausdruck zu bringen", hatte die Parlamentarisierung des Reiches zu einer gewissen „Parlamentarisierung des auswärti-

---
[1] „Notizen", in: Bundesarchiv Koblenz (BArch), Nachlass (NL) Neurath, Bd. 177.
[2] Vgl. Peter Krüger, Struktur, Organisation und außenpolitische Wirkungsmöglichkeiten der leitenden Beamten des Auswärtigen Dienstes 1921–1933, in: Klaus Schwabe (Hrsg.), Das Diplomatische Korps 1871–1945, Boppard am Rhein 1985, S. 101–169, hier S. 129.
[3] Vgl. Krüger, Struktur, S. 127.

gen Dienstes"⁴ geführt: Vor allem die Missions- wie auch die Leitungsposten waren um- und oftmals mit Seiteneinsteigern neubesetzt worden; diese Personalmaßnahmen verursachten nun aber einen „Laufbahnstau", der eine wachsende Unzufriedenheit „blockierter" Karrierebeamten speiste. Eine andere Form von Blockade entstand, so paradox es klingen mag, durch die Karrierebeamten selbst: In relativ kurzer Zeit wurden relativ viele Posten frei, auf die vor allem jüngere Männer für absehbar längere Zeit aufrückten. In dieser Perspektive führte also der Aufstieg der Jüngeren zu einer gewissen Konsolidierung des Alten, über die zugespitzt – aber nicht grundfalsch – die liberal-demokratische Presse berichtete: Eine „exklusive Garde" sei im Auswärtigen Amt „beinahe unverändert an der Macht" geblieben; nur um „der republikanischen Form in der Heimat Rechnung zu tragen", habe man „an die Spitze der Mission einen bürgerlichen Funktionär gestellt". Der „übrige Apparat" jedoch sei „völlig intakt geblieben"⁵.

Es war eine Intaktheit, die vor allem durch einen informellen Korpsgeist konstituiert wurde. In dem Bewusstsein verhaftet, eine Elite zu sein, pflegten die Karrierebeamten ein traditionell ohnehin ausgeprägtes Gefühl der Zusammengehörigkeit, das sich sodann als Skepsis und Ressentiment gegen alle „Outsider"⁶ richtete: gegen die Seiteneinsteiger etwa, insbesondere gegen jene, die in ihren diplomatischen Fähigkeiten augenscheinlich limitiert und überfordert waren, oder gegen die Juden, die Neurath explizit erwähnt hatte. Auch sie galten ihm als Außenseiter, wiewohl – oder gerade weil – sie im Auswärtigen Amt unterrepräsentiert waren. In der Tat: Da die Juden die mit Abstand am höchsten qualifizierte konfessionelle Gruppe⁷ stellten, hätten sie, „obwohl sie weniger als ein Prozent der Bevölkerung ausmachten", einen „weit höheren Prozentsatz in den öffentlichen Ämtern aufweisen müssen, wären die Einstellungen allein nach dem Leistungsprinzip erfolgt"⁸. Doch dem sprichwörtlichen Grundsatz gemäß, nach dem Ausnahmen die geltende Regel bestätigen, war den Juden der Eintritt in den höheren Auswärtigen Dienst des Kaiserreiches fast gänzlich versperrt geblieben. In diesem Sinne handelte es sich bei den im Auswärtigen Dienst tätigen Beamten jüdischer Herkunft bezeichnenderweise um christlich getaufte Männer – eine Grundtatsache, die per se die Natur des in der wilhelminischen Gesellschaft „salonfähigen" Antisemitismus offenbarte.

Nicht etwa aufkommende Rassentheorien begründeten das Ressentiment und auch nicht überkommene Vorurteile, gleichviel, ob diese unter antiliberalen, christlichen oder sonstigen Vorzeichen standen; vielmehr unterlag dem etwa von Neurath gepflegten Antisemitismus ein Grundgedanke, dem gerade erst der Anschein akademischer Weihen verliehen worden war. Heinrich von Treitschke, ein meinungsprägender Historiker seiner Zeit, hatte den Antisemitismus insofern zu rationalisieren versucht, als nach seiner Lesart die Juden eine Fremdgruppe bildeten, eine „Nation in der Nation", die den Zusammenhalt der Nation dekonstituiere. Folglich dürften die Juden nur eine Minderheit mit entsprechend begrenztem Einfluss auf Kultur, Wissenschaft und Institutionen bilden, so

---

[4] Ulrich Graf Brockdorff-Rantzau in der Kabinettssitzung vom 1.4.1919, in: Akten der Reichskanzlei. Weimarer Republik. Das Kabinett Scheidemann, bearbeitet von Hagen Schulze, Boppard am Rhein 1971, Dok. 32.
[5] „Adel und Außendienst", in: Berliner Volkszeitung, 17.11.1921.
[6] Wedel an Neurath, 8.7.1918, in: BArch, NL Neurath, Bd. 97.
[7] Vgl. Peter G. J. Pulzer, Die Entstehung des politischen Antisemitismus in Deutschland und Österreich 1867–1914, Göttingen 2004, S. 77.
[8] John C. G. Röhl, Kaiser, Hof und Staat. Wilhelm II. und die deutsche Politik, München 2002, S. 150.

Treitschke. Im System dieses Rationalisierungsversuches lag es begründet, dass ein kulturell eigenständiges Judentum – ebenso wie der ultramontane Katholizismus und die internationale Sozialdemokratie – auf Vorbehalte der auf nationale Geschlossenheit bedachten Diplomaten stieß. Noch im Nürnberger Prozess, in dem das Ausmaß des Menschheitsverbrechens erstmals zu dokumentieren versucht wurde, gab Neurath zu Protokoll, was diese Geisteshaltung ebenso bezeugte wie seine Geistesbegabung: Er, so Neurath, sei „niemals Antisemit gewesen", habe aber „eine Zurückdrängung des übermäßigen Einflusses [der Juden] auf allen Gebieten des öffentlichen und kulturellen Lebens, wie er sich nach dem Ersten Weltkrieg in Deutschland entwickelt hatte", als „erwünscht"[9] betrachtet.

Männer wie Neurath, die bereits im Kaiserreich in den Auswärtigen Dienst eingetreten waren, hielten auch nach dem Übergang vom Kaiserreich zur Republik strategisch wichtige Positionen besetzt, gerade weil die nach dem Krieg so wichtige Außenpolitik nicht ohne ein qualifiziertes, polyglottes und routiniert arbeitendes Personal auskommen konnte. Bereits in einer solchen funktionalen Erwägungsperspektive schien also keine Alternative zu einer Übernahme von Teilen des alten Apparats zu bestehen; die Frage war aber doch, in welchem Ausmaß es eine personelle Kontinuität geben musste. Wohlgemerkt: Wenngleich das hohe Maß an sozialer und korporativer nicht automatisch mit ideologischer Homogenität gleichgesetzt werden kann, existierte eben doch auch eine Gruppierung betont national gesinnter Diplomaten, für die Neurath nachgerade exemplarisch stand.

Die Homogenität der Spitzendiplomatie

Wohl mit keinem seiner Diplomaten hatte Außenminister Gustav Stresemann größere Konflikte auszutragen als mit Neurath, der am Verfassungstag der Republik demonstrativ im Urlaub weilte, aber am Gründungstag des Reiches festliche Abendveranstaltungen abhielt. All das Verhalten jedoch, das mehrfach sogar den Reichstag beschäftigte, blieb letztlich ohne einschneidende Konsequenzen. Neurath nämlich, dessen Reorganisation der Schüler'schen Reform zum eigenen Karrieresprung – zur Berufung als Botschafter in Rom – beigetragen hatte, wurde protegiert, und zwar durch die höchste Autorität des Staates, den Reichspräsidenten Paul von Hindenburg.

Bereits kurz nach seiner Wahl vom April 1925 hatte Hindenburg an Stresemann geschrieben, dass auch er, der Reichspräsident, gestaltenden Einfluss auf die Außenpolitik zu nehmen gedenke – sowohl hinsichtlich des Kurses als auch der Personalien. Gestützt auf eine extensive Auslegung der einschlägigen Verfassungsartikel, beanspruchte Hindenburg, was die Formel vom „Ersatzkaisertum" durchaus Wirklichkeit werden ließ: die Entscheidungskompetenz über Beförderungen oder Versetzungen von Diplomaten, schließlich sogar das Vorschlagsrecht; ferner die Verantwortlichkeit, die ins Ausland abreisenden Reichsvertreter zu instruieren; und nicht zuletzt das Recht der Immediatberichterstattung.

Es war das traditionelle Verständnis vom Diplomaten als Vertreter des Monarchen im Ausland, das sich im Amtsverständnis Hindenburgs erhalten hatte – und das Stresemanns Spielräume empfindlich einengte. Der versuchte, bezeichnend für die Zwangslage, auf Zeit zu spielen, also Umbesetzungen hinauszuschieben, um alsdann, unterstützt durch die

---

[9] Aussage von Neurath, 22.6.1946, Vormittagssitzung, in: Trial of the Major War Criminals before the International Military Tribunal (IMT), Nürnberg 1947, S. 596.

Schubkraft des erhofften außenpolitischen Erfolges, zuverlässige Mitarbeiter auf Schlüsselposten schicken zu können. Ein größeres Revirement nämlich, darüber war sich Stresemann im Klaren, hätte er nicht anders als im „nationalen" Sinne ausgestalten können, zumal Hindenburgs Wünsche sogar schriftlich vorlagen. So war der aus Ostpreußen stammende Gutsbesitzersohn Rudolf Nadolny, der im Auswärtigen Dienst als glühender Verfechter der Rapallo-Linie galt, für den Posten in Moskau auserkoren worden; Neurath wiederum sollte von Rom, von wo aus er sich bereits 1923 einen Mussolini für Deutschland gewünscht hatte[10], auf den wichtigsten Missionsposten wechseln, den in London. Dass Hindenburg sogar noch andere Pläne hegte, galt als offenes Geheimnis: In der Tat war im politischen Berlin längst bekannt, dass Neurath als Nachfolger des kranken Stresemann in Aussicht genommen worden war, weil politische Übereinstimmungen und private Sympathien ein regelrechtes Vertrauensverhältnis begründet hatten. So limitiert sich auch Neuraths diplomatische Fähigkeiten ausnahmen, so stark stieg er gerade deshalb in Hindenburgs Gunst, weil er weit stärker als andere Diplomaten eine unilaterale Pressionspolitik wie auch die militärische Variante deutscher Revisions- und Großmachtpolitik verfocht.

Wohlgemerkt: Mit seiner militärischen Karriere, die vom „Einjährig-Freiwilligen"-Wehrdienst in die Karriere als Reserve-Offizier geführt hatte, spiegelte Neuraths Lebenslauf im Grunde nur den mustergültigen Werdegang wider. Nahezu ausnahmslos nämlich blickten die im Kaiserreich in den Auswärtigen Dienst getretenen Beamten über eine Karriere im Militär zurück, weil faktisch, nicht offiziell, dem Nachweis des Reserveoffizier-Patents eine ganz maßgebliche, ja mitentscheidende Bedeutung beim Eintritt in den Auswärtigen Dienst zukam. Doch auch wenn die militärische Ausbildung als informelles Rekrutierungskriterium wirkte – militärische Lebensideale, Denkmuster und Verhaltensweisen wurden in ganz unterschiedlicher Tiefenprägung tradiert. So tat sich der einstige Reserveleutnant Ulrich von Hassell, obgleich er Schwiegersohn des Flottenplaners Alfred von Tirpitz war, als entschiedener Verfechter der ökonomischen Variante von Revisions- und Großmachtpolitik hervor. Auch Bernhard von Bülow, der nachgerade als „Personifizierung revisionistischer Politik"[11] zu gelten hat, verfocht die Idee einer wirtschaftlichen Einigung europäischer Gebiete unter – direkter oder informeller – deutscher Herrschaft. Mit Leopold von Hoesch, dem „brillantesten deutschen Diplomaten der Zwischenkriegszeit"[12], vertrat ein Spitzendiplomat sogar die multinationale Verständigungspolitik – trotz seiner Korpsvergangenheit und des Reserveoffizier-Patents. Kurzum: So offenkundig sich die biographischen Parallelen darstellten, so deutlich wurden eben doch die politischen Unterschiede.

Es ist diese komplexe Wirklichkeit, die sich nur bedingt auf das einfache Maß einer Homogenität reduzieren lässt. Zutreffend ist, dass drei Viertel der zum Jahreswechsel 1932/33 im Auswärtigen Dienst tätigen Spitzendiplomaten[13] bereits in das kaiserliche Auswärtige Amt eingetreten und in der Weimarer Republik in die oberste Ebene des Auswärtigen Dienstes aufgestiegen waren. Richtig ist ebenso, dass ihre soziale Herkunft wie

---

[10] Neurath an Mathilde von Neurath (Mutter), 25.11.1923, in: Hauptstaatsarchiv Stuttgart (HStAS), Q 3/11, Bü. 385.
[11] Hermann Graml, Zwischen Stresemann und Hitler. Die Außenpolitik der Präsidialkabinette Brüning, Papen und Schleicher, München 2001, S. 224.
[12] Vgl. Krüger, Struktur, S. 129.
[13] Planstellenbeamte im Rang eines Gesandten I. Klasse aufwärts inklusive Minister (kein Beamter).

auch ihre zumeist juristisch-korpsstudentisch-militärisch geprägte Biographie ein hohes Maß an Übereinstimmungen aufwies. Abwegig allerdings ist, die biographischen Schnittmengen mit politischer Konformität gleichzusetzen, denn trotz aller kollektiv typischen Merkmale bestanden sehr wohl individuell unterschiedliche Dispositionen, die wohl auf keinem Feld so deutlich hervortraten wie in der Einstellung zum Nationalsozialismus. So gab es Opportunismus unter den Spitzendiplomaten wie auch Attentismus, Distanzierung wie auch Zustimmung, und folglich offenbart sich in der Tatsache, dass die Spitzendiplomaten zum weit überwiegenden Teil auch im „Dritten Reich" ihre Karrieren fortsetzten, nicht etwa eine pro-nationalsozialistische Gesinnung, sondern zweierlei: die relative Anpassungsfähigkeit der Diplomaten sowie die ungebrochene Stetigkeit einer sich auch in den nationalsozialistischen Staat fortsetzenden Personalentwicklung.

In diesem Sinne hatten bereits die nach Stresemanns Tod vorgenommenen Personalveränderungen insofern im Zeichen einer Kontinuität gestanden, als die nationalere Profilierung bereits zur Mitte der 1920er-Jahre eingeleitet worden war – und zwar mit und von dem Personal der „Wilhelmstraße". Im Rahmen des Revirements von 1930 avancierte Hassell, im System der Mitteleuropaplanungen nur konsequent, zum Gesandten in Belgrad, wo er dem kurz zuvor verstorbenen Sozialdemokraten Adolf Köster nachfolgte, einem „Außenseiter", der in den Jahren von 1920 bis 1922 kurzzeitig Außen- und Innenminister gewesen und sodann in den Auswärtigen Dienst übernommen worden war. Bülow, der zuvor die Westeuropa-Abteilung geleitet hatte, rückte zum Staatssekretär des Auswärtigen Amts auf, ersetzte also Carl von Schubert, der mit dem Botschafterposten in Rom abgefunden wurde. Gerade in diesem Personalwechsel verriet sich jene „nationale" Tendenz, die dem Gesamtrevirement zugrunde lag: Der Stresemann-Vertraute Schubert, der in den demokratischen Westen hatte ausweichen wollen, wurde in den faschistischen Süden geschickt, wo er absehbar scheitern musste; der Hindenburg-Protegé Neurath, der sich Mussolinis Vertrauen erworben hatte, wechselte auf den wichtigeren Posten nach London und löste hier den fast 75-jährigen Friedrich Sthamer ab, weil Hindenburg statt des durchaus erfolgreichen, aber amtsmüden Schüler'schen „Außenseiters" „einen vornehmen Mann" in England haben wollte, „der den Engländern imponiere u[nd] sich von ihnen nicht imponieren lasse"[14].

Auf Hindenburgs Wunsch ging sodann auch der Wechsel Neuraths an die Spitze des Berliner Außenministerims im Juni 1932 zurück. Nur zwei Jahre nach dem Revirement von 1930 wurden somit erneut Veränderungen fällig. Hassell, Neuraths Korpsbruder, rückte vom Gesandten zum Botschafter auf und ersetzte Schubert, der, nicht einmal 50-jährig, in den Ruhestand eintreten musste. Hoesch, der seit 1924 – und mit großem Erfolg – als Botschafter in Paris wirkte, wechselte nach London; ihn ersetzte Roland Köster, der zuvor als Abteilungsleiter in der Berliner Zentrale gearbeitet hatte. Im Ganzen hielten sich die Personalveränderungen vom Sommer 1932 also im überschaubaren Rahmen; auch die Stoßrichtung einer „nationalen Konzentration", unter deren Vorzeichen das Kabinett Papen gebildet worden war, spiegelte die Rochade in der „Wilhelmstraße" nur bedingt wider. Doch so wie die improvisierte Regierung nur transitorischen Charakter haben sollte, so galt auch im Auswärtigen Amt die personelle Neuordnung als längst noch nicht abgeschlossen. Die Berufung des Kabinetts Hitler und der anschließende Prozess der nationalsozialistischen Machteroberung veränderte die Sachlage jedoch nachhaltig.

---

[14] Gedenkblätter aus unserem Leben 1923–1933, in: HStAS, Q 3/11, Bü. 459.

Kontinuitäten und Brüche: Der Weg in die Diktatur

Noch über jeden Regierungswechsel hinweg hatte das Auswärtige Amt reibungslos funktioniert, weil es ein hohes Maß an personeller Kontinuität gab – und das galt auch über den 30. Januar 1933 hinweg. In der Tat führte die Errichtung der Diktatur zu keinem strukturellen oder personellen Bruch mit der Vorvergangenheit des Auswärtigen Amts. Ebensowenig wie es eine Infiltration durch nationalsozialistische Seiteneinsteiger gab, hat die Berufung des Kabinetts Hitler eine Rücktrittswelle der etablierten Diplomaten ausgelöst – lediglich der deutsche Botschafter in Washington, Friedrich Wilhelm von Prittwitz und Gaffron, quittierte aus der Gruppe der Spitzendiplomaten seinen Dienst. Dass Neurath keinerlei Versuche unternahm, den Spitzendiplomaten Prittwitz im Dienst zu halten, lag in der Logik seiner Berufung. 1932 hatte ihn Hindenburg zum Antritt des Ministeramts regelrecht genötigt, 1933 war sodann die Berufung des Hitler-Kabinetts auch an seine Übernahme geknüpft worden, und in beiden Fällen war die Intention des Reichspräsidenten dieselbe gewesen: Neurath würde die in seiner Person verbürgte Außenpolitik ins Werk setzen. Und Neurath tat, einmal im Amt, was von ihm zu erwarten stand – er forcierte die betont nationalprofilierte Personalpolitik, der ein Abschiedsgesuch wie das von Prittwitz durchaus entgegenkam. Mit ihm nämlich verließ ein Spitzendiplomat den Auswärtigen Dienst, der mehrere Jahre der Stellvertreter Neuraths in Rom gewesen war – und der sich bereits in dieser Zeit durch eine demokratische, republikbejahende Grundeinstellung ausgezeichnet hatte.

Unter demselben Vorzeichen vollzogen sich auch andere Personalwechsel des Jahres 1933: Auf dem Gesandtenposten in Mexiko wurde Walter Zechlin durch den Freiherrn Heinrich Rüdt von Collenberg ersetzt. Zechlin, SPD-Mitglied und langjähriger Pressechef der Reichsregierung, war erst im Vorjahr, nach dem Antritt des Papen-Kabinetts, mit der Entsendung nach Amerika abgefunden worden – nun wurde er zur Disposition gestellt und durch Neuraths Korpsbruder Collenberg ersetzt, dessen Nähe zum Nationalsozialismus längst auch in der NSDAP bekannt war. Dieselbe Grundhaltung zeigte auch Hans Georg von Mackensen, Neuraths Schwiegersohn, der nunmehr zum Gesandten aufstieg und in den Revisionsstaat Ungarn entsandt wurde. Auf den strategisch wichtigen Posten in der Schweiz rückte Ernst von Weizsäcker, der seine Karriere wohl maßgeblich der Protektion Bülows verdankte. Darüber hinaus wurde auch in dieser Personalentscheidung jene Tendenz deutlich, die über den 30. Januar 1933 hinweg prägend war: Indem Adolf Müller durch Weizsäcker, also der letzte Schüler'sche „Außenseiter", überdies der letzte sozialdemokratische Spitzendiplomat, durch einen nationalkonservativen Aufsteiger ersetzt wurde, kam gewissermaßen eine personalgeschichtliche Etappe zum Abschluss, die Mitte der 1920er-Jahre begonnen hatte und die nun, wechselweise überlappend, in eine neue einmündete.

Die fundamental neuartige Qualität dieser Etappe deutete sich an, als Weizsäcker im Frühjahr 1933 die Leitung der Personalabteilung vertretungsweise übertragen wurde. In dieser Funktion zeichnete er mitverantwortlich für die Umsetzung des „Gesetzes zur Wiederherstellung des Berufsbeamtentums", das am 7. April 1933 in Kraft trat. „Zur Wiederherstellung" eines „nationalen Berufsbeamtentums", so die Bestimmung des von Neurath mitbeschlossenen Gesetzes, konnten Beamte auch dann aus dem Amt entlassen werden, wenn die nach bisher geltendem Recht erforderlichen Voraussetzungen eigentlich nicht vorlagen. Konkret betroffen waren drei Gruppen: erstens die sogenannten Parteibuch-Beamten, d. h. jene nach 1918 in den Dienst eingetretenen Seiteneinsteiger, die ursprünglich nicht die Laufbahnvoraussetzungen erfüllt hatten; zweitens jene Beamte, „die nicht arischer Abstammung" waren, sofern sie nicht unter jene Ausnahmeregelung fielen, die Hindenburg für Frontkämpfer, Väter oder Söhne von Kriegsgefallenen oder Vorkriegsbeamte in das Gesetz hatte schreiben lassen; und drittens jene „Beamte, die nach ihrer bisherigen politischen Betätigung nicht die Gewähr dafür" boten, dass „sie jederzeit rückhaltlos für den nationalen Staat"[15] eintraten. Während die für die dritte Gruppe geltende Kann-Bestimmung einen gewissen Ermessensspielraum ließ, erlaubte die für die beiden ersten Gruppen gültige Muss-Bestimmung keine Ausnahme.

Im Auswärtigen Amt aber wurde das Gesetz vor allem deshalb akzeptiert und umgesetzt, weil es die Gelegenheit zur Entlassung politisch missliebiger Beamter bot – wie etwa im Fall von Prittwitz oder von Nadolny, der erst Ende August 1933 den angestrebten Botschafterposten in Moskau erhalten, aber bereits im Juni 1934 – im Zusammenhang mit der antisowjetischen Ausrichtung der deutschen Außenpolitik – zur Disposition gestellt wurde. Zumal die als vaterländisch gesinnt geltenden jüdischen Beamten von der „Frontkämpferklausel" geschützt schienen und da nur relativ wenige Juden im Auswärtigen Dienst beschäftigt waren, beugte sich eine loyalitätseifrige, keineswegs ressentimentsfreie Beamtenschaft einem formalrechtlich zwar legalen, moralisch aber doch zutiefst illegitimen Gesetz, das weit mehr als nur auf die Gleichschaltung des öffentlichen Dienstes abzielte: Das „Berufsbeamtentumgesetz" nämlich legitimierte nicht einfach nur die Diskriminierung und Entrechtung der Juden in Deutschland; vielmehr überführte das Gesetz ein rassenideologisches Axiom insofern in regierungsamtliche Politik, als die vier Tage später ergangene Durchführungsverordnung explizit auf das „rassische" Kriterium der Abstammung und nicht allein auf die Zugehörigkeit zur jüdischen Religionsgemeinschaft abstellte.

Mit „Erfolg", so heißt es in Weizsäckers Erinnerungen, habe er sich bemüht, „jüdische Beamte, die bleiben wollten", im Auswärtigen Dienst zu halten. „Nur wo aktenmäßige Beweise ihrer Gegnerschaft zur NSDAP vorlagen, da war nichts zu machen."[16] Neurath seinerseits verwandte sich in der Tat ebenso offensiv wie grundsätzlich für seine Beamten – auch gegenüber autoritativer Kritik. Wie Wilhelm Frick an alle Reichsbehörden schrieb, scheine ihm das Berufsbeamtentumgesetz „nicht überall mit der nötigen Entschiedenheit durchgeführt" worden zu sein; noch immer würden jedenfalls Beamte im Dienst sein, die „doch nicht so rückhaltlos auf dem Boden der nationalsozialistischen Revolution" stünden, sodass dem „Ersatz durch im nationalsozialistischen Sinne unbedingt zuverlässige Beamte" ein „besonderes Augenmerk" zugewendet werden müsste. Die Antwort war typisch für Neurath: Er müsse dem Reichsinnenminister jedes „Recht bestreiten, für seine Behörde Vorschriften zu machen"; alle Personalfragen bespräche er, Neurath, direkt mit dem Reichskanzler und habe erst bei der letzten Zusammenkunft dessen „volle Zustimmung" zu den „getroffenen Maßnahmen erhalten"[17]. Dass die *unmittelbaren* Auswirkungen des Gesetzes relativ begrenzt blieben, war also das Ergebnis eines Zusammenspiels dreier Faktoren: 1) der Ausnahmeregelungen des Gesetzes, 2) der Personalstruktur des Dienstes und 3) der Personalpolitik der Amtsleitung. „Nur" circa ein Dutzend der höheren Beamten des Auswär-

---

[15] Reichsgesetzblatt (RGBl.) I (1933), S. 175–177.
[16] Ernst von Weizsäcker, Erinnerungen, hrsg. von Richard von Weizsäcker, München u. a. 1950, S. 107.
[17] Neurath an Waldeck und Pyrmont, 25. 7. 1933, bzw. Frick an alle Reichsbehörden, 14. 7. 1933, in: Politisches Archiv des Auswärtigen Amts (PA AA), R 60974.

tigen Dienstes, d. h. ein Anteil von weit unter fünf Prozent, wurde als direkte Folge des Gesetzes entlassen – während beispielsweise, zum Vergleich, wohl 28 Prozent der im höheren Dienst des Reichs- und Preußischen Ministerium des Innern beschäftigten Beamten ihre Stellung verloren[18].

Dem geringen Umfang an Beamten, die aus politisch-ideologischen Gründen entlassen wurden, entsprach ein geringer Umfang an Neu- bzw. Quereinsteigern. Für die Ebene der Spitzendiplomaten waren es zwei, die als Seiteneinsteiger ins Auswärtige Amt kamen, nämlich die ehemaligen Reichskanzler Hans Luther und Franz von Papen. Luther, der sich gegen eine Ausweitung der kreditfinanzierten Aufrüstung ausgesprochen hatte, musste sein Amt als Reichsbankpräsident aufgeben und wurde mit dem Botschafterposten in Washington entschädigt. Insofern er der Partei Stresemanns nahegestanden hatte, markierte seine Entsendung auch ein politisches Signal – wie auch die Sondermission Papens, der als „außerordentlicher Gesandter" nach Wien geschickt wurde. Gerade den katholischen Vizekanzler in die Hauptstadt des klerikal-autoritären Alpenstaates zu entsenden, war eine demonstrative Beschwichtigungsgeste, die zur Glättung der nach dem Putschversuch der österreichischen Nationalsozialisten hochgehenden Wogen beitragen sollte; zugleich aber entledigte sich Hitler seines konservativen Stellvertreters, der ihm gewissermaßen als Personifizierung des – längst gescheiterten – Einrahmungskonzeptes galt und der in der „Marburger Rede" als Wortführer einer konservativen Opposition in Erscheinung getreten war. De facto waren also zwei Kritiker von ihren Posten entbunden und zum Nutzen des nationalsozialistischen Staates ins Ausland geschickt worden; doch obgleich als „Außenseiter" in den Auswärtigen Dienst gekommen, schienen sie dank ihrer politischen Erfahrung und Reputation eher die Kontinuität als die Diskontinuität in Neuraths Umstrukturierungsprogramm zu verbürgen.

Indes: Die Brüche in der Personalpolitik waren offenkundig. Nach einer Liste mit Personalveränderungen, die Hindenburg bereits genehmigt hatte, sollten in das für 1933/34 geplante Revirement nicht weniger als 23 Diplomaten einbezogen werden – und explizit, wie Bülow vermerkte, handelte es sich bei diesen Personalvorschlägen um „Entscheidungen, die sowohl unter Berücksichtigung der dienstlichen Notwendigkeiten als auch der veränderten Zeitumstände als dringlich erscheinen"[19]. Neurath fand sich bereit, diesen Tribut an die Zeitumstände im Interesse des Gesamtrevirements zu erbringen – und setzte seine Unterschrift unter Ernennungsurkunden, die er nicht zu unterzeichnen bevorzugt hätte.

In diesen Kontext gehört etwa die Berufung Hermann Kriebels zum Generalkonsul in Shanghai. Kriebel, ein ehemaliger Berufsoffizier, hatte zu den Teilnehmern des „Hitler-Putsches" von 1923 gehört, war im Februar 1934 als „Verbindungsmann" der Obersten SA-Führung zum Auswärtigen Amt abkommandiert worden und hatte dort im April 1933 die diplomatisch-konsularische Prüfung abgelegt. Mit dieser Berufung rückte Kriebel nun direkt unter die Ebene Spitzendiplomaten, von der aus er in späteren Jahren weiter Karriere machen wird. Anders lag der Fall von Josias zu Waldeck und Pyrmont, dessen Einberufung auf eine Anregung von Hermann Göring zurückging. Der „Erbprinz" war haupt-

---

[18] Vgl. Sigrun Mühl-Benninghaus, Das Beamtentum in der NS-Diktatur bis zum Ausbruch des Zweiten Weltkrieges. Zu Entstehung, Inhalt und Durchführung der einschlägigen Beamtengesetze, Düsseldorf 1996, S. 66f.
[19] Personalveränderungsliste, 13.7.1933, bzw. Bülow an Neurath, 16.7.1933, in: PA AA, Personalakten Erich Michelsen, Bd. 9996.

amtlicher SS-Führer, Adjutant Himmlers – und durch keine Fähigkeiten und Fertigkeiten für seine Übernahme als Legationsrat in der Personalabteilung qualifiziert. Neurath aber hatte geglaubt, in diesem Einzelfall seine Konzessionsbereitschaft demonstrieren zu müssen, um die Professionalität und Abgeschlossenheit der Behörde insgesamt wahren zu können. Tatsächlich dauerte es nur ein gutes Jahr, bis Waldeck und Pyrmont, desillusioniert ob der eigenen Einflusslosigkeit, Mitte Juni 1934 seinen Dienst wieder quittierte. Die Gründe dieser Einflusslosigkeit waren doppelter Natur: Für den Zeitraum der Machtergreifung, also bis zur Usurpation des Reichspräsidentenamts durch Hitler im August 1934, wachte Hindenburg über seine Prärogative, und auch danach war ein Personalwechsel größeren Ausmaßes, gerade auf den qualifizierten Leitungsposten, weder möglich noch notwendig, weil nur die Karrierediplomaten über jenen Sachverstand und jene Erfahrung verfügten, die für die Produktion von Rationalität innerhalb der hochkomplexen Materie Außenpolitik notwendig waren. Bezogen auf den gesamten höheren Dienst, der 1933 knapp 450 Personen umfasste, kann von einem Schub an Außenseitern oder gar von einer Infiltration also nicht die Rede sein, da sich die Quereinstiege auf einige wenige Fälle beschränkten. Vielmehr gab es im Übergang von der Weimarer Republik ins „Dritte Reich" ein Übergewicht an personeller Kontinuität.

Wenn also bereits bis zum Tode Hindenburgs der Anteil von NSDAP-Mitgliedern am Personal der Spitzendiplomatie deutlich anstieg, so ging diese Zunahme von Null (Januar 1933) auf etwa 10 Prozent (August 1934) auf den Beitritt der Karrierediplomaten zurück. Die Motive für einen Parteibeitritt waren ganz unterschiedlicher Art. Es gab Konformitätsdruck, Opportunismus, aber auch Überzeugungstreue; auf den der Spitzendiplomatie nachgeordneten Ebenen kam insbesondere noch der Faktor Karrierekalkül hinzu. Indes kann eine reine Parteimitgliedschaftsarithmetik nicht ersetzen, was nur eine differenzierende Einzelfallprüfung vermag, nämlich Schuld und Verantwortung herauszuarbeiten. Allein die Tatsache, dass lange Zeit das „Referat Deutschland" von Männern ohne Parteibuch geleitet wurde, markiert ein Argument eo ipso.

Das im März 1933 neu- bzw. wiedererrichtete „Referat Deutschland" war die für innenpolitische Vorgänge zuständige Arbeitseinheit im Auswärtigen Amt, in deren Zuständigkeit die Abschirmung des Konzentrationslagersystems, die Emigrantenüberwachung oder die Ausbürgerungspraxis, insbesondere auch die Zusammenarbeit mit den Innenbehörden, gehörte. Es unterstand der Leitung des „Stahlhelm-Führers" Vicco von Bülow-Schwante, der auf Anregung von Franz Seldte, Reichsarbeitsminister und Bundesführer des paramilitärischen „Stahlhelms", in das Auswärtige Amt einberufen worden war. Neurath, der Bülow-Schwante seit zwei Jahrzehnten kannte und um dessen nationale Zuverlässigkeit wusste, hatte keine Einwände gegen diese konzessive Personalmaßnahme erhoben – die von Bülow aus politisch-strategischen und beamtenrechtlichen Erwägungen abgelehnt worden war. Insofern dieser – auf eine nachgeordnete Ebene des höheren Dienstes erfolgende – „Quereinstieg" einen „Sonderfall" anzeigte, stellte sich als „Normalfall" dar, dass alle „Vorgänge", mit denen sich das Auswärtige Amt durch sein „Deutschlandreferat" an der Unrechtspolitik beteiligte, von Berufsdiplomaten bearbeitet wurden.

Zu ihrem Kreis gehörten etwa die stellvertretenden Leiter des „Deutschland-Referats" Hans Felix Röhrecke (1933–1936) und sein Nachfolger Walter Hinrichs (1936–1939) sowie die drei sogenannten Judenreferenten, die im „Dritten Reich" im Auswärtigen Amt tätig waren, nämlich Emil Schumburg (1933–1940), Franz Rademacher (1940–1943) und Eberhard von Thadden (1943–1945). Sie alle zählten bereits zum Diplomatenpersonal der Neurath-Ära – und sie waren insofern keine Quereinsteiger, als sie als Attaché einberufen wurden bzw. aus der Verwaltung in das Auswärtige Amt überwechselten (Rademacher). Im Ganzen also, das zeichnet sich unverkennbar in diesem Überblick ab, taugen unterkomplexe Zugänge wenig, um den Weg in die Verbrechensmitwirkung des Auswärtigen Amts zu erklären: In die „Bearbeitung" der „Judenfrage" waren – vom Referenten über den Referatsleiter bis hin zum Staatssekretär und Minister – nur Männer einbezogen, die weder der NSDAP noch einer ihrer Gliederungen angehörten. Erst Mitte 1936 trat Bülow-Schwante der NSDAP bei; Schumburg, seit 1936 SS-Führer, blieb sogar bis Mitte 1938 parteilos.

Wenngleich eine reine Parteimitgliedschaftsarithmetik folglich nur eine bedingte Aussagekraft beanspruchen kann, ist die Entwicklung der Parteimitgliedschaften im Auswärtigen Dienst freilich nicht ohne Bedeutung, ganz im Gegenteil. Die ansteigende Mitgliederzahl indizierte gewissermaßen den „Etablierungsgrad" der Diktatur insofern, als Beförderungen immer abhängiger von einer durch Parteimitgliedschaft dokumentierten Linientreue wurden – bis hin zu der sodann für das Frühjahr 1939 belegbaren Kopplung, die für Beförderungen in Stellen der Besoldungsgruppe A 1 a und höher galt (d. h. ab Beförderungen zum Vortragenden Legationsrat, Gesandten, Botschaftsrat und Generalkonsul)[20]. In dem einen oder anderen Fall dürften also allein karrierestrategische Erwägungen den Ausschlag für den Parteieintritt gegeben haben, wenngleich ein Mindestmaß an Loyalitätsbereitschaft notwendig war, um diesen stets individuellen Schritt zu vollziehen. Dass es sich tatsächlich um einen solchen handelte, scheint relativ gesichert, jedenfalls ist eine Reihe von Fällen bekannt, in denen Diplomaten zum Parteibeitritt gedrängt wurden – kein einziger aber, in dem die Parteimitgliedschaft eines Diplomaten ohne dessen Wissen und Eintrittsaktivität zustande gekommen wäre.

Neurath hat gegen all diese Neuentwicklungen keine grundsätzlichen Einwände erhoben: Den Parteibeitritt hatte er seinen Diplomaten explizit freigestellt, ja indirekt sogar empfohlen; auch gegen die intensivere Berücksichtigung parteipolitischer Gesichtspunkte bei der Nachwuchsauswahl war er nicht vorgegangen, obgleich mit den vom und im nationalsozialistischen Staat geprägten Attachés, unter ihnen zahlreiche „alte Kämpfer", die Gleichschaltung von unten voranschritt und nicht zuletzt als Kontrolle nach oben wirkte. Das zugrundeliegende Leitmotiv seiner Haltung war stets dasselbe: Die „Selbstgleichschaltung" sollte eine Deprofessionalisierung des Dienstes verhindern, weil, so sein Kalkül, die Professionalität depolitisierend wirken würde. In diesem Sinne kam es ihm auf den Erhalt einer qualifizierten Beamtenschaft an, die, hervorgegangen aus formalisierten Qualifikationen und zusammengehalten durch berufsethische Normen, ein sachlich-verantwortliches Handeln gewährleisten sollte. Dass Neuraths Kalkül jedoch eine Fehlrechnung war, wird sich nirgendwo deutlicher als im Bereich der Quereinstiege erweisen: Zwar schien die Anpassungsbereitschaft durchaus zur Selbstbehauptung beizutragen – in Wirklichkeit indes begann die Unterhöhlung der Selbstbehauptung bereits mit der Anpassung, zumal immer mehr Quereinsteiger auf Schlüsselpositionen rückten und das professionelle zugunsten eines politisch-ideologischen Handelns veränderten.

Tatsächlich dauerte es nicht lange, bis das Scheitern von Neuraths Kalkül offenkundig wurde. Durch Hindenburgs Ableben im August 1934 hatte er längst die stützende Rückendeckung verloren, als die „Nürnberger Gesetze" vom September 1935 zu „deprofessionalisierenden" Veränderungen führten. Obwohl das Auswärtige Amt am Zustandekommen

---

[20] Helms an AA, 20. 3. 1939, in: PA AA, Personalakten Fritz von Twardowski, Bd. 15665.

nicht unbeteiligt gewesen war und obschon die gesetzliche Entrechtung keinen prinzipiellen Protest des Ministers ausgelöst hatte, trat der qualitative Bruch im anhaltenden Wandel jetzt deutlich hervor. Nunmehr nämlich, konkret nach der „Ersten Verordnung zum Reichsbürgergesetz", die im November erging, mussten alle Beamten zwangspensioniert werden, wenn sie als jüdisch galten. Zu ebenjenen Männern, die folglich nicht mehr durch die „Frontkämpferklausel" geschützt waren, gehörten nun auch Spitzendiplomaten, etwa Richard Meyer, der bewährte Leiter der Ostabteilung, und Siegfried Hey, sein Stellvertreter; ferner auch Gerhard Köpke, der Leiter der Westabteilung. Allesamt waren sie Protestanten, hatten aber jüdische Vorfahren, und so blieben alle Versuche Neuraths, bei Hitler eine Ausnahmeregelung für die fachlich wie national zuverlässigen Diplomaten durchzusetzen, ohne Erfolg. Indes: Gerade der Versuch war nicht minder charakteristisch als sein Scheitern, zeigten beide Momente doch, was den traditionellen Segregationsantisemitismus eines Neurath vom rassischen „Erlösungsantisemitismus" Hitlers unterschied. Noch immer allerdings dominierte die Zukunftsverheißung über solcherart Gegenwartsprobleme, jedenfalls bei Neurath, der im Sommer 1936 seinen Rücktritt anbot – weil ihm bezeichnenderweise die Personalpolitik, nicht etwa die Außen- oder Innenpolitik, nach diesem Schritt zu verlangen schien.

Neurath vs. Ribbentrop

Nahezu unmittelbar mit der Berufung des Hitler-Kabinetts war in Joachim von Ribbentrop eine Konkurrenz erwachsen, die Neurath fortwährend beschäftigen sollte. Bereits im Frühjahr 1934 hatte er, im intriganten Zusammenwirken mit Hindenburg, die Ernennung Ribbentrops zum „Sonderbeauftragten" erwirkt, um dessen Unterstellung unter das Außenministerium zu erlangen. Doch gegen das im System angelegte polykratische Prinzip war eine Kontrolle über die Sondermissionen Ribbentrops nicht zu erreichen gewesen; auch eine Auflösung jener „Dienststelle" hatte Neurath nicht durchzusetzen vermocht, die Ribbentrop für seine Politikzwecke und als Personalrekrutierungsapparat unterhielt. Dass es sodann ausgerechnet der Außenminister war, der dem selbsternannten Außenpolitikexperten zum Karrieresprung verhalf, mag überraschend anmuten, entsprach aber der vielfältig angespannten Situation. Zunächst einmal meldete Ribbentrop bereits unumwunden seinen Anspruch auf den Staatssekretärsposten an, nachdem er im Abschluss des deutsch-britischen Flottenpakts einen eindrucksvollen Beweis seiner diplomatischen Fähigkeiten abgegeben zu haben meinte. Vor diesem Hintergrund begriff Neurath deshalb als Chance, was Ribbentrop als Gefahr erschien, nämlich die Übertragung eines verantwortlichen Postens, auf dem das Scheitern des als „Schädling an der deutschen Sache"[21] identifizierten Amateurs erwartet werden musste. Hinzu kamen schließlich noch drei Todesfälle, die ihrerseits einen Personalumbau im Sinne des NS-Regimes notwendig machten.

Köster war am Silvesterabend 1935, Hoesch im April 1936 und Bülow im Juni 1936 verstorben; ihre Posten mussten nunmehr im Zuge einer ohnehin geplanten Umstrukturierung neubesetzt werden, die sich wieder stärker an das Realsystem der Kaiserzeit anlehnte. Die Geschäfte des Staatssekretärs übernahm kommissarisch der vormalige Leiter der

---

[21] Tagebuchblätter Manny von Neurath, in: HStAS, Q 3/11 Bü. 463.

Abteilung III, Hans Heinrich Dieckhoff, der schließlich, im März 1937, als Botschafter nach Washington wechselte. Den Posten in Paris erhielt Johannes Graf von Welczeck, der zuvor Botschafter in Madrid gewesen war. Mackensen und Weizsäcker wurden zum Staatssekretär bzw. zum Leiter der neu geschaffenen Politischen Abteilung berufen.

Auch die für die Personalpolitik kennzeichnendste Personalmaßnahme stand im Zeichen der Karrierediplomatie. Während, Merkmal der Kontinuität, in der Leitung der Berliner Rechts-, Wirtschafts-, Presse- und Kulturabteilung keine Änderung eintrat, wurde an der Spitze der Personalabteilung ein Berufsdiplomat durch einen anderen ersetzt, und zwar Werner von Grünau, der aus politischen Gründen aus dem Dienst gedrängt worden war, durch Curt von Prüfer. Bezeichnenderweise galt Prüfer sowohl für das Auswärtige Amt als auch für die Partei als Wunschkandidat für diesen Posten; bereits seit gemeinsamen Kriegstagen an der Botschaft in Konstantinopel besaß Prüfer die Hochachtung Neuraths – so wie ihm auch die Anerkennung von prominenten Nationalsozialisten zuteil wurde. Auf Basis dieser Übereinstimmung wurde Prüfer Ende April 1936 zum Personalchef im Auswärtigen Amt berufen, seit Januar 1937 mit Hans Schroeder als Stellvertreter an der Seite, der im April 1925 in die Mittlere Laufbahn des Auswärtigen Dienstes getreten war. Als Konsulatssekretär an der deutschen Gesandtschaft in Kairo hatte Schroeder die Bekanntschaft mit Rudolf Heß gemacht, der schließlich den rasanten Aufstieg Schroeders protegierte. In beiden Fällen hatte sich die Bedeutung des parteipolitischen Elements gezeigt – das im Falle Schroeder sogar mit der Durchbrechung traditioneller Laufbahnprinzipien einherging. Und doch entsprach die Postenbesetzung immerhin noch insofern tradierten Prinzipien, als Prüfer und Schroeder gewissermaßen als Karrierebeamte zählten.

In dieser Perspektive markierte Ribbentrops Berufung zum Botschafter in London eine Ausnahme – weil Neurath, über das Loyalitätssignal hinaus, ein doppeltes Ziel verfolgte: Zum einen wollte er Ribbentrop auf dem wichtigsten Auslandsposten die Gelegenheit geben, „ihn sich blamieren zu lassen"[22]; zum anderen sollte Hitler dem Einfluss Ribbentrops entzogen werden. Mit dem ultimativen Druck der Rücktrittsdrohung verknüpft, hatte Neurath zugleich das Ende aller autonomen Aktivitäten Ribbentrops gefordert – und im Gegenzug die ermutigenden Zusicherungen Hitlers erhalten, die freilich von der Realität alsbald überholt wurden. Folglich schlug, aufs Ganze gesehen, Neuraths Versuch ins Gegenteil des kalkulierten Zieles um, weil sich Ribbentrop, der nur die Hälfte der Zeit in London verbrachte, nicht aus Hitlers Umgebung ausschließen ließ, dafür aber in vielfältiger Art und Weise von seinem neuen Posten profitierte – und parallel seine „Dienststelle" weiter betrieb.

Neurath reagierte in gleicher, gleichwohl nicht bewährter Manier. Er trieb mittels Übernahme von Parteivertretern die Gleichschaltung voran, um, wie Ribbentrop von seinem engsten Mitarbeiter gewarnt wurde, der „Dienststelle" einen sie marginalisierenden „bedeutenden Block"[23] gegenüberzustellen, bestehend aus Propagandaministerium, Auslandsorganisation, Außenpolitischem Amt, Braunem Haus und Auswärtigem Amt. Ein beträchtliches Stück auf diesem Weg wähnte er sich vorangekommen, als Ernst Wilhelm Bohle, der Chef der NSDAP-Auslandsorganisation, im Januar 1937 mit dem Rang eines Staatssekretärs in das Auswärtige Amt einberufen wurde. Tatsächlich schien Neuraths Kalkül aufzugehen, im Arrangement mit Bohle das Kerngeschäft des Auswärtigen Amts gegenüber Ribbentrop abzuschirmen; doch so wie Bohle die Parteivertreter zum diszipli-

---

[22] Franz von Papen, Der Wahrheit eine Gasse, München 1952, S. 423.
[23] Aufzeichnung von Likus, 9.4.1937, für Vortrag bei Ribbentrop, in: PA AA, R 27090.

nierten Einvernehmen mit den Reichsvertretern verpflichtete, nahm unter ihm der personalpolitische Einfluss der Partei immer weiter zu. So mussten bereits seit einem Erlass Hitlers vom September 1935 alle Vorschläge zur Beförderung von Diplomaten vom „Parteistellvertreter" Rudolf Heß gebilligt werden; mit Bohles Ernennung nahm das Einspruchsrecht der Partei nun aber sogar die Form eines Mitauswahl- und Vorschlagsrechts an. Hinzu kamen die Angehörigen der „Auslandsorganisation" (AO), die durch Bohles Protektion in das Auswärtige Amt überwechselten, im ersten Jahr seiner Tätigkeit etwa fünf Personen, die vornehmlich als Attaché oder Legationssekretär einberufen wurden. Zusammen mit jenen AO-Mitarbeitern, die konsularische Aufgaben im Auftrag des Auswärtigen Amts wahrnahmen, und jenen Berufsdiplomaten, die sich im Ausland der Auslandsorganisation zur Verfügung stellten, ist für etwa 30 Personen eine Verbindung zwischen Auslandsorganisation und Auswärtigem Amt nachweisbar.

Nicht minder wichtig war eine institutionell-personelle Verflechtung anderer Art. Seiner staatsdienstlichen Funktion entsprechend, wurde Bohle dem Außenminister persönlich und unmittelbar unterstellt; zugleich aber blieb er als Leiter der Auslandsorganisation der NSDAP gegenüber dem „Stellvertreter des Führers" verantwortlich; und überdies stand er als Mitglied der SS – und zwar seit September 1936 als „Brigadeführer" (dem Äquivalent zum Generalmajor) und ab April 1937 als „Gruppenführer" (= Generalleutnant) – im besonderen Treueverhältnis zu Heinrich Himmler, dem „Reichsführer SS". Diese Tendenz zur Etablierung verschiedener, sich durchkreuzender Verantwortlichkeiten nahm stetig zu, weil Himmler zielgerichtet an der Durchdringung des Amts arbeitete, indem er die auf Schlüsselstellungen tätigen Diplomaten als (nebenamtliche) Mitglieder der SS zu gewinnen suchte. So wurde Neurath im September 1937 im Rang eines „Gruppenführers" in die SS aufgenommen; eineinhalb Monate später folgte Mackensen im Rang eines „Oberführers" (= Oberst/Generalmajor). Im Ganzen stieg, Indiz der zielstrebigen und erfolgreichen Verflechtung, der Anteil von SS-Führern unter dem Diplomatenpersonal bis zum Ende der Neurath-Ära auf etwa zehn Prozent an. Circa 50 SS-Führer unter 500 Diplomaten wurden also von einer Viertelmillion SS-Mitgliedern unter etwa 69 Millionen Deutschen (< ein Prozent) ins Verhältnis gesetzt.

Bereits im Mai 1933 war Ribbentrop der SS beigetreten; im Juni 1935, dem Monat des Flottenpaktabschlusses, wurde er zum „Brigadeführer", im September 1936, einen Monat nach der Ernennung zum Botschafter, zum „Gruppenführer" befördert. Ganz offenkundig bestand also eine Koinzidenz zwischen den Höherstufungen in der SS und dem Aufstieg innerhalb der Außenpolitik – so wie, sich wechselseitig bedingend, ein Zusammenhang zwischen Ribbentrop und Himmler bestand. Ribbentrop nämlich, der erst im Mai 1932 der NSDAP beigetreten war, verfügte über keinerlei Machtbasis in der Partei, jedoch über zahlreiche Gegner, und so lag es im gegenseitigen Interesse, die Zusammenarbeit mit Himmler zu suchen, von der sich beide Seiten einen Machtgewinn versprachen.

Die Monate bis zum Krieg

Vor dem Hintergrund dieser vielfältigen Entwicklungslinien wird deutlich, dass die Personalentwicklung des Auswärtigen Amts ein dynamischer Prozess war, in dem nun auch der Wechsel im Ministeramt keinen plötzlichen Umbruch einleitete. Lediglich 28 Mitarbeiter aus Ribbentrops „Dienststelle" vollzogen – sukzessive, d.h. über Monate verteilt – den Wechsel in das Auswärtige Amt, sodass gewissermaßen eine Kontinuität im anhaltenden

Wandel überwog. Tatsächlich blieben die Leitungsposten im Ausland nahezu ausnahmslos mit spezialisierten Berufsdiplomaten besetzt, auch und vor allem, da die nun anbrechende Expansionsphase nach jener Kontinuität diplomatischer Dienstleistungen verlangte, die Ribbentrops Mitarbeiter schlichtweg nicht erbringen konnten. Ihnen nämlich fehlte es zum weit überwiegenden Teil an allen notwendigen Fertigkeiten, um innerhalb von hochkomplexen Rahmenbedingungen eine ebenso elitestolze wie fachkundige Beamtenschaft anleiten zu können, was zur Folge hatte, dass das Auswärtige Amt mit einer Spitzendiplomatie in den Krieg eintrat, die zum Großteil aus dem Personal der vornationalsozialistischen Zeit stammte.

Konkret: Nur an der Spitze von acht der 33 Botschaften und Gesandtschaften I. Klasse wurden Wechsel vorgenommen, und zwar inklusive der Missionen in Wien und Prag, deren Auflösung ein Ergebnis der Expansionspolitik war; ein anderes Ergebnis bestand in der Aufstockung des Personalbestandes auf nachgeordneten Ebenen, die auch durch die Übernahme von Bediensteten des ehemaligen österreichischen und tschechoslowakischen Außenministeriums bewerkstelligt wurde. Im Ganzen vergrößerte Ribbentrop den Gesamtbestand des höheren Dienstes, eine bereits unter Neurath etablierte Tendenz beschleunigend, immer weiter: Nach knapp 450 Personen im Jahr 1933 und circa 500 Personen im Jahr 1935 stieg der Bestand im Jahr 1939 auf fast 600 Personen an und sollte 1943 noch die Marke von 700 Personen übersteigen.

Wichtiger als der Ausbau in der Breite bzw. der Umbau in der Ferne nahm sich freilich die Veränderung an der Spitze bzw. auf Schlüsselposten der Zentrale aus. Abermals kamen vor allem wieder Berufsbeamte zum Zuge: Nur drei Spitzenvertreter vom Jahreswechsel 1937/38, unter ihnen die Ribbentrop-Gegner Neurath und Hassell, standen im September 1939 nicht mehr im Auswärtigen Dienst; neu in die auf etwa 60 Personen anwachsende Spitzengruppe stiegen zehn Männer auf, darunter lediglich zwei, die nicht bereits 1937/38 zum Personalbestand des Auswärtigen Dienstes gezählt hatten. In dieser Perspektive überwogen, auf die Spitzengruppe des Amts im Übergang von Neurath zu Ribbentrop bezogen, die Kontinuitätselemente, gleichviel, welche Motive im Einzelfall den Ausschlag für das Weitermachen gaben: eine politische Nähe oder ein fatalistischer Zweckoptimismus, die traditionelle Beamtenmentalität oder der schiere Alternativlosigkeitsglaube.

Konkret: An die Stelle von Mackensen, der als Botschafter nach Rom entsandt wurde, trat nunmehr Weizsäcker, der zum höchsten Beamten avancierte; seinen Posten als Leiter der Politischen Abteilung erhielt der seit 1919 zum Amt gehörende Ernst Woermann, der zuletzt Ribbentrops Vertreter in London gewesen war. Parallel zu diesem Aufstieg der Berufsbeamten erfolgte der Einstieg eines „Außenseiters": Wilhelm Keppler, ein Industrieller ohne jede diplomatische Erfahrung, wurde nicht zuletzt deshalb als Staatssekretär einberufen, um den Wirtschaftsbeauftragten der Partei in die Finanzverwaltung des Reiches einzubauen. Mit dieser Ernennung stand formal ein dritter Staatssekretär im Dienst des Auswärtigen Amts, wenngleich Bohle, eingedenk der Vorgeschichte wenig überraschend, von Ribbentrop zunächst entmachtet und 1941, nach Heß' Englandflug, aus dem Amt gedrängt wurde.

Auch unterhalb dieser höchsten Ebene setzte der Übergang von Neurath zu Ribbentrop einige Veränderungen in Gang. Ohne Wechsel an der Spitze führte etwa die Wirtschafts- oder die Rechtsabteilung ihre Arbeit fort; ein Wechsel, der vielfach aufschlussreich war, trat hingegen im „Deutschlandreferat" ein. Weichen musste Bülow-Schwante, indes nicht etwa wegen eines dysfunktionalen Verhaltens, sondern nach einem – nicht selbst verschuldeten – protokollarischen Fauxpas, der sich im Mai 1938 während eines Staatsbesuches in Italien ereignet hatte.[24] Und so bezeichnend sich die Gründe für den Wechsel ausnehmen, so charakteristisch stellen sich auch dessen Folgen dar: Für Bülow-Schwante, der als Missionschef nach Brüssel entsandt wurde, rückte Hinrichs nach; ab September 1939 trat sodann Schumburg die Leitung des Referats an, in dem er als „Judenreferent" tätig war. Zuvor bereits, Ende 1938, hatte der aus Ribbentrops „Dienststelle" einberufene Martin Luther die Leitung des neu geschaffenen „Sonderreferats Partei" übernommen. Im Ganzen also zeigte die Nachfolgeregelung im „Deutschland-Referat", bei der ein Berufsbeamter und ein Quereinsteiger zum Zuge gekommen waren, welcher Faktor entscheidend ins Gewicht fiel: das Vertrauen Ribbentrops.

In besonderer Weise muss dieser Bedingungszusammenhang auch bei der Neubesetzung der Protokollabteilung gegolten haben. Zum Nachfolger Bülow-Schwantes, der das Protokoll in Personalunion geleitet hatte, wurde mit Alexander Freiherr von Dörnberg zu Hausen ein Berufsdiplomat berufen, der seit gemeinsamen Londoner Zeiten zu den Duzfreunden des neuen Ministers zählte. Als dessen Protegé absolvierte Dörnberg in rascher Folge einen Aufstieg in die Abteilungsleiterebene, bei dem der Karrierediplomat sogar eine Besoldungsstufe übersprang. Wie Dörnberg muss schließlich auch der im fernen Shanghai tätige Kriebel zum Kreis der Vertrauensmänner Ribbentrops gezählt haben; er nämlich löste – im Februar 1941 sodann von Schroeder beerbt – nunmehr Curt Prüfer ab, der als Botschafter nach Rio de Janeiro geschickt wurde.

Die gezielte Richtung der nun vom „alten Kämpfer" Kriebel organisierten Personalpolitik wurde explizit benannt: Es ging, wie Ribbentrops Vorgabe lautete, um die Herausbildung eines „neuen Diplomatentyps", den „klare nationalsozialistische Grundsätze" leiten müssten. Im „Dritten Reich" sollte, so der Wortlaut einer kurz nach Ribbentrops Amtsantritt gefertigten Denkschrift, die Diplomatenkarriere „nicht mehr das Vorrecht einer kleinen, wirtschaftlich besser gestellten Oberschicht im Volke sein, bei der es weniger auf Können als auf Namen und Vermögen ankam, sondern *jeder* deutsche Volksgenosse soll[te] die Möglichkeit haben, seine Befähigung zur diplomatischen Laufbahn durch Leistung und Charakter nachzuweisen". Dem ideologischen Konzept entsprechend, wurden als künftige Attachés vor allem die Absolventen von NS-Ordensburgen, SS-Führerschulen und Nationalpolitischen Erziehungsanstalten in Aussicht genommen; gleichermaßen prinzipientreu wurde die Diplomatenausbildung, die einen Schwerpunkt auf die „Erhaltung der körperlichen Elastizität" durch „Reiten, Fechten, Schwimmen, Schießen" zu legen habe, an die Ausbildung zum Soldaten angelehnt. In einem „Nachwuchshaus", für das im Dezember 1939 das Richtfest gefeiert wurde, gelte es den Nachwuchs, so die Planung, zu dem „rein militärischen Grundsatz" zu erziehen, dass

---

[24] Hitler hatte die Front einer NS-Formation der deutschen Kolonie in Abendgarderobe abschreiten müssen, da der Zeitplan von einem sich hinziehenden Staatsbankett durcheinandergebracht worden war, und in dieser Szenerie ein „unerhört komisches Bild" abgegeben, wie sich sein Adjutant erinnerte: Den „Arm steif ausgestreckt zum Gruß, die Linke gegen die Frackweste gepreßt, wo er sie sonst am Koppelschloß mit dem Daumen einhängte", habe der „Führer und Reichskanzler [...] wie ein wildgewordener Oberkellner" ausgesehen und anschließend „vor verhaltener Wut" gekocht. Fritz Wiedemann, Der Mann, der Feldherr werden wollte. Erlebnisse und Erfahrungen des Vorgesetzten Hitlers im 1. Weltkrieg und seines späteren Persönlichen Adjutanten, Velbert/Kettwig 1964, S. 142. Vgl. Erich Kordt, Nicht aus den Akten ... Die Wilhelmstraße in Frieden und Krieg. Erlebnisse, Begegnungen und Eindrücke 1928–1945, Stuttgart 1950, S. 218. Vgl. auch: Aufzeichnung von Weizsäcker vom 11.5.1938, in: BArch, NL Weizsäcker, Bd. 43.

„Unterlassen und Versäumnis ihn schwerer belasten als ein Fehlgreifen in der Wahl der Mittel"[25].

Kriegsbedingt wurden diese Planungen zwar nicht mehr Wirklichkeit – aber auch ohne diese ideologisch-militärische „Grundausbildung" nahm die „Nazifizierung" des Auswärtigen Dienstes auf mehrschichtige Art und Weise immer weiter zu. Konkret: Sowohl Neurath als auch Ribbentrop waren Mitglied in NSDAP und SS; und doch konnten sie diese Rollen kaum unterschiedlicher auslegen: Ribbentrop hatte relativ frühen und engen Anschluss gesucht; Neuraths Mitgliedschaften waren hingegen relativ spät eingeleitet worden (und zwar im Zusammenhang mit der Verleihung des Goldenen Parteiabzeichens an alle Kabinettsmitglieder bzw. anlässlich von Mussolinis Deutschlandbesuch) – überdies glaubte Neurath, diese formalen Mitgliedschaften nur als demonstratives Loyalitätssignal ohne konkret-praktische Bedeutung werten zu müssen. Anders stellte sich die Sachlage auf Staatssekretärsebene dar: Mackensen war aus Überzeugung bereits 1934 der Partei und SS beigetreten; Weizsäcker glaubte 1938, dass er die ihm im Rahmen seiner Ernennung angetragenen Mitgliedschaften weder ausschlagen könne noch in ihrer Bedeutung allzu hoch gewichten müsse. Die Abteilungsleiterebene zeigte die offenkundigsten Veränderungen: Selbst am Ende der Neurath-Ära waren unter den sieben Abteilungsleitern noch immer keine SS-Führer und nur drei NSDAP-Mitglieder vertreten gewesen; danach jedoch, bis zur Umstrukturierung vom Frühjahr 1943, stieg die Anzahl auf neun NSDAP- und sechs SS-Mitglieder innerhalb der auf zehn Abteilungsleiter angewachsenen Gruppe an, wobei acht von ihnen bereits vor dem Ministerwechsel zum Diplomatenpersonal gehörten – darunter auch die Staatssekretäre Mackensen und Weizsäcker.

In dieser Perspektive wird somit die Vielschichtigkeit der Personalentwicklung von 1938/39 deutlich, die einerseits das hohe Maß an personeller Kontinuität, andererseits aber auch die komplexen Umbrüche zeigt. *Erstens:* Es waren Berufsdiplomaten, die auch im Übergang von Neurath zu Ribbentrop einen Großteil der Auslandsposten besetzt hielten und die sogar noch steile Karrieren machen konnten, sofern ihre politische Loyalität außer Zweifel stand – weil ohne ihren Beitrag die technokratische Effizienz des Apparats gar nicht sicherzustellen gewesen wäre. Doch mit Männern wie Woermann reüssierte *zweitens* der Typus des willfährigen bis systemkonformen Aufsteigers, der den von Bülow verkörperten Typus des pflichttreuen Fachmannes allmählich verdrängte und der, im Bedingungsrahmen des Gleichschaltungsdrucks, den bereits 1933 begonnenen Prozess der Selbstgleichschaltung forcierte. *Drittens:* Ihren wohl prägnantesten Ausdruck gewann diese Entwicklung, die von ideologisch fundierter Selbstanpassung und von – zum Teil vorauseilender – Kooperation geprägt gewesen war, im Anstieg der Eintritte in die NSDAP und ihre Gliederungen. In diesem Sinne offenbart auch der Wechsel des Staatssekretärs die immer stärkere (Selbst-)Gleichschaltung des Amts in paradox-plausibler Weise, wenn die Ernennung des als linientreu bekannten Mackensen eher als ein Signal an die Partei und die Ernennung des als nationalkonservativ geltenden Weizsäcker eher als ein Signal an die – Konservativen innerhalb der – Diplomatie gedeutet werden. *Viertens:* Zu diesem vom Altpersonal eingeleiteten, sodann auch von ihm gestalteten Umbruch war eine parallel einsetzende, freilich erst verzögert wirksam werdende Durchsetzung mit Exponenten der am Ideal vom „Führerstaat" orientierten Karrieristen getreten. Männer wie Kriebel oder Luther durchdrangen, ja kontrollierten und bestimmten nach dem Ministerwechsel mehr

---

[25] Aufzeichnung „Zweck und Ziel des Nachwuchshauses junger deutscher Diplomaten", o. D. [14. 2. 1938], in: PA AA, R 27188.

und mehr den Auswärtigen Dienst, indem sie sukzessive auf entscheidende Schlüsselpositionen aufstiegen oder auf solche berufen wurden. Auf dieser Basis stieg ihr Einfluss immer weiter, bis schließlich alle Elemente der Tradition (Personal, Rechts- und Verfahrensnormen etc.) in den Dienst jener revolutionären Ideologie gestellt wurden, die auf Hitlers Utopie rassenbiologischer Weltherrschaft hinauslief.

Die Kriegsjahre

Im Krieg verloren die klassische Diplomatie an Wert und die Diplomaten ihr eigentliches Betätigungsfeld. Bereits im Zuge der Expansion des Reiches hatten die Missionen in Wien und Prag ihren Sinn als Auslandsvertretung eingebüßt; mit dem Krieg bzw. dem Abbruch der diplomatischen Beziehungen endete sodann die Tätigkeit der Botschaften in London, Paris und Warschau. In der Folgezeit schlossen dann weitere Auslandsvertretungen – bis Ende 1944 waren es summa summarum 22 Botschaften bzw. Gesandtschaften, die nicht mehr bestanden. Das Personal des Auswärtigen Amts indes nahm auch während des Krieges zunächst noch zu, da der Verlust an klassischen Tätigkeitsfeldern vom Ausbau solcher Aktionsbereiche kompensiert wurde, die – wie die Propagandatätigkeit oder die Besatzungsverwaltung – einen starken Kriegsbezug aufwiesen. So übernahm Anfang Oktober 1939, knapp einen Monat nach Kriegsbeginn, der Karrierediplomat Karl Ritter die Leitung aller mit dem Wirtschaftskrieg zusammenhängenden Aufgaben des Auswärtigen Amts. Bereits im August 1939 war ein Referat „Rundfunk" innerhalb der Kulturpolitischen Abteilung eingerichtet worden, das im Juli 1941 zur Rundfunk- und im Februar 1942 zur Rundfunkpolitischen Abteilung um- und ausgebaut wurde. Referats- und zugleich stellvertretender Abteilungsleiter wurde Gerhard Rühle, der 1923 zur NSDAP gefunden und für die Partei verschiedene Funktionen wahrgenommen hatte. Obwohl er erst im Februar 1939 ins Auswärtige Amt einberufen worden war, gehörte der bis zum „SS-Standartenführer" (= Oberst) beförderte Rühle bereits im Juli 1941 (mit seiner Beförderung zum Gesandten I. Klasse als Ministerialdirigent) zum Kreis der Spitzendiplomaten im Auswärtigen Amt. Als solcher zeichnete er bis zum Kriegsende verantwortlich für eine auf Überwachung und Beeinflussung des ausländischen Rundfunks abzielende Kriegspropaganda, die Ribbentrop – letztlich vergeblich – als wirkungsvolles Instrument psychologischer Kriegführung einsetzen wollte.

„Außenseiter" und Karrierist wie Rühle war auch Luther, der aus organisatorischen Umstrukturierungen einen persönlichen Machtzuwachs zog. So wurden im Mai 1940 die Referate „Deutschland" und „Partei" unter seiner Leitung zur Abteilung „Deutschland" vereinigt; Luther selbst, der auch weiterhin die Spitze des Verbindungsreferats zur Partei behielt, avancierte vom Legationsrat I. Klasse (9/1938) bzw. Vortragenden Legationsrat (4/1939) zum Gesandten I. Klasse als Ministerialdirigent (7/1940) und schließlich zum Ministerialdirektor mit der Amtsbezeichnung Unterstaatssekretär (7/1941). Rangmäßig war Luther somit bis auf eine Ebene unter die Staatssekretäre emporgerückt; faktisch aber baute er sich darüber hinaus als Kontaktmann zu allen Parteigliederungen, insbesondere zur SS und zum SD, im Auswärtigen Amt „eine machtvolle Stellung" auf, „deren Einfluss die traditionellen Befugnisse des Staatssekretärs sukzessive aushöhlte und schließlich übertraf"[26].

---

[26] Hans-Jürgen Döscher, Martin Luther – Aufstieg und Fall eines Unterstaatssekretärs, in: Roland Smelser (Hrsg.), Die braune Elite 2, Darmstadt 1993, S. 179–192, hier S. 179.

Anfang 1943 wandte sich der Protegé Ribbentrops sodann gegen seinen Protektor. Zwischenzeitlich zum SA-Brigadeführer aufgestiegen, versuchte Luther, die SS für ein Komplott gegen den Außenminister zu gewinnen. Mit dem Scheitern dieses Versuches und Luthers Verhaftung endete schließlich eine der nationalsozialistischen Blitzkarrieren im Auswärtigen Dienst, den Ribbentrop einer umfassenden Veränderung unterzog: Die Abteilung „Deutschland" wurde im April 1943 in die Gruppen Inland I und Inland II aufgeteilt, deren Leitung Ribbentrop zwei Seiteneinsteigern übertrug: Ernst Frenzel, einem aus der Obersten SA-Führung in die „Wilhelmstraße" kommandierten „Brigadeführer", und Horst Wagner, einem SS-Standartenführer, der bereits im September 1938 aus der „Dienststelle Ribbentrop" in den Persönlichen Stab des Reichsaußenministers übernommen worden war.

Auch etliche Spitzenposten im Ausland wurden im Zuge dieses umfangreichsten Umbaus der NS-Zeit umbesetzt, darunter vier der acht Botschafterposten, die das Reich noch im Ausland unterhielt. Direkt im Rang eines Botschafters in den Dienst einberufen worden war Heinrich Georg Stahmer, ein ehemaliger Referent der „Dienststelle", den Ribbentrop zunächst als Botschafter in China ernannt hatte und nun als Botschafter nach Japan schickte. Stahmers Ernennung markierte jedoch insofern eine Ausnahme, als er der einzige Alt-Parteigenosse unter den im Ausland tätigen Botschaftern war; zusammen mit Otto Abetz stellte Stahmer überdies die Minderheit der erst unter Ribbentrop berufenen „Auslands-Botschafter" – alle anderen waren, mit Ausnahme Papens (inzwischen in Ankara), bereits zu Zeiten der Weimarer Republik bzw. des Kaiserreiches in den Auswärtigen Dienst eingetreten. Neuer Botschafter beim Vatikan etwa wurde, auf eigenen Wunsch, Staatssekretär Weizsäcker, dem Gustav Adolf Steengracht von Moyland nachfolgte, ein „SA-Oberführer", der erst im Oktober 1938 den Wechsel von der „Dienststelle Ribbentrop" in das Auswärtige Amt vollzogen hatte. Mit einem Alter von 40 Jahren war er, als er im März 1943 ernannt wurde, der zum Zeitpunkt seiner Berufung jüngste Staatssekretär in der Amtsgeschichte des Reiches – und überdies innerhalb von nur viereinhalb Jahren vom Legationssekretär zum Staatssekretär, also von der untersten zur höchsten Stufe im höheren Dienst, aufgestiegen.

Allein diese Beispiele zeigen, was Ribbentrops Personalpolitik in der Kriegsmitte charakterisierte: Klassische Normen und tradierte Gepflogenheiten wurden zunehmend ergänzt und verdrängt durch ungeregelte, rein machttaktisch begründete Maßnahmen. Im Grunde hatte bereits mit dem Seiteneinstieg von Bülow-Schwante oder Waldeck und Pyrmont eine Entwicklung begonnen, die mit Ribbentrop oder Bohle ihre Fortsetzung fand und die schließlich – wie Luther, Rühle oder Steengracht exemplifizieren – jeden Ausnahmecharakter verlor. Tatsächlich gab es eine ganze Reihe von Neu-Diplomaten, die ebendiese Tendenz repräsentierten, Walther Hewel und Otto Abetz etwa, die beide in Ribbentrops „Dienststelle" beschäftigt gewesen waren – Hewel, Teilnehmer des Hitler-Putsches von 1923, als Referent für England und Abetz, der mit einer Französin verheiratet war, als Frankreich-Referent. Noch weniger als Luther oder Steengracht absolvierten Hewel und Abetz eine Karriere im eigentlichen Sinne: Hewel trat im Juni 1938 als Legationsrat I. Klasse in den Auswärtigen Dienst, in dem er hauptsächlich als ständiger Verbindungsmann zu Hitler fungierte, zuletzt im Rang eines Botschafters zur besonderen Verwendung; Abetz wurde im April 1940 mit der Amtsbezeichnung Gesandter einberufen und kurze Zeit später zum Gesandten beim Bevollmächtigten des Auswärtigen Amts beim Militärbefehlshaber in Paris bzw. zum Botschafter in Paris ernannt. Gemeinsam war beiden die Mitgliedschaft in der SS, in deren Hierarchie sie in rascher Folge aufstiegen – beide bis 1942 in den Rang eines „Brigadeführers".

Gemeinsamkeiten gab es weitere. Über die klassische Ausbildung im Auswärtigen Dienst mit einem diplomatisch-konsularischen Examen verfügten sie allesamt nicht: weder Frenzel noch Wagner, weder Steengracht noch Abetz oder Hewel. Entscheidend fiel bei Personalentscheidungen wohl ins Gewicht, wem Ribbentrop sein – häufig auf eine Zusammenarbeit in der „Dienststelle" gegründetes – Vertrauen entgegenbrachte, und wer, zumal nach Luthers Komplott, keine persönlichen Machtaspirationen gegen den Minister zu hegen schien. Im Sinne dieses Kalküls, so hat es den Anschein, war Ribbentrops Personalpolitik von auffälliger Zweiseitigkeit geprägt: Nach Luther rückten mit Steengracht und Frenzel zwei weitere SA-Führer auf hohe Positionen im Auswärtigen Dienst; hinzu kamen fünf SA-Generäle, die als Gesandte I. Klasse in südosteuropäische Staaten, konkret nach Pressburg/Bratislava, Budapest, Sofia, Agram/Zagreb und Bukarest geschickt wurden. Ob dieser Auffälligkeit eine Bedeutsamkeit zukommt, ob also Ribbentrop gezielt eine gleichgewichtete Hereinnahme von SA- und SS-Männern oder vielleicht sogar ein Gegengewicht gegen den Einfluss der SS zu errichten anstrebte, muss offen bzw. weiteren Forschungen vorbehalten bleiben.

Sicher indes ist eine Zweiseitigkeit anderer Art, die den Personalumbau von 1943 prägte. Neben dem Staatssekretär wurden drei der fünf Abteilungsleiterposten umbesetzt: Auf dem obersten Beamtenposten war dem Karrierediplomaten Weizsäcker der Karrierist Steengracht gefolgt; auch auf dem Leitungsposten der Kulturpolitischen Abteilung hatte ein Seiteneinsteiger die Führung übernommen: Franz Alfred Six nämlich, ein habilitierter Zeitungswissenschaftler, der seit 1940 als Professor sowie als Direktor der Auslandswissenschaftlichen Fakultät der Friedrich-Wilhelms-Universität zu Berlin tätig gewesen war. Doch mehr als der wissenschaftliche gab wohl der politische Hintergrund den Ausschlag für die Einberufung von Six, der seit 1930 der NSDAP angehörte und der in ihren Gliederungen direkt an der nationalsozialistischen Verbrechenspraxis mitgewirkt hatte: Im April 1935 der SS beigetreten, zuvor Mitglied der SA, war Six u. a. als Leiter der Hauptstelle Presse und Schrifttum im SD-Hauptamt, als Amtschef im Reichssicherheitshauptamt sowie als Kommandeur des „Vorkommandos Moskau" der Einsatzgruppe B tätig geworden.

Zu diesen Beförderungen von Seiteneinsteigern kamen Beförderungen von Karrierediplomaten, mit denen alle anderen Abteilungsleiterposten neu besetzt wurden, also die Politische, die Handelspolitische sowie die Rechtsabteilung. Dieser zweiseitigen Beteiligung von Seiteneinsteigern und Karrierediplomaten unterlag indes ein inneres Ordnungsprinzip, jedenfalls wurden auf jenen Posten, die für die nationalsozialistische Kriegführung zentral waren (so etwa der Staatssekretärsposten, die Leitungsposten „Inland" oder die mit Propaganda beschäftigten Arbeitseinheitsposten) nur Männer verwendet, die eine politisch motivierte Seiteneinsteigervergangenheit aufwiesen und die im Durchschnitt nach dem Jahr 1900 geboren worden waren; demgegenüber blieben die diplomatischen Kernbereiche, nämlich die Politische Abteilung, die Rechtsabteilung oder die Missionsposten, noch immer zumeist mit Laufbahnbeamten besetzt, die im Durchschnitt vor dem Jahr 1900 geboren worden, also älter waren.

Mehr noch: Auch 1943 stellten die vor 1933 in den Auswärtigen Dienst eingetretenen Karrierebeamten nach wie vor die Hälfte der regulären Beamten des höheren Dienstes; in der Zentrale waren sie sogar bis hinunter auf die Ebene der Legationsräte I. Klasse in der Überzahl (Ausnahme: Staatssekretärsebene); im Ausland bis hinunter zur Ebene der Konsuln I. Klasse. Erst auf den von jüngeren Beamten frequentierten unteren Hierarchiestufen sank der Anteil dieser Karrierebeamten stark ab – während sie auf den höheren Rängen der Auslandsmissionen eine zum Teil übergroße Mehrheit stellten[27].

Im System dieser Binnendifferenzierung also zeigt sich, grosso modo, eine Dominanz von Karrierebeamten mit aufsteigender Hierarchiestufe – was im Grunde auf eine durchgreifende Besetzung von Schlüsselstellungen und Schlüsselbereichen mit Seiteneinsteigern verweist. In der Tat rückten die Seiteneinsteiger nicht allein auf Leitungsposten, sondern auch in Konzentrationsbereiche der Verbrechensmitwirkung auf. Faktisch hatte bereits ein Großteil der wichtigsten Mitarbeiter Luthers aus jüngeren Seiteneinsteigern bestanden, die zudem als „Alte Kämpfer" zählten; unter Wagner waren – mit einer Ausnahme – sämtliche Referenten erst nach dem 30. Januar 1933 in den Auswärtigen Dienst gekommen. Überdies wurden in etlichen Fällen, die von obiger Auflistung nicht erfasst sind, die Seiteneinsteiger nur als Wissenschaftliche Hilfsarbeiter – also als Angestellte, nicht als Beamte – in den Auswärtigen Dienst integriert. Effektiv gehörten allein 12 von 18 Referatsleitern in der Rundfunkpolitischen Abteilung Rühles zur Angestelltenkategorie; in der Kulturpolitischen Abteilung unter Six waren es neun Referats- sowie ein Gruppen- und ein stellvertretender Gruppenleiter. Im Ganzen stellten die (nichtbeamteten) Angestellten bereits Mitte 1942 mindestens ein Viertel des gesamten Personals im höheren Dienst[28].

Parallel zu den Leitungsposten wurde also auch eine Vielzahl von Referentenposten mit solchen Seiteneinsteigern besetzt, die ein Funktionieren des Auswärtigen Amts im Sinne der verbrecherischen Regime- und Systemlogik sicherstellten. So war Rudolf Likus, ein Schulkamerad von Ribbentrop, bereits im November 1935 für dessen „Dienststelle" als Verbindungsführer der „Dienststelle" zum „SS-Hauptamt" sowie zum „Reichsführer-SS" tätig geworden. Dieser bedeutsamen Funktion entsprechend, wurde Likus, der 1933 in die SS eingetreten war, allein im Jahr 1936 fünf Mal befördert. Im März 1939, kurz vor der Beförderung zum „SS-Oberführer", folgte die Einberufung in den Auswärtigen Dienst, in dem Likus, zum Legationsrat I. Klasse ernannt, die Leitung des zur „Deutschland-Abteilung" gehörenden Referats D II übertragen wurde. Als stellvertretender Leiter dieses Referats, das für alle Verbindungen zu den Dienststellen des „Reichsführers-SS" zuständig war, amtierte Werner Picot, der 1931 zur NSDAP und 1932 zur SA gestoßen, sodann 1935 zur SS übergewechselt und im selben Jahr in den Auswärtigen Dienst eingetreten war. Mit Likus leitete also ein Seiteneinsteiger das Referat, in dem ein regimenaher, bereits unter Neurath in den Dienst eingetretener Karrierediplomat die zweite Position bekleidete – und dasselbe galt auch für den Referatsmitarbeiter Rolf Pusch, der 1931 in die NSDAP, 1932 in die SA und 1936 in den Auswärtigen Dienst eingetreten war, in dem er 1938 die letzte diplomatisch-konsularische Prüfung absolviert hatte.

Unter anderen Vorzeichen stellte sich die Situation im Parallelreferat D III dar, dem die „Bearbeitung" der „Judenfrage" oblag. Mit Rademacher, der im Mai 1940 die Referatslei-

---

[27] Botschafter: 75% (6/8), Gesandte I. Klasse: 58% (14/24), Generalkonsuln I. Klasse: 89% (16/18), Gesandte und Botschaftsräte: 100% (12/12; 13/13), Generalkonsuln: 79% (22/28), Gesandtschaftsräte I. Klasse: 74% (25/34), Konsuln I. Klasse: 93% (42/45), Gesandtschaftsräte: 27% (12/45), Konsuln: 67% (35/52), Legationssekretäre und Vizekonsuln: 8% (10/123). Zentrale: Staatssekretäre: 10% (2/2), Botschafter zur besonderen Verwendung: 75% (3/4), Ministerialdirektoren: 50% (2/4), Gesandte I. Klasse als Ministerialdirigenten: 71% (10/14), Vortragende Legationsräte: 89% (17/19), Legationsräte I. Klasse: 59% (26/44), Legationsräte: 28% (13/46). Vgl. die Stellenbesetzungsliste vom 1.5.1943, in: PA AA, R 143407.
[28] Vgl. Eckart Conze u. a., Das Amt und die Vergangenheit. Deutsche Diplomaten im Dritten Reich und in der Bundesrepublik, München 2010, S. 143f., 146, 148f. bzw. 153.

tung übernommen hatte, stand ein Mann an der Spitze, der erst im Juli 1932 der SA und im März 1933 der NSDAP beigetreten war. Auch die Mehrzahl der Mitarbeiter, die unter ihm im „Judenreferat" tätig wurden, hatte spät den formalen Anschluss an den Nationalsozialismus vollzogen: Fritz Gebhardt von Hahn (Jahrgang 1911, seit 1937 im Auswärtigen Dienst) war 1933 in die NSDAP und SA eingetreten; Kurt Otto Klingenfuß (Jahrgang 1901, seit 1937 im Auswärtigen Dienst) gehörte seit 1933 zur NSDAP; auch Herbert Müller (Jahrgang 1910, seit 1938 im Auswärtigen Dienst) hatte den Beitritt zur NSDAP 1933 vollzogen; Gerhard Todenhöfer hingegen (Jahrgang 1913, seit 1940/41 im Auswärtigen Dienst) war bereits 1927 der „Hitlerjugend", 1939 der SA und 1930 der NSDAP beigetreten.

Kurzum: Auch in den Konzentrationsbereichen der Verbrechensmitwirkung zeigte sich die Verflechtung verschiedener Entwicklungslinien. Rademacher war bereits in der Neurath-Ära in den Auswärtigen Dienst eingetreten, Likus hingegen nicht; auch Hahn, Klingenfuß und Müller gehörten wie Picot und Pusch zu dem von Ribbentrop übernommenen Personal, andere, Luther oder Wagner etwa, wurden erst nach dem Ministerwechsel in den Auswärtigen Dienst einberufen. Luther und Wagner standen zudem für jene Männer, die – wie Likus – ihre Karrieren in Ribbentrops „Dienststelle" begonnen hatten, während Hahn und Klingenfuß aus Bohles „Auslandsorganisation" hervorgingen. Einige der in der Abteilung „Deutschland" bzw. „Inland" tätigen Männer waren vor, andere nach 1933 der NSDAP und ihren Gliederungen beigetreten; manche bekleideten hohe Ränge in der SA, manche in der SS. Ein Teil der Posten war im Rahmen gezielter Personalmaßnahmen besetzt worden, ein anderer im Zuge routinemäßiger Personalveränderungen; in dieser Perspektive standen etwa die Ideologen wie Luther und Wagner den Technokraten wie Klingenfuß und Müller gegenüber, die nach einiger Zeit auf ihren Posten sogar um ihre Versetzung baten.

Alles in allem: Den „Schlag gegen das alte Beamtentum", den Hassell im Jahr 1943 geführt wähnte, brachte das letzte Revirement in der Amtsgeschichte des Reiches nur bedingt. „Alte" Beamte blieben nämlich – insbesondere auf Auslandsposten – noch immer im Amt; vor allem aber bestand im Jahr 1943 schon längst keine homogene „alte" Beamtenschaft mehr, die als intakte, moralisch integere Honoratiorengruppe aus dem Dienst zu entlassen gewesen wäre. Selbst ein Großteil der einstigen Spitzendiplomaten hatte auch dann noch dem Regime gedient, als der verbrecherische Charakter des Systems ebenso klar hervorgetreten war wie der Irrtum, auf dessen Beeinflussbarkeit rechnen zu können. Und so wies die Tatsache, dass unter den „alten" Beamten sowohl überzeugte Regimeanhänger als auch überzeugte Widerstandskämpfer waren, ebenso auf eine Divergenz hin wie die Tatsache, dass Widerstandskämpfer wie Hassell nicht etwa von Beginn des „Dritten Reiches" an Gegner des Nationalsozialismus gewesen waren. Zur Mitte des Krieges hatten komplexe Vorgänge sodann eine gänzlich fraktionierte Belegschaft im Auswärtigen Amt etabliert, die sich abhängig von Herkunft und Zielsetzung, Selbstverständnis und Aufgabenbereich in verschiedenste, keineswegs formal bestehende „Gruppen" ausdifferenzierte. Miteinander konkurrierend und einander überschneidend, bestanden Diplomatengruppen neben- und gegeneinander, die letztlich nur eines noch verband: der Gedanke, dass keine Beamtenschaft mehr existierte, die sich selbst als homogen begriff.

Georges-Henri Soutou
Amt und Verantwortung: Diplomaten in Deutschland und Frankreich 1933–1945

Das Deutsche Reich und der „Französische Staat" (État Français – so die offizielle Bezeichnung des Vichy-Regimes) dürfen nicht einfach bedenkenlos verglichen werden. Vielmehr handelt es sich um Staaten, die weitreichende Unterschiede aufwiesen, nicht nur was die Außenpolitik, sondern auch was ihre innere Verfasstheit und die Ideologie betrifft.

Die Diplomaten beider Länder aber sind, wenn nicht sogar ähnlich, so doch vergleichbar. Gleiches gilt für die jeweiligen Außenministerien, die, was das Thema „Amt und Verantwortung" anbelangt, keineswegs stark unterschiedlichen Rahmenbedingungen unterlagen, sondern mit vergleichbaren Herausforderungen konfrontiert wurden.

Die Diplomaten beider Länder entstammten soziologisch und kulturell gesehen aus vergleichbaren, elitären Schichten (auch wenn der preußische Adel besondere Eigenheiten aufwies). Die kürzlich erschienenen Memoiren von Roland de Margerie, der zwischen 1923 und 1933 an die französische Botschaft in Berlin entsandt worden war und aus einer wohlhabenden und hochkultivierten Diplomatenfamilie stammte, belegen, dass er sich, abgesehen von den politischen Umständen, in Berlin und in der deutschen Gesellschaft persönlich sehr wohl fühlte.

Auch in Hinblick auf ihren Beruf sind die Diplomaten gut vergleichbar: Beinahe alle hatten Jura studiert, alle hatten eine ähnliche Vorstellung ihres Berufs, und vor allem betrachteten sie sich als Hüter der internationalen Stellung ihres jeweiligen Landes und als Diener der Außenpolitik. Diese sollte so abgekapselt wie nur möglich von der Innenpolitik betrieben werden. Das zumindest war die offizielle Richtlinie, auch wenn sich die Wirklichkeit hiervon oft unterschied. Für die Diplomaten galt das Primat der Außenpolitik in jeder Hinsicht. Sie waren gewissermaßen der Inbegriff dieses Primats.

Doch wurden die Angehörigen des Auswärtigen Dienstes ab 1933 in Deutschland beziehungsweise ab 1940 in Frankreich mit zwei Problemen konfrontiert. Einerseits war selbst eine massiv ideologisierte Außenpolitik immer noch Außenpolitik im Sinne von Metternich, Bismarck oder Poincaré. Mussten somit weiterhin die „nationalen Interessen" im Rahmen des europäischen Konzerts nach außen vertreten werden, oder hatte umgekehrt die ideologiegeprägte Innenpolitik Wirkungen auf die Außenpolitik? Hatte sich das Primat der Außenpolitik in ein Primat der Innenpolitik verwandelt, und zwar unabhängig von der internationalen Lage (der Hitlergruß des deutschen Botschafters Joachim von Ribbentrop in London 1937 könnte ein Symbol dafür sein)?

Vergleichbares galt auch für Vichy, wenngleich in weniger eklatanter Weise: Die französische Regierung war nicht nur bemüht, die Situation nach dem Waffenstillstand 1940 so gut wie möglich in den Griff zu bekommen, sie war zudem der Ansicht, die Zeit sei gekommen für eine tief greifende „nationale Revolution", die Teil der „neuen europäischen Ordnung" unter deutscher Führung werden sollte. Man könnte also gleichfalls hier ein Primat der Innenpolitik feststellen. Wie auch konnte „Außenpolitik" in einem besetzten Land anders aussehen, selbst wenn manche Vichy-Anhänger meinten, sie könnten und sollten sogar eine ehrgeizige Außenpolitik betreiben, um die Lage Frankreichs für das erwartete baldige Ende des Krieges so vorteilhaft wie möglich zu gestalten.

Daneben stand eine weitere Frage: Konnte man als Beamter in der neuen Lage einem Staat weiter dienen, der die im 18. Jahrhundert entstandenen „bürgerlichen" Werte nicht mehr respektierte? Dies betraf in Frankreich die klar definierten „republikanischen Werte" von 1789. Es ging letztlich also um Amt (im doppelten Sinne) und Verantwortung[1].

Die Diplomaten in Deutschland und Frankreich waren mit folgenden beiden Problemen konfrontiert: Sie sollten sich zwischen dem Primat ihrer außenpolitischen Tätigkeit und dem Primat der Grundwerte entscheiden. Hatte ihr Dienst damit aber noch einen Sinn? Man erinnere sich nur an das Geburtstagsgeschenk, das die Mitarbeiter ihrem Außenminister Ribbentrop zusammenstellen wollten: Eine kostbare Mappe mit allen Verträgen, die er unterzeichnet hatte. Peinlich berührt stellten sie jedoch fest, dass sämtliche in Frage kommenden Verträge inzwischen durch Berlin gebrochen worden waren.

Aus diesen beiden Dilemmata, man könnte auch von Sackgassen sprechen, führten mehrere Wege, die von einzelnen Diplomaten in beiden Ländern verfolgt wurden. Die Reaktionsweisen reichten dabei vom Kadavergehorsam bis zum Widerstand inklusive aller Zwischenstationen. Somit ist auch hier ein Vergleich möglich, wenn auch innerhalb enger Grenzen.

Wir verfügen in Frankreich nicht über das Äquivalent von „Das Amt und die Vergangenheit"[2]. Es gibt aber das immer noch nützliche Buch von Jean-Baptiste Duroselle, „L'Abîme", sowie eine amtliche Publikation mit dem Titel „Les Affaires étrangères et le Corps diplomatique français", in dem 22 Seiten der Vichy-Ära gewidmet sind[3]. Dieses Kapitel beschreibt Organisation und Probleme des französischen Außenministeriums unter Vichy, darunter auch das Chiffrierwesen und die Kommunikationsschwierigkeiten mit dem Ausland, die teilweise durch die deutsche Kontrolle verursacht wurden. Ebenso wird die Rolle der beiden Waffenstillstandskommissionen in Wiesbaden und Turin beschrieben, die das Ministerium aber weitgehend umging. Seit November 1942 jedoch, als die freie Zone im Süden Frankreichs von deutschen Truppen besetzt wurde, führte das Ministerium nur noch ein Schattendasein.

In diesem Beitrag stütze ich mich auf meine Forschungen zur Außenpolitik Vichys im Archiv des Quai d'Orsay sowie auf drei Forschungsaufenthalte am Institut für Zeitgeschichte in München, dem ich an dieser Stelle ganz besonders dafür danke[4].

I. Verschiedene Ausgangspunkte

Es ist nicht möglich, die Diplomaten als Berufsgruppe zu untersuchen, ohne ihre außenpolitischen Vorstellungen zu erläutern. Es handelt sich schließlich nicht etwa um Kreisverwaltungsbeamte, sondern um Personen, für die Außenpolitik, innere Verfasstheit ihres

---

[1] Zu diesem Themenkomplex vgl. allgemein: Michael Mayer, Staaten als Täter. Ministerialbürokratie und „Judenpolitik" in NS-Deutschland und Vichy-Frankreich. Ein Vergleich, München 2010; Marc-Olivier Baruch, Servir l'Etat français. L'administration en France de 1940 à 1944, Paris 1997.
[2] Conze u. a., Das Amt und die Vergangenheit. Deutsche Diplomaten im Dritten Reich und in der Bundesrepublik, München 2010.
[3] Vgl. Jean-Baptiste Duroselle, L'Abîme, 1939–1945, Paris 1982; Les Affaires étrangères et le Corps diplomatique français, hrsg. vom Ministère des Affaires Etrangères durch Jean Baillou, 2 Bde., hier Bd. II, S. 541–592, Paris 1984.
[4] Die Forschungen in München werden in einem Buch über die europäischen Vorstellungen des Dritten Reiches verwertet werden.

Landes und allgemeines Wertesystem untrennbar miteinander verbunden sind. Sie haben dem Ausland gegenüber alle diese Bereiche zu vertreten. Dabei müssen sie die eigene Innenpolitik und Gesetzgebung erklären und gegebenenfalls verteidigen. Daneben bedeutet für sie Außenpolitik nicht nur die Außenpolitik des jeweiligen Landes, sondern auch dessen Rolle im internationalen System. Von Bedeutung ist das Jahr 1929: Seit dem Tod des Reichsaußenministers Gustav Stresemann, dem Ende des Geistes von Locarno und dem Beginn der Weltwirtschaftskrise gingen die Diplomaten beider Länder verschiedene Wege.

a. Deutschland

Der Tod Stresemanns im Jahre 1929 bedeutete eine tiefe Zäsur für das Auswärtige Amt (AA). Zwar richteten sich die Bemühungen weiterhin vor allem auf die Revision des Versailler Vertrags, jedoch geschah dies nicht mehr im Einvernehmen mit London und Paris. Man schreckte nicht davor zurück, die Wirtschaftskrise und den Aufstieg der Nationalsozialisten auszunutzen, um die Westmächte damit zu erpressen. Darin bestand die Politik von Reichskanzler Heinrich Brüning und noch mehr von dessen Nachfolger Franz von Papen. Beide wurden durch den Staatssekretär Bernhard von Bülow, dem Nachfolger Carl von Schuberts, beraten und unterstützt[5]. Auch wenn diese Politik bei weitem nicht den Hitler'schen Vorstellungen von der Eroberung von Lebensraum im Osten entsprach, so zeigte sich doch hier eine deutlich härtere Linie und damit eine wichtige Zwischenetappe. Damit waren die meisten der national gesinnten Diplomaten ab 1930 einverstanden: Der Revisionismus besaß eine wichtigere Funktion als eine Politik der Verständigung. Deshalb auch waren sie für viele Forderungen des neuen Regimes anfällig (weniger für das Streben nach Lebensraum im Osten, dafür umso mehr für den europäischen Großraumgedanken). Damit erklärt sich, dass die Diplomaten, zumindest bis 1939, die Außenpolitik Hitlers für eine intensivierte Form des Revisionismus hielten, die von ihnen unterstützt wurde.

b. Frankreich

Ein Teil der französischen Diplomaten blieb nach 1930 der Diplomatie der „kollektiven Sicherheit" treu, um einen Ausgleich mit Deutschland zu finden. Es war vor allem die Gruppe um Alexis Léger, Staatssekretär im Außenministerium ab 1933, die der Politik von Aristide Briand anhing, welche die Führungspositionen im Quai d'Orsay besetzten. Viele unter ihnen waren auch während der Vichy-Ära weiter tätig, insbesondere der Leiter der Politischen Abteilung und Chef des Ministerbüros, Charles Rochat, der ranghöchste Beamte nach dem Rücktritt des Staatssekretärs François Charles-Roux im November 1940 (es gab bis 1942 keine Staatssekretäre in der Vichy-Verwaltung, die Minister waren zugleich Staatssekretäre, wie auch in ihrem Titel „Ministre, Secrétaire d'État" deutlich wurde).

Die meisten Diplomaten hingen 1933 der Illusion an, man könne die Idee der kollektiven Sicherheit auch mit Hitler weiterführen – und das, obwohl sie freisinnig eingestellt waren und dem Dritten Reich in ideologischer Hinsicht keinesfalls nahestanden. Beispielswei-

---

[5] Bülow ist Gegenstand einer Debatte: Seine Rolle wurde kritisiert von Peter Krüger und Erich Hahn, Der Loyalitätskonflikt des Staatssekretärs Bernhard Wilhelm von Bülow im Frühjahr 1933, in: Vierteljahrshefte für Zeitgeschichte (VfZ) 20 (1972) S. 376–410. Positiver urteilt Hermann Graml, Bernhard von Bülow und die deutsche Außenpolitik, München 2012. Sein Untertitel ist bezeichnend: „Hybris und Augenmaß im Auswärtigen Amt".

se war der französisch-sowjetische Allianzvertrag von 1935, der das Werk des Quai d'Orsay war, wenig wirksam. Dies lag daran, dass er als erste Etappe zu einem Ostlocarno verstanden wurde und deshalb ganz im Geiste der kollektiven Sicherheit verfasst war. Dennoch glaubten die Diplomaten, mit einem umfassenden Vertragswerk den Frieden retten zu können.

Die Wiederbesetzung des Rheinlandes bedeutete jedoch eine wichtige Zäsur. Obwohl sie weiter die Idee der kollektiven Sicherheit vertraten, begannen einige, sich von der Illusion zu verabschieden, Hitler zurück in ein System der kollektiven Sicherheit locken, nötigenfalls zwingen zu können. Sie planten deshalb die Verträge, die seit 1919 abgeschlossen worden waren, kompromisslos gegen Nazideutschland einzusetzen. Insbesondere Staatssekretär Léger vertrat diese Linie. Am 18. Mai 1940, als das Scheitern seiner Strategie offensichtlich geworden war, wurde er von Ministerpräsident Paul Reynaud entlassen.

Für eine zweite Gruppe wurde die Erhaltung des Friedens im Sinne einer immer weiter mystifizierten kollektiven Sicherheit durch eine Verständigung mit Berlin mehr und mehr zum Selbstzweck, so etwa 1938 in München, aber auch nach dem Waffenstillstand 1940. Diese Politik war eine späte Folge des Pazifismus, der aus den Erfahrungen des Ersten Weltkrieges resultierte. Dies führte zur „europäischen Illusion", die in der Vichy-Ära eine große Rolle spielen sollte[6]. Der Diplomat, der bis 1944 diese Politik am ehesten verkörperte, war Rochat, der 1942 zum Staatssekretär und damit zum obersten Beamten im Außenministerium ernannt wurde.

Eine dritte Gruppe erkannte die Grenzen von Locarno, wollte aber zum herkömmlichen Europäischen Konzert der Zeit vor 1914 zurückkehren. Dabei sollte das Deutsche Reich in „realistischer Weise" in ein ausbalanciertes System integriert werden. Diese Tendenz zeigte sich deutlich 1938: Das Münchner Abkommen wurde von diesen Diplomaten nicht als Weiterentwicklung der kollektiven Sicherheit, sondern als Ausgangspunkt für pragmatische Verhandlungen der Großmächte gesehen (das Europäische Konzert stand dabei im Gegensatz zur kollektiven Sicherheit). Damit sollten die bestehenden Probleme gelöst und ein neues Gleichgewicht mit einem saturierten, zugleich aber auch ausbalancierten Deutschland geschaffen werden. Diese Vorstellungen wurden auch nach 1940 vertreten, wobei die Gegensätze zwischen den genannten Gruppen das Meinungsspektrum der Vichy-Diplomatie bildeten. Was die praktische Politik anging, konvergierten die Ansätze jedoch weitgehend.

Selbstverständlich erkannten viele Diplomaten früh, dass das Dritte Reich sich weder in ein Europa Briand'scher Prägung noch in einem neuen Europäischen Konzert einspannen lassen würde. Zugleich verstanden sie, welchen Einfluss die Ideologie in jener Zeit hatte. Zu nennen wären etwa René Massigli, der im September 1938 mit Außenminister Georges Bonnet wegen des Münchner Abkommens brach[7]. Ähnlich verhält es sich mit Jean Chauvel, der im März 1938 in Wien tätig war[8]. Jean Payart, auf Posten in Moskau, wiederum glaubte nicht, dass eine „europäische Solidarität" gegen Stalin sinnvoll und im Interesse Frankreichs sei. Er erkannte, dass die französisch-sowjetische Allianz nach Taten und nicht nach Worten verlangte. Erst im August 1938 verstanden dies auch Paris und London. Robert de Margerie, der nach seinem Aufenthalt in Berlin nach London entsandt worden war und während des „Sitzkrieges" Bürochef des Ministerpräsidenten Paul

---

[6] Vgl. Bernard Bruneteau, „L'Europe nouvelle" de Hitler. Une illusion des intellectuels de la France de Vichy, Paris 2003.
[7] Vgl. Georges-Henri Soutou, La perception de la puissance française par René Massigli en 1938, in: Relations internationales 33 (1983), S. 11–22.
[8] Vgl. Jean Chauvel, Commentaire, 3 Bde., Paris 1973.

Reynaud war, befand sich dabei in Einklang mit der Gruppe um Winston Churchill in London, die auch mit Léger in engstem Kontakt stand und für eine kompromisslose Politik gegenüber Deutschland eintrat.

Es erstaunt wenig, dass die meisten dieser Akteure kurz nach dem Waffenstillstand von Vichy ihrer Ämter enthoben wurden. Teilweise traten sie von sich aus zurück und wendeten sich nach und nach General Charles de Gaulle zu. Sie sollten nach dem Krieg die Leitungsebene des Quai d'Orsay bilden.

Wir besitzen ein sehr interessantes Zeugnis über die Vorstellungen der Diplomaten in der letzten Phase vor Abschluss des Waffenstillstands. Es handelt sich dabei um die Memoiren eines engen Mitarbeiters Légers, Raymond de Sainte-Suzanne[9]. Er war der Ansicht, dass die Befürworter eines Krieges bis zum Äußersten, der zu einer Auslöschung des Reiches und einer Annexion des Rheinlandes führen sollte, in der Minderheit waren. Eine Mehrheit sei hingegen davon überzeugt gewesen, dass nur ein relatives Patt zu erreichen sei. Dabei sollte das Ergebnis der Friedensverhandlungen von 1919 revidiert werden (Polen und die Tschechoslowakei würden sowieso nicht in den Grenzen von 1919 wiedererstehen, von Österreich gar nicht zu sprechen). Viele hätten den Kommunismus mehr als den Nationalsozialismus gefürchtet, und sie seien bereit gewesen, Frankreich auf Westeuropa zu beschränken und dem Reich Handlungsfreiheit gegenüber der Sowjetunion zu gewähren. Damit wird eine konservative Haltung im Quai d'Orsay sowie in Teilen der französischen Obrigkeit deutlich. Zu einer Art von Kollaboration mit dem Deutschen Reich im Rahmen der Neuordnung Europas waren diese Diplomaten somit schon vor dem Waffenstillstand bereit.

Dennoch muss man hier anmerken, dass nicht unbedingt eine Kontinuitätslinie zwischen der Haltung der französischen Diplomatie vor Beginn des Zweiten Weltkrieges und nach Abschluss des Waffenstillstands im Juni 1940 existierte. Roland de Margerie vertrat vor dem Waffenstillstand eine kompromisslose Position und richtete sich gegen diejenigen, die einen Kompromissfrieden wünschten. Zugleich riet er Ministerpräsident Reynaud, die Regierung nach Algier zu verlegen, um einem Waffenstillstand zu entgehen. Als er jedoch im Juli 1940 von de Gaulle in London gebeten wurde, sich ihm anzuschließen, zog er es vor, zuerst nach Vichy und dann als Generalkonsul nach Shanghai zu gehen[10]. Ähnlich verhielt es sich mit René Massigli, 1938–1940 Botschafter in Ankara, der nach dem Waffenstillstand zwar zurücktrat, sich aber erst nach der Besetzung der „freien Zone" 1942 der France Libre anschloss.

II. Der Übergang: Die Gleichschaltungen

a. Deutschland

Die sofortige Wirkung des neuen Regimes auf den Auswärtigen Dienst darf nicht unterschätzt werden, selbst wenn die meisten Diplomaten von vornherein bereit waren, auch einer Regierung Hitler zu dienen. In seinen Memoiren berichtet Werner Otto von Hentig,

---

[9] Vgl. Raymond de Sainte-Suzanne, Une politique étrangère. Le Quai d'Orsay et Saint-John Perse à l'épreuve d'un regard, Paris 2000.
[10] Vgl. Roland de Margerie, Journal 1939–1940, Paris 2010. Weitere Bände seines Tagebuches sind als Manuskript gedruckt worden, so etwa Bd. 4: Tous mes adieux sont faits. De 1940 à 1957, Dallas 2012.

wie Vertreter des „Büros Ribbentrop" gleich am zweiten Tag nach der Machtübernahme in der Wilhelmstraße erschienen, um die im AA tätigen Mitarbeiter zu überprüfen. Von Anfang an zeigten sich erste Vorboten der entstehenden totalitären Herrschaft, auch wenn die Nationalsozialisten noch nicht alleine regieren konnten[11].

In „Das Amt und die Vergangenheit" wird eingehend die Einflussnahme der SS auf den Auswärtigen Dienst durch Ehrenernennungen beschrieben. Doch nicht alle Diplomaten waren auf diese Weise zu gewinnen. Manche wussten sich dem Druck der Partei zu widersetzen. Ein Beispiel ist der Botschafter in Rom, Ulrich von Hassell, der trotz seiner nichtregimekonformen Vorstellung eines christlichen Europa, in dem alle Völker ihre kulturelle Eigenart bewahren könnten, geduldet wurde[12]. Dies muss selbstverständlich im Rahmen des prozesshaften Charakters des Regimes nach 1933 und dem Aufbau des SS-Staates 1943/44 verstanden werden.

b. Vichy

Die Gleichschaltungen waren in Vichy weniger umfassend, sie verliefen eher stufenweise. Einige Ministerialdirigenten, die als Vertreter der Diplomatie der Dritten Republik und des Bündnisses mit Großbritannien galten, wurden sofort entfernt und durch Mitarbeiter ersetzt, die während des „Sitzkrieges" keinen Hehl aus ihrem Pessimismus und ihrer Opposition zum Krieg gemacht hatten: So wurde der Leiter der Politischen Abteilung, Émile Charvériat, durch Rochat ersetzt, der Leiter der Europaabteilung, Henri Hoppenot, durch M. Pierre Bressy[13]. Doch hatten auch Rochat und Bressy vor 1939 zur Gruppe um Léger und zu den Befürwortern der kollektiven Sicherheit vor 1939 gehört. Somit stellen auch diese personellen Veränderungen keine grundlegend andere Ausrichtung des Außenministeriums dar.

Der eklatanteste Fall war die sofortige Absetzung des Leiters des „Service des Œuvres à l'étranger" (Kulturabteilung), Jean Marx, der ein Anhänger der Volksfront von Léon Blum gewesen war und dem als Jude kein Platz mehr im Außenministerium zukam. Er wurde am 26. August 1940 aufgrund des Gesetzes vom 13. August 1940 entlassen. Bis Ende 1940 wurden noch weitere Spitzendiplomaten entfernt: Adrien Thierry in Bukarest, René Massigli in Ankara (auf deutschen Druck), Robert Coulondre in Bern, Wladimir d'Ormesson in der Vertretung beim Heiligen Stuhl (auf Druck Italiens). Charles-Roux versuchte, die Entlassungsforderungen abzumildern, hatte jedoch keinen Erfolg damit. Im Gegensatz dazu wurden nun auch häufiger linientreue Politiker in den Auswärtigen Dienst berufen:

---

[11] Vgl. Werner Otto von Hentig, Mein Leben. Eine Dienstreise, Göttingen 1962. Diese Memoiren erwähnt „Das Amt" nicht. Sie sind jedoch ein gutes Beispiel, um den großen Unterschied zwischen Nachkriegsmemoiren der Diplomaten und den Nachlässen von zeitgenössischen Schriftstücken (Nachlass Werner Otto von Hentig, IfZ München, ED 113) zu zeigen.
[12] Hassell verfasste für einen Sammelband (Europa. Handbuch der politischen, wirtschaftlichen und kulturellen Entwicklung des neuen Europas, hrsg. vom Deutschen Institut für Außenpolitische Forschung, Leipzig 1941) ein Kapitel: „Lebensraum oder Imperialismus?" (S. 27-33). Der Imperialismus bezog sich auf das britische Reich, der Lebensraum auf das künftige Europa. Auf den ersten Blick erscheint dies linientreu und „im Sinne des Führers". Bei genauerer Lektüre kann man jedoch feststellen, dass der „Lebensraumbegriff" mit der NS-Vorstellung nicht vergleichbar ist. Er bezieht sich vielmehr auf ein Kontinentaleuropa mit „gemeinsamer ethisch-christlicher Grundlage", was mit den Vorstellungen von Bethmann Hollweg und dem Tagebuch von Riezler im Ersten Weltkrieg vergleichbar ist.
[13] Vgl. Les Affaires étrangères et le Corps diplomatique français, Bd. II, S. 543.

Senator Gaston Henry-Haye in Washington, Léon Bérard im Vatikan, François Pietri in Madrid, Gaston Bergery in Moskau[14].

Das Regime gründete jedoch keine Einheitspartei, es war zwar autoritär, aber nicht totalitär, selbst wenn sich mit der Miliz ab 1943 eine Tendenz zum Totalitarismus abzeichnete. Die „Légion des combattants" war keine politische Partei, sondern nur eine Vereinigung ehemaliger Frontkämpfer, die mit der NSDAP nicht zu vergleichen war. Zwar versuchte sie manchmal in den Auslandsvertretungen Einfluss auszuüben, doch konnte man sich dagegen wehren (so Margerie als Generalkonsul in Shanghai)[15].

Über welche Mittel verfügte das Regime, um die Loyalität seiner Mitarbeiter zu gewinnen bzw. zu prüfen? Abgesehen von einer weit verbreiteten polizeilichen Überwachung, darunter fiel auch das Abhören von Telefongesprächen, standen vor allem zwei Mittel zur Verfügung: zum einen die Vergabe der „Francisque", die goldene Auszeichnung des Regimes, zum anderen die Ernennung zum Mitglied des Nationalrats („Conseil national"). Die Francisque war sehr begehrt, es gab beinahe 2000 Ausgezeichnete, darunter aber meines Wissens keine Diplomaten. Im Nationalrat (dessen Aufgabe es war, eine neue Verfassung vorzubereiten, der aber nie tagte) gab es zwei Diplomaten: Léon Noël, ehemaliger Leiter des Ministerbüros von Pierre Laval im Jahre 1935 und vor dem Krieg Botschafter in Warschau, sowie André François-Poncet, vormaliger Botschafter in Berlin und Rom. Um noch ein Beispiel zu nennen: Nach dem Scheitern des Prozesses von Riom gegen Politiker und hohe Offiziere (wohlbemerkt: keine Diplomaten), die wegen des verlorenen Krieges und der Niederlage von der französischen Regierung angeklagt worden waren, schuf Staatschef Philippe Pétain im August 1941 einen „Rat der politischen Justiz" und ernannte einen Berufsdiplomaten, den früheren Botschafter in Washington, Peretti della Rocca, zu dessen Präsidenten[16].

Dabei ist von Bedeutung, dass die Diplomaten, die von der Regierung abgesetzt wurden oder von sich aus zurücktraten, so René Massigli, Gabriel Puaux, Eirik Labonne, François Charles-Roux und andere, nicht entlassen, sondern in den einstweiligen Ruhestand („en disponibilité") versetzt wurden, wobei sie weiterhin ihr Gehalt bezogen. Nur drei traten von sich aus zurück, darunter ein Spitzendiplomat, Charles Corbin in London. Vom Waffenstillstand bis 1941 waren 23 Beamte (darunter auch Konsuln) tatsächlich entlassen und nicht allein in den Ruhestand versetzt worden, darunter nur drei Spitzendiplomaten: Alexis Léger, Jean Marx und Pierre Comert.

Tatsache ist: Das Vichy-Regime wurde bis November 1942 von den meisten Diplomaten als legitim empfunden. So hatte etwa die 1936 gewählte Abgeordnetenkammer am 10. Juli 1940 die neue Regierung von Pétain bestätigt und ihm allumfassende Vollmachten übertragen. Daneben wurde der Waffenstillstand als verhältnismäßig günstig angesehen, da dieser eine unbesetzte Zone im Süden Frankreichs vorsah und die französische Autorität über das Kolonialreich relativ unangetastet ließ. Vichy unterhielt weiterhin diplomatische Beziehungen zu den meisten Ländern, darunter auch zu den Vereinigten Staaten sowie zur Sowjetunion, ja sogar, ausweislich des Jahrbuches 1941 des Ministeriums, mit Großbritannien (die dortigen französischen Konsulate blieben weiterhin geöffnet). Vichy besaß also mindestens bis November 1942 eine relative Legitimität, sowohl im Inneren als auch auf der internationalen Ebene.

---

[14] Ebenda.
[15] Vgl. Tous mes adieux sont faits, insbesondere S. 78f.
[16] Vgl. Jean Barbier, Un frac de Nessus, Rom 1950, S. 1260f.

Die legislativen Maßnahmen gegen die Juden, insbesondere das Gesetz vom 3. Oktober 1940, das die Juden weitgehend aus der Beamtenschaft ausschloss (vor allem aus den Streitkräften, der Polizei und dem Auswärtigen Dienst, somit den Säulen der Souveränität des Staates), wurden im Außenministerium wie bei allen Behörden strikt angewandt[17]. Im Außenministerium waren 14 Juden vom Gesetz vom 3. Oktober 1940 betroffen. Eine noch viel größere Zahl wurde hingegen aufgrund anderer Maßgaben entlassen, etwa der Gesetze vom 17. Juli und 13. August 1940[18]. Verwaltungstechnisch gesehen wurden die Juden nicht entlassen, sondern in den vorzeitigen Ruhestand versetzt.

1939/40 wurde der überwiegende Teil der jüdischen Beamten am 26. August 1940 pensioniert, das heißt vor Erlass des Judengesetzes vom 3. Oktober. Dies war eine Folge des Gesetzes vom 13. August 1940 über das Pensionierungsalter der Diplomaten, das eigentlich eine Verjüngung des Korps bezweckte (zuvor gab es im Grunde keine festen Bestimmungen hinsichtlich des Eintritts in den Ruhestand). Beinahe 80 Beamte waren hiervon betroffen. Es handelte sich dabei zwar um keine umfassende politische Säuberung, doch konnten die Maßgaben verwendet werden, um unerwünschte Beamte loszuwerden. Daneben setzte es Stellen frei, die das neue Regime besetzen konnte. Und in der Tat gingen die Aufnahmeprüfungen für die neuen Attachéjahrgänge auch unter Vichy weiter.

Fünf Diplomaten, darunter ein Botschafter und ein Gesandter erster Klasse, wurden im November bzw. Dezember 1940 pensioniert, das heißt nach Inkraftsetzung des Gesetzes. Darunter befanden sich zwei Personen mit Namen, die auf keine jüdische Herkunft im Sinne des Gesetzes vom 3. Oktober 1940 schließen lassen und die möglicherweise nur aus Altersgründen pensioniert wurden. Der bereits genannte Diplomat jüdischer Herkunft, Jean Marx, war bereits am 26. August aufgrund des Gesetzes vom 13. August entlassen worden. Es gab also nur wenige jüdische Angehörige des Auswärtigen Dienstes. Dies widerspiegelt die Tatsache, dass der Quai d'Orsay vor 1940 noch mehr in den Händen des Adels und des Großbürgertums war als das deutsche Auswärtige Amt zwischen 1918 und 1933[19].

Insgesamt scheint es keinen Protest wegen der Entfernung der jüdischen Diplomaten gegeben zu haben. Den Grund hierfür kann man ahnen: Sainte-Suzanne schreibt, die Diplomaten seien wie viele Leute überzeugt gewesen, der Einfluss der Juden vor dem Krieg sei zu groß gewesen, auch hätten sie eine Rolle bei dem Entschluss gespielt, trotz der militärischen Unterlegenheit Frankreichs dem Reich den Krieg zu erklären[20]. Ein Diplomat meinte sogar, am Nationalsozialismus sei nur der Antisemitismus wirklich positiv zu bewerten[21]. Eine gewisse Anfälligkeit für den Antisemitismus hatte sich dabei bereits vor dem Krieg gezeigt[22].

Die französischen Diplomaten genossen bis 1942 einen größeren Spielraum als ihre deutschen Kollegen. Jean Chauvel zum Beispiel, Leiter der Asienabteilung im Außenministerium, konnte die sehr schwerwiegenden Probleme mit Japan in Hinblick auf Indo-

---

[17] Vgl. Mayer, Staaten als Täter, S. 78–96, und Baruch, Servir l'Etat français, S. 127 ff. Baruch widmet sich nicht den Diplomaten.
[18] Vgl. Mayer, Staaten als Täter, S. 83–85.
[19] Vgl. Georges-Henri Soutou, Les élites diplomatiques françaises et allemandes au XXème siècle, in: Rainer Hudemann/Georges-Henri Soutou (Hrsg.), Eliten in Deutschland und Frankreich im 19. und 20. Jahrhundert, München 1994, Bd. 1, S. 303–314.
[20] Vgl. Sainte-Suzanne, Une politique étrangère, S. 239.
[21] Ebenda, S. 304.
[22] Vgl. Barbier, Un frac de Nessus, S. 1153.

china nach seinem Gutdünken ohne Einmischung der Regierung lösen[23]. Die Botschaft Bukarest wiederum berichtete eingehend über das Schicksal der Juden in Rumänien[24]. Die Botschaften in Osteuropa informierten schon im Sommer 1941 über die Schwierigkeiten des Unternehmens Barbarossa[25]. Eirik Labonne, französischer Botschafter in Moskau bis April 1941, gelang es sogar, seine nicht abgestimmten Ansichten über eine Annäherung an die Sowjetunion vorzutragen, die von dem Gedanken geleitet waren, ein Gegengewicht zum Deutschen Reich zu schaffen[26]. Auch Admiral William D. Leahy, amerikanischer Botschafter in Vichy, berichtete über seine offenen Gespräche mit dem Leiter der Politischen Abteilung des französischen Außenministeriums, Charles Rochat[27].

Viele Diplomaten spielten ein Doppelspiel, wobei ihre Vorgesetzten teilweise davon wussten. Die Mitglieder der französischen Vertretung bei der Waffenstillstandskommission in Wiesbaden, Armand Bérard und Jacques Tarbé de Saint-Hardouin (beide sollten später noch Karriere machen), teilten vertrauliche Informationen mit dem französischen Diplomaten Stanislas Ostrorog, der sie dann den Amerikanern zukommen ließ[28]. Dieses doppelte Spiel wurde dadurch erleichtert, dass Vichy bis Frühling 1941 in geheimem Kontakt zu Großbritannien stand[29]. Auch wenn sich diese Frage hier nicht vertiefen lässt, ist doch deutlich, dass ein Vergleich zwischen Deutschland und Frankreich bestimmte Grenzen hat.

Nach der Besetzung der freien Zone im Süden Frankreichs im November 1942 gab es hingegen keine Zweideutigkeit mehr. Von nun an führten die Vichy-Diplomaten nur noch ein Schattendasein, die meisten liefen sukzessiv zu de Gaulle über. Hinzu kam, dass es für die Vichy-Diplomaten relativ einfach war, sich abzusetzen. Sie konnten sich zur France Libre bekennen und erhielten weiterhin ihr Gehalt. Ab Sommer 1944 übernahm die Provisorische Regierung von de Gaulle, parallel zur allmählichen Anerkennung durch die jeweiligen Staaten, die noch bestehenden Vichy-Botschaften. Manchmal verlief die Übergabe schwierig, manchmal glimpflich. Als Beispiel möchte ich die Übergabe der Botschaft in Bern erwähnen: Botschafter Jean Jardin, einst Leiter des Ministerbüros von Laval, war nach Bern versetzt worden. Laval wollte ihn vor einer möglichen Festnahme durch die Gestapo schützen. Im August 1944 schlossen Jardin und mein Vater, Jean-Marie Soutou, damals Mitglied der Vertretung der Résistance in Genf, der Jardin schon aus der Zeit vor dem Krieg kannte, ein Abkommen, um die nahtlose Übergabe der Botschaft zu gewährleisten – inklusive der Geheimfonds, des Personals (darunter auch der Militärattachés, die einen der wichtigsten Spionageringe im Reich kontrollierten) und des Senders, der seit 1943 Informationen nach Algier funkte. Die Übergabe wurde dem Staatssekretär des Außenministeriums der France Libre in Algier, Jean Chauvel, durch Jean Payart mitgeteilt. Dieser war vor 1941 in Moskau als Gesandter stationiert und hatte sich an-

---

[23] Vgl. Chauvel, Commentaire, Bd. 1, S. 227 ff.
[24] Vgl. Catherine Nicault, De Pétain à de Gaulle. La trajectoire tourmentée du diplomate Jacques Truelle, in: Terres promises. Mélanges offerts à André Kaspi, hrsg. von Hélène Harter u. a., Paris 2008, S. 349–364.
[25] Vgl. Georges-Henri Soutou, Vichy et la place de l'URSS dans le système européen, in: Georges-Henri Soutou und Emilia Robin Hivert (Hrsg.), L'URSS et l'Europe de 1941 à 1957, Paris 2008, S. 65–104.
[26] Ebenda.
[27] Vgl. Amiral William D. Leahy, J'étais là, Paris 1950.
[28] Vgl. Duroselle, L'Abîme, S. 218.
[29] Ebenda, S. 274–281.

schließend „zur besonderen Verwendung" in die Schweiz zurückgezogen, wo er in Kontakt mit der Vertretung des Widerstands in Genf stand[30]. Neuer Botschafter wurde Henri Hoppenot, Berufsdiplomat aus dem Großbürgertum in Lyon, der 1943 zu de Gaulle übergegangen war und später zum Vertreter der France Libre in den Vereinigten Staaten ernannt wurde[31].

Die Lage der Diplomaten war in Vichy-Frankreich deutlich vielschichtiger als im Reich. In beiden Fällen jedoch ging die Bedeutung der Diplomaten zurück. Sie wurden immer häufiger umgangen oder zu unliebsamen Handlungen überredet, während ihre eigentlichen Positionen oft von der jeweiligen Regierung vernachlässigt oder sogar negiert wurden. Für die meisten Vichy-Diplomaten bildeten die buchstabengetreue Umsetzung des Waffenstillstands ohne darüber hinausgehende Zugeständnisse sowie die Bewahrung des Gleichgewichts in Europa das Gebot der Stunde. Das Programm der deutschen Diplomaten dagegen war es, die Kriegsziele des Ersten Weltkrieges weiterzuentwickeln. Langfristig sollte ein europäischer Staatenbund unter deutscher Führung entstehen. Doch beide Regierungen blieben nicht bei diesen Ansätzen der Diplomaten, sondern strebten eine tiefgreifende Neuordnung Europas an.

III. Diplomaten zwischen Illusion und Selbstgleichschaltung

Ein Verdienst des Buches „Das Amt" ist es, das Ausmaß der Selbstgleichschaltung des Auswärtigen Dienstes ans Licht gebracht zu haben. Ein Vergleich der Memoiren des Diplomaten Hentig, die 1962 veröffentlicht wurden, mit seinem Nachlass im Institut für Zeitgeschichte in München ist in dieser Hinsicht ergänzend aufschlussreich. Bis 1942 agierte er deutlich eher „im Sinne des Führers", als er in seinen Memoiren behauptet. Bis 1938 lässt sich ein derartiges Verhalten mit der scheinbaren Kontinuität der deutschen Außenpolitik seit 1930 erklären. Ab 1938 wuchs jedoch das Unbehagen. Die Erfolge des Regimes aber schläferten die Zweifel ein. Zugleich fühlten sich die Diplomaten gezwungen, sich dem Regime anzupassen und das Amt gegen die Konkurrenz der NS-Institutionen zu verteidigen. Doch dabei handelte es sich um ein illusorisches Unterfangen. Deutlich massiver, als es im Buch „Das Amt" beschrieben ist, wurde das AA marginalisiert. Hitler hat die Eliten nicht verjagt, sondern sie umgangen und durch neue Behörden (Dienststelle Ribbentrop, Auslandsorganisation der NSDAP, SD, Reichskommissar für die Festigung deutschen Volkstums, Reichsministerium für die besetzten Ostgebiete) zur relativen Bedeutungslosigkeit verdammt. Und auch die Reichskanzlei spielte eine eigene außenpolitische Rolle. Bewusst betrieb Hitler einen Verwaltungsdarwinismus, wobei das AA viel an Einfluss einbüßte.

Marginalisiert war auch der Quai d'Orsay. Pétains Dienststelle als Staatschef war weit größer als der kleine Stab im Elyséepalast während der Dritten Republik. Sie besaß zudem Zuständigkeiten für auswärtige Angelegenheiten. Auch François Darlan und Pierre Laval verfügten als Regierungschefs über eigene außenpolitische Stäbe. Die Außenpolitik wurde somit weitgehend dem Quai d'Orsay entzogen. Die wichtigen außenpolitischen Wenden (Montoire im Oktober 1940, die Pariser Protokolle im Mai 1941, der Vorschlag eines politischen Paktes am 14. Juli 1941) vollzogen sich ohne Zutun der Diplomaten.

---

[30] Vgl. Jean-Marie Soutou, Un diplomate engagé. Mémoires 1939–1979, Paris 2011, S. 50f.
[31] Vgl. Colette Barbier, Henri Hoppenot. Diplomate, Ministère des Affaires étrangères, Paris 1999.

Die Selbstgleichschaltung war in Frankreich gewiss vorhanden, doch war sie weniger deutlich, da das Regime deutlich ambivalenter als die NS-Diktatur war. Dabei ließen sich die Diplomaten durch die Illusion der Erhaltung der französischen Souveränität und die vermeintliche Kontinuität täuschen. Daneben war der französische Auswärtige Dienst nur eingeschränkt handlungsfähig und dies sowohl in Hinblick auf die Vichy-Regierung als auch gegenüber der deutschen Besatzungsmacht. Große Vorsicht war nötig: Die geheimen Codebücher zur Chiffrierung waren den Deutschen ausgeliefert worden, Spione gab es allenthalben. Die wichtigsten Abmachungen wurden deshalb nicht schriftlich festgehalten. Gerade aus diesem Grunde ist der Unterschied zwischen innerer Anpassung und äußerer Gleichschaltung besonders schwierig zu ermessen.

IV. Die Mitwirkung an der „Endlösung"

Was die Beteiligung des Auswärtigen Amts an der „Endlösung" angeht, somit den Kern des Werkes der Historikerkommission, wirkt „Das Amt" deutlich weniger überzeugend. Die Rolle des AA hierbei war doch eher – anders als von der Historikerkommission angenommen – zweitrangig oder höchstens flankierend. Der Fall Otto Abetz scheint der aufschlussreichste zu sein. Seine Rolle ist seit langem eingehend beschrieben. Abetz aber war ein Außenseiter, seine Bindung zum AA war eher formal als real, und seine Tätigkeit entfaltete sich weitgehend außerhalb der Wilhelmstraße[32]. Man hätte vielmehr die Analyse weiterführen müssen: Die Deportation von ausländischen Juden aus Westeuropa im Sommer 1942 betraf Juden, die aus einer Reihe von besetzten oder verbündeten Ländern im deutschen Machtbereich stammten[33]. In Ungarn lagen die Dinge anders. Im April 1942 hatte Hitler Admiral Miklós Horthy unmissverständlich erklärt, dass er die Juden endgültig loswerden wolle. Horthy antwortete, er habe zwar Maßnahmen gegen die Juden beschlossen, es könne aber nicht in Frage kommen, sie zu töten[34]. Es ist nicht wahrscheinlich, dass das AA an der Zusammenstellung der Liste der betroffenen Länder und an den damit verbundenen Verhandlungen nicht teilgenommen hat.

Dass das AA keine SS-Behörde war, liegt auf der Hand. Dennoch hat es an den NS-Verbrechen mitgewirkt. Das Gesamturteil über die Rolle des AA muss also zwischen dem Fazit von Eckart Conze, der von einer „verbrecherischen Organisation" gesprochen hat, was mir zu weit geht, und einer übertriebenen Verteidigung liegen.

Die Vichy-Vertretungen in Osteuropa haben die Zentrale sehr früh über die antijüdischen Maßnahmen, nicht jedoch über die „Endlösung" informiert[35]. Margerie zum Beispiel berichtete, die Vichy-Vertretungen in China hätten die französischen Verordnungen für die dort lebenden französischen Juden nicht umgesetzt[36]. Es bliebe noch die Lage der französischen Juden im deutschen Machtbereich unter französischer konsularischer Aufsicht genauer zu untersuchen, ebenso die Tätigkeit des Außenministeriums, das auch für die Ausländer in Frankreich, für das Einbürgerungsverfahren usw. zuständig war.

---

[32] Vgl. Barbara Lambauer, Otto Abetz et les Français ou l'envers de la Collaboration, Paris 2001.
[33] Vgl. Laurent Joly, Vichy dans la solution finale (1941–1944), Paris 2006, S. 367.
[34] Vgl. Andreas Hillgruber, Staatsmänner und Diplomaten bei Hitler, Bd. 2, Frankfurt a. M. 1967.
[35] Vgl. Nicault, De Pétain à de Gaulle, S. 349–364.
[36] Vgl. Tous mes adieux sont faits, S. 41.

V. Die Frage nach der Chronologie

Ein Nachteil des Buches „Das Amt" ist es, die Chronologie nicht ausreichend zu berücksichtigen. Schließlich zeichnete sich ab 1942/43 eine Wende in der Einstellung der Diplomaten ab. Hentig etwa kritisierte die deutsche Politik in den besetzten Gebieten der Sowjetunion: Aufgrund einer rassistischen Weltanschauung versäume man es, sich auf die Bevölkerung und auf die Nationalitäten im Kampf gegen die Kommunisten zu stützen. Eine ähnliche Kritik übten das Militär und die Mitarbeiter des Reichsministeriums für die besetzten Ostgebiete.

1943 entwarf das AA das Konzept eines europäischen Staatenbundes, um die deutschen Kriegsziele zu konkretisieren. Dabei ist deutlich, dass die Vertreter der Wirtschaft und die Theoretiker des Großraumgedankens, die sich an Überlegungen und Kriegsziele seit 1914 anlehnten, relativ einer Meinung waren, die sich von der nationalsozialistischen Idee eines „Großgermanischen Raumes" unterschied[37]. Diese Überlegungen waren zwar kaum mehr realisierbar, denn informierte Kreise waren längst zu der Überzeugung gelangt, dass der Krieg nicht mehr zu gewinnen sei. Doch bleibt die Tatsache, dass sich das Reich ab 1942/43 mehr und mehr in Richtung eines totalitären SS-Staates entwickelte und somit immer weniger mit den Vorstellungen der national-konservativen Eliten der vergangenen Jahre vereinbar war.

Auch in Frankreich zeigt sich eine vergleichbare Chronologie, beginnend mit dem Treffen Pétains mit Hitler in Montoire und dem Beginn der „Collaboration" (Staatssekretär Charles-Roux trat deswegen zurück) im Oktober 1940[38]. Die zweite Phase im Sommer und Herbst 1941 ist geprägt vom Abschluss der Pariser Abkommen und der Entlassung Maxime Weygands[39]. Die dritte Phase wiederum beginnt mit der alliierten Landung in Nordafrika und dem deutschen Einmarsch in die „Freie Zone" im November 1942. Doch besteht ein großer Unterschied zu Deutschland: Diese Entwicklung fand nicht innerhalb des französischen Außenministeriums statt. Vielmehr zeigte sich eine Spaltung, wobei die Diplomaten nach und nach entweder direkt zur France Libre übertraten oder sich indirekt de Gaulle anschlossen, etwa durch den „Bureau d'Études Chauvel", der sowohl für London, später für Algier und insgeheim für Vichy arbeitete. Davon unterschieden sich die Diplomaten, die nicht mehr mitmachen, aber nicht sofort zu de Gaulle wechseln wollten[40]. Langfristig führte dies fast nahtlos zum allmählichen Entstehen des Quai d'Orsay der Nachkriegszeit.

VI. Die Anhänger der Neuordnung Europas unter deutscher Führung

Die meisten Vichy-Diplomaten waren von dem Gedanken geleitet, zu retten, was noch zu retten war. Anfänglich glaubten sie, der Friedensschluss werde bald kommen. Dabei soll-

---

[37] Georges-Henri Soutou, Carl Schmitt et les „Grands Espaces" dans le contexte de l'Allemagne nationale-socialiste, in: Aquilon (E-Zeitschrift der Association des Internationalistes), Nr. 10, Juni 2013, S. 14–20; Jürgen Elvert, Mitteleuropa! Deutsche Pläne zur europäischen Neuordnung (1918–1945), Stuttgart 1999; Birgit Kletzin, Europa aus Rasse und Raum. Die nationalsozialistische Idee der Neuen Ordnung, Münster 2002.
[38] Vgl. François Charles-Roux, Cinq mois tragiques aux affaires étrangères, Paris 1949.
[39] Vgl. Soutou, Vichy et la place de l'URSS, S. 96–102.
[40] Vgl. Chauvel, Commentaire, Bd. 1, S. 305 ff.

te Frankreich versuchen, die Bedeutung Berlins stillschweigend durch Kontakte zu London und Moskau auszubalancieren. Mit der Verlängerung des Krieges und dem Angriff gegen die Sowjetunion fiel diese Option aus. Danach strebten sie für die Nachkriegszeit ein neues Gleichgewicht an: Das Reich würde die Sowjetunion von Europa fernhalten, im Westen würde eine Pattsituation entstehen, wobei die Vereinigten Staaten als Gegengewicht zu Deutschland dienen könnten. So würden Frankreich und sein Kolonialreich mehr oder weniger intakt aus dem Krieg hervorgehen. Die Kollaboration war für sie ein notwendiges Übel, um die schwierige Periode der Besatzungszeit zu überstehen[41]. Ideologische Kollaborateure wie Marcel Déat oder Jacques Doriot gab es unter den Diplomaten kaum. Eine Ausnahme bildete ein Diplomat mittleren Ranges, Jean Barbier[42]. Ursprünglich gar nicht deutschfreundlich gesinnt, wurde er zum leidenschaftlichen Anhänger der Kollaboration und forderte sogar eine Allianz mit Berlin. Grund hierfür waren seine Ressentiments gegen den Personenkreis um Léger wegen deren Politik im Geiste Locarnos (interessanterweise sah er in Locarno den Anfang der Erniedrigung Frankreichs) sowie sein Hass auf Großbritannien, die Freimaurer und die Juden, die er gemeinsam für die Niederlage Frankreichs verantwortlich machte. Er spielte aber letztlich kaum eine Rolle und wurde als Leiter der Verwaltungsabteilung auf ein Nebengleis abgeschoben, da er den anderen Diplomaten offensichtlich zu weit ging. Anfang 1941 erkrankte er und wurde beurlaubt.

Eher außerhalb des Kreises der Diplomaten stand der Publizist Jacques Benoist-Méchin, der sich insbesondere während der Regierungszeit des Admirals Darlan hervortat, dies aber als Staatssekretär beim „Président du Conseil" und somit abseits des Außenministeriums. Er war ein überzeugter Anhänger der Neuordnung Europas und der deutsch-französischen Zusammenarbeit. Seine Haltung resultierte aus einem schlechten Gewissen wegen Versailles und des Ruhreinmarsches 1923, aber auch wegen seiner Vorstellungen über Europa und einer diffusen sozialistischen Ideologie[43]. Die Pariser Abkommen vom Mai 1941 und der Entwurf eines Abkommens mit Deutschland und Italien am 14. Juli 1941 waren sein Werk[44]. Wenn Hitler diesen Entwurf angenommen hätte, wäre dies der Höhepunkt der Kollaboration gewesen. Durch diesen Vertrag wäre Frankreich unter Umständen Mitkämpfer der Achsenmächte geworden. Auch wenn das Abkommen keine eigentliche Allianz vorsah, hätte Frankreich sein Territorium inklusive des Kolonialreichs gegen die Angelsachsen verteidigt, was de facto eine gemeinsame Kriegführung mit Berlin bedeutet hätte. Die Hintergründe dieser Pläne sind noch nicht völlig geklärt. Es ist wenig wahrscheinlich, dass die Angelegenheit gänzlich ohne Zutun des Außenministeriums vorangetrieben wurde. Der Leiter der Politischen Abteilung, Charles Rochat, war schließlich zugleich Leiter des Büros des Außenministers Darlan. Hätte er abseits stehen können? Das ist kaum denkbar[45]. Der Partner von Benoist-Méchin deutscherseits war ebenso ein Außen-

---

[41] Vgl. Georges-Henri Soutou, Kapitel 6/4: „Ordre nouveau" européen ou légitimté géopolitique mondiale? (1940–1946), in: Histoire de la Diplomatie française, II. De 1815 à nos jours, hrsg. von Jean-Claude Allain u. a., Paris 2005, S. 347–366.
[42] Vgl. seine Memoiren: Un frac de Nessus, insbesondere S. 1169ff. und 1225–1228.
[43] Siehe Jacques Benoist-Méchins Beitrag „Frankreich im neuen Europa", in: Deutsches Institut für Außenpolitische Forschung (Hrsg.), Europa. Handbuch der politischen, wirtschaftlichen und kulturellen Entwicklung des neuen Europas, Leipzig 1943, S. 51–55. Vgl. auch seine Memoiren: Jacques Benoist-Méchin, À l'épreuve du temps, Bd. 2, Paris 1989.
[44] Für diesen noch zu wenig erforschten Vorfall vgl. Soutou, Vichy et la place de l'URSS, S. 89f.
[45] Botschafter a. D. Patrick Gautrat bereitet derzeit eine Studie über Rochat vor.

seiter: Otto Abetz. Beide glaubten an eine europäische Neuordnung im Sinne einer politischen und sozialen Revolution gegen den Liberalismus[46].

VII. Die traditionellen Diplomaten

Man könnte als traditionelle Diplomaten den Personenkreis identifizieren, der versuchte, die Tradition der Außenpolitik des 19. Jahrhunderts weiterzuführen. Diese planten, aus dem Krieg heraus eine neue Balance zu schaffen, die dann im Frieden Bestand haben sollte. Für Deutschland stünde hier etwa Friedrich Werner von der Schulenburg in Moskau[47] oder Ulrich von Hassell in Rom. Außenminister Constantin von Neurath war hingegen eine eher zwiespältige Figur. In Vichy vertraten diese Linie beispielsweise der Staatssekretär im Außenministerium bis Oktober 1940, Charles-Roux, oder Eirik Labonne in Moskau. Diese waren der Meinung, man solle mit London nicht brechen, sondern auf Moskau gestützt versuchen, ein Gegengewicht zum Reich zu schaffen. Ihre Position sah vor, gegenüber Deutschland keine weiteren Zugeständnisse zu machen, als im Waffenstillstand vorgesehen waren[48]. Der totale ideologische Krieg ließ so etwas jedoch nicht zu. Die genannten Diplomaten scheiterten bald, wurden in den Ruhestand versetzt oder verblieben ohne weitere Verwendung.

Eine zweite Gruppe versuchte, das jeweilige Außenministerium in Hinblick auf Struktur und Personal zu erhalten und es gegen die konkurrierenden neuen Verwaltungen zu verteidigen. Gleichzeitig setzte sie die Politik der Regierung ohne Widerstand um. Für die Franzosen kam die Sorge hinzu, trotz der deutschen Besatzung den Schein der französischen Souveränität zu bewahren. Das bedeutete, dass selbst die umstrittensten Maßnahmen formell in Vichy verabschiedet werden sollten, auch wenn diese eigentlich von der Besatzungsmacht gefordert worden waren. Rochat begründete dies gegenüber Chauvel in der Weise, dass die deutschen Besatzungsbehörden in keinem direkten, sondern über andere französische Verwaltungsorgane nur indirekt in Kontakt mit der Vichy-Regierung stehen sollten. Er legte großen Wert darauf, dass die französische Administration formal alles in ihren Händen halten solle[49].

Die Staatssekretäre Ernst von Weizsäcker in Berlin und Rochat in Vichy waren beide in führender Position in ihren Ministerien tätig. Ihre Haltung lässt sich gut vergleichen. Beide versuchten stillschweigend, Kollegen in Not zu unterstützen und mäßigend auf die Politik einzuwirken, ohne mit dem Regime zu brechen. So förderte etwa Rochat diskret das bereits genannte „Büro Chauvel" zur Vorbereitung eines künftigen Friedens. Weizsäcker wie Rochat machten sich keine Illusionen über die realen Machtverhältnisse, doch stellten sie das Überleben des Ministeriums über ihre persönlichen Interessen. Zugleich fühlten sie sich vordergründig nicht für politische Fragen verantwortlich, sondern sahen ihre Aufgabe in einer möglichst geregelten Abwicklung der üblichen Verwaltungsvorgänge und in der Aufsichtspflicht ihren Kollegen gegenüber. Doch für beide stellt sich die

---

[46] Vgl. Lambauer, Otto Abetz, S. 399–420.
[47] Vgl. Ingeborg Fleischhauer, Diplomatischer Widerstand gegen „Unternehmen Barbarossa". Die Friedensbemühungen der Deutschen Botschaft Moskau 1939–1941, München 1991.
[48] Vgl. Georges-Henri Soutou, Vichy et Moscou, de 1940 à 1941, in: Relations internationales 107 (2001), S. 361–374.
[49] Vgl. Chauvel, Commentaire, Bd. 1, S. 334f.

Frage: Was wussten sie über die Verbrechen des Regimes? Wann erfuhren sie hiervon? Wie weit ging ihre Mitwisserschaft? Wie stichhaltig ist die Abgrenzung zwischen den traditionellen Diplomaten und den willigen Dienern der Regime?

VIII. Diplomaten und Widerstand

In Frankreich entwickelte sich der Widerstand nur sehr allmählich. Eine sofortige Ablehnung des Vichy-Regimes, die im Grunde einer Ablehnung des Waffenstillstands mit Deutschland gleichkam, war sehr selten: Nur Raymond Brugère, Gesandter in Belgrad, trat sofort zurück. Margerie in London ebenso wie Botschafter Corbin lehnten im Juni 1940 die Offerten von de Gaulle zum Überlaufen ab. Corbin ging in den Ruhestand, doch Margerie nahm seine Versetzung als Generalkonsul nach Shanghai an. Für sie war allein Vichy legitimiert, das französische Volk zu repräsentieren. Die Hinwendung zur France Libre erfolgte erst später, in den meisten Fällen nach der Besetzung der freien Zone im November 1942: Massigli, Botschafter in Ankara, wurde nach dem Waffenstillstand erst einmal auf keinen weiteren Posten berufen, brach aber erst im November 1942 mit Vichy. Er ging Anfang 1943 nach London und wurde dort Kommissar für Äußere Angelegenheiten der France Libre. Viele andere folgten diesem Weg.

Der Sonderfall Chauvel ist schon erwähnt worden: Als Leiter der Asien-Abteilung brach er erst im November 1942 mit Vichy, ging aber nicht nach London, sondern bildete in Paris (mit Hilfe von Banken) ein „Büro Chauvel", um den Frieden vorzubereiten. Er blieb aber in persönlichem Kontakt mit Rochat. Seine Aufzeichnungen erreichten London, dann Algier und Vichy. Vergleichbar damit waren die Diplomaten in Deutschland, die in Verbindung mit Admiral Wilhelm Canaris standen[50]. Im März 1944 schließlich ging Chauvel nach Algier und wurde Leiter der Politischen Abteilung des Außenministeriums der France Libre. Doch war Chauvel kein Sonderfall, sondern entsprach dem Muster der damaligen französischen Eliten, die sich ab 1942/43 auf den Übergang zur Nachkriegszeit vorbereiteten.

Man darf die Diplomaten, die insgeheim mit der Résistance in Verbindung standen, ohne mit Vichy öffentlich zu brechen, nicht vergessen, so etwa Jean Laloy im Konsulat Genf. Er schrieb unter dem Namen „Govain" in den Zeitschriften der Résistance. Menschen wie er waren notwendig für den Widerstand, so etwa zur Aufrechterhaltung von Verbindungen, zur Nutzung der diplomatischen Post von Vichy, zur Erlangung falscher Pässe usw.[51]. Man denke auch an Jean Payart, der sich in die Schweiz zurückgezogen hatte und seine Kenntnisse über die Sowjetunion dem Widerstand zukommen ließ[52].

Der eigentliche Widerstand im deutschen Auswärtigen Amt blieb begrenzt. Vielleicht stellt sich das Problem auch anders. Es ging nämlich meiner Meinung nach eher um die Bewahrung alternativer außenpolitischer Ziele in national-konservativer Tradition, die trotz der uferlosen Ambitionen Hitlers offengehalten werden sollten. Vor 1939 plante man beispielsweise „vernünftige" Ziele, die ohne Krieg erreicht werden sollten. Ab 1941

---

[50] Eine gute Zusammenfassung der Tätigkeit des „Büros Chauvel" findet sich in: Les Affaires étrangères et le Corps diplomatique français, Bd. II, S. 559–561.
[51] So etwa bei der Botschaft Madrid, was sehr nützlich für die Verbindungen nach London und Algier war.
[52] Vgl. Soutou, Un diplomate engagé, S. 40–44.

bestand die Priorität darin, aus der Sackgasse des Krieges zu entkommen. Dabei sollten die Annexionen von 1938 bewahrt und eine Neuordnung Europas, anknüpfend an Kriegsziele des Ersten Weltkrieges, erreicht werden. Nach 1943 ging es um das Überleben Deutschlands. Dies war für Moderate das Beste, was man noch erhoffen konnte. Doch derartige Denkrichtungen wurden von Seiten des Regimes als „Defätismus" angesehen und müssen deshalb im Nachhinein als widerständig eingestuft werden. Man könnte einen Vergleich mit Vichy-Diplomaten wie Charles-Roux wagen: Es ging nicht darum, sich gegen das Regime zu stellen, sondern innerhalb des Regimes dessen außenpolitische Linie zu verändern.

Nennen wir zwei Beispiele: Die Brüder Theodor Kordt in London und Erich Kordt in der Zentrale standen 1938 in Verbindung mit der Wehrmacht, darunter dem Chef des Generalstabs, General Ludwig Beck. Letzterer fürchtete die möglichen Folgen der Sudetenkrise, darunter den Kriegseintritt Frankreichs und Englands, und erwog sogar einen Staatsstreich[53]. Die Brüder Kordt informierten deshalb die britische Regierung und machten diese darauf aufmerksam, dass es unmöglich sei, einen Staatsstreich gegen Hitler zu unternehmen, wenn London und Paris nicht standhaft in der Sudentenkrise blieben. Hitler sei nämlich auf einen Erfolg ohne Krieg angewiesen[54]. Ihr Briefwechsel mit Admiral Canaris beweist, dass die Brüder Kordt in enger Beziehung zu ihm standen. Der ganze Vorfall ist also auch als eine Operation der Abwehr zu werten. Letztlich war diese im Sinne der national-konservativen Ziele von Canaris erfolgreich. Die Brüder Kordt trugen damit zum Entstehen des Münchner Abkommens bei[55].

Ein weiteres Beispiel sei genannt, der „Kreisauer Kreis", der adelige und christliche Gegner des Regimes, die vielfach anfänglich durchaus Hitler unterstützt hatten, versammelte. Der Begründer des Kreises, Helmuth James von Moltke, war als Diplomat zugleich der Abwehr zugeordnet. Moltke stand in Kontakt zum niederländischen Pastor Willem Visser 't Hooft, dem Generalsekretär des Weltkirchenrats, der auch Beziehungen zu Canaris hatte. Dieser lebte in Genf und spielte dort eine wichtige Rolle bei den Vertretungen der europäischen Widerstandsorganisationen in der Schweiz. 1944 war er an der Formulierung eines „Manifests" des europäischen Widerstands zugunsten eines europäischen Bundesstaats beteiligt. Das Bild wird vervollständigt, wenn man sich erinnert, dass Allen Dulles als Vertreter des amerikanischen OSS (Office of Strategic Services) in Bern über diese Vorgänge informiert war. Sein Bruder John Foster Dulles war Vorsitzender des Weltkirchenrats, also Vorgesetzter des Pastors Visser 't Hooft. Letztlich machten der Kriegsverlauf und die Forderung nach einer bedienungslosen Kapitulation Deutschlands diese Bemühungen zunichte. Später jedoch wurden sie erneut relevant, als die USA beschlossen, das Projekt der europäischen Integration zu unterstützen[56].

Ein Vergleich zwischen den europäischen Vorstellungen des Kreisauer Kreises und dem Manifest des europäischen Widerstands 1944 lässt unleugbare Gemeinsamkeiten erkennen. Die Bundesrepublik Deutschland sollte nach dem Krieg einen Platz in einem föderalen Europa finden. Anders als nach dem Ersten Weltkrieg wurde der Bundesrepublik auf

---

[53] Vgl. Klaus-Jürgen Müller, Generaloberst Ludwig Beck, Paderborn 2008, S. 307ff.
[54] Vgl. Erich Kordt, Nicht aus den Akten ..., Stuttgart,1950, S. 240ff.
[55] Vgl. Georges-Henri Soutou, L'appréciation de la menace allemande par les services et les décideurs français (1927–1939), in: Revue d'Histoire diplomatique 125 (2011), S. 129–155.
[56] Vgl. Veronika Heyde, De l'esprit de la Résistance jusqu'à l'idée de l'Europe. Projets européens et américains pour l'Europe de l'après-guerre, Bruxelles 2010.

lange Sicht dabei eine gleichberechtigte Stellung zuerkannt. Dies war mehr, als Canaris und die national-konservativen deutschen Diplomaten 1944 hätten erhoffen können[57].

Abschließende Betrachtungen

Trotz offensichtlicher Unterschiede zwischen der Entwicklung der Außenministerien in NS-Deutschland und Vichy-Frankreich lassen sich Gemeinsamkeiten feststellen. Die Diplomaten beider Staaten standen für eine gemeinsame Tradition, die sich im System der Nationalstaaten entwickelt hatte. Arbeitsweise und Organisation beider Ministerien waren sich ähnlich. Selbst die Berichte der Diplomaten beider Länder zeichnen sich weitgehend durch eine rationale Herangehensweise aus, was diese von anderen Dienststellen unterscheidet.

Auch wenn sich NS-Deutschland und der „französische Staat" allein schon aufgrund der Tatsache unterschieden, dass Vichy zu keinem Zeitpunkt ein derart totalitärer Staat wie das Deutsche Reich war, gingen beide Regime mit den traditionellen Eliten nicht ungeschickt um. In jedem Falle waren sie raffinierter als Lenin. Die alten Eliten wurden zumeist nicht abgelöst oder verjagt, sie wurden vielmehr für die Zwecke des Regimes eingespannt und dabei bewusst kompromittiert. Bei diesem Prozess konnten sich die Nationalsozialisten auf den Revisionismus der deutschen Diplomaten seit 1919 und Vichy auf den Schock der Niederlage von 1940 sowie die Fehler der früheren Außenpolitik stützen.

Als Fazit bleibt deshalb festzuhalten: Wie sollten Diplomaten in einer totalitären Diktatur bzw. in einem Staat, dem ein solches System durch den Sieger aufgezwungen worden war, ihren Beruf ausüben, da hierbei prinzipiell der Nationalstaat verneint wurde? Dies war unmöglich, selbst wenn sich die Diplomaten noch lange einer Reihe von Illusionen hingaben. Mit dieser Problematik waren aber alle mehr oder weniger konfrontiert. Die Franzosen konnten mit Hilfe de Gaulles den Ausweg schon während des Krieges finden, die Deutschen erst nach dem Krieg dank Adenauer.

---

[57] Vgl. Michael Mueller, Canaris. Hitlers Abwehrchef, Berlin 2006; Günter Brakelmann, Helmuth James von Moltke, 1907–1945. Eine Biographie, München 2007; Ulrich Karpen, Europas Zukunft. Vorstellungen des Kreisauer Kreises um Helmuth James von Moltke, Heidelberg 2005; Soutou, Un diplomate engagé, S. 48f.; Georges-Henri Soutou, Jean-Marie Soutou (1912–2003). Un diplomate atypique face à la construction européenne, in: André Liebich/Basil Germond (Hrsg.), Construire l'Europe. Mélanges en hommage à Pierre du Bois, Paris 2008, S. 113–124.

Das außenpolitische Kerngeschäft des Auswärtigen Amts

Marie-Luise Recker
Die Außenpolitik des Auswärtigen Amts

Ergebnisse, Probleme und Perspektiven der Forschung

Die Außenpolitik des Auswärtigen Amts während des Dritten Reiches kann als gut erforscht gelten. Ein entscheidender Grund hierfür ist, dass für diesen Themenbereich schon früh ein großer und geschlossener Quellenkorpus zur Verfügung stand. Der größte Teil der Akten des Politischen Archivs war im Mai 1943 zum Schutz vor Bombenangriffen aus Berlin ausgelagert worden[1]. Diese Materialien sowie weitere Bestände des Auswärtigen Amts fielen bei Kriegsende in die Hände der Angloamerikaner, die sie umgehend in ihre Zonen verbrachten, nicht zuletzt, um sie mit heranzuziehen für die Nürnberger Prozesse, in denen ja die Planung, Vorbereitung und Durchführung eines Angriffskriegs einer der zentralen Anklagepunkte war. Nach einigem Hin und Her um ihren Verbleib landeten sie schließlich im Herbst 1948 zum überwiegenden Teil in Whaddon Hall in Großbritannien.

Im Juni 1946 waren State Department und Foreign Office übereingekommen, die deutschen diplomatischen Akten in einer gemeinsamen Edition zu veröffentlichen; „sie sollte die deutsche kriegstreibende Außenpolitik der Jahre 1918 bis 1939 vor den Augen der Weltöffentlichkeit ausbreiten, solange das Interesse an der jüngsten Vergangenheit noch akut war"[2]. Die Edition sollte in vier Serien von insgesamt rund zwanzig Bänden die deutsche Außenpolitik vom Beginn der Weimarer Republik bis zum Ende des Dritten Reiches offenlegen. Neben einem britischen und einem amerikanischen wurde auch ein französisches Historikerteam an dem Projekt beteiligt. Der erste Band der „Documents on German Foreign Policy" erschien 1949 auf Englisch, ein Jahr später folgte die deutsche Ausgabe[3]. Damit war ein wichtiger Ausgangspunkt für die wissenschaftliche Auseinandersetzung mit der Außenpolitik des Auswärtigen Amts gegeben.

Die deutsche Seite sah die Beschlagnahme der außenpolitischen Akten durch die Angloamerikaner und damit deren Unzugänglichkeit für deutsche Politiker oder Forscher als eine schwer zu ertragende Degradierung und Demütigung an. Zwar hatten die Westalliierten die Rückgabe der Bestände in Aussicht gestellt, wenn in Deutschland „gefestigte Zustände herrschten"[4], doch zog sich das Tauziehen um die Erfüllung dieser Zusage lange hin. Erst 1956 setzten größere Lieferungen aus Großbritannien ein, so dass von nun an das Auswärtige Amt sukzessive wieder Herr über seine entsprechenden Aktenbestände wurde. Auch war mittlerweile ein deutscher Mitherausgeber in das Editionsteam aufgenommen worden.

---

[1] Den Verbleib der Bestände des Politischen Archivs des Auswärtigen Amts und das lange Tauziehen um deren Rückgabe untersucht ausführlich Astrid M. Eckert, Kampf um die Akten. Die Westalliierten und die Rückgabe von deutschem Archivgut nach dem Zweiten Weltkrieg, Stuttgart 2004, insbes. S. 76ff.
[2] Ebenda, S. 105.
[3] Documents on German Foreign Policy 1918–1945. From the Archives of the German Foreign Ministry. Series D (1937–1945), Vol. I: From Neurath to Ribbentrop (September 1937–September 1938), Washington D.C. 1949. Die deutsche Ausgabe erschien unter dem Titel: Akten zur deutschen auswärtigen Politik.
[4] So Eckert, Kampf, S. 179.

Mit der Publikation der „Documents on German Foreign Policy" bzw. „Akten zur deutschen auswärtigen Politik" stand der internationalen Forschung eine umfangreiche Fondsedition zur Verfügung, die die zentralen Quellen zum Verlauf der Außenpolitik des Auswärtigen Amts während des Dritten Reiches enthielt. Ergänzt wurde sie im Laufe der Jahre von parallelen Akteneditionen anderer europäischer und außereuropäischer Staaten, durch die die deutsche Außenpolitik dieser Jahre in den Kontext der internationalen Beziehungen eingebettet werden konnte. Zudem waren nach der Rückgabe an die deutsche Seite die Archivmaterialien selbst im Politischen Archiv des Auswärtigen Amts der Fachwelt zugänglich. Kein Themenfeld der Politik des Dritten Reiches ist quellenmäßig so gut und so breit dokumentiert wie die Außenpolitik des Auswärtigen Amts, was die frühe und intensive Beschäftigung mit diesem Bereich mit erklärt.

Zum Zweiten galt für das Gros der Historiker dieser Zeit die Außenpolitik als das vornehmste Sujet, um „ins Innerste einer Nation hinein[zu]schauen"[5]. Gerade im Zeitalter des Nationalstaats schienen die Außenbeziehungen eines Landes nicht nur seinen internationalen Rang und sein Ansehen in der Staatengemeinschaft zu dokumentieren, sondern auch Ausdruck seiner Souveränität, ja, seiner Raison d'être zu sein. Diplomatiegeschichte wurde so gleichsam zur Königsdisziplin der Geschichtswissenschaft. Zwar hatten auch innenpolitische Themenfelder, sozialgeschichtliche Fragestellungen oder kulturgeschichtliche Herangehensweisen immer neben der Beschäftigung mit der Außenpolitik gestanden, doch war das wissenschaftliche Ansehen diplomatiegeschichtlicher Darstellungen ungleich größer. Vor diesem Hintergrund wandten sich viele renommierte Forscher nach der Rückgabe der diplomatischen Akten gerade der Außenpolitik des Dritten Reiches zu, um ihre Entwicklung darzulegen, die hinter ihr sichtbar werdenden Triebkräfte zu identifizieren und ihren „Ort" in der Entwicklung des preußisch-deutschen Nationalstaates zu bestimmen[6]. Insbesondere letztere Fragestellung wurde zu einer zentralen Kategorie in der Interpretation der Außenpolitik des Auswärtigen Amts.

Der wichtigste Grund, sich diesem Thema zuzuwenden, war aber wohl nicht in erster Linie die gute Quellenlage oder das wissenschaftliche Ansehen der „Königsdisziplin" Diplomatiegeschichte, sondern leitete sich aus inhaltlichen Fragen ab. War schon die Entscheidung zur Publikation der Aktenedition „Documents on German Foreign Policy" bzw. „Akten zur deutschen auswärtigen Politik" maßgeblich von dem Ziel getragen gewesen, die verschiedenen Stränge der Revisions- und Expansionspolitik Berlins in der Zwischenkriegszeit und damit den langen Weg zum Zweiten Weltkrieg sichtbar zu machen, so bestimmte diese Fragestellung auch ganz wesentlich die entsprechenden Untersuchungen der folgenden Jahre. Während in den frühen empirischen Forschungen zur nationalsozialistischen Herrschaft die Ursachen und näheren Umstände der „Machtergreifung" im Vordergrund standen, die Frage also, wie Hitler nach dem 30. Januar 1933 seine Macht so rasch und ohne entscheidende Widerstände hatte festigen und wie er in so kurzer Zeit die Konturen seiner Diktatur hatte etablieren können, fokussierte sich im außenpolitischen Bereich der Blick darauf, wie das nationalsozialistische Regime die Einbindung des Deutschen Reiches in die internationalen und europäischen Ordnungssysteme hatte durchbrechen, die „Fesseln von Versailles" hatte abstreifen und das Dritte Reich zu einer bestimmenden Rolle auf dem Kontinent hatte führen können. Der Weg zum Zweiten

---

[5] Zeitungsartikel von Anfang 1946, zit. nach ebenda, S. 356.
[6] So zuletzt Klaus Hildebrand, Das vergangene Reich. Deutsche Außenpolitik von Bismarck bis Hitler, Stuttgart 1995.

Weltkrieg war der Fluchtpunkt aller frühen Debatten um die Außenpolitik des Dritten Reiches.

In diesem Kontext wurden die einzelnen Schritte zur Gewinnung außenpolitischen Aktionsfreiraums und zur Vorbereitung der intendierten militärischen Expansion näher analysiert[7], vom Austritt aus dem Völkerbund über den Nichtangriffspakt mit Polen, das deutsch-englische Flottenabkommen, den Einmarsch in das Rheinland und die allmähliche Anbindung Italiens an das Deutsche Reich bis hin zu Münchener Abkommen, Hitler-Stalin-Pakt und Überfall auf Polen. Hierbei war vor allem strittig, wieweit in diesem Zusammenhang verschiedene Phasen, Wendepunkte und Umbrüche erkennbar waren, wieweit man die Außenpolitik des Dritten Reiches also in einzelne Abschnitte periodisieren könne oder ob man von einer grundständigen Linie auszugehen habe, der diese bei allen Oszillationen im Einzelnen gefolgt sei. Im ersteren Fall wurde vor allem das Jahr 1937 als Wendepunkt ausgemacht, das eine Periode der Revisionspolitik, die sich noch an traditionellen Forderungen orientierte, von derjenigen der Expansionspolitik abgrenzte, die über die ethnischen Grenzen des deutschen Sprachraums hinauswies und auf die Gewinnung von „Lebensraum" im Osten abzielte. In dieser Sicht hatten die ersten Jahre nach der „Machtergreifung" im Banne der Befreiung von den „Fesseln" des Versailler Vertrags gestanden, wobei der neue Reichskanzler in enger Übereinstimmung mit seinen nationalkonservativen Bündnispartnern gehandelt habe. Demgegenüber markierte das „Wendejahr" 1937 nun den Umschlag zu einer aggressiven Expansionspolitik, wie sie in den Krisen des Jahres 1938 um Österreich und die Tschechoslowakei ihren ersten Höhepunkt erreichte und den (auch militärischen) Konflikt mit den europäischen Nachbarn mit einkalkulierte. In diesem Interpretationszusammenhang kam der „Hoßbach-Niederschrift"[8] eine wichtige Rolle zu, konnten Hitlers Äußerungen vor den politischen und militärischen Spitzen des Regimes doch als Ankündigung und Handlungsanweisung für den künftigen Kriegskurs gedeutet werden.

Demgegenüber hat sich aber doch die Einschätzung durchgesetzt, dass bereits für die Anfangsphase der nationalsozialistischen Außenpolitik eine „Verflechtung ideologischer und realpolitischer Komponenten"[9] charakteristisch gewesen sei, die in ihrem Ineinander und Gegeneinander Elemente der Kontinuität von Personen, Bestimmungsfaktoren und Perspektiven wie des Bruchs mit bisherigen Methoden und Zielsetzungen eingeschlossen habe. Zwar habe die neue politische Führung den Erfordernissen der inneren Machtkonsolidierung wie der Beruhigung der misstrauischen europäischen Nachbarn durchaus Rechnung tragen müssen, doch sei ungeachtet dieser taktischen Rücksichtnahmen Hitlers Aufrüstungs-, Expansions- und Kriegskurs von Anfang an das konstitutive Element der Außenpolitik gewesen. Die Kontinuitätslinie „einer militärpolitisch akzentuierten außenpolitischen Zielsetzung" im Sinne der Revision der Versailler Vertragsbestimmungen, wie

---

[7] Die folgenden Ausführungen folgen im Wesentlichen der Darstellung in Marie-Luise Recker, Die Außenpolitik des Dritten Reiches, 2., um einen Nachtrag erweiterte Auflage, München 2010, S. 51–115. Dort auch Angaben zur wesentlichen Literatur.
[8] Die sogenannte Hoßbach-Niederschrift hatte als Beweisdokument PS 386 im Nürnberger Hauptprozess eine wichtige Rolle gespielt, war aber im Zuge der Vorbereitung der Anklage verlorengegangen und lag bei den Verhandlungen nur noch als beglaubigte Anschrift vor. Sie wurde dann in den Documents on German Foreign Policy bzw. Akten zur deutschen auswärtigen Politik (Serie D, Band I, Nr. 19, S. 25–32) publiziert.
[9] Karl Dietrich Bracher/Wolfgang Sauer/Gerhard Schulz, Die nationalsozialistische Machtergreifung, Bd. I, Köln/Opladen 1960, S. 319.

sie nach dem 30. Januar 1933 insbesondere von Reichsaußenminister Constantin von Neurath und Reichswehrminister Werner von Blomberg verkörpert worden sei, wird somit nur als vordergründiger Wesenszug der nationalsozialistischen Außenpolitik angesehen, da Hitler sie nicht als Selbstzweck im Sinne einer traditionellen Großmachtpolitik betrachtet habe, sondern als Voraussetzung und erste Stufe für seine „singuläre Zielsetzung" einer rassenideologisch begründeten militär- und raumpolitischen Expansion[10]. Hierbei sei die Linie einer forcierten Revisionspolitik, die sich aber immer noch im Rahmen der Einbettung in das kontinentale Mächtegeflecht bewegt habe, mehr und mehr durchsetzt und durchbrochen worden von einer auch auf militärische Stärke und machtpolitische Alleingänge setzenden Expansionspolitik, bis mit der „Entfesselung" des Zweiten Weltkriegs der Schritt zur kontinentalen Eroberungspolitik getan wurde. Dieses Ineinander von Revisions- und Raumpolitik, das Heraustreten des Einen aus dem Anderen, die dialektische Vermischung von traditioneller Großmachtpolitik, innerer „Wiederwehrhaftmachung" und weitgespannten Expansionszielen wird so als durchgängiges Charakteristikum der nationalsozialistischen Außenpolitik angesehen.

Neben Darstellungen zur Außenpolitik des Dritten Reiches, die deren zeitlichen Verlauf und deren Einbettung in den Kontext der internationalen Mächtekonstellation in den 1930er Jahren thematisieren, bildet das Feld der bilateralen Beziehungen ein zweites Standbein für dieses Thema. Hierbei hat insbesondere die Haltung gegenüber Großbritannien viel Aufmerksamkeit gefunden. Gerade in Hitlers langfristigen Plänen kam dem Inselreich eine herausragende Rolle zu, sollte doch durch ein Bündnis mit London die Eroberung von „Lebensraum" im Osten abgesichert werden. Dieses Werben um eine solche Allianz, das Scheitern dieses Vorhabens und dann der Umschlag von der Haltung „mit" zu „ohne" und schließlich „gegen England"[11] ist vielfach thematisiert worden. Flankiert werden sollte dieses Bündnis durch eine Annäherung an das faschistische Italien, durch das der „Erzfeind" Frankreich in Schach gehalten und längerfristig ausgeschaltet werden sollte. Hierdurch hoffte der deutsche Diktator, die bisherige Vormachtposition Frankreichs ablösen, den deutschen Einflussbereich auf West- und Mitteleuropa ausdehnen und – gestützt durch diese Hegemonialstellung auf dem Kontinent und mit dem britischen Bündnis im Rücken – den Kampf um „Lebensraum" im Osten führen zu können.

Diese langfristige Perspektive einer raumpolitischen Expansion bedeutete auch eine Neuorientierung in der Haltung des Deutschen Reiches gegenüber Polen und der Sowjetunion. Diese Veränderungen wurden schon bald nach der „Machtergreifung" deutlich und werden vielfach als Beleg für die These von dem Ineinander von Revisions- und Raumpolitik, von der Mischung und Umformung vorgeblich traditioneller Schritte zu entscheidenden Aktionen auf dem Weg zu Expansion und Krieg gesehen. Für das Verhältnis zu den anderen Nachbarstaaten, die vom machtpolitischen Aufstieg des Dritten Reiches unmittelbar tangiert waren, aber auch zu den weiteren europäischen und außereuropäischen Staaten gilt dies in ähnlicher Weise, wenngleich hier die außenpolitische Handschrift des Auswärtigen Amts deutlicher erkennbar war als bei den erstgenannten Ländern, die Hitler als Schlüsselstaaten für die Durchsetzung seiner außenpolitischen Ziele ansah.

---

[10] Andreas Hillgruber, Kontinuität und Diskontinuität in der deutschen Außenpolitik von Bismarck bis Hitler, Düsseldorf 1969, S. 31.
[11] Dies hat vor allem Josef Henke herausgearbeitet. Vgl. ders., England in Hitlers politischem Kalkül. Vom Scheitern der Bündniskonzeption bis zum Kriegsbeginn (1935–1938), Boppard a. Rh. 1973.

Keine Epoche der deutschen Außenpolitik ist so breit erforscht wie diejenige zwischen 1933 und 1945.

Hierbei liegt ein eindeutiger Schwerpunkt auf den Jahren bis zum Kriegsausbruch. Zwar gibt es auch verschiedene Studien zu den Kriegsjahren – zu den deutsch-sowjetischen und den deutsch-amerikanischen Beziehungen bis 1941, zu den Kontakten mit den Verbündeten, vor allem Italien und Japan, zu denjenigen zu verschiedenen neutralen Staaten – aber von Umfang und Inhalt ist dies deutlich schmaler als für die Periode zuvor. Analysiert wurde in diesen Darstellungen vor allem, wie durch die außenpolitischen Kontakte zu den genannten Staaten der Kriegskurs abgesichert sowie künftige militärische Schritte vorbereitet und abgestützt wurden. Im Zentrum standen hierbei Hitlers Wendung gegen die Sowjetunion und der besondere Charakter des „Unternehmens Barbarossa" sowie Motive und Ziele hinsichtlich der Kriegserklärung an die Vereinigten Staaten, die den „Faktor Amerika in Hitlers Strategie"[12] noch einmal neu beleuchteten.

Die zweite Blickrichtung in den Darstellungen zur Außenpolitik des Dritten Reiches betrifft die Frage nach dem außenpolitischen Entscheidungsprozess und den hierbei beteiligten Akteuren. In diesem Kontext wurden immer wieder Rolle und Gewicht Hitlers vermessen. Insgesamt wird seine Position als entscheidend für die Ausrichtung und Schwerpunktsetzung der nationalsozialistischen Außenpolitik angesehen. Für diese Einschätzung war maßgeblich, dass schon früh seine entsprechenden Äußerungen und programmatischen Einlassungen bekannt waren – von „Mein Kampf" über sein „Zweites Buch" bis hin zu internen Dokumenten wie dem Schmundt-Protokoll[13] oder der Hoßbach-Niederschrift. Sie galten und gelten als zentrale Nachweise für Hitlers außenpolitische Ziele. In ähnlicher Weise ist immer wieder auf entscheidende, von ihm initiierte oder durchgesetzte Weichenstellungen verwiesen worden, wie hinsichtlich des Nichtangriffspakts mit Polen, des deutsch-britischen Flottenvertrags, der „Achse Berlin-Rom" oder des deutsch-sowjetischen Nichtangriffspakts samt Zusatzprotokoll. An der Sicht, dass Hitler in der Ausrichtung der Außenpolitik des Dritten Reiches eine entscheidende, letztlich die ausschlaggebende Rolle zukam, hält das Gros der Forschung bis heute fest.

Strittig ist dabei allenfalls, wieweit er ein konkret greifbares außenpolitisches „Programm" verfolgt und wie zielgerichtet er auf dessen Umsetzung hingewirkt habe. Auf der einen Seite steht die Einschätzung, das Ziel, „Lebensraum" im Osten zu erobern, sei als „Metapher und utopische Umschreibung eines kontinuierlichen Strebens nach immer mehr machtpolitischer Handlungsfreiheit" zu verstehen, nicht aber als „rationaler Handlungsplan auf ein konkret vorgestelltes begrenztes Objekt hin"[14]. Dem steht die Überzeugung gegenüber, dass sich Hitlers außenpolitisches Denken und Handeln an einem konkreten „Programm" orientiert habe, das den machtpolitischen Aufstieg des Deutschen Reiches, abgeschirmt durch Bündnisse mit Großbritannien und Italien, anvisiert und so die Voraussetzung für die Eroberung neuen „Lebensraums" im Osten des Kontinents mit dem Zielpunkt eines deutschen Herrschaftsgebiets vom Atlantik bis zum Ural beinhaltet habe.

---

[12] So Andreas Hillgruber, Der Faktor Amerika in Hitlers Strategie 1938–1941, in: Ders., Deutsche Großmacht- und Weltpolitik im 19. und 20. Jahrhundert, Düsseldorf 1977, S. 197–222.
[13] Vgl. Thilo Vogelsang, Neue Dokumente zur Geschichte der Reichswehr 1930–1933, in: Vierteljahrshefte für Zeitgeschichte (VfZ) 2 (1954), S. 397–436, hier S. 434f.
[14] So Martin Broszat, Soziale Motivation und Führer-Bindung im Nationalsozialismus, in: Wolfgang Michalka (Hrsg.), Nationalsozialistische Außenpolitik, Darmstadt 1978, S. 92–116, hier S. 114.

Wieweit es in letzter Perspektive auch globale Weltherrschaftsideen umfasst habe, ist dann wieder strittig diskutiert worden. Vor allem Andreas Hillgruber hat einen solchen „Stufenplan" skizziert, gemäß dem Hitler nach der Eroberung eines europäischen Kontinentalimperiums in einer zweiten Stufe kolonialen „Ergänzungsraum" in Mittelafrika sowie ein Stützpunktsystem im Atlantik und im Indischen Ozean habe gewinnen wollen, um von hier aus im Bunde mit Japan und Großbritannien „die USA als weltpolitischen Hauptgegner auf dem amerikanischen Doppelkontinent" zu isolieren und in einer dritten Stufe „gleichsam in einem Kampf der Kontinente [...] die Weltvorherrschaft des ‚Germanischen Reiches deutscher Nation'" zu erkämpfen[15]. Auch wenn er durchaus einräumt, dass es problematisch ist, Hitlers eher sporadische Aussagen in dieser Richtung zu einer außenpolitischen Strategie zu verdichten, betont er dennoch, dass seine Forschungshypothese die wesentlichen Triebkräfte und zentralen Ziele von dessen Außenpolitik erfasst habe, die gegenüber allen Improvisationen und taktischen Wendungen im Einzelnen doch unverrückbar gewesen seien.

Andere Akteure aus dem Bereich der NSDAP werden demgegenüber eher als marginal angesehen. Dies gilt etwa für das Außenpolitische Amt der NSDAP unter Alfred Rosenberg, die Auslandsorganisation unter Ernst Wilhelm Bohle oder auch die „Dienststelle Ribbentrop". In seiner wegweisenden Monographie zur nationalsozialistischen Außenpolitik hat als einer der ersten Hans-Adolf Jacobsen[16] diese einzelnen Ämter analysiert, um so einem „traditionellen Instrumentarium", nämlich dem Auswärtigen Amt, ein „revolutionäres Instrumentarium" gegenüberzustellen. Dies war anschließend Anlass, nach einem möglichen „Konzeptionen-Pluralismus" in der Außenpolitik des Dritten Reiches zu fragen, also das in der Debatte um das nationalsozialistische Herrschaftssystem vieldiskutierte „Polykratie"-Modell auch auf die Außenpolitik zu übertragen. Auch wenn in diesem Zusammenhang einzelne Akteure mit je spezifischen Vorstellungen und Ansätzen ausgemacht wurden, so blieben deren Einfluss- und Aktionsmöglichkeiten doch begrenzt. Insgesamt haben diese im Dunstkreis der NSDAP entstandenen neuen Ämter keinen entscheidenden Einfluss auf die außenpolitische Linie des Dritten Reiches nehmen können. Im Detail mochten sie durchaus von Belang sein, in der Summe fristeten sie jedoch letztlich ein Nischendasein.

Kabinettsmitglieder wie Hjalmar Schacht und Hermann Göring vermochten vornehmlich über außenwirtschaftliche Fragen den Beziehungen des Dritten Reiches gegenüber den Staaten der europäischen Peripherie oder gegenüber Lateinamerika einen gewissen Stempel aufzudrücken. Vor allem im Rahmen von Schachts „Neuem Plan" und der aus ihm resultierenden Intensivierung der ökonomischen und politischen Bindungen der betroffenen Länder an das Deutsche Reich wurde die deutsche Großmachtposition in bestimmten Regionen, vor allem in Südosteuropa und auf der Iberischen Halbinsel, deutlich ausgebaut. Aber diese Autarkie- und Großraumwirtschafts-Konzeptionen lagen eher auf der Linie entsprechender Außenwirtschaftskonzepte des späten 19. und frühen 20. Jahrhunderts, im Kontext der nationalsozialistischen Außenpolitik waren sie letztlich ein Ziel an sich, aber keine Durchgangsstufe für das Raumprogramm Hitlers. Entscheidenden Einfluss auf die Gesamtkonzeption der Außenpolitik des Dritten Reiches vermochten sie nicht zu erlangen.

---

[15] Andreas Hillgruber, Endlich genug über Nationalsozialismus und Zweiten Weltkrieg?, Düsseldorf 1982, S. 34f. Ausführlicher wird dies dargelegt in ders., Hitlers Strategie. Politik und Kriegführung 1940–1941, München ²1982.

[16] Hans-Adolf Jacobsen, Nationalsozialistische Außenpolitik 1933–1938, Frankfurt a. M. 1968.

So blieb als zentraler Akteur neben Hitler das Auswärtige Amt. Die große Erzählung zu diesem Thema ist die des Niedergangs und Einflussverlustes des Auswärtigen Amts, das von einem außenpolitischen Vordenker und Schrittmacher „zu einem bürokratischen Verwaltungsapparat" herabgesunken sei[17], der die Anstöße, Initiativen und Entscheidungen des „Führers" nurmehr aufnahm und umsetzte. Außenminister Constantin von Neurath, von Reichspräsident Paul von Hindenburg als Bewahrer der traditionellen außenpolitischen Linie einer forcierten Revisionspolitik im Sinn der Wiederherstellung der Großmachtposition Deutschlands in Europa im neuen Kabinett installiert, zeigte sich weder habituell noch politisch in der Lage, Hitlers Konzept einer militärisch abgesicherten Raumpolitik entgegenzutreten. Stattdessen habe er dessen außenpolitischen Impulsen mehr oder weniger Folge geleistet und sich ihnen ohne größere Widerstände angeschlossen. Sein engster politischer Mitarbeiter, Staatssekretär Bernhard Wilhelm von Bülow, habe in ähnlicher Weise agiert. In den Augen seiner Biographen war auch er ein typischer Repräsentant der konservativen Bündnispartner Hitlers, der dessen „Konzeption einer bedenkenlosen Risikopolitik mit völliger Ablehnung"[18] gegenübergestanden und „den Sprung der Nation in bedenkliche Abenteuer [zu] verhindern"[19] gesucht habe. Allerdings habe er nicht die Kraft und Unterstützung gefunden, sich diesem Kurs wirkungsvoll entgegenzustellen. Weder Neurath noch Bülow erwiesen sich als Bollwerke gegen Hitlers außenpolitische Ambitionen.

Dies gilt auch für Neuraths Nachfolger Joachim von Ribbentrop. Als Leiter der „Dienststelle Ribbentrop", als Hitlers außenpolitischer Berater und Sonderbevollmächtigter, als Botschafter in London und schließlich als Außenminister schien er dem Machtzentrum des Dritten Reiches sehr viel näher zu stehen als sein Vorgänger. Zudem entwickelte er eigene Vorstellungen eines gegen das britische Empire gerichteten eurasiatischen Kontinentalblocks und setzte sich damit von der Englandpolitik seines „Führers" ab. Allerdings blieb dies eher im Ungefähren, da der neue Außenminister seine eigenen außenpolitischen Vorstellungen willfährig den Zielsetzungen Hitlers unterwarf. „Ribbentrop konnte keinen prägenden Einfluss auf die deutsche Außenpolitik nehmen, weil die wesentlichen Entscheidungen allein von Hitler getragen wurden" – so sein Biograph. Zwar habe er es bis an die Spitze des Auswärtigen Amts gebracht, „aber unangefochten an der Spitze der deutschen Außenpolitik stand er deshalb nicht"[20].

Sein Staatssekretär, Ernst von Weizsäcker, zeigte hier ein deutlicheres Profil. Der nationalkonservative Diplomat hatte im März 1938 diesen Posten nicht zuletzt unter dem Vorsatz übernommen, die Entwicklung zu einem europäischen Krieg zu verhindern, schätzte er dessen Beginn doch nicht nur als „das Ende des III. Reiches", sondern als „Finis Germaniae" ein[21]. In der Kontinuität der traditionellen Revisions- und Großmachtpolitik stehend,

---

[17] So Günter Wollstein, Vom Weimarer Revisionismus zu Hitler. Das Deutsche Reich und die Großmächte in der Anfangsphase der nationalsozialistischen Herrschaft in Deutschland, Bonn/Bad Godesberg 1973, S. 242.
[18] So Peter Krüger/Erich J. Hahn, Der Loyalitätskonflikt des Staatssekretärs Bernhard Wilhelm von Bülow im Frühjahr 1933, in: VfZ 20 (1972), S. 376–410, hier S. 389.
[19] Hermann Graml, Bernhard von Bülow und die deutsche Außenpolitik. Hybris und Augenmaß im Auswärtigen Amt, München 2012, S. 118.
[20] Stefan Kley, Hitler, Ribbentrop und die Entfesselung des Zweiten Weltkriegs, Paderborn 1996, S. 326 und 323. Ähnlich Wolfgang Michalka, Ribbentrop und die deutsche Weltpolitik 1933–1940, München 1980.
[21] Leonidas E. Hill (Hrsg.), Die Weizsäcker-Papiere, 2 Bde., Berlin/Frankfurt a. M./Wien 1974 und 1982, S. 122.

setzte er darauf, den „chemischen Auflösungsprozess"[22] des tschechoslowakischen Staates mit politischem Druck und diplomatischen Mitteln zu fördern, fürchtete jedoch bei Hitlers Risikokurs das militärische Eingreifen der Westmächte. Dies brachte ihn und eine Gruppe ihm Nahestehender im Auswärtigen Amt dazu, verdeckte Kontakte nach London aufzunehmen, um so die britische Regierung dazu zu bewegen, Hitler vor einem militärischen Konfrontationskurs zu warnen. Auch Staatsstreichpläne wurden erwogen. Angesichts des Verlaufs der Sudetenkrise und der (vorläufigen) Beilegung des Konflikts mit dem Münchener Abkommen wurde diesen Alternativkonzeptionen jedoch der Boden unter den Füßen weggezogen. Weizsäckers Nachfolger schließlich, Gustav Adolf Baron Steengracht von Moyland, war politisch so unbedeutend, dass er in außenpolitischen Fragen keinen Schatten warf.

Der im Zusammenhang mit Weizsäckers Wirken bereits angesprochene „Widerstand aus dem Ressort" hat wissenschaftlich viel Beachtung gefunden. Die gilt vor allem für Weizsäcker und seine engsten Mitarbeiter, die Brüder Erich und Theodor Kordt, die auf dem Gipfelpunkt der Sudetenkrise gegen Hitlers Kriegskurs opponierten und hierbei im Sinne einer „Gegendiplomatie" die drohende militärische Konfrontation zu verhindern suchten. In den Jahren 1943/44 formierte sich im Auswärtigen Amt eine neue oppositionelle Gruppe um Hans Bernd von Haeften, Adam von Trott zu Solz, Albrecht von Kessel, Ulrich von Hassell, Friedrich-Werner Graf von der Schulenburg und andere, die mehr oder weniger eng in die nun entstehenden Widerstandsnetze um Carl Friedrich Goerdeler, Helmuth James von Moltke und Claus Schenk Graf von Stauffenberg eingebunden waren; auch sie sind vielfach gewürdigt worden. Eher in ihrem Schatten stehen andere wie Fritz Kolbe, Gerhard Feine oder Rudolf von Scheliha, auf deren Aktivitäten erst in den letzten Jahren aufmerksam gemacht wurde.

Bei diesem knappen Blick auf die Spitze des Auswärtigen Amts wird deutlich, dass hier keine Persönlichkeiten agierten, die in der Lage gewesen wären, der deutschen Außenpolitik zwischen 1933 und 1945 ihren Stempel aufzudrücken. Seit den Zeiten eines Gustav Stresemann hatte das Auswärtige Amt kontinuierlich an politischer Bedeutung und operativer Kraft verloren. „Die Uniform, die der Angehörige des Auswärtigen Dienstes zu tragen hatte, war im Laufe der Jahre immer prächtiger, die Bedeutung des Dienstes jedoch in gleichem Maße geringer geworden."[23] Zwar entsprach das hinter diesem Bild aufscheinende Konzept politischer Eigenständigkeit und operativer Selbstbestimmung eines Außenministeriums eher den Gegebenheiten des 18. und 19. Jahrhunderts und weniger den Realitäten eines pluralistischen Massenstaates im 20. Jahrhundert. Allerdings waren im Dritten Reich Einflussfaktoren auf die Außenpolitik wie Parlament und politische Parteien, Medien oder die Öffentlichkeit generell politisch gleichgeschaltet, und auch Interessenverbände oder andere Lobbygruppen vermochten auf die außenpolitische Linie keinen Einfluss zu nehmen. Insofern galten die Realitäten einer modernen Massendemokratie nicht für das Dritte Reich und seine Außenpolitik. Stattdessen musste sich die Amtsspitze mit dem wenig regelhaften Führungsstil Hitlers arrangieren. Da Kabinettssitzungen immer weniger stattfanden, auf denen über den außenpolitischen Kurs hätte debattiert und zu Pro und Contra bestimmter Entscheidungen hätte Stellung genommen werden können, fehlte ein Ort, an dem selbst ein „starker" Außenminister seine Position hätte zur Geltung bringen können. Stattdessen reduzierte sich die Einflussnahme mehr und mehr auf den Zugang zum Diktator, was selbst Ribbentrop nur zeitweise gelang. Auch wenn im

---

[22] Ebenda, S. 128.
[23] Graml, Bülow, S. 7.

Alltagsgeschäft das Auswärtige Amt zumindest bis zum Kriegsbeginn seiner tradierten Funktion nach wie vor nachkam – als Gestalter der Außenpolitik, als Impuls- und Ratgeber war es immer weniger gefragt.

Ausgespart aus dem Blick der Historiker blieb lange Jahre das Thema der organisatorischen und personellen Struktur des Auswärtigen Amts. Die Forschungen von Kurt Doß zur „Schülerschen Reform" zu Beginn der 1920er Jahre[24] haben insofern keine Nachfolge gefunden. Dies lag vor allem darin begründet, dass die Personalakten aus den 1930er und 1940er Jahren der Forschung lange Zeit noch nicht zur Verfügung standen. Mit dem „Biographischen Handbuch des deutschen Auswärtigen Dienstes 1871–1945"[25] sind entsprechende Daten zu Herkunft und Familie, Ausbildungsgang, Parteizugehörigkeit und Laufbahnstationen der Angehörigen des höheren Auswärtigen Dienstes sowohl in der Berliner Zentrale als auch in den Auslandsvertretungen nun einer wissenschaftlichen Öffentlichkeit zugänglich. Damit ist es möglich, nicht nur eine kollektive Biographie dieser Personengruppe zu erarbeiten, sondern auch Veränderungen in Herkunft und Sozialisation, in Bildungsgängen und Ausbildungsmustern, in Karriereverläufen und Lebenswegen darzulegen[26].

Organisatorischen – und damit verbundenen wesentlichen inhaltlichen – Veränderungen im Auswärtigen Amt ist als Erster Christopher Browning[27] nachgegangen. Im Zentrum seiner Untersuchung steht das Referat D III der Abteilung Deutschland, von dem aus die Mitwirkung des Auswärtigen Amts an der „Endlösung der Judenfrage" ausgestaltet und gesteuert wurde. War dieses im März 1933 eingerichtete Referat D zunächst mit verschiedenen Aspekten der nationalsozialistischen Judenpolitik befasst, ohne je von großer Bedeutung zu sein, so sollte sich dies mit organisatorischen Veränderungen im März 1940 und dem anschließenden personellen Ausbau ändern. Browning sieht die neue Abteilung und dort das Referat D III als die Scharnierstelle, über die die dort tätigen Mitarbeiter in die kommende „Endlösung" eingebunden wurden, ja, sich an ihr aktiv beteiligten, und auch die Mitwirkung der deutschen Auslandsvertretungen an der Deportation der europäischen Juden in die Vernichtungslager sichergestellt wurde. Hierbei charakterisiert er die Mitarbeiter des „Judenreferats" nicht als ideologisch geprägte Rassenantisemiten, sondern als Karrieristen, die durch die aktive Mitwirkung an der Umsetzung der „Endlösung" die eigene Karriere befördern und die Stellung des Auswärtigen Amts im Machtgefüge des Dritten Reiches sichern und ausbauen wollten. Zwar seien auch die „alte Garde" der Beamten in der Wilhelmstraße ebenso wie die Diplomaten vor Ort durchaus bereit gewesen, sich dem herrschenden Antisemitismus anzupassen und an den antijüdischen Maßnahmen schon seit 1933 mitzuwirken, sie zumindest diplomatisch abzuschirmen, dennoch unterstreicht Browning die Ausnahmestellung des „Judenreferats": „Die mit der ,Judenfrage' betrauten Mitarbeiter des Auswärtigen Amts waren opportunistische professionelle Bürokraten, ihr Vorgesetzter ein übertrieben ehrgeiziger und skrupelloser Politiker und

---

[24] Kurt Doß, Das deutsche Auswärtige Amt im Übergang vom Kaiserreich zur Weimarer Republik. Die Schülersche Reform, Düsseldorf 1977.
[25] Biographisches Handbuch des deutschen Auswärtigen Dienstes 1871–1945, hrsg. vom Auswärtigen Amt, 5 Bde., Paderborn u. a. 2000–2014.
[26] Vgl. hierzu auch die ersten Ergebnisse in den Beiträgen von Martin Kröger und Bernd Isphording in diesem Band.
[27] Christopher R. Browning, The Final Solution and the German Foreign Office. A Study of Referat D III of Abteilung Deutschland 1940–1943, New York/London 1978; mittlerweile übersetzt: Die „Endlösung" und das Auswärtige Amt. Das Referat D III der Abteilung Deutschland 1940–1943, Darmstadt 2010.

Ribbentrops Machtkämpfer Nummer eins. Ihr Motiv war in erster Linie die Hoffnung auf beruflichen Aufstieg, nicht Rassenhass oder fanatischer, blinder Gehorsam gegenüber einer höheren Autorität."[28] Dies machte sie zu willigen Mitwirkenden an der Umsetzung der „Endlösungs"-Politik. Hierbei streift Browning auch kurz die Mitwirkung von Angehörigen der deutschen Botschaften und Gesandtschaften an diesen Deportationsmaßnahmen, sei es in Westeuropa und in der Slowakei, wo das Auswärtige Amt in seiner Sicht letztendlich eine untergeordnete Rolle spielte, sei es in Südosteuropa, wo dessen Position stärker und dessen Aktionsradius größer waren. In den zentralen Räumen des „Holocaust", in Polen und in der Sowjetunion, spielte das Auswärtige Amt schon angesichts des Fehlens diplomatischer Vertretungen dort in seiner Sicht keine Rolle.

Diesen Blick auf die Mitglieder des Diplomatischen Dienstes hat Hans-Jürgen Döscher weiter verschärft. Indem er die „Diplomatie im Schatten der ‚Endlösung'"[29] ausleuchten wollte, ist er den personellen Veränderungen im Auswärtigen Amt, insbesondere den personalpolitischen Infiltrationen durch NSDAP und SS, nachgegangen. Hatte in der Memoirenliteratur sowie in einschlägigen Darstellungen der Eindruck vorgeherrscht, das Auswärtige Amt sei von seiner Personalstruktur her auch im Dritten Reich weitgehend intakt geblieben, zwar seien unter Reichsaußenminister Ribbentrop die Zentrale und der Diplomatische Dienst durch nationalsozialistische Außenseiter infiltriert worden, die sich dann auch an den Ghettoisierungs- und Deportationsmaßnahmen beteiligten, doch habe das Amt selbst diesen Plänen gegenüber zähen und hinhaltenden Widerstand geleistet, so setzt Döscher dieser Betrachtungsweise die Ansicht entgegen, dass die Einbindung des traditionsreichen Ministeriums an der Wilhelmstraße in die nationalsozialistische Expansions-, Kriegs- und Vernichtungspolitik viel weiter gegangen sei.

Schon die traditionelle Beamtenschaft, so seine Kernaussage, habe sich dem neuen Regime rasch und ohne größere Skrupel angedient und – sei es aus Karrieredenken, bürokratischer Willfährigkeit oder weltanschaulicher Disposition – dessen Politik mitgetragen. Mit der Berufung Ribbentrops zum Reichsaußenminister habe jedoch ein spürbarer Wandel in der Personalpolitik des Auswärtigen Amts eingesetzt, indem nun politisch-weltanschauliche Überzeugungstreue wichtiger wurde als berufliche Qualifikation und fachliche Kompetenz. Diese Neuzugänge besetzten, wie Döscher unterstreicht, Schlüsselpositionen vor allem in den Abteilungen, die sich mit Kultur- und Volkstumspolitik, Auslandspropaganda und Judenfragen beschäftigten und die während des Zweiten Weltkriegs deutlich expandierten. Diese strukturellen Veränderungen hatten in den Augen Döschers auch einen Funktionswandel des Auswärtigen Amts zur Folge: „Traditionelle Außenpolitik degenerierte so immer mehr zu Auslandspropaganda, Besatzungspolitik und schließlich auch Ausrottungspolitik." In seiner Sicht beruhte die politische Durchsetzung und organisatorische Effizienz in der Deportation und Vernichtung der Juden West- und Südosteuropas „nicht zuletzt auf der ‚diplomatischen' Vorbereitung, Mitwirkung und Abschirmung durch das Auswärtige Amt"[30].

Dieser Befund der Mitwirkung an der Vorbereitung des „Holocaust" wird noch weiter verstärkt in der Darstellung einer Historikerkommission unter der Leitung von Eckart Conze, Norbert Frei, Peter Hayes und Moshe Zimmermann, die sich auf Initiative des sei-

---

[28] Ebenda, S. 235.
[29] Hans-Jürgen Döscher, Das Auswärtige Amt im Dritten Reich. Diplomatie im Schatten der „Endlösung", Berlin 1986.
[30] Ebenda, S. 311.

nerzeitigen Außenministers dem „Amt und […] [der] Vergangenheit"³¹ zugewandt hat. Stärker als Browning und Döscher betont sie die Andienung auch der alten Diplomatenelite an die neuen Machthaber und damit die Nazifizierung des Amts schon bald nach Hitlers „Machtergreifung". Demgegenüber wertet sie den Wechsel von Neurath zu Ribbentrop nicht als entscheidenden Einschnitt: „Gerade auf der Führungsebene war das Ausmaß der Personalveränderungen, die Ribbentrop nach seiner Amtsübernahme vornahm, denkbar gering."³² Zum Zweiten unterstreicht sie die Einbindung, ja, aktive Rolle der Diplomaten in den Auslandsvertretungen an der Ermordung der europäischen Juden: „In vielen Fällen waren Angehörige des Auswärtigen Dienstes – und nicht nur Seiteneinsteiger aus der Zeit nach 1933 – an der Deportation von Juden unmittelbar beteiligt, mitunter ergriffen sie sogar die Initiative. Je größer der Herrschaftsbereich des Dritten Reiches wurde, desto mehr war auch das Auswärtige Amt mit der Politik der ‚Endlösung' befasst. Neue, ja präzedenzlose Aufgabenfelder, der überkommenen Außenpolitik und Diplomatie ganz fremd, wuchsen den deutschen Diplomaten zu: Plünderung, Raub, Verfolgung und Massenmord."³³

Aber nicht allein in den verbündeten und besetzten Ländern hätten sich die deutschen Diplomaten aktiv und in einer tragenden Rolle an der Judenpolitik beteiligt, in der Sicht der Kommissionsmitglieder sei die Spitze des Auswärtigen Amts „an der Entscheidung über die ‚Endlösung' […] direkt beteiligt" gewesen, ja, habe „die Initiative zur Lösung der Judenfrage' auf europäischer Ebene ergriffen". Hierbei verweisen sie auf die enge Zusammenarbeit mit dem Reichssicherheitshauptamt, wobei „mal die eine, mal die andere Behörde voranging"³⁴, sowie auf Initiativen aus dem Amt wie den „Madagaskar-Plan" und generell die Tätigkeit des Referats D III der Abteilung Deutschland, die für die „Judenfrage" und die Rassenpolitik zuständig war. Dieses Verdikt gipfelte in der provokanten Äußerung, das Auswärtige Amt sei im Dritten Reich „eine verbrecherische Organisation"³⁵ gewesen.

Die Darstellung über „Das Amt und die Vergangenheit" hat in der Öffentlichkeit wie in der Fachwissenschaft eine heftige Kontroverse ausgelöst. Neben zustimmenden Voten, die die Abkehr von der traditionellen dichotomischen Unterscheidung zwischen „guten" Diplomaten und „bösen" Seiteneinsteigern begrüßten, haben viele Rezensenten³⁶ den Auto-

---

³¹ Eckart Conze u. a., Das Amt und die Vergangenheit. Deutsche Diplomaten im Dritten Reich und in der Bundesrepublik, München 2010. Der erste Teil des Buches beschäftigt sich mit dem Auswärtigen Amt im Dritten Reich, der zweite Teil mit der Frage, wie nach 1945 mit der NS-Vergangenheit des Auswärtigen Amts umgegangen wurde und wie sich die Frage personeller Kontinuitäten oder Diskontinuitäten stellte. Der letzte Teil wird im vorliegenden Aufsatz nicht aufgegriffen, da er für das hier behandelte Thema nicht unmittelbar relevant ist.
³² Ebenda, S. 15.
³³ Ebenda, S. 16.
³⁴ Ebenda, S. 185 und 287.
³⁵ Interview mit dem Sprecher der Historikerkommission, Eckart Conze, in: Der Spiegel vom 25. 10. 2010, S. 40.
³⁶ Aus der Fülle der Rezensionen seien nur vier zitiert. Vgl. Johannes Hürter, Das Auswärtige Amt, die NS-Diktatur und der Holocaust. Kritische Bemerkungen zu einem Kommissionsbericht, in: VfZ 59 (2011), S. 167–192; Michael Mayer, Akteure, Verbrechen und Kontinuitäten. Das Auswärtige Amt im Dritten Reich – Eine Binnendifferenzierung, in: Ebenda, S. 509–532; Richard J. Evans, The German Foreign Office and the Nazi Past, in: Neue Politische Literatur 56 (2011), S. 165–184; Christopher R. Browning, The German Foreign Office Revisited, in: Bulletin of the German Historical Institute Washington D.C. 49 (Fall 2011), S. 71–78. Auch die Verfasserin hat sich andernorts ausführlicher als hier möglich zu den Thesen dieses Buches geäußert, vgl. Marie-Luise Recker, Das Auswärtige Amt und die Vergangenheit. Über Karrieren, Komplizenschaft und Netzwerke, in: Historische Zeitschrift (HZ) 293 (2011), S. 125–136.

ren mangelnde Differenzierungen, Überzeichnungen, Widersprüche und unzureichende Kontextualisierungen angelastet. Vor allem die pauschale Deutung von der raschen Nazifizierung „des" Amts sowie die Thesen von dessen aktiver und zielstrebiger Mitwirkung an Judendeportation und -vernichtung, gar dessen tragender Rolle in diesem Zusammenhang, haben entschiedenen Widerspruch hervorgerufen. Bei allen Erkenntnisfortschritten im Detail sehen sie die Grundaussagen der Untersuchung doch eher als Rückfall hinter bisherige Forschungsergebnisse an.

Diesen Einwänden werden sich die Autoren von „Das Amt und die Vergangenheit" zu stellen haben, außer über punktuelle Unstimmigkeiten wird vor allem über die zentralen Thesen weiter zu diskutieren sein. Darüber hinaus wird die künftige Forschung diese Fragen aufgreifen und im Detail untersuchen müssen. Gerade die durch die aktuelle Kontroverse angestoßene Debatte um Herkunft, Lebenswege und Karriereverläufe der Beamtenschaft des Auswärtigen Amts, nach Binnendifferenzierungen innerhalb des Diplomatischen Dienstes, aber auch nach Andienung an das neue Regime, nach Selbstgleichschaltung oder schleichender personeller Durchdringung durch nationalsozialistisch geprägte Seiteneinsteiger, verbunden mit der Frage nach entsprechenden Veränderungen in der Organisationsstruktur des Auswärtigen Amts im Dritten Reich, sollten weiterverfolgt und so dessen personelles Profil klarer konturiert werden.

Zum anderen werden Rolle und Gewicht des Auswärtigen Amts in der nationalsozialistischen Diktatur differenzierter als bisher zu vermessen sein. Insbesondere die Frage nach seiner Rolle in der „Endlösung der Judenfrage" – ob mit Blick auf die Berliner Zentrale in der Wilhelmstraße oder auf die diplomatischen Vertretungen vor Ort –, aber auch nach seiner Tätigkeit im Rahmen von Besatzung, Unterdrückung, Ausplünderung und Ausbeutung werden die Debatte um sein Gewicht in Hitlers Staat, um die alten Thesen von Niedergang und Verfall, aber auch um Eigenständigkeit, Indienstnahme und Marginalisierung neu beleben. In diesem Sinne könnte nicht nur die Position des Auswärtigen Amts im Dritten Reich klarer konturiert, sondern generell Veränderungsprozessen im nationalsozialistischen Regierungssystem nachgegangen werden.

Gleichzeitig wären aber auch längere Linien zu ziehen. Eine Organisationsgeschichte des Auswärtigen Amts einschließlich des Blicks auf personelle Kontinuitäten und Veränderungen ist ein zentrales Desiderat der Forschung zur deutschen Außenpolitik im 19. und 20. Jahrhundert. Weder haben wir differenzierte Kenntnisse hinsichtlich der Rekrutierungs-, Ausbildungs- und Karrieremuster der Mitglieder des Auswärtigen Dienstes in dieser Zeit noch Angaben zu Herkunft, Sozialprofil, Verkehrskreisen und Lebenswelten. Wenn in der Forschung Kontinuitätslinien gezogen werden, so betreffen sie im Allgemeinen inhaltliche Fragen nach außenpolitischen Zielsetzungen oder operativem Vorgehen, nicht aber personelle Entwicklungsmuster. Hier die Mitglieder des Diplomatischen Dienstes mit in diese Analyse einzubeziehen, würde nicht nur Veränderungsprozesse im Auswärtigen Amt selbst sowie in seinem diplomatischen Netzwerk besser erkennen lassen, sondern auch einen generellen Beitrag leisten zur Frage von Persistenz und Wandel von politischen Führungsgruppen in Deutschland über politische Einschnitte, ob 1918/19, 1933 oder 1945/49, hinweg. Hierbei wäre für die Zeit nach dem Zweiten Weltkrieg unter der Frage nach organisatorischer und personeller Kontinuität neben dem Auswärtigen Amt der Bundesrepublik Deutschland auch das Außenministerium der DDR einzubeziehen.

So gut wie gar keinen Eingang gefunden in die Debatten über die Außenpolitik des Dritten Reiches und die Rolle des Auswärtigen Amts haben bisher kulturgeschichtliche Ansätze. Dabei könnten Fragen nach einem spezifisch „nationalsozialistischen" Verhandlungsstil, wie er sich etwa anlässlich des Deutsch-Britischen Flottenabkommens, der „Achse Berlin-Rom" oder des Hitler-Stalin-Pakts ausmachen lässt, oder nach einem spezifisch „nationalsozialistischen" Drehbuch bei der Inszenierung von Staatsbesuchen und diplomatischen Treffen durchaus bisherige Erkenntnisse zur Außenpolitik des Dritten Reiches und zu Auftreten und Habitus der deutschen Diplomaten in diesen Jahren ergänzen. Auch der bereits erwähnte Hinweis, die Lebenswelten und Verkehrskreise der Mitglieder des Auswärtigen Dienstes näher zu betrachten, wäre ein mögliches Sujet für derartige kulturgeschichtliche Untersuchungen.

Wo also könnten die Schwerpunkte künftiger Arbeiten zur Außenpolitik des Auswärtigen Amts im Dritten Reich liegen? Schon der vorliegende Tagungsband mit dem Focus auf den Beiträgen zum Personal des Auswärtigen Dienstes und zur Verwicklung des Auswärtigen Amts in die NS-Verbrechen lässt vermuten, wohin sich der Zug der Forschung bewegen wird. Hatte die Debatte um Zäsuren, Inhalte und Triebkräfte der deutschen Außenpolitik zwischen 1933 und 1945 in den bisherigen Darstellungen einen zentralen Platz eingenommen und ein höchst differenziertes Bild von den entsprechenden Entscheidungen und Abläufen gezeichnet, so wird dies in Zukunft eher zurücktreten und den neuen Fragestellungen Platz machen, die durch die Kontroverse um „Das Amt und die Vergangenheit" angefeuert wurden. Die hierbei strittigen Fragen und Interpretationen weiter zu verfolgen und durch neue Forschungen zu veri-, falsi- oder modifizieren, wird vermutlich die Debatte der Zukunft bestimmen.

Wolfgang Michalka
Das Auswärtige Amt und der Weg in den Krieg

Wenn in der Auseinandersetzung um die Rolle des Auswärtigen Amts im Dritten Reich dieses zugespitzt als „verbrecherische Organisation" bezeichnet wurde, so bezieht sich dieser Vorwurf hauptsächlich auf seine umstrittene Mittäterschaft am Holocaust während des Zweiten Weltkrieges. Zu fragen ist, ob und inwieweit Diplomaten bereits vor 1939 Hitler loyal zuarbeiteten und letztlich Verantwortung an der Vorbereitung und Planung eines verbrecherischen Krieges tragen.

Um die „Qualität" der Politik dieser traditionellen Behörde bewerten zu können, ist es notwendig, den Weg zum Krieg in seinen einzelnen Schritten und Etappen nachzuzeichnen und dabei den Anteil der diplomatischen Eliten zu „orten" und zu differenzieren. Die exakte Trennschärfe von traditionell-konservativer und revolutionär-nationalsozialistischer Politik ist allerdings nur situativ und nicht generell zu bestimmen.

Nur wenige Tage nach seiner Ernennung zum Reichskanzler offenbarte Hitler führenden Offizieren der Reichswehr am 3. Februar 1933 „mit bemerkenswerter Offenheit"[1] seine politischen Ziele. Innere Geschlossenheit und der Aufbau der Wehrmacht seien die wichtigsten Voraussetzungen für die „Wiedergewinnung der pol. Macht" mit dem Ziel der „Erkämpfung neuer Export-Mögl. [...] und wohl besser – Eroberung neuen Lebensraums im Osten u. dessen rücksichtslose Germanisierung"[2]. Herausgefordert sah sich der Staatssekretär im Auswärtigen Amt, Bernhard von Bülow[3], der noch am 30. Januar 1933 mit einem Runderlass die deutschen Missionen mit dem Hinweis beruhigt hatte, die Ernennung Hitlers zum Kanzler sei „ein normaler Vorgang", und im Übrigen – so schrieb er wenig später – garantiere ja „die Person von Neurath und auch Blomberg [...] das Fortbestehen der bisherigen politischen Beziehungen"[4]. Er antwortete auf Hitlers Ausführungen am 13. März 1933 mit einer Art Zwischenbilanz deutscher Außenpolitik, die der seit 1932 als Reichsaußenminister amtierende Constantin von Neurath fast wortidentisch dem Kabinett vortrug: Die Revision des Versailler Vertrages sei nach wie vor „die vitalste Aufgabe Deutschlands", so dass weitere Aufgaben „an die zweite Stelle" zu treten haben. Und direkt gegen Hitlers „Lebensraum"-Forderung erklärte Bülow: „Das Hauptziel der territorialen Revision bleibt die Umgestaltung der Ostgrenze, wobei die Wiedergewinnung sämtlicher in Frage kommenden polnischen Gebiete gleichzeitig anzustreben und Teil- oder Zwischenlösungen abzulehnen sind (nur noch *eine* Teilung Polens)." Weil gerade die Korrektur der deutsch-polnischen Grenze nicht ohne Risiko, ja nur mit machtpolitischen Mitteln

---
[1] Marie-Luise Recker, Die Außenpolitik des Dritten Reiches, München 1990, S. 5.
[2] Liebmann-Aufzeichnung in: Thilo Vogelsang, Neue Dokumente zur Geschichte der Reichswehr 1930–1933, in: Vierteljahrshefte für Zeitgeschichte (VfZ) 2 (1954), S. 397–436, hier S. 432f. Vgl. dazu Andreas Wirsching, „Man kann nur Boden germanisieren". Eine neue Quelle zu Hitlers Rede vor den Spitzen der Reichswehr am 3. Februar 1933, in: VfZ 49 (2001), S. 517–550, hier S. 517ff.
[3] Zu Bülow vgl. Hermann Graml, Bernhard von Bülow und die deutsche Außenpolitik. Hybris und Augenmaß im Auswärtigen Amt, München 2012.
[4] Bülow an den Botschafter in Moskau von Dirksen, 6.2.1933, in: Akten zur deutschen auswärtigen Politik 1918–1945 (ADAP), Serie C, Bd. I, 1, Dok. 10, S. 20f.

zu erreichen sei, plädierte der Staatssekretär für einen mehrjährigen „außenpolitischen Gottesfrieden"[5].

Gleich in den ersten Wochen des Kabinetts der „nationalen Konzentration" kam es zu einer Konfrontation traditioneller Weimarer Revisionspolitik und revolutionärer nationalsozialistischer Expansionspolitik. Dennoch blieb die konkrete deutsche Außenpolitik der Jahre 1933–1935 gekennzeichnet von Weichenstellungen und Entscheidungen aus der Zeit vor 1933, die nun ihre ersten revisionistischen Früchte trugen und von wenigen Ausnahmen abgesehen noch keine spezifisch nationalsozialistische Prägung aufwiesen.

Generell konnte das Deutsche Reich außenpolitisch von den Auswirkungen der Weltwirtschaftskrise profitieren. Im Donau-Balkanraum eröffnete sich ein neues wirtschaftliches und politisches Betätigungsfeld. Hatten bis 1930 die Probleme im Westen absoluten Vorrang, so trat von nun an Mittel- und Südosteuropa in das Blickfeld deutscher Wirtschafts- und Außenpolitik. Die Auflösung des habsburgischen Vielvölkerstaates im Jahre 1918 ließ neben der Vereinigung mit „Rest-Österreich" auch das Ziel virulent werden, das „Erbe" des traditionellen Einflusses Österreich-Ungarns im Balkanraum anzutreten. Zum einen sollte dort die wirtschaftliche und eng damit verbunden die politische Hegemonie errungen und zum anderen die französische Vormachtstellung zurückgedrängt werden. Ein von Deutschland kontrollierter und beherrschter Großwirtschaftsraum mit dem Ziel der Autarkie bot eine erwünschte Perspektive. Traditionelle deutsche Mitteleuropapläne tauchten wieder auf, nur sollten diese jetzt vornehmlich unter wirtschaftlichen bzw. handelspolitischen Vorzeichen in die Tat umgesetzt werden. Ziel der deutschen Politik war die Wiedergewinnung der vormals innegehabten Großmachtstellung des Deutschen Reiches.

Bereits unter Reichskanzler Heinrich Brüning wurde die Aufhebung der die deutsche Wirtschaft schwer belastenden Reparationen vorbereitet. Seine Nachfolger im Amt, Franz von Papen und Kurt von Schleicher, waren die Nutznießer davon. Unter dem amerikanischen Präsidenten Herbert C. Hoover kam es 1931 für Deutschland zu einem einjährigen Moratorium aller internationalen Zahlungsverpflichtungen und generell zu einer Überprüfung der deutschen Zahlungsfähigkeit mit dem Ergebnis der vollständigen Streichung der Reparationen. Den Schlusspunkt setzte die im Juni/Juli 1932 in Lausanne tagende Reparationskonferenz, die eine abschließende Restzahlung in Höhe von drei Milliarden Mark festlegte.

Aber auch die Frage nach der Beendigung der militärischen Restriktionen wurde beantwortet. Da vor allem wegen des Widerstands Frankreichs die in Genf seit Februar 1932 zusammengetretene Abrüstungskonferenz keine für Deutschland nennenswerte Fortschritte erzielen konnte, zog sich die deutsche Delegation am 22. Juli demonstrativ zurück mit dem wirkungsvollen Argument, dass nicht nur das Deutsche Reich, sondern alle Staaten abzurüsten hätten. Auf Betreiben der britischen Regierung erhielt Deutschland seine prinzipielle militärische „Gleichberechtigung" im internationalen System zugestanden, so dass es am 11. Dezember 1932 an den Verhandlungstisch zurückkehrte.

Neue, über die Revision des Versailler Vertrages hinausgehende Zielvorstellungen, die an traditionelle Konzepte des Wilhelminischen Reiches erinnerten, deuteten sich an und

---

[5] Günter Wollstein (Hrsg.), Eine Denkschrift des Staatssekretärs Bernhard von Bülow vom März 1933. Wilhelminische Konzeption der Außenpolitik zu Beginn der nationalsozialistischen Herrschaft, in: Militärgeschichtliche Mitteilungen 1/73 (1973), S. 77–94, hier S. 77ff. (Zitat S. 86, Hervorhebung im Original).

schienen von nun an realisierbar zu werden. Sie lassen deutlich eine neue Gangart in den deutschen Außenbeziehungen erkennen. Das Ende der Locarno-Ära zeichnete sich ab.

Ganz in diesem Sinne forderte die Reichswehrführung, die Abrüstungskonferenz endgültig zu verlassen. Und das Auswärtige Amt empfahl den Austritt aus dem Völkerbund, galt dieser doch sowohl in der Bendler- als auch Wilhelmstraße für die deutsche Revisionspolitik eher als hinderlich. Beide am 14. Oktober 1933 vollzogenen Schritte entsprachen der konsequenten Fortsetzung forcierter Revisionspolitik aus der Endphase Weimars. Angesichts dieser neuen Gangart stellte der 30. Januar 1933, der Tag der „nationalsozialistischen Machtergreifung", zunächst keinen Bruch in der deutschen Außenpolitik dar.

Hitler selbst trat kaum in Erscheinung. Er verstand es in den Anfängen seiner Regierungszeit, sich zurückzunehmen und den Anschein zu erwecken, eher der Zögernde und Anhänger einer friedvollen Politik zu sein. In Interviews und Reden betonte er die Friedfertigkeit der deutschen Außenpolitik. Mit dieser „Strategie grandioser Selbstverharmlosung"[6] reagierte er auch auf die scharfe, besonders von den Westmächten geübte Kritik an dem Boykott jüdischer Geschäfte am 1. April 1933 und generell auch an dem brutalen Vorgehen gegen politische Gegner und deren Institutionen im Zusammenhang mit dem Reichstagsbrand am 27. Februar sowie auf die „Gleichschaltung" der Parteien, Verbände und auch der Gewerkschaften am 2. Mai des Jahres.

Obwohl die Angehörigen der Wilhelmstraße die nationalsozialistische Terrorpolitik nicht billigten, versprachen sie sich dennoch einen in der Weimarer Zeit lange vermissten Vorteil: den „Führungsanspruch des Auswärtigen Amtes" – wie es Bülow gefordert hatte – und damit die Wiedererlangung der alleinigen Kompetenz auf außenpolitischem Terrain.

Das am 20. Juli 1933 mit dem Vatikan vereinbarte Konkordat kam der neuen Regierung sehr zu Hilfe. Denn was während der Weimarer Republik nicht möglich war, gelang nun dem nationalsozialistischen Deutschland: ein nicht nur innenpolitisch, sondern auch moralisch zu verbuchender Erfolg.

Gleiches gilt für die Ratifizierung der noch unter Brüning beschlossenen Verlängerung des Berliner Vertrages mit Moskau schon am 5. Mai 1933 – ganz im Widerspruch zur antibolschewistischen Propaganda der Nationalsozialisten.

Hitlers Koalitionspartner und natürlich auch das Auswärtige Amt und die Reichswehrführung sowie generell die Bevölkerung mussten den Eindruck gewinnen, dass sich die Nationalsozialisten nun in der Regierungsverantwortung durchaus gemäßigt als Fortführer der tradtionellen Revisionspolitik gaben. Dieser Eindruck musste bald korrigiert werden. Denn der Nichtangriffspakt mit Polen Anfang 1934 demonstriert eine deutliche Abkehr von der traditionellen Revisionspolitik der Weimarer Republik. Galt doch der östliche Nachbar als „Saisonstaat", der über kurz oder lang auch mit Hilfe Russlands zu „verschwinden" habe[7]. In diesem Sinne mahnte Bülow: „Eine Verständigung mit Polen ist weder möglich noch erwünscht." Der deutsche Gesandte in Bern und spätere Staatssekretär im Auswärtigen Amt Ernst von Weizsäcker kommentierte diesen politischen Schwenk mit den Worten: „Kein parlamentarischer Minister von 1920–33 hätte so weit gehen können."[8]

---

[6] Hans-Adolf Jacobsen, Nationalsozialistische Außenpolitik 1933–1938, Frankfurt a. M. 1968, S. 328.
[7] Vgl. General von Seeckt, 11. 9. 1922, in: Otto-Ernst Schüddekopf, Das Heer und die Republik. Quellen zur Politik der Reichswehrführung 1918 bis 1933, Hannover/Frankfurt a. M. 1955, S. 160–173, hier S. 163–165.
[8] Eintrag vom 28. 1. 1934, in: Weizsäcker-Papiere 1933–1950, hrsg. von Leonidas E. Hill, Frankfurt a. M./Berlin/Wien 1974, S. 78.

Die Wende in der Polenpolitik trägt eindeutig Hitlers Handschrift, der mit diesem außenpolitischen Coup die Gefahr eines von Frankreich und Polen geführten Präventivkrieges abwenden, die von Paris angestrebte Einkreisung Deutschlands sprengen und generell eine außenpolitische Isolierung aufbrechen konnte. Dass Hitler in Polen einen potenziellen Partner im programmatisch geforderten Lebensraumkrieg gegen Sowjetrussland erblickte, war zu diesem Zeitpunkt den Wenigsten bewusst. Allerdings – und das war deutlich zu erkennen – zeichnete sich nun auch außenpolitisch eine antibolschewistische Politik ab. Hitler beendete somit eine Ära deutsch-russischer Zusammenarbeit, die mit dem Rapallo-Vertrag zumindest für die Reichswehr verheißungsvoll begonnen hatte. Warnte doch von Bülow davor, „daß wir die russische Rückendeckung gegen Polen nicht entbehren können". Dabei seien die guten Beziehungen zur russischen Armee von „besonderer Bedeutung"[9]. Mit diesem Kurswechsel setzte sich Hitler über die Interessen der Reichswehr, aber auch der Wirtschaft und vor allem des Auswärtigen Amts hinweg. Rudolf Nadolny, deutscher Botschafter in Moskau, nahm seinen Abschied.

Als im Juli 1934 österreichische Nationalsozialisten gegen die Wiener Regierung putschten und Bundeskanzler Engelbert Dollfuß ermordeten, ließ Mussolini am Brenner Truppen aufmarschieren und demonstrierte Italiens Entschlossenheit, seine Garantieverpflichtung der Unabhängigkeit Österreichs gegenüber wahrzunehmen. Hitler musste klein beigeben, was umso peinlicher war, hatte er doch den „Duce" als potenziellen Verbündeten für seine außenpolitischen Pläne auserkoren. Bei dem Treffen der beiden faschistischen „Führer" am 14. und 15. Juni in Vendig konnte Hitler allerdings kaum Zuspruch dafür erhalten.

Innen- und parteipolitische Gegner, besonders in der SA um Ernst Röhm, wurden im Sommer 1934 brutal ausgeschaltet. Nach dem Tode des Reichspräsidenten Paul von Hindenburg vereinigte Hitler in Personalunion die Ämter des Reichskanzlers und des Reichspräsidenten am 2. August 1934. Unmittelbar darauf wurde die Reichswehr auf seine Person vereidigt. Diese dankte Hitler für die Ausschaltung der sie bedrohenden SA und nahm die Ermordung der Generale Ferdinand von Bredow und Kurt von Schleicher, obendrein ehemaliger Reichskanzler, klaglos hin.

Gerade mal ein Jahr im Amt, schien der „Führer und Reichskanzler", nunmehr uneingeschränkter Herrscher in Deutschland, auch die deutschen Außenbeziehungen zu bestimmen und ihren Kurs neu auszurichten[10]. Indem er sich in die Tradition der Weimarer Politik stellte, konnte er Schritt für Schritt die Voraussetzungen für die Realisierung der eigenen programmatischen Politik schaffen, die das internationale System grundsätzlich in Frage stellen sollte. Der deutschen Politik kamen dabei auch die internationale Aufmerksamkeit absorbiernden Ereignisse im Fernen Osten zu Hilfe, in deren Windschatten sie reüssieren konnte. Japan führte einen brutalen Eroberungskrieg auf dem chinesischen Festland, ein Vorgehen, das die internationale Ordnung grundlegend erschütterte.

Zu Beginn des Jahres 1935 konnte die Hitler-Regierung einen viel umjubelten Erfolg verbuchen. Die vom Versailler Vertrag festgelegte Volksabstimmung des von Frankreich verwalteten Saarlandes endete 1935 mit überwältigender Zustimmung für Deutschland – ein auch propagandistischer Triumph für das neue Regime. Hitler nutzte diesen Erfolg

---

[9] Vgl. Anm. 5.
[10] Vgl. Christoph Studt, Nationalsozialistische Außenpolitik bis zum Sommer 1938, in: Jürgen Zarusky/Martin Zückert (Hrsg.), Das Münchener Abkommen von 1938 in europäischer Perspektive, München 2013, S. 17–29, hier S. 21.

und führte am 16. März 1935 die allgemeine Wehrpflicht ein. Indem er die auf 100 000 Mann begrenzte Armee nunmehr auf 550 000 Mann Friedensstärke vermehrte und gleichzeitig die bislang geheim gehaltene Luftrüstung bekannt gab, wurden die militärischen Bestimmungen des Versailler Vertrages einseitig liquidiert. Die Reichswehr begrüßte uneingeschränkt die Wiederbewaffnung der Streitkräfte und deren forcierte Aufrüstung.

Als Antwort auf die Aushebelung der Versailler Ordnung durch Deutschland schlossen sich Großbritannien, Frankreich und Italien im April 1935 zur „Stresa-Front" zusammen, verurteilten das einseitige deutsche Vorgehen und vereinbarten, gemeinsam gegen weitere Vertragsbrüche vorzugehen. Dass es bei den Protesten blieb, demonstriert das mit Großbritannien geschlossene Flottenabkommen vom 18. Juni 1935. Hitlers Sonderemissär Joachim von Ribbentrop, der dieses vom Auswärtigen Amt kaum für möglich erachtete bilaterale Abkommen in London mit unüblichen und die Verhandlungspartner irritierenden Methoden erzielte, bescherte Hitler „den glücklichste[n] Tag seines Lebens"[11], schien doch Großbritannien offensichtlich geneigt, des „Führers" Wunsch nach einem deutsch-britischen Ausgleich und dem von ihm angestrebten Bündnis nachzukommen.

Frankreich stärkte sein in Frage gestelltes Sicherheitsbedürfnis und intensivierte die bereits 1932 aufgenommene Zusammenarbeit mit Moskau. Gegenseitiger Beistand für den Fall eines Angriffs durch einen dritten Staat wurde vereinbart. Ebenfalls von der deutschen Aufrüstung und Politik verunsichert, war Moskau selbst bereits 1934 dem Völkerbund beigetreten. 1935 schloss es einen Beistandspakt mit der Tschechoslowakei ab.

Die „Stresa-Front" zerbrach vollends, als Italien gegen Abessinien einen barbarischen, auch mit Einsatz von Giftgas geführten Eroberungskrieg begann. Abermals kam es lediglich zu papierenen Protesten der Stresapartner. Und die vom Völkerbund verhängten wirtschaftlichen Sanktionen wurden unterlaufen, indem Italien von Deutschland mit Lieferungen vor allem von Kohle und kriegswichtigem Material unterstützt wurde. Hitler war an einer langen Dauer dieses Kolonialkrieges gelegen, lenkte er doch von mitteleuropäischen Krisen ab. Außerdem diente er als aufschlussreicher Testfall für die Wirksamkeit des internationalen Krisenmanagements. Schließlich kam es auch zu einer Annäherung an Italien. Mussolini dankte dem „Führer" für die deutsche Unterstützung und signalisierte, dass Italien „sich an einer Aktion Englands und Frankreichs gegen Deutschland […] nicht beteiligen werde"[12].

Das war die willkommene Rückendeckung für den Einmarsch in das entmilitarisierte Rheinland am 7. März 1936. Gemeinsam mit der Wiedereinführung der allgemeinen Wehrpflicht schuf dieser Schritt die notwendigen Voraussetzungen für die Wiedergewinnung deutscher Souveränität und bedeutete ein zentrales Ziel deutscher Revisionspolitik. In Deutschland wurden diese Aktionen begeistert aufgenommen und steigerten Hitlers Popularität. Auch in Kreisen der Wehrmacht und des Auswärtigen Amts verstummten Skeptiker.

Die Kombination bekannter und neuer Ziele sowie unterschiedlicher Methoden – zu erinnern ist an die Sonderemissäre und parteipolitischen Institutionen, die neben und meist gegen das Auswärtige Amt agierten –, diese vermeintliche (Teil-)Identität traditioneller Großmachtpolitik konservativer Eliten und revolutionärer Außenpolitik der Natio-

---

[11] Joachim von Ribbentrop, Zwischen London und Moskau. Erinnerungen und letzte Aufzeichnungen, Leoni am Starnberger See 1953, S. 64.
[12] Recker, Die Außenpolitik, S. 5; vgl. Manfred Funke, 7. März 1936. Fallstudie zum außenpolitischen Führungsstil Hitlers (1970/1976), in: Wolfgang Michalka (Hrsg.), Nationalsozialistische Außenpolitik, Darmstadt 1978, S. 277–324, hier S. 297ff.

nalsozialisten schienen sich zu entsprechen und auch wechselseitig zu unterstützen, ja hochzuschaukeln. Das Jahr 1936 kann demnach als Höhepunkt tradioneller Revisionspolitik verstanden werden.

Die anfängliche „Risikozone", vor der Hitler selbst in seiner Rede am 3. Februar 1933 vor der Reichswehrführung gewarnt hatte, war nun durchschritten. Rückblickend konnte Joseph Goebbels vor geladenen Vertretern der deutschen Presse am 5. April 1940 die Erfolgsbilanz der deutschen Außenpolitik resümieren: „Bis jetzt ist es uns gelungen, den Gegner über die eigentlichen Ziele Deutschlands im unklaren zu lassen, genauso wie unsere innenpolitischen Gegner bis 1932 gar nicht gemerkt haben, wohin wir steuerten, daß der Schwur auf die Legalität nur ein Kunstgriff war. [...] Man hätte 1925 ein paar von uns in Haft nehmen können, und alles wäre aus und zu Ende gewesen. Nein, man hat uns durch die Gefahrenzone hindurchgelassen. Genauso war das in der Außenpolitik ... 1933 hätte ein französischer Ministerpräsident sagen müssen (und wäre ich französischer Ministerpräsident gewesen, ich hätte es gesagt): Der Mann ist Reichskanzler geworden, der das Buch ‚Mein Kampf' geschrieben hat, in dem das und das steht. Der Mann kann nicht in unserer Nachbarschaft geduldet werden. Entweder er verschwindet, oder wir marschieren. Das wäre durchaus logisch gewesen. Man hat darauf verzichtet. Man hat uns gelassen, man hat uns durch die Risikozone ungehindert durchgehen lassen, und wir konnten alle gefährlichen Klippen umschiffen, und als wir fertig waren, gut gerüstet, besser als sie, fingen sie den Krieg an"[13].

Hitlers „spontane" Entscheidung, mit Waffenlieferungen und der Entsendung eines militärischen Kontingents die Putschisten um Francisco Franco in Spanien zu unterstützen, konnte vom Auswärtigen Amt nicht gebilligt werden. Deutschlands Intervention im Spanischen Bürgerkrieg diente auch als militärischer Erprobungsfall und ließ schließlich auch das faschistische Italien immer enger an die Seite Deutschlands rücken. Diplomatisch wurde diese Kooperation am 25. Oktober 1936 mit der „Achse Berlin-Rom" und einen Monat später mit dem gemeinsam mit Japan geschlossenen „Antikominternpakt", dem sich kurz danach auch Italien anschloss, gekrönt.

1937, das Jahr ohne Überraschungen und außenpolitischer Ruhe, sollte zum Wendejahr werden und leitete eine neue Politik ein. Schon am 24. Februar konnte Hitler verkünden: „Wir sind heute wieder eine Weltmacht geworden."[14]

Der Vierjahresplan von 1936, nach dem in vier Jahren die Wirtschaft kriegs- und die Wehrmacht einsatzfähig zu sein hätten, verschärfte Engpässe bei der ungebremsten kriegsvorbereitenden Aufrüstung. Die Ausrichtung der Wirtschaft als Wehrwirtschaft führte zu Knappheiten in der Devisen- und Rohstoffversorgung, zu Verteilungskonflikten und verstärkte generell die wirtschaftliche und soziale Krisenlage Deutschlands. In seiner Reichstagsrede am 30. Januar 1937 musste Hitler bekennen: „Deutschland lebt heute in Zeiten eines schweren Kampfes um Lebensmittel und Rohstoffe."[15] Vor dieser Entwicklung hatte besonders Reichswirtschaftsminister Hjalmar Schacht immer nachdrücklicher gewarnt. Er, der mit seinen Mefo-Krediten die Aufrüstung erst ermöglichte, wollte das Devisenproblem dadurch lösen, indem einzuführende Rohstoffe wieder stärker für den Export und weniger für die Rüstung verwandt werden sollten. Sein Ziel war, mit Hilfe „unkriegerisch-

---

[13] Zit. nach Andreas Hillgruber, Hitlers Strategie. Politik und Kriegführung 1940–1941, Frankfurt a. M. 1965, S. 14.
[14] Max Domarus, Hitler. Reden und Proklamationen 1932–1945, Bd. 1, Teil 2, München 1965, S. 681.
[15] Ebenda, S. 673.

ökonomische[r] Expansion"¹⁶ wirtschaftlichen Einfluss und indirekte Herrschaft besonders auf Staaten in Osteuropa zu gewinnen. Im friedlich-schiedlichen Einvernehmen mit Großbritannien sollte zudem eine koloniale Revision ermöglicht werden. Im Gegensatz dazu distanzierte er sich unmissverständlich von der „Idee von dem zu erwerbenden Ostraum". Die polnischen Gebiete seien „nicht sehr viel weniger dicht bevölkert [...] als Deutschland". Eine „Entvölkerung" dieser Gebiete könne „auch bei noch so entscheidendem Siege kein vernünftiger Mensch für möglich halten". Wenn überhaupt, dann würden wiederzuerlangende Kolonien in der Raumfrage Abhilfe schaffen können¹⁷.

Besonders das Ausschalten Schachts demonstriert, dass wirtschaftlicher Sachverstand nicht mehr gefragt war, dass die von ihm geforderte Wirtschaftsaußenpolitik, die in der „Economic Appeasement"-Politik Großbritanniens ihre Entsprechung hätte finden können, als Alternative zur rassisch begründeten Lebensraumeroberung im Osten Europas verworfen wurde. Konkurrierende Konzeptionen, die darauf bedacht waren, den Krieg zu vermeiden, wurden überhört und kamen nicht zum Zuge.

Hitler geriet immer mehr in Zugzwang. Am 5. November 1937 offenbarte er in der von Oberst Hoßbach aufgezeichneten geheimen Rede¹⁸ den Kriegs- und Außenministern, Hermann Göring als Beauftragten für den Vierjahresplan sowie den Oberbefehlshabern der Teilstreitkräfte seine anstehenden Ziele und auch seine unumstößliche Absicht, diese in naher Zukunft auch mit kriegerischen Mitteln zu realisieren. Die Bedeutung seiner „grundlegenden Gedanken" für die zukünftige Außenpolitik betonte er damit, dass er sie als „testamentarische Hinterlassenschaft für den Fall seines Ablebens" verstanden haben wollte.

Ohne auf die aktuellen Verteilungskämpfe einzugehen, beschränkte sich Hitler auf Grundsätzliches. Für ihn stand die zukünftige Außenpolitik und damit die Raumfrage im Mittelpunkt, die er „spätestens 1943/45 [...] zu lösen" gedachte. Das erklärt auch die Anwesenheit Neuraths. Erstmals wird die kriegerische Auseinandersetzung mit den nun als „Hassgegnern" verstandenen Franzosen und Engländern nicht mehr ausgeschlossen. Das „Bekenntnis zur Gewalt" leitete den Beginn zur aktiven Revisions- und Eroberungspolitik ein. Was Hitler am 3. Februar 1933 den Spitzen der Reichswehr mit der „Eroberung von Lebensraum im Osten und dessen rücksichtslose Germanisierung" angekündigt hatte, wurde jetzt konkretisiert und auf die außenpolitische Agenda gesetzt.

Ernst von Weizsäcker, inzwischen Leiter der Politischen Abteilung im Auswärtigen Amt, hingegen konterte und verwarf einen Krieg mit England ausdrücklich. Denn „was wir von England wollen" – nämlich „Kolonien und Aktionsfreiheit im Osten –, können wir uns nicht gewaltsam holen, sondern müssen es einhandeln". So argumentierte er anlässlich des anstehenden Besuches von Lord Halifax am 10. November 1937. London „wünscht von uns militärisches Stillhalten, namentlich im Westen. Diese Wünsche sind nicht völlig unvereinbar."¹⁹ Wie richtig Weizsäckers, durchaus der Position Schachts entsprechende Empfehlung war, erhielt Hitler am 19. November 1937 von Halifax, der fast zeitgleich mit Weizsäckers Ernennung zum Staatssekretär im Frühjahr 1938 britischer Außenminister wurde, bestätigt. Deutschland sollte in den Völkerbund und zur Abrüstungskonferenz zurückkehren, dafür würde sich Großbritannien zu einvernehmlichen Änderungen von

---

[16] Gottfried Niedhart, Deutsche Außenpolitik und internationales System im Krisenjahr 1937, in: Michalka (Hrsg.), Nationalsozialistische Außenpolitik, S. 360–376, hier S. 363.
[17] Schacht an General Ritter von Epp, 19.3.1935, in: ADAP, C, Bd. III, Dok. 544, Anlage, S. 1004f.
[18] ADAP, D, Bd. I, Dok. 19, S. 25–32.
[19] Weizsäcker-Papiere, S. 118.

Danzig und Österreich, ja selbst der Tschechoslowakei bereit erklären. Ebenso sei über die koloniale Frage noch nicht das letzte Wort gesprochen[20]. Das bedeutete zwar nicht für Deutschland „freie Hand im Osten", aber dennoch im Sinne des von London präferierten „peaceful change" erhebliche Zugeständnisse. Was wollte Hitler mehr? Er war allerdings der falsche Adressat: „Friedliche Revision des Status quo in Europa mit Deutschland als Führungsmacht in Mittel- und Südosteuropa, koloniale Zugeständnisse an Deutschland, Ankurbelung des zwischenstaatlichen Handels, Rüstungsabkommen und damit Neukonstituierung und Befriedung des internationalen Systems – all das waren Elemente aus der Gedankenwelt Schachts, nicht aber Hitlers."[21]

Auf die ausgebliebene, meist verhaltene Zustimmung, ja auf die nicht zu überhörende Kritik bei den Militärs und Diplomaten an seiner auf Krieg zielenden Politik reagierte der „Führer" zum Jahresbeginn 1938 mit einem großen Revirement in Wehrmacht und Auswärtigem Amt. In diesem Zusammenhang wurde Constantin von Neurath als Reichsaußenminister von Joachim von Ribbentrop[22] abgelöst. Damit hatte dieser sich auch gegen andere Rivalen im Bereich der Außenpolitik durchgesetzt. Denn neben dem klassischen Instrumentarium der Außenpolitik, dem Auswärtigen Amt, mischten sich offen oder geheim unterschiedliche Organisationen und Personen in die deutschen Außenbeziehungen. Zu nennen sind das Außenpolitische Amt (APA) Alfred Rosenbergs, die Auslandsorganisation (AO) Ernst Wilhelm Bohles und die Dienststelle Ribbentrops (DR). Aber auch Joseph Goebbels, Hermann Göring und vor allem immer mehr Heinrich Himmler rivalisierten miteinander, vor allem aber gegen das Auswärtige Amt, und buhlten mit Eifer und radikalisierenden Aktivitäten um die Gunst des „Führers"[23]. Dieser pflegte, auch weil er nicht viel von den Diplomaten hielt, außenpolitische Aufgaben nicht selten doppelt und mehrfach zu vergeben, was häufig zu Rivalitätskämpfen und Irritationen auch im Ausland führte[24].

Als frisch ernannter Außenminister musste dies Ribbentrop gleich selbst erfahren. Während er sich in London als Botschafter verabschiedete, war es Göring, der die Initiative bei der Annexion Österreichs an sich riss. Der neue Außenminister konnte lediglich reagieren und musste den sich überschlagenden Ereignissen tatenlos zusehen.

Die Ernennung Ribbentrops zum Nachfolger Neuraths wurde im Auswärtigen Amt begrüßt, besaß doch dieser das Ohr des „Führers" und damit auch die Nähe zum politischen Entscheidungsprozess, was für Neurath längst nicht mehr möglich war. Ribbentrop galt als beeinflussbar, so dass Weizsäcker zuversichtlich in die Zukunft schaute: „Ich hoffe beinahe, daß wir den Leerlaufmotor des A. A. wieder an die Staatsmaschine ankuppeln kön-

---

[20] ADAP, D, Bd. I, Dok. 31, Anlage, S. 46 ff.
[21] Niedhart, Deutsche Außenpolitik, in: Michalka (Hrsg.), Nationalsozialistische Außenpolitik, S. 368.
[22] Zu Ribbentrops außenpolitischer Konzeption und Politik vgl. Wolfgang Michalka, Ribbentrop und die deutsche Weltpolitik 1933–1940. Außenpolitische Konzeptionen und Entscheidungsprozesse im Dritten Reich, München 1980; Stefan Kley, Hitler, Ribbentrop und die Entfesselung des Zweiten Weltkriegs, Paderborn u. a. 1996, sowie jetzt auch Stefan Scheil, Ribbentrop. Oder: Die Verlockung des nationalen Aufbruchs. Eine politische Biographie, Berlin 2013.
[23] Zum Ämterpluralismus in der NS-Außenpolitik vgl. u. a. Jacobsen, Nationalsozialistische Außenpolitik, passim.
[24] Graf Ciano charakterisierte am 21.11.1937 die deutsche Außenpolitk mit dem bissigen Kommentar: „Zu viel Hähne im Hühnerstall. Es gibt mindestens vier Außenpolitiken; die von Hitler, die von Göring, die von Neurath, die von Ribbentrop. Von den kleineren ganz abgesehen. Es ist schwierig, vollkommen auf dem laufenden zu bleiben." (Galeazzo Graf Ciano, Tagebücher 1937/38, Hamburg 1949, S. 48 f.)

nen."²⁵ Und in der Tat, der bisherige Rivale und Gegner wurde zum Protektor der Behörde, so dass der längst beklagte Bedeutungsverlust des Auswärtigen Amts ein Ende zu nehmen schien. Das zeigte sich bald im deutlichen Anstieg des unter Neurath stagnierenden Personalbestandes. Zwar übernahm er zahlreiche Mitarbeiter seiner „Dienststelle", war aber bestrebt, die fachliche Kompetenz des Auswärtigen Amts zu bewahren. Allerdings verstärkte sich der Einfluss der SS im Auswärtigen Amt. Selbst kein „alter Kämpfer" und nur mit geringer Hausmacht ausgestattet, unterhielt Ribbentrop gute Beziehungen zu „Reichsführer SS" Heinrich Himmler. Die häufig von Hitler geübte Kritik am Auswärtigen Amt als reaktionäres, schwerfälliges und für eine „revolutionäre" Außenpolitik nicht geeignetes Instrument war ihm durchaus bekannt, so dass er eine grundlegende Reform plante, diese allerdings kaum realisierte.

Der bejubelte „Anschluss" Österreichs im März 1938 erfüllte traditionelle nationale Wünsche und bedeutete den bislang größten Erfolg des „Führers". Der auf dem Wiener Heldenplatz euphorisch aufgenommene „Eintritt" seiner Heimat in das Deutsche Reich erfuhr nahezu uneingeschränkte Zustimmung. Für Weizsäcker war „der gestrige Tag in Wien [...] schon der bemerkenswerteste seit dem 18. Januar 1871"²⁶. Hitlers vor allem innenpolitische Popularität war kaum mehr zu überbieten. Aber auch international zollte man ihm Respekt. „Die Wiedervereinigung Österreichs mit dem Deutschen Reich" –, so das Gesetz, war vor allem aber auch eine Art Beutefeldzug, um fehlende Devisen, Rohstoffe, Produktionskapazitäten und Arbeitskräfte zu gewinnen. Darüber hinaus wurde das Tor zum Donau- und Balkanraum aufgestoßen, das ein ertragreiches wirtschaftliches Betätigungsfeld eröffnete.

Trotz der Verbesserung der militärstrategischen Lage der Tschechoslowakei gegenüber, die nunmehr von drei Seiten regelrecht in die Zange genommen werden konnte, lehnten die militärischen Entscheidungsträger den Krieg gegen die Tschechoslowakei zwar nicht generell, aber zu diesem Zeitpunkt ab. Der Chef des Generalstabs, General Ludwig Beck, der „einen Krieg auf Leben und Tod mit Deutschland"²⁷ befürchtete und zu diesem Zeitpunkt verwarf, nahm im Sommer 1938 seinen Abschied.

Die bisherige recht erfolgreiche Zusammenarbeit der konservativen Eliten im Auswärtigen Amt und der Wehrmacht mit Hitler war an einen entscheidenden Punkt gelangt, an dem die Schwelle zum Krieg überschritten zu werden drohte. Denn spätestens seit Herbst 1937 war Hitlers Entschlossenheit, einen zwar lokalisierten, aber mit dem Risiko eines europäischen Konfliktes zu führenden Krieges, evident. Den Konservativen ging es daher – wie es Weizsäcker als seine Aufgabe als Staatssekretär ansah –, um „die Verhinderung eines Krieges, welcher nicht nur das Ende des III. Reichs[,] sondern Finis Germaniae wäre"²⁸.

Um nicht von den inzwischen angelaufenen Rüstungsanstrengungen der Westmächte eingeholt oder gar überholt zu werden, setzte Hitler auf schnelle Breiten- und nicht auf nachhaltige Tiefenrüstung. Die Tschechoslowakei sollte mit einem überraschenden und lokalisiert geführten „Blitzkrieg" „zerschlagen" werden²⁹. Dies stand im krassen Widerspruch zum Auswärtigen Amt, das ein machtpolitisches Vorgehen zu diesem Zeitpunkt

---

[25] Eintrag vom 20. 2. 1938, in: Weizsäcker-Papiere, S. 121.
[26] Eintrag vom 15. 3. 1938, in: Weizsäcker-Papiere, S. 123.
[27] Denkschrift des Generalstabschefs des Heeres Ludwig Beck, 16. 7. 1938; zit. nach Wolfgang Foerster, Generaloberst Ludwig Beck. Sein Kampf gegen den Krieg, München 1953, S. 118ff.
[28] Eintrag vom 5. 3. 1938, in: Weizsäcker-Papiere, S. 122.
[29] Hitlers „unabänderlicher Entschluss, die Tschechoslowakei [...] zu zerschlagen", in: OKW Nr. 42/38, 30. 5. 1938, in: Der Prozeß gegen die Hauptkriegsverbrecher vor dem Internationalen Militärgerichtshof Nürnberg. 14. November 1945–1. Oktober 1946 (IMG), Nürnberg 1947, Bd. 25, S. 433ff.

ablehnte und, wie Weizsäcker am 8. Juni notierte, einen „chemische[n] Auflösungsprozess des tschechoslowakischen Staatsgebildes"[30], der „durch wirtschaftlichen Druck zu beschleunigen" wäre[31], für ratsam hielt.

Das Auswärtige Amt stand mit dieser Ansicht keineswegs allein. Es erhielt nicht nur von der Wehrmacht Unterstützung, die den mit den Westmächten zu befürchtenden Krieg unbedingt vermeiden wollte. Selbst Hermann Göring, Oberbefehlshaber der Luftwaffe und Beauftragter für den Vierjahresplan, bevorzugte eine diplomatische Lösung: „Neben dem Militär ist auch Göring unter die Pazifisten gegangen", lesen wir in den Weizsäcker-Niederschriften[32]. Nach dem „Anschluss" Österreichs war Göring bemüht, eine Einigung vor allem mit London zu erreichen. Eindeutig zog er einer mit Risiken verbundenen Eroberungspolitik mit dem Ziel der Lebensraumgewinnung im Osten eine auf vertraglichem Wege zu erzielende territoriale Arrondierung des Reiches vor. Der prinzipielle Unterschied von Görings Einschätzung des internationalen Systems und der daraus resultierenden schiedlich-friedlichen Außenpolitik zu Hitlers Eroberungsprogramm wurde in der Sudetenkrise 1938 immer deutlicher. Er verurteilte den sich abzeichnenden Kriegskurs Hitlers und versuchte, an der Seite der konservativen Eliten den „Führer" von der Straße der militärischen Expansion abzubringen. Er gab sich „als Anwalt der deutsch-englischen Freundschaft und plädierte dafür, die geplante Expansion im Osten und ihre Vorbereitung günstigenfalls mit, aber niemals gegen Großbritannien durchzuführen"[33].

Die gut drei Millionen umfassende deutsche Minderheit im tschechoslowakischen Vielvölkerstaat war hauptsächlich politisch vertreten und organisiert von der Sudetendeutschen Partei Konrad Henleins. Sie diente Hitler als Vehikel, um mittels immer höher geschraubter Forderungen die Prager Regierung unter steigenden Druck zu setzen. Das im Ersten Weltkrieg vom amerikanischen Präsidenten Woodrow Wilson als Friedensziel propagierte und von den Siegermächten in den Pariser Vorortverträgen eingebundene Selbstbestimmungsrecht der Völker wurde instrumentalisiert und zur scharfen Waffe der deutschen Revisionspolitik.

Die in der „Mai-Krise" gipfelnde außenpolitische Krisensituation, die sowohl von tschechoslowakischer als besonders auch deutscher Seite zusätzlich geschürt wurde, konnte mit dem Münchener Abkommen vom 29. September 1938 entschärft und zumindest situativ gelöst werden. Es war der britische Premier Neville Chamberlain, der im Sinne der Appeasementpolitik gemeinsam mit Frankreich und Italien Hitler an den Verhandlungstisch brachte und die „friedliche" Abtretung der Sudetengebiete erreichte. „Peace in our Time" – so Chamberlain bei seiner Rückkehr nach London – schien gesichert zu sein. Die kriegerische Katastrophe wurde kollektiv abgewendet, und Europa konnte aufatmen. Es war die Gruppe um Weizsäcker in der Wilhelmstraße, die sich in Kooperation mit Göring zu einer „momentanen Aktionsgemeinschaft" formiert hatte und Hitler für die friedliche Lösung des Abkommens von München gewinnen konnte[34].

---

[30] Eintrag vom 8. 6. 1938, in: Weizsäcker-Papiere, S. 131.
[31] Eintrag vom 21. 7. 1938, in: Ebenda, S. 133.
[32] Eintrag vom 31. 5. 1938, in: Ebenda, S. 129.
[33] Josef Henke, England in Hitlers politischem Kalkül 1935–1939, Boppard a. Rh. 1973, S. 308.
[34] „Es war geradezu ein klassischer Fall von Gegendiplomatie im Rahmen eines system-immanenten Machtkampfes um Einfluss auf Hitler zugunsten einer alternativen Außenpolitik". So Klaus-Jürgen Müller, Nationalkonservative Eliten zwischen Kooperation und Widerstand, in: Jürgen Schmädeke/ Peter Steinbach (Hrsg.), Der Widerstand gegen den Nationalsozialismus, München/Zürich 1985, S. 24–49, hier S. 36f.

Obwohl Hitler die kriegerische Lösung bevorzugt hätte, konnte er abermals einen spektakulären außenpolitischen Erfolg verbuchen. Weitere Erfolge ließen nicht auf sich warten. Das Memelgebiet wurde am 23. März 1939 von deutschen Truppen besetzt. Und schon wenige Tage zuvor, am 15. März, marschierten deutsche Truppen in die „Rest-Tschechei" ein. Hitler ließ es sich nicht nehmen, auf der Prager Burg Hof zu halten. „Deutschland griff erstmals nach Territorien, die jenseits seiner nationalstaatlichen Grenzen lagen."[35] Abermals schauten die Westmächte tatenlos zu.

Am 28. April 1939 zog Hitler vor dem Reichstag eine beeindruckende Bilanz: „Ich habe die uns 1919 geraubten Provinzen dem Reich wieder zurückgegeben, ich habe Millionen von uns weggerissenen, tiefunglücklichen Deutschen wieder in die Heimat geführt, ich habe die tausendjährige historische Einheit des deutschen Lebensraumes wieder hergestellt, und ich habe […] mich bemüht, dieses alles zu tun, ohne Blut zu vergießen und ohne meinem Volk oder anderen daher das Leid des Krieges zuzufügen."[36]

Rückblickend steht das Jahr 1938 für eine sich steigernde Dynamik in der Außenpolitik, für die Abkehr von der traditionellen Revisionspolitik und damit auch für die Revolutionierung des internationalen Systems.

Als sich Polen auf die von Berlin vorgeschlagene „Generalbereinigung" territorialer Fragen nicht einließ, Großbritannien und Frankreich den Bestand und die Unabhängigkeit des östlichen Nachbarn Deutschlands Ende März 1939 garantierten und London zudem die allgemeine Wehrpflicht einführte, war klar, dass die programmatisch festgelegte Lebensraumeroberung im Osten nicht ohne Widerstand der Westmächte zu führen, dass die Zeit der „Blumenfeldzüge" beendet war. Jetzt war offensichtlich die „pazifistische Platte bei uns abgespielt", wie Hitler bereits am 10. November 1938 ausgewählten Verlegern und Journalisten unmissverständlich erklärte. Wie entschlossen er war, den Weg des Krieges zu wählen, und welche Qualität dieser haben werde, offenbarte er am 10. Februar 1939 Truppenkommandeuren: Es gehe um „das Schicksal unserer Rasse in kommenden Jahrhunderten", und daher werde „der nächste Kampf […] ein reiner Weltanschauungskrieg sein, d. h. bewußt ein Volks- und ein Rassenkrieg sein"[37]. Schon wenige Tage zuvor, am 27. Januar 1939, hatte er mit dem sogenannten Z-Plan den Bau einer Überwasserflotte von Schlachtschiffen angeordnet. Die Lebensraumeroberung im Osten war offensichtlich nur eine Etappe zur Weltherrschaft. Die Rüstungsanstrengungen stießen an die Grenze des Machbaren. Die ökonomische Zwangslage konnte offensichtlich nur kriegerisch gelöst werden.

Neben der wirtschaftlichen Krise befand sich nun auch die Außenpolitik Deutschlands in einem Engpass, ja in einer Sackgasse. Das war die Stunde Ribbentrops. Seit Ende seiner Botschafterzeit in London war er es, der zum Jahreswechsel 1937/38 Hitler davon zu überzeugen versuchte, dass Großbritannien dem Deutschen Reich niemals „freie Hand im Osten" gewähren würde. Im Gegenteil: Es würde stets auf der Seite der Gegner Deutschlands stehen. Bereits in seinem „Krönungsbericht" vom Mai 1937 und dann explizit in seiner „Notiz für den Führer" vom 2. Januar 1938 folgerte er: „Herstellung in aller Stille […] einer Bündniskonstellation gegen England"[38]. Es sollte zwar weiter um England geworben, gleichzeitig aber, in aller Heimlichkeit und Zielstrebigkeit, ein Gegenbündnis geschaffen werden, das mächtig genug sei, um einen zukünftigen, als höchst wahrschein-

---

[35] Gerhard Schreiber, Kurze Geschichte des Zweiten Weltkriegs, München 2005, S. 20.
[36] Domarus, Hitler, Bd. 2, S. 1178.
[37] Hans-Ulrich Thamer, Verführung und Gewalt. Deutschland 1933–1945, Berlin 1986, S. 606.
[38] ADAP, D, Bd. I, Nr. 93, S. 136.

lich diagnostizierten Krieg zwischen dem nationalsozialistischen Deutschland und dem Britischen Empire entweder zu vermeiden oder jedoch zugunsten Deutschlands zu entscheiden[39].

Ribbentrop sah seine Aufgabe darin, eine antibritische Allianz zu schmieden. Schon im Oktober 1937, noch vor Italiens Beitritt zum Antikominternpakt, erklärte er dem italienischen Außenminister Galeazzo Ciano, „die Notwendigkeit eines militärischen Bündnisses zwischen Rom, Berlin und Tokio"[40]. Cianos Kommentar lautete: „[…] wenn wir den Dreierpakt unterzeichnen werden, der sozusagen antikommunistisch, in Wirklichkeit aber antibritisch ist", dann schließe sich der Bündnisring um England[41].

Diese Dreierallianz bildete eine deutliche Wendemarke in der internationalen Politik und vor allem auch in der deutschen Außenpolitik. Ulrich von Hassell, der bald seine Position als Botschafter in Rom quittieren musste, vermerkte in seinem Tagebuch: „Hier handelt es sich um eine Neuorientierung der deutschen Außenpolitik, die auf Anregung niemanden anders als des Botschafters in London [gemeint war Ribbentrop] sich bewußt gegen England stellt und einen Weltkonflikt geradezu ins Auge faßt."[42] Inzwischen seit dem 4. Februar 1938 Außenminister, erklärte dieser seinem neuen Staatssekretär Weizsäcker am 19. April 1938, dass es die Vernunft fordere, zwar Russland als Gegner zu bezeichnen, aber in Wirklichkeit alles gegen die britische Weltmacht zu orientieren. Die deutsch-italienisch-japanische Mächtekombination sei der Garant für das Gelingen zukünftiger deutscher Expansionspolitik[43].

Während der Sudetenkrise wurde Ribbentrop regelrecht zum Kriegstreiber, konnte allerdings vom Auswärtigen Amt um Weizsäcker, aber auch von Göring mit Hilfe des Duce und der britischen Appeasementpolitik ausgebremst werden. Das Abkommen von München entsprach weder Hitlers noch Ribbentrops Vorstellungen, bevorzugten doch beide eine kriegerische Lösung.

Konkurrierende Konzeptionen, die darauf bedacht waren, den Krieg zu vermeiden, konnten sich durchsetzen, allerdings nur kurzfristig. Gemeinsames Ziel war es, eine kriegerische Auseinandersetzung mit England unter allen Umständen zu vermeiden. Weizsäcker verfolgte eine Politik der friedlichen Grenzrevision, die schon dem Auswärtigen Amt unter Neurath und Bülow als verbindliche Handlungsmaxime gedient hatte. Allerdings – so muss eingewendet werden – wurde trotz seiner friedlichen Großmachtpolitik[44] Krieg als adäquates Mittel niemals völlig ausgeschlossen. Wie Schacht, aber auch Göring vertrat Weizsäcker eine schrittweise Politik, die vor allem auf wirtschaftliche Vereinbarungen und Zugeständnisse setzte. „Denkt man beispielsweise an die wirtschaftlichen Offerten, die dem Deutschen Reich von den Briten im allerletzten Augenblick des sterbenden Friedens während des Sommers 1939 unterbreitet wurden, dann besaß dieser Entwurf Hjalmar Schachts, der später bis zu einem gewissen Grad von Hermann Göring übernommen wur-

---

[39] Wolfgang Michalka, Machtpolitik und Machtbewußtsein politischer Entscheidungsträger in Deutschland 1938, in: Franz Knipping/Klaus-Jürgen Müller (Hrsg.), Machtbewußtsein in Deutschland am Vorabend des Zweiten Weltkrieges, Paderborn 1984, S. 59–74, hier S. 67.
[40] Galeazzo Ciano, Tagebücher 1937/38, Hamburg 1949, S. 32.
[41] Ebenda, S. 37.
[42] Ulrich von Hassell, Vom andern Deutschland. Aus den nachgelassenen Tagebüchern 1938–1944, Zürich/Freiburg i. Br. 1946, S. 13.
[43] Weizsäcker-Papiere, S. 126.
[44] Vgl. Rainer Blasius, Für Großdeutschland – gegen den Krieg. Ernst von Weizsäcker in den Krisen um die Tschechoslowakei und Polen, Köln/Wien 1981.

de, in seiner Zeit durchaus Chancen auf Verwirklichung. Daß sie nicht langfristig zum Zuge kommen konnten, lag allein daran, daß Hitler, der Krieg, nicht Frieden wollte, die Volkswirtschaft rücksichtslos in den Dienst des Militärischen zwang."[45] Für Hitler zeigte jedoch die Sudetenkrise die Grenzen seiner bisher verfolgten „Ohne England"-Politik. Denn London war im Gegensatz zur Annexion Österreichs bei der Lösung der Sudetenfrage nicht gewillt, tatenlos zuzusehen.

Auch Ribbentrops „Gegen-England"-Kurs scheiterte an der Münchener Vereinbarung, doch konnte er gewiss sein, dass Hitler auf seinen antibritischen Kurs über kurz oder lang einschwenken würde. Denn im Vergleich zu den traditionellen Eliten im Auswärtigen Amt, der Wirtschaft, aber auch zu Hermann Göring schien für Hitler Ribbentrops außenpolitische Konzeption zu diesem Zeitpunkt die weitreichendste, die am meisten seinen eigenen programmatischen Zielvorstellungen entsprach. Ribbentrop fühlte sich bestätigt und entwickelte in der Phase, in der Hitler zur Realisierung seines „Programms" umdisponieren musste, erhebliche außenpolitische Aktivitäten, die den Außenbeziehungen des Dritten Reiches ihren Stempel aufdrückten. So warb Ribbentrop zum Jahresende 1938 auch in Frankreich um Beitritt zum Antikominternpakt in der Absicht, Paris aus der Abhängigkeit von London zu lösen.

Ribbentrops Bemühungen konnten jedoch im Jahre 1938 keine nennenswerten Erfolge aufweisen. Erst zum Jahresbeginn 1939 sollte sich das ändern. Mussolini erklärte sich im Januar 1939 bereit, dem von Ribbentrop propagierten Pakt beizutreten. Am 22. Mai 1939 wurde der „Stahlpakt" unterzeichnet, der offen als Angriffswerkzeug für kommende Lebensraumpolitik deklariert wurde. Cianos Kommentar lautete: „Ich habe noch nie einen ähnlichen Vertrag gelesen. Er ist richtiges Dynamit."[46]

Zu Beginn des Jahres 1939 erklärte Ribbentrop in einer Geheimrede dem Oberkommando der Wehrmacht seine Sicht der sich fundamental veränderten außenpolitischen Lage. Deutschland sei zur „überragend stärkste[n] Kontinentalmacht" aufgestiegen. Es sei die „best gerüstete Nation der Welt". Und „seine außenpolitische Lage in der Welt" sei „so günstig wie noch nie bisher in der deutschen Geschichte". Großbritannien hingegen müsse, sollte es zum Krieg kommen, gleichzeitig auf „drei Kriegsschauplätzen kämpfen, was eine ungeheure Zersplitterung seiner Macht bedeuten würde". Ribbentrops Fazit und Zukunftsperseptkive lautete: Deutschland könne von Großbritannien „auf dem Wege der freundschaftlichen Verhandlungen" nur noch wenig erhoffen, so dass nur „die Politik der Stärke [...] zum Erfolg und zur Befriedigung der deutschen Wünsche" führen würde[47].

Ribbentrops Versuche, neben Italien auch Japan zu einem mächtigen, die britische Seemacht kontrollierenden Dreimächtepakt zu gewinnen, dem sich möglicherweise Frankreich und Spanien anschließen würden, hatten keinen Erfolg, so dass die Sowjetunion in das Zentrum seiner Aufmerksamkeit geriet. Weizsäcker kommentierte diesen Kurswechsel: „Die Utopie eines deutsch-italienisch-japanischen Allianzvertrages wurde endlich auch von Ribbentrop als unerreichbar erkannt. Wir wechseln auf das russische Pferd."[48]

---

[45] Klaus Hildebrand, Das vergangene Reich. Deutsche Außenpolitik von Bismarck bis Hitler, Stuttgart 1995, S. 622f.
[46] Galeazzo Ciano, Tagebücher 1939–1943, Bern 1946, S. 89.
[47] Geheimrede Ribbentrops, 24.1.1939 (BArch-MA Freiburg, Case 553); vgl. Michalka, Ribbentrop, S. 245f.
[48] Einträge vom 4.4.1939 bis Sommer 1939, in: Weizsäcker-Papiere, S. 177.

Auch die Antibolschewismus-Kampagne, die das Deutsche Reich zum letzten Bollwerk gegen die rote Gefahr stilisierte und außenpolitisch zum Antikominternpakt im Jahre 1937 führte, ließ in der Wilhelmstraße keineswegs den Ruf nach einem engen Arrangement mit der Sowjetunion und damit nach Rückkehr zur bewährten Rapallo-Politik verstummen. Obwohl die Russland-Fraktion von Gustav Stresemanns ausgewogener Politik der Ost-West-Balance an die Peripherie des außenpolitischen Spektrums gedrängt wurde, erfuhr sie nach wie vor von Zweigen der Industrie, aber auch von der Reichswehr, die einen Zweifrontenkrieg vermeiden wollte, starke Unterstützung. Und gerade in Zeiten der infolge forcierter Aufrüstung sich verschärfenden Rohstoff- und Devisenknappheit schien eine Wiederaufnahme der traditionellen guten Beziehungen zu Moskau und die Aktivierung deutsch-russischer Handelspolitik eine hilfreiche Entlastung zu bieten. Zur Jahreswende 1938/39, als Warschau dem deutschen Werben eine deutliche Absage erteilte, erhielten die Befürworter einer Ostoption erheblichen Auftrieb.

Wesentlichen Anteil an der Änderung in der Bewertung Russlands hatte Werner von der Schulenburg, der von 1934 bis 1941 als Botschafter in Moskau um Verbesserung der deutsch-sowjetischen Beziehungen bemüht war. Höheren Offizieren und führenden Beamten aus Reichsministerien analysierte er am 25. November 1937 die sich verändernde Außenpolitik Moskaus, die eine deutsch-sowjetische Annäherung zulassen würde, für die er mit Nachdruck plädierte[49]. Botschaftsrat Gustav Hilger konnte schließlich am 10. Mai 1939 auf dem Berghof vor Hitler und Ribbentrop letzte Zweifel an der veränderten Politik Stalins beseitigen[50].

Unmittelbar danach gab Ribbentrop der deutschen Botschaft in Moskau entsprechende Instruktionen für eine deutsch-sowjetische Annäherung. Der „Hauptfaktor der deutschen Außenpolitik" – so erklärte er Schulenburg – sei das Bündnis mit Italien, das sich jedoch nicht gegen die Sowjetunion, sondern ausschließlich gegen die englisch-französische Allianz richte. Und zu Japan meinte er, dass die guten Beziehungen zum Tenno-Staat dazu beitragen könnten, dem japanisch-russischen Gegensatz entgegenzuwirken[51]. Er spielte damit auf die militärische Auseinandersetzung der Sowjetunion mit Japan um das mandschurisch-mongolische Grenzgebiet an, die mit dem Überfall Japans auf die Mongolische Volksrepublik am 11. Mai 1939 ausgebrochen war. Der Sieg der Roten Armee über die japanische Kwantung-Armee brachte Japan eine herbe Niederlage ein. Die japanische Marine konnte sich nunmehr mit ihrem anti-westlichen Kurs durchsetzen.

In dieser Instruktion zeichnet sich Ribbentrops Konzeption eines euro-asiatischen Kontinentalblocks ab, der sich von Gibraltar bis nach Yokohama erstrecken und eindeutig eine antibritische Stoßrichtung haben sollte. Für ihn galt diese Konzeption als Alternative zu Hitlers Lebensraumpolitik im Osten. Er zielte seit 1937 auf die Schaffung einer politischen Situation, in der Großbritannien als der von ihm erklärte Gegner deutscher Revisions- und Kolonialpolitik im Kriegsfall zum Beiseitestehen gezwungen wäre oder aber – sollte die Neutralisierung Englands nicht gelingen – Deutschland im Kampf gegen diese Weltmacht mit Hilfe seiner mächtigen Bündniskonstellation siegreich bestehen könne. Auf dieses Ziel hin war ursprünglich das „weltpolitische Dreieck" zwischen Berlin, Rom und

---

[49] Vgl. Hans von Herwarth, Zwischen Hitler und Stalin. Erlebte Zeitgeschichte 1931 bis 1945, Berlin/Frankfurt a. M. 1982, S. 124–130.
[50] Gustav Hilger, Wir und der Kreml. Deutsch-sowjetische Beziehungen 1918–1941. Erinnerungen eines deutschen Diplomaten, Berlin 1955, S. 277–282.
[51] Stalin und Hitler. Pakt gegen Europa, hrsg. und eingeleitet von J. W. Brügel, Wien 1973, S. 66ff.

Tokio konzipiert worden. Jetzt aber schien sich mit der Sowjetunion eine Ersatzkonstruktion anzubieten, die sogar eine Ausweitung zu einem euro-asiatischen Viererblock als Möglichkeit in sich barg. Eine deutsch-sowjetische Liaison bot für Deutschland alles, was es unter den gegebenen Umständen verlangen konnte. Die „Parforce-Jagd in Konkurrenz mit den Engländern um die russische Gunst", so Weizsäcker in seinem Tagebuch, führte schließlich zum deutsch-sowjetischen Nichtangriffspakt vom 23. August 1939.

Ribbentrop begriff das Bündnis zwischen Berlin und Moskau als Grundpfeiler seiner antibritischen Konzeption und als Basis deutscher Weltmachtpolitik. Ganz in diesem Sinne war er um einen „Dauerausgleich" mit Moskau bemüht. Und schon während des Polenfeldzuges intensivierte er die politischen und wirtschaftlichen Beziehungen mit Russland. Sein Ziel war, einen mächtigen, ja regelrecht unbesiegbaren Kontinentalblock zu schaffen. Die Sowjetunion würde darin eine Art Brückenfunktion zwischen dem deutsch-italienischen „Stahlpakt" und dem fernen Japan bilden und somit eine zentrale Position einnehmen. So würde die traditionelle Seemacht Großbritannien in ihre Schranken gewiesen und das Deutsche Reich aus seiner kontinentaleuropäischen Enge herausgeführt werden können. Nur so würde nach seinen Vorstellungen Deutschland zu einer dem Britischen Empire und auch den Vereinigten Staaten von Amerika ebenbürtigen Weltmacht heranreifen können.

Im Gegensatz zu Ribbentrop ging es dem Machtpolitiker Hitler neben wirtschaftlichen Ressourcen vor allem um Rückendeckung für die erstrebte deutsche Hegemonie in Zentraleuropa. Für den Ideologen begann sein eigentliches Ziel, der programmatische „Rassenkampf", allerdings unter veränderten Bedingungen. Der Pakt mit Stalin war für Hitler „gewissermaßen das falsche Bündnis zum richtigen Zweck"[52].

Es bewahrheitete sich Hitlers Äußerung gegenüber Carl J. Burckhardt, dem Hochkommissar des Völkerbundes in Danzig, vom 11. August 1939: „Alles was ich unternehme, ist gegen Rußland gerichtet; wenn der Westen zu dumm und zu blind ist, um dies zu begreifen, werde ich gezwungen sein, mich mit den Russen zu verständigen, den Westen zu schlagen, und dann nach seiner Niederlage mich mit meinen versammelten Kräften gegen die Sowjetunion zu wenden. Ich brauche die Ukraine, damit man uns nicht wieder wie im letzten Krieg aushungern kann."[53]

Der Pakt mit Stalin stellte für Hitler somit lediglich „ein Zwischenschritt"[54] dar. Er bedeutete für Deutschland gegenüber den Westmächten eine politisch, militärisch und wirtschaftlich starke Position. Schon am Tag des Vertragsabschlusses, am 22. August 1939, hatte Hitler den Oberbefehlshabern der Wehrmacht triumphierend verkündet: „Jetzt ist Polen genau da, wo ich es haben wollte." Und in Anspielung auf München vom Vorjahr: „Ich habe nur Angst, daß mir noch im letzten Moment ein Schweinehund einen Vermittlungsvorschlag macht."[55]

Es war also nur konsequent, dass Hitler am 1. September Polen überfiel. „Der letztlich ausschlaggebende Grund dafür, daß alles so kam, wie es nach diktatorischem Willen kommen sollte, lag darin, daß Hitler die Politik schlechthin durch Waffengewalt ersetzen

---

[52] Rainer F. Schmidt, Die Außenpolitik des Dritten Reiches, Stuttgart 2002, S. 341.
[53] Carl Jakob Burckhardt, Meine Danziger Mission 1937–1939, München 1962, S. 348.
[54] Gregor Schöllgen, Ulrich von Hassell 1881–1944. Ein Konservativer in der Opposition, München 1990, S. 217.
[55] Winfried Baumgart, Zur Ansprache Hitlers vor den Führern der Wehrmacht am 22. August 1939, in: VfZ 16 (1968), S. 294–304, hier S. 299.

wollte."⁵⁶ Für den Ideologen begann sein eigentliches Ziel: der programmatisch verankerte „Rassenkampf". „In Verbindung mit dem nationalsozialistischen Rassismus beschreibt die Suche nach Landgewinn ein Phänomen sui generis. Seine Existenz hebt die nationalsozialistische Außenpolitik und Kriegführung vom gewalttätigen Expansionismus anderer Konquistadoren der Epoche so spezifisch ab, daß ein prinzipieller Unterschied im Wesen der verschiedenen Imperialismen der Dekade hervortritt. [...] Weit über die Elemente des Revisionistischen, sogar des Hegemonialen hinaus strebte er, ohne an Stillstand zu denken und Ruhe zu kennen, nach globaler Expansion und rassischer Herrschaft."⁵⁷

Ribbentrops vorrangig machtpolitisch ausgerichetete Konzeption, die an wilhelminisch-imperialistische Zielvorstellungen anknüpfte, stand im krassen Gegensatz zu Hitlers primär rassenideologisch determiniertem außenpolitischen Programm. Hitler selbst schwenkte nur kurzfristig und sitiuationsbedingt auf die Konzeption seines Außenministers ein. Monoman hielt der „Führer" an seiner rassenideologischen Politik fest, die als zentralen Programmpunkt die Vernichtung der „jüdisch-bolschewistischen" Sowjetunion zum Ziele hatte.

Das Auswärtige Amt befürwortete zwar den Hitler-Stalin-Pakt, bot er doch diplomatische Rückendeckung angesichts der virulenten Krise unmittelbar vor Kriegsbeginn, militärische Entlastung für den Polenfeldzug und generell auch wirtschaftliche Hilfe. Die Bedingungen selbst aber, so wie sie im Geheimen Zusatzprotokoll niedergelegt waren, und damit der Preis dieses Abkommens, wurden negativ aufgenommen. Schon am 14. Oktober 1939 vermerkte Weizsäcker in seinem Tagebuch: „Auf längere Sicht ist diese neue Verbindung mit Moskau ein Wagnis, im Sept. 39 war sie eine Hilfe. [...] Die Preisgabe der Randstaaten und Finnlands [...] ist ein Geschenk an Rußland."⁵⁸ Und wenig später skizzierte der Staatssekretär seine Prognose der Nachkriegszeit: „Pax Germanica? [...] Wie aber würde der deutsche Sieg Europa umgestalten? Der Kontinent wäre zwischen uns und Rußland in Interessensphären aufzuteilen [...]. Ein Frieden dieser Art wäre ein Dauer-Kriegszustand, ohne daß geschossen wird."⁵⁹

Für Ulrich von Hassell war die „Verbrüderung mit den Sowjets' [...] ein geradezu klassischer Ausdruck der ‚völlige[n] geistige[n] Verwirrung' [...]. ‚Ganz zu schweigen von der politischen unsittlichen Preisgabe der baltischen Länder [...]. Alles tritt aber zurück gegen die unbekümmerte Auslieferung eines großen wichtigen Teils des Abendlandes [...] an denselben Bolschewismus, den wir angeblich im fernen Spanien [...] bekämpft haben.'"⁶⁰

Das änderte sich allerdings. Nach dem Ende des Arrangements auf Zeit und dem Beginn des ursprünglich abgelehnten ideologischen Vernichtungskrieges gegen die Sowjetunion im Juni 1941 wurde dieser schließlich als „Kreuzzug gegen den Bolschewismus" begrüßt. Wenn die meisten Diplomaten, auch wenn sie in die „Endlösungs"-Politik administrativ eingebunden waren, die Vernichtung des europäischen Judentums ablehnten, billigten sie doch den Kampf gegen den Bolschewismus, der vermeintlich Europa existenziell bedrohen würde. Das Russlandbild der konservativen Funktionseliten im Auswärtigen Amt erhielt Züge, die immer deutlicher von der Überzeugung zivilisatorischer und national-

---

[56] Hildebrand, Das vergangene Reich, S. 625.
[57] Ebenda, S. 616.
[58] Eintrag vom 14. 10. 1939, in: Weizsäcker-Papiere, S. 178.
[59] Eintrag vom Dezember 1939, in: Weizsäcker-Papiere, S. 184f.
[60] Schöllgen, Ulrich von Hassell 1881–1944, S. 100f.

völkischer Überlegenheit des germanisch-abendländischen Kulturkreises den slawisch-asiatischen Völkern gegenüber geprägt war. Und genau in dieser überheblichen Haltung den angeblich minderwertigen Russen gegenüber gab es Gemeinsamkeiten mit den Nationalsozialisten[61].

Es besteht kein Zweifel: Es war eindeutig Hitler, der das Entscheidungsmonopol im Dritten Reich innehatte und systematisch, planvoll sein rassenideologisches Programm situativ-flexibel und opportunistisch umsetzte. Dass dies gesellschaftlich nicht im luftleeren Raum und historisch voraussetzungslos geschehen konnte, muss nicht eigens betont werden. Er brauchte Helfer und musste dort ansetzen, wo seine Vorgänger oder Mitarbeiter aufgehört hatten. Deswegen ist es nicht immer leicht zu entscheiden zwischen traditioneller und eben neuer Politik, zwischen Kontinuität und Bruch.

Aus diesem Grunde sollten andere Entscheidungsträger und deren politische Konzepte nicht vernachlässigt werden. Das NS-Regime war alles andere als ein statischer und monolithisch gefügter Block. Eingedenk des Neben- und Gegeneinanders von traditioneller und revolutionärer Politik, angesichts einer Polykratie von Personen und Ressorts ist es notwendig, unterschiedliche Zielvorstellungen und anderes Konfliktverhalten herauszuarbeiten, um im Vorfeld einzelner Entschlüsse deren möglichen Einfluss auf Entscheidungsprozesse und deren Modifikationen zu bestimmen. Die Konzeptionen-Diskussion trug wesentlich zur Eskalierung und Radikalisierung der deutschen Außenpolitik bei. Schließlich und endlich geht es um Mitverantwortung an einer beispiellosen Politik, die zielstrebig in den Krieg und zur Vernichtung von Millionen Menschen führte, mit dem Ziel der rassenideologisch begründeten Weltherrschaft.

---

[61] Vgl. dazu im größeren Kontext Wolfgang Michalka, Russlandbilder des Auswärtigen Amts und deutscher Diplomaten, in: Hans-Erich Volkmann (Hrsg.), Das Russlandbild im Dritten Reich, Köln/Weimar/Wien 1994, S. 79–103.

Annette Schmidt-Klügmann
Bernhard Wilhelm von Bülow, Hans Heinrich Dieckhoff, Friedrich Gaus

Die Leitung des Auswärtigen Amts zwischen Kontinuität und Anpassung 1933–1936

Im Mai 1933, knapp vier Monate nach der Machtübernahme der Nationalsozialisten, verfasste der Staatssekretär des Auswärtigen Amts, Bernhard Wilhelm von Bülow, ein Rücktrittsgesuch an Außenminister Constantin von Neurath. Dort führte Bülow einleitend aus, dass „die innerpolitische Neugestaltung in Deutschland Erscheinungen und Vorgänge gezeitigt" hätte, „die mit der Würde und Sicherheit des Reiches und mit der Fortführung einer gesunden Außenpolitik unvereinbar" seien[1]. Mit Blick auf ein – schließlich nicht eingereichtes – Rücktrittsgesuch des obersten Beamten, der noch drei Jahre bis zu seinem plötzlichen Tode dem NS-Regime dienen sollte, stellt sich die Frage nach Kontinuität und Anpassung: Wie standen die führenden Personen des Auswärtigen Amts zur NS-Machtübernahme und ihren Folgen? Wie verhielt sich die Amtsleitung zur nationalsozialistischen Entrechtungspolitik? Was waren die außenpolitischen Ziele, die das Auswärtige Amt 1933 verfolgte, die nach Bülows Worten die „Würde und Sicherheit" des Reiches zu verkörpern hatten und Merkmale einer „gesunden" Außenpolitik tragen mussten?

Die nationalsozialistische Außenpolitik der Vorkriegsjahre gilt als eines der am besten erforschten Teilgebiete der NS-Zeit. Auch das Problem von Kontinuität und Anpassung erscheint als eine schon sehr früh behandelte Grundfrage in jedem politischen Bereich während und vor allem zu Beginn der nationalsozialistischen Herrschaft. Nach ersten Überblicksdarstellungen wurden Einzelthemen der frühen NS-Außenpolitik untersucht[2]. Im Mittelpunkt stand dabei nicht nur das Auswärtige Amt, sondern auch die damit konkurrierenden NS-Behörden wurden berücksichtigt[3]. Die Beteiligung des Auswärtigen Amts an der Judenverfolgung und -vernichtung sowie die Veränderung der Personalstruktur des Amts bildeten parallel dazu weitere Schwerpunkte in der Forschung[4]. Etwas später

---
[1] Handschriftliche Aufzeichnung Bülows, Politisches Archiv des Auswärtigen Amts (PA AA), R 29488, abgedruckt in: Peter Krüger/Erich J. C. Hahn, Der Loyalitätskonflikt des Staatssekretärs Bernhard Wilhelm von Bülow im Frühjahr 1933, in: Vierteljahrshefte für Zeitgeschichte (VfZ) 20 (1972), S. 376–410, hier S. 397f.
[2] Gerhard L. Weinberg, Hitler's Foreign Policy. The Road to World War II 1933–1939, New York 2005 (1970); Günter Wollstein, Vom Weimarer Revisionismus zu Hitler. Das Deutsche Reich und die Großmächte in der Anfangsphase der nationalsozialistischen Herrschaft in Deutschland, Bonn/Bad Godesberg 1973; Klaus Hildebrand, Deutsche Außenpolitik 1933–1945. Kalkül oder Dogma?, Stuttgart ⁵1990 (1971); Andreas Hillgruber, Grundzüge der nationalsozialistischen Außenpolitik 1933–1945, in: Saeculum 24 (1973), S. 328–345. Auch zur frühen Außenpolitik die Sammelbände: Manfred Funke (Hrsg.), Hitler, Deutschland und die Mächte. Materialien zur Außenpolitik des Dritten Reiches, Düsseldorf 1976; Wolfgang Michalka (Hrsg.), Die nationalsozialistische Machtergreifung, Paderborn u. a. 1984; Wolfgang Michalka (Hrsg.), Nationalsozialistische Außenpolitik, Darmstadt 1978. Vgl. auch die ab S. 117 verwendete Literatur.
[3] Hans-Adolf Jacobsen, Nationalsozialistische Außenpolitik 1933–1938, Frankfurt a. M./Berlin 1968.
[4] Christopher Browning, The Final Solution and the German Foreign Office, New York/London 1978; Hans-Jürgen Döscher, Das Auswärtige Amt im Dritten Reich. Diplomatie im Schatten der „Endlösung", Berlin 1987; Eckart Conze u. a., Das Amt und die Vergangenheit. Deutsche Diplomaten im Dritten Reich und in der Bundesrepublik, München 2010.

folgten biografische Untersuchungen, die bis in jüngste Zeit immer wieder neue Erkenntnisse hervorbrachten[5].

Über Struktur und Ziele der Außenpolitik wurde Grundlegendes überzeugend herausgearbeitet und bildet die unumstrittene Basis aller weiteren Forschungen. Zu diesen Ergebnissen gehören der zunehmende Kompetenzverlust des Auswärtigen Amts[6] bei immer stärkerem Eingreifen Hitlers sowie ein „Konzeptionenpluralismus" angesichts der mit dem Amt konkurrierenden NS-Behörden[7]. Der Nachweis der zunehmenden strukturellen Einbindung des Auswärtigen Amts in das NS-Herrschaftssystem und der Mittäterschaft bei den nationalsozialistischen Verfolgungsmaßnahmen (bzw. bei Krieg und Holocaust) konnte das lange vom Amt selber kommunizierte Bild der „Stätte der Opposition"[8] revidieren. Es besteht auch grundsätzlich Einigkeit über eine Überschneidung der außenpolitischen Ziele des Auswärtigen Amts mit denen Hitlers in Bezug auf die Wiederherstellung einer deutschen Großmachtstellung und die Revision des Versailler Vertrags.

Dennoch: Sowohl in der älteren als auch in der jüngeren Forschung bestehen unterschiedliche Ansichten darüber, worin eigentlich die zweifellos vorhandene Schnittmenge zwischen Hitler'scher Revisionspolitik und derjenigen des Auswärtigen Amts genau bestand, namentlich in den ersten Jahren nach 1933[9]. Wie jüngst zu Recht hervorgehoben wurde, ist das Selbstverständnis der Diplomaten und ihr Bemühen um Behauptung des eigenen Tätigkeitsfeldes aus dem Blickfeld geraten[10]. Das außenpolitische Handeln der Spitzenbeamten im Auswärtigen Amt in den ersten Jahren des Dritten Reiches ist noch nicht ausreichend analytisch erfasst[11]. Im Kern geht es darum, die Schnittmenge und die Differenzen der Diplomaten zu Hitler sowie die allgemeine Feststellung vom Kompetenz-

---

[5] Zum Beispiel: John L. Heinemann, Hitler's First Foreign Minister. Constantin Freiherr von Neurath. Diplomat and Statesman, Berkeley/London 1979; Knut Hansen, Albrecht Graf von Bernstorff. Diplomat und Bankier zwischen Kaiserreich und Nationalsozialismus, Frankfurt a. M. u. a. 1996; Sylvia Taschka, Diplomat ohne Eigenschaften? Die Karriere des Hans Heinrich Dieckhoff (1884–1952), Stuttgart 2006; Gerhard Stuby, Vom „Kronjuristen" zum „Kronzeugen". Friedrich Wilhelm Gaus: ein Leben im Auswärtigen Amt der Wilhelmstraße, Hamburg 2008; Michael Jonas, NS-Diplomatie und Bündnispolitik 1935–1944. Wipert von Blücher, das Dritte Reich und Finnland, Paderborn 2011; Hermann Graml, Bernhard von Bülow und die deutsche Außenpolitik. Hybris und Augenmaß im Auswärtigen Amt, München 2012.
[6] Jost Dülffer, Zum „decision-making process" in der deutschen Außenpolitik 1933–1939, in: Funke (Hrsg.), Hitler, Deutschland und die Mächte, S. 186–204; Wolfgang Michalka, „Vom Motor zum Getriebe". Das Auswärtige Amt und die Degradierung einer traditionsreichen Behörde 1933–1945, in: Wolfgang Michalka (Hrsg.), Der Zweite Weltkrieg. Analysen, Grundzüge, Forschungsbilanz, München 1989, S. 249–259.
[7] Wolfgang Michalka, Die nationalsozialistische Außenpolitik im Zeichen eines „Konzeptionen-Pluralismus" – Fragestellungen und Forschungsaufgaben, in: Funke (Hrsg.), Hitler, Deutschland und die Mächte, S. 46–62.
[8] Zum Beispiel Heinz Günther Sasse, Zur Geschichte des Auswärtigen Amtes, in: Auswärtiges Amt (Hrsg.), 100 Jahre Auswärtiges Amt. 1870–1970, Bonn 1970, S. 23–46, hier S. 23.
[9] Vgl. z. B. Krüger/Hahn, Loyalitätskonflikt, S. 390–393, und Günter Wollstein, Eine Denkschrift des Staatssekretärs Bernhard von Bülow vom März 1933. Wilhelminische Konzeption der Außenpolitik zu Beginn der nationalsozialistischen Herrschaft, in: Militärgeschichtliche Mitteilungen 13 (1973), S. 77–94, hier S. 80; Graml, Bülow, S. 120, und Conze u. a., Das Amt, S. 41 f.
[10] Jonas, NS-Diplomatie, S. 18.
[11] Als Ausgangspunkt hierfür können vor allem die programmatischen Aufsätze von Peter Krüger dienen: Peter Krüger, Hitlers Machtergreifung und der Verfall der Diplomatie, in: Bohemia 25 (1984), S. 279–294; Peter Krüger, „Man läßt sein Land nicht im Stich, weil es eine schlechte Regierung hat". Die Diplomaten und die Eskalation der Gewalt, in: Martin Broszat/Klaus Schwabe (Hrsg.), Die Deutschen Eliten und der Weg in den Zweiten Weltkrieg, München 1989, S. 180–225.

verlust des Amts in den ersten Jahren nach der „Machtergreifung" näher zu bestimmen und im Einzelfall zu differenzieren. Im Folgenden sollen an einigen Beispielen grundsätzliche Überlegungen zu den Mechanismen der Außenpolitik des Auswärtigen Amts während der frühen NS-Zeit entwickelt werden[12].

Üblicherweise verengt sich der Blick in der Forschung über das Auswärtige Amt in der NS-Zeit zu sehr auf den Außenminister und den Staatssekretär. Abweichend dazu sollen hier stellvertretend für die Amtsleitung neben dem Staatssekretär Bernhard Wilhelm von Bülow die Ministerialdirektoren Hans Heinrich Dieckhoff und Friedrich Gaus stehen. Dieckhoff war Leiter der Abteilung III, zuständig für die angelsächsische Welt und den Orient, Gaus Leiter der Rechtsabteilung, der Abteilung V im Auswärtigen Amt. Neben dem Staatssekretär waren beide Ministerialdirektoren in ihrer Funktion an allen wichtigen außenpolitischen Entscheidungen beteiligt. Für die juristische Formulierung und Auslegung von Verträgen war Gaus geradezu unentbehrlich. Keine Entscheidung über die Stellungnahme zu völkerrechtlichen Verträgen, ob Deutschland Vertragspartner war oder nicht, wurde ohne ihn getroffen. Die drei Spitzendiplomaten verband außerdem ein etwa gleicher Geburtsjahrgang zwischen 1881 und 1885. Alle drei traten vor dem Ersten Weltkrieg ins Auswärtige Amt ein, nahmen am Ersten Weltkrieg teil, kehrten noch während des Krieges wieder in den Dienst zurück und machten in den zwanziger Jahren eine bemerkenswerte Karriere. Während Dieckhoff als Einziger dieser drei eine Laufbahn in den auswärtigen Missionen absolvierte, vor allem als Botschaftsrat – erst in Washington, dann in London – nahmen Gaus und Bülow schon früh höhere Stellungen im Amt ein: 1923 wurde Gaus die Leitung der Rechtsabteilung übertragen, während Bülow im gleichen Jahr die Leitung des neu geschaffenen Völkerbundreferats übernahm. Es wurde unter ihm zu einer einflussreichen Größe innerhalb der Amtsstruktur[13]. Die Beziehungen der drei genannten Personen untereinander waren kollegial und beinahe freundschaftlich. Bereits in den zwanziger Jahren verband Bülow und Gaus ein sehr enges Verhältnis, und die Stellungnahmen zu wesentlichen völkerrechtlichen Fragen wurden gemeinsam erarbeitet. Zudem waren Bülow, Gaus und Dieckhoff, wenn auch in unterschiedlicher Schattierung, durchaus Anhänger der Republik und Mitgestalter der Stresemann'schen Außenpolitik[14]. Die Frage, auf welche Weise außenpolitische Beamte[15], die den Verständigungskurs der Republik mit-

---

[12] Bislang fehlt eine umfassende Darstellung der Rolle des Auswärtigen Amts in der frühen Außenpolitik des Dritten Reiches. Die frühen Überblicksdarstellungen (vgl. Anm. 2) leisten dies nicht, auch nicht Rainer F. Schmidt in seinem kursorischen Überblick (Die Außenpolitik des Dritten Reiches 1933–1939, Stuttgart 2002). Die Studie „Das Amt und die Vergangenheit", die den Anspruch einer ersten „integrierenden Gesamtdarstellung" (Conze u. a., Das Amt, S. 11f.) erhebt, behandelt die Außenpolitik nur am Rande. Angesichts der das Feld lange beherrschenden Diskussion um diese Studie ist die Frage nach der Gestaltung der außenpolitischen Beziehungen Deutschlands im Dritten Reich in den Hintergrund getreten. Es gilt, sie in die Debatte wieder zu integrieren.
[13] Vgl. Graml, Bülow, S. 47–64; Stuby, Gaus, S. 133–150; Taschka, Dieckhoff, S. 67–109.
[14] Stuby, Gaus, S. 153–177; Taschka, Dieckhoff, S. 86f. und 95f. Das gilt beides in eingeschränktem Sinne auch für Bülow, obwohl ihm dies nicht immer zugestanden wird. Vgl. Graml, Bülow, S. 56–70; Krüger/Hahn, Loyalitätskonflikt, S. 404f.
[15] Unter diesem Gesichtspunkt wären auch andere maßgebliche Vertreter der Weimarer Außenpolitik für das frühe Dritte Reich in den Blick zu nehmen: vor allem die Botschafter Leopold von Hoesch (London) und Roland Köster (Paris) sowie für das Auswärtige Amt die Ministerialdirektoren Richard Meyer (Abteilung IV) und besonders Gerhard Köpke (Abteilung II), der allerdings als Jahrgang 1873 nicht mehr ganz der gleichen Generation zuzurechnen ist. Mit dem Fokus auf die Genannten, die immer noch das Rückgrat des Auswärtigen Dienstes bildeten, wird umso deutlicher, welcher Einschnitt das Jahr 1936 für den Auswärtigen Dienst bedeutete, als nicht nur Bülow, sondern auch Köster und

getragen hatten, Außenpolitik während der frühen nationalsozialistischen Diktatur betrieben, ist weiterhin ein lohnendes Forschungsfeld[16].

Die Außenpolitik der Spitzenbeamten des Auswärtigen Amts soll anhand zweier thematischer Komplexe behandelt werden: die Haltung zur Innenpolitik, die man nach außen hin zu vertreten hatte, sowie die Ziele der Außenpolitik. Bei ihrer Haltung zur Innenpolitik fällt auf, dass die leitenden Beamten des Auswärtigen Amts die politische Durchschlagskraft der Nationalsozialisten zunächst unterschätzten. Nach dem 30. Januar 1933 sahen sie den Nationalsozialismus lediglich als Übergangsphase an, als ein Experiment, das sich recht schnell abwirtschaften würde. Schließlich war man aus den vergangenen Jahren häufige Regierungswechsel gewöhnt. Dieckhoff schrieb Anfang Februar 1933 an seinen Vater: „Wenn wir wieder einmal ruhige normale Zeiten haben, werden wir über diese Dinge lachen!"[17] Noch im Jahr 1934 hofften Bülow und andere auf eine Selbstzerstörung der Nationalsozialisten durch innere Machtkämpfe[18].

Bülow, Gaus und Dieckhoff hatten dem ideologischen Gedankengut des Nationalsozialismus bis 1933 ferngestanden[19]. Dennoch geht aus den Akten eindeutig hervor, dass man von Anfang an mit verblüffender Eilfertigkeit die sofort einsetzenden Gewaltmaßnahmen des NS-Regimes nach außen hin abzuschirmen bestrebt war[20]. Dafür bediente man sich unter anderem des wieder errichteten Deutschlandreferats im Auswärtigen Amt[21]. In seinen Runderlassen an die deutschen Missionen, die ab dem Frühjahr 1933 mit Billigung und auch auf Anweisung des Staatssekretärs Bülow verfasst wurden, suchte es dem Ausland gegenüber die Maßnahmen gegen die jüdische Bevölkerung als berechtigt darzustellen[22]. Auch die Rechtsabteilung lieferte Beiträge dazu. Eine von Gaus unterschriebene Aufzeichnung für den ehemaligen amerikanischen Botschafter Jacob Schurman im April 1933 war im gleichen Ton

---

Hoesch starben und Köpke, Meyer und Ministerialdirektor Grünau (Abteilung I) in den „Ruhestand" geschickt wurden. Vgl. Biographisches Handbuch des deutschen Auswärtigen Dienstes 1871–1945, hrsg. vom Auswärtigen Amt, Bde. 1–5, Paderborn u. a. 2000–2014.

[16] Die Studie „Das Amt" zeigt, dass in der Forschung immer noch in vereinfachender Weise Kontinuitätslinien zwischen Kaiserreich und Drittem Reich gezogen und dabei die vom Auswärtigen Amt zu großen Teilen unterstützte Stresemann'sche Außenpolitik nivelliert wird (dort am Beispiel der dazu geeigneten Personen Neurath und Hassell, vgl. Conze u. a., Das Amt, S. 30–37). Die Führungsriege des Auswärtigen Amts bis 1936 sollte hingegen vollständig und als Ganzes untersucht werden, vgl. Anm. 15.

[17] Taschka, Dieckhoff, S. 133. Vgl. auch: Hans Kroll, Lebenserinnerungen eines Botschafters, Köln 1967, S. 71.

[18] Franz Knipping, Die deutsche Diplomatie und Frankreich 1933–1936, in: Francia 5 (1977), S. 491–512, hier S. 495.

[19] Taschka, Dieckhoff, S. 129–131; Stuby, Gaus, S. 313f.; Graml, Bülow, S. 115.

[20] „Das Amt" betont dies zu Recht, Conze u. a., Das Amt, S. 25, 42–48; Wollstein, Revisionismus, S. 29; Krüger, Verfall, S. 290.

[21] Am 20. 3. 1933 war im Auswärtigen Amt das bis 1931 existierende Referat „Deutschland" wieder eingerichtet worden: Hauszirkular I A 397, vgl. Akten zur deutschen auswärtigen Politik 1918–1945 (ADAP), Serie C, III, 2, Anhang 2, Geschäftsverteilungsplan. Dessen Aufgabe war u. a. die „Beobachtung für die Außenpolitik wichtiger innenpolitischer Vorgänge in Deutschland" und „die Judenfrage", ebenda.

[22] Oft genannte Argumente waren die verstärkte Zuwanderung der sogenannten Ostjuden nach 1918 und der angebliche, im Verhältnis zur Gesamtbevölkerung „überproportionale" Anteil jüdischer Bürger an führenden Positionen in Administration, Justiz, Universität und in der Medizin: Runderlass vom 30. April, unterzeichnet vom Leiter des Deutschlandreferats, v. Bülow-Schwante, PA AA, R 98468; Döscher, Das Auswärtige Amt, S. 120–122. „Das Amt" sieht in der Vorbereitung des ersten Erlasses den ersten Schritt zur „Endlösung" (Conze u. a., Das Amt, S. 46). Dies ist u. a. deshalb verfehlt, weil es Täterschaft und außenpolitisches Abschirmen nicht unterscheidet.

gehalten wie die Erlasse des Deutschlandreferats[23]. Aber nicht nur der Terror gegen die jüdische Bevölkerung, sondern auch die sonst herrschende Gewalt gegen politische Gegner wurden vom Auswärtigen Dienst als nicht zu vermeidende Begleiterscheinungen einer nationalen Revolution verharmlost. In Umkehrung der eigentlichen Verhältnisse wurde das nationalsozialistische Regime als stabilisierend gepriesen und zugesichert, dass es die unruhigen Zustände im Land binnen kürzester Zeit in den Griff bekommen werde[24].

Die umgehend einsetzende Kritik vor allem aus den angelsächsischen Ländern diffamierten Bülow, Gaus und andere im amtlichen Schriftwechsel als „Greuelpropaganda"[25]. Überhaupt verwahrte sich das Auswärtige Amt ausdrücklich und grundsätzlich gegen jegliche von außen kommende Kritik an der Innenpolitik des Deutschen Reichs, wie sie etwa in erregten Unterhausdebatten in England geübt wurde[26]. Die Abteilung III unter Dieckhoff unterwies die deutsche Botschaft London Mitte April 1933, man müsse im „Foreign Office formelle Beschwerde dagegen erheben, daß Sir John Simon[27] gegen die im Verlauf der Unterhausdebatte gegen Deutschland gerichteten Beleidigungen nicht energischen Einspruch erhoben habe"[28]. Bülow bezeichnete es als einen „untragbaren Zustand", dass „fast täglich" innerdeutsche Angelegenheiten im englischen Parlament verhandelt würden. Bissig fügte er hinzu, Deutschland befasse sich auch nicht mit Englands Politik in Indien[29].

Während die offizielle Haltung zur NS-Innenpolitik gegenüber dem Ausland klar erkennbar ist, lässt sich die persönliche Einstellung der hohen Beamten sehr viel schwerer beurteilen. Bei Bülow kann man zunächst eine Unterschätzung der verbrecherischen Dimension des Nationalsozialismus feststellen. Sein häufig zitierter Brief an den Botschafter in Moskau, Herbert von Dirksen, Anfang Februar 1933 legt davon Zeugnis ab: „Die Nationalsozialisten in der Verantwortung sind natürlich andere Menschen und machen eine andere Politik, als sie vorher verkündigt haben. Das ist immer so gewesen und bei allen Parteien dasselbe."[30] Während sich diese Einschätzung bei Bülow recht schnell änderte, wie zum Beipiel das erwähnte Rücktrittsgesuch zeigt, blieb Dieckhoff länger davon überzeugt. Im August 1933 schrieb er zum Beispiel an seine Mutter: „Bisher ist von einem Stimmungsumschwung in der Welt zu Gunsten Deutschlands leider nichts zu merken; Haß und Abneigung sprüht dem neuen Deutschland fast von überall entgegen. Ich bin sicher, daß diese Phase vorübergehen wird; das wird um so eher geschehen, je eher völlig unnötige und sehr nachteilig wirkende Zwischenfälle in Deutschland (Mißhandlungen fremder Staatsangehöriger, Grenzübergriffe etc. etc.) aufhören. Schon jetzt wird schärfer durchgegriffen und ich hoffe, daß diese Dinge bald vollkommen überwunden sein werden."[31]

---

[23] Den Entwurf des Schreibens an Schurman sandte Gaus dem Referat Deutschland am 22.4.1933, PA AA, R 49411. Es wurden auch die gleichen „Argumente" verwendet, vgl. Anm. 22.
[24] Zum Beispiel ein von Bülow am 22.3.1933 abgezeichneter Runderlass, PA AA, R 98399.
[25] Telegramm Bülows vom 21.3.1933 an die deutsche Botschaft in Washington, PA AA, Washington, Bd. 1126.
[26] Vgl. Philipp Caspar Mohr, „Kein Recht zur Einmischung"? Die politische und völkerrechtliche Reaktion Großbritanniens auf Hitlers „Machtergreifung" und die einsetzende Judenverfolgung, Tübingen 2002, S. 178–185.
[27] Sir John Simon war britischer Außenminister.
[28] ADAP, Serie C, I, 1, Dok. 158.
[29] Telegramm Bülows vom 14.4.1933 an die deutsche Botschaft London, PA AA, R 76982.
[30] ADAP, Serie C, I, 1, Dok. 10.
[31] Zit. nach Taschka, Dieckhoff, S. 143. Zudem schien Dieckhoff von den drei hier im Mittelpunkt stehenden Diplomaten am meisten für das Pathos der nationalsozialistischen Inszenierungen empfänglich zu sein, ebenda, S. 136f. und 147–149.

Wenn die leitenden Beamten des Auswärtigen Amts die Ereignisse in Deutschland nach außen abschirmten, musste dies nicht grundsätzlich bedeuten, dass sie diese persönlich billigten. Bülow schrieb in seinem Rücktrittsgesuch, dass außer England auch Frankreich durch die innenpolitischen Vorgänge in Deutschland schwer beunruhigt sei und „nur der friedfertige Charakter des französischen Volkes" Deutschland „noch vor der Gefahr eines Präventivkrieges" schütze. Entgegen seinen offiziellen Bekundungen hatte er hier implizit eingestanden, dass sehr wohl berechtigte Gründe für eine solche Beunruhigung vorlagen[32]. Ein besonders schwieriges Problem ist die persönliche Haltung der Beamten zur Verfolgung der jüdischen Bevölkerung[33]. Während von Dieckhoff schon aus den zwanziger Jahren antisemitische Äußerungen bekannt sind[34], gilt dies für Bülow nicht. Im Gegenteil gehörten zu seinem Bekanntenkreis auch jüdische Gelehrte, mit denen er in regem Austausch stand[35]. Gaus wiederum war sogar in dieser Frage persönlich betroffen, da seine Frau einen jüdischen Großelternteil hatte[36].

Die Ermittlung der individuellen politischen Einstellung von Beamten ist ein Quellenproblem, denn Amtsakten geben darüber nur selten Auskunft. Grundsätzlicher Dissens mit der politischen Führung ist, wenn überhaupt, nur versteckt zu finden[37]. Auf diese Tatsache wird in der Forschung kaum hingewiesen[38]. Sind private zeitgenössische Aufzeichnungen (wie etwa im Fall Dieckhoffs) oder zeitgenössische Urteile überliefert, so ergibt sich ein viel differenzierteres Bild. Allerdings ist bei abweichender persönlicher Haltung nach dem Erkenntniswert zu fragen, wenn sich diese nicht politisch bemerkbar machte[39]. Wenn unterschiedliche persönliche Positionen zur nationalsozialistischen Innenpolitik in einheitliches außenpolitisches Handeln, das heißt des Abschirmens, mündeten, ist die Frage nach der Motivation umso wichtiger.

Zusammenfassend ist festzustellen: Innerhalb kürzester Zeit nach der Machtübernahme der Nationalsozialisten gewannen die innenpolitischen Vorgänge in Deutschland außenpolitische Bedeutung. Die über mehrere Kanäle geäußerte Kritik aus dem Ausland rief von deutscher Seite umgehend scharfe diplomatische Abwehrreaktionen hervor. Wenngleich 1933 nicht nur einen graduellen, sondern auch einen prinzipiellen Einschnitt bildete, ist darauf hinzuweisen, dass die Methode des Abschirmens sich radikalisierender Zustände in Deutschland von Seiten des Auswärtigen Amts nicht neu war. Der Regierungswechsel bedeutete aus Sicht des Amts somit keinen Wandel in den außenpolitischen Methoden. In der Kunst des Abschirmens hatte man sich auch in den Jahren zuvor schon

---

[32] Handschriftliche Aufzeichnung Bülows, PA AA, R 29488; Krüger, Loyalitätskonflikt, S. 397.
[33] Döscher spricht von „antisemitischer Grundstimmung, zumindest Disposition, auch unter jenen Diplomaten, die der NSDAP ablehnend oder indifferent gegenüberstanden", Das Auswärtige Amt, S. 122. Dennoch sind, soweit dies an den Quellen feststellbar ist, erhebliche individuelle Unterschiede festzustellen.
[34] Taschka, Dieckhoff, S. 52f.
[35] Vgl. z. B. Briefwechsel mit dem Archäologen Georg Karo, PA AA, Nachlass Bernhard Wilhelm von Bülow, Bd. 4. Vgl. auch Graml, Bülow, S. 124.
[36] Stuby, Gaus, S. 21, 393f.
[37] Bülows Rücktrittsgesuch ist eine Ausnahme und nur zufällig in den Akten überliefert.
[38] Krüger, Loyalitätskonflikt, S. 377; Esmonde Robertson, Zur Wiederbesetzung des Rheinlandes 1936, in: VfZ 10 (1962), S. 178–205, hier S. 186f., Anm. 30.
[39] Die einzige Ausnahme bildete der Rücktritt des deutschen Botschafters in Washington, Friedrich von Prittwitz und Gaffron, vgl. Michael Wala, Republikaner ohne Republik. Friedrich von Prittwitz und Gaffron und der Widerstand des Botschafters, in: Jan Erik Schulte/Michael Wala (Hrsg.), Widerstand und Auswärtiges Amt. Diplomaten gegen Hitler, München 2013, S. 21–33.

üben müssen: im Grunde schon ab der Nationalismuswelle nach der Rheinlandräumung im Sommer und nach den Wahlen im Herbst 1930[40]. Auch unter der Terrorpolitik der Nationalsozialisten blieb das Berufsverständnis der Diplomaten maßgeblich für ihr Handeln: Die positive Außendarstellung des eigenen Landes gehörte zu den Kernaufgaben des diplomatischen Dienstes[41]. Die Verharmlosung und Beschönigung eines Unrechtsstaates – auch im Falle der eigenen Missbilligung – mit der Konsequenz, diesen bis zu einem gewissen Grade im Ausland hoffähig zu machen, war auch eine fatale Folge eines starren beruflichen Selbstverständnisses.

Nun zum zweiten thematischen Komplex: den außenpolitischen Zielen und Methoden der ersten Jahre nach 1933. Hier lassen sich zwei Tendenzen feststellen: Die Führung des Auswärtigen Amts unternahm in den Anfangsjahren der NS-Diktatur einerseits zunächst noch den Versuch, ihre eigene, sich von den Nationalsozialisten deutlich unterscheidende Revisionslinie zu verfolgen. Andererseits aber – gegenläufig dazu – glich sie sich zunehmend Hitlers aggressiven außenpolitischen Methoden dadurch an, dass sie diese abschirmte, rechtfertigte, ja ihnen sogar Vorschub leistete. Diese beiden Tendenzen in der Außenpolitik der Amtsleitung sollen an zwei Beispielen verdeutlicht werden.

Zuerst lässt sich diese Entwicklung bei der deutschen Ostpolitik 1933/34 beobachten: In der Weimarer Zeit hatten sich seit dem Vertrag von Rapallo 1922, bestätigt durch den Berliner Vertrag 1926, auf politischer, wirtschaftlicher und militärischer Basis solide deutsch-sowjetische Beziehungen entwickelt. Das Verhältnis zu Polen hingegen blieb angespannt, da die Revision der deutschen Ostgrenze zu den wichtigsten Forderungen gehörte[42]. Daher verfolgte das Auswärtige Amt eine pro-russische Politik und hielt zu Polen eher Distanz. In einer grundlegenden Denkschrift Bülows zur Außenpolitik vom März 1933 findet sich diese Konstante in den dort niedergelegten Richtlinien für die deutsche Ostpolitik wieder. Bülow stellte fest, dass zwar eine Abkühlung des Verhältnisses zu Russland konstatiert werden müsse, dass man aber „die russische Rückendeckung gegen Polen nicht entbehren könne" und den Beziehungen zu Moskau daher „besondere Aufmerksamkeit zuzuwenden" habe[43]. Bis zum Herbst 1933 sollte Bülow konsequent diese Linie weiterverfolgen und aktiv für eine Besserung der deutsch-russischen Beziehungen eintreten. Das Verhältnis zu Moskau war seit Februar/März 1933 aufgrund der Kommunistenverfolgungen und der anhaltenden Gewalt gegen sowjetische Staatsangehörige in Deutschland schwer belastet. Da die Verfolgungen kaum nachließen, brachte auch die – von Bülow und dem Auswärtigen Amt propagierte und forcierte – Verlängerung des Berliner Vertrags im Mai 1933 keine nennenswerte Änderung der Lage[44]. Nachdem es im September 1933 zur Eskalation gekommen war, als sowjetische Journalisten auf dem Weg zum Reichstagsbrand-Prozess unter Arrest gestellt wurden und die Sowjetunion ihre Journalis-

---

[40] Vgl. Krüger, „Man läßt sein Land nicht im Stich", S. 193–200.
[41] Paul Schmidt, Statist auf diplomatischer Bühne 1923–1945, Bonn 1949, S. 276f.
[42] Peter Krüger, Die Außenpolitik der Republik von Weimar, Darmstadt 1985, S. 173–183, 279–284, 304–311, 376–386 und 468–473.
[43] Bülows Aufzeichnung für Außenminister Neurath vom 13.3.1933, PA AA, R 260966. Abgedruckt bei Wollstein, Denkschrift, S. 91. Dies wurde – zusammen mit den anderen Überlegungen der Denkschrift – von Neurath in der Kabinettssitzung am 7.4.1933 vorgetragen, der sich zwar im Wesentlichen an Bülows Vorlage hielt, jedoch einige kritische Bemerkungen unter den Tisch fallen ließ, ADAP, Serie C, I, 1, Dok. 142.
[44] Wollstein, Revisionismus, S. 111–114. Auch die militärische Zusammenarbeit ging 1933 zu Ende, ebenda, S. 209–215.

ten aus Deutschland abzog[45], sah sich Bülow bei einer Kabinettssitzung Ende September 1933 zu einer deutlichen Stellungnahme veranlasst: In Deutschland herrsche für Russen praktisch Rechtlosigkeit, woraus man in Moskau den Schluss gezogen habe, dass sich die deutsch-russischen Beziehungen nicht aufrechterhalten ließen. Dies sei außenpolitisch „schwer tragbar", da man für den Bruch mit Russland „außenpolitisch nichts eintauschen" könne[46]. Das waren deutliche Worte. Hitler schob jedoch Bülows Argumente beiseite, seine Warnung blieb ohne Erfolg.

Ab November 1933 bemühte sich der neue deutsche Botschafter in Moskau, Rudolf Nadolny, mit aller Energie, das deutsch-russische Verhältnis wieder in geordnetere Bahnen zu lenken[47]. Dies aber erwies sich als schwierig, und er stieß dabei auf den Widerstand nicht nur der Regierung und seines Außenministers, sondern überraschenderweise auch der Amtsleitung. Nadolny hatte in mehreren Anschreiben ans Auswärtige Amt Anfang des Jahres 1934 die Bedeutung der deutsch-russischen Beziehungen für Deutschland hervorgehoben und seine Besorgnis zum Ausdruck gebracht, Russland könne ins französische Lager umschwenken[48]. Dies sei aber noch keineswegs festgelegt und sei auch eher die Linie des Außenkommissars Maxim M. Litwinow, während bei den Mitgliedern des Politbüros unterschiedliche Ansichten herrschten[49]. Allerdings, so machte Nadolny deutlich, setzte eine Wiederherstellung der alten stabilen Beziehungen auch deutsches Entgegenkommen und Initiativen sowie grundsätzliche, bindende diplomatische Erklärungen voraus[50].

Die Antworten aus dem Auswärtigen Amt bremsten den deutschen Botschafter in Moskau[51]. Staatssekretär Bülow und Außenminister Neurath betonten, dass sich die positive deutsche Haltung gegenüber Russland in keiner Weise geändert habe. Eine deutsche Initiative wurde dennoch abgelehnt. Bülow schrieb an Nadolny, er sehe „keine Möglichkeit oder Notwendigkeit, die russische Haltung durch irgendwelche deutscherseits etwa zu machende besondere Zugeständnisse" zu Deutschlands Gunsten „zu beeinflussen"[52]. Vielmehr empfehle es sich, „in kühler, selbstsicherer Reserve die weitere Entwicklung abzuwarten"[53]. „Der Zeitpunkt für eine aktive Politik gegenüber Rußland" sei noch nicht gekommen, gewisse Schwankungen seien „unvermeidlich", das Pendel solle sich ruhig „ausschwingen"[54].

---

[45] Ebenda, S. 218f.
[46] ADAP, Serie C, I, 2, Dok. 457 und 456.
[47] Die zu diesem Anlass formulierten Richtlinien des Auswärtigen Amts für die deutsch-russischen Beziehungen zeigen keinerlei Änderung in der offiziellen politischen Haltung, ADAP, Serie C, II, 1, Dok. 66. Vgl. Günter Wollstein, Rudolf Nadolny – Außenminister ohne Verwendung, in: VfZ 28 (1980), S. 47–93, hier S. 58f.
[48] ADAP, Serie C, II, 1, Dok. 163 und 171 (mit Anlage).
[49] ADAP, Serie C, II, 1, Dok. 171. Vgl. dazu auch: Aleksandr M. Nekrich, Pariahs, Partners, Predators. German-Soviet Relations 1922–1941, New York 1997, S. 69f.; Geoffrey Roberts, The Soviet Union and the Origins of the Second World War. Russo-German Relations and the Road to War, 1933–1941, Basingstoke/London 1995, S. 13–16.
[50] ADAP, Serie C, II, 1, Dok. 171. Es sei die Pressehetze gegen die Sowjetunion zu unterbinden und „jedes augenfällige Sympathisieren mit den Japanern zu unterlassen". Außerdem hielt er eine öffentliche Verlautbarung des Reichskanzlers für angezeigt, um die Vorurteile gegen Hitlers „Mein Kampf" und gegen das Wirken des NS-Ideologen Alfred Rosenberg aus dem Wege zu räumen. Beides hatte seit 1933 für große Beunruhigung gesorgt, vgl. Wollstein, Revisionismus, S. 119f.
[51] Persönliche Faktoren mögen dabei eine Rolle gespielt haben – namentlich das gespannte Verhältnis zu Neurath, vgl. Wollstein, Nadolny, S. 55 und 58f.
[52] ADAP, Serie C, II, 2, Dok. 251.
[53] ADAP, Serie C, II, 1, Dok. 190.
[54] ADAP, Serie C, II, 2, Dok. 251.

Bülows Instruktionen für Nadolny Anfang 1934 stehen insgesamt im Widerspruch zu seiner deutlichen Parteinahme für eine russlandfreundliche Politik im Jahr zuvor. Wenn für 1933 noch eine klare Linie zu erkennen ist, dann gilt das ab 1934 nicht mehr. Bülow war nicht in der Lage, politisch anzuerkennen, welch nachhaltige Skepsis und Furcht in der Sowjetunion entstanden war angesichts der deutschen Kommunistenverfolgungen, der anti-bolschewistischen Hetze der Presse, der in Russland wohlbekannten NS-Programmatik und des deutsch-polnischen Nichtangriffspaktes. Er war offenbar nicht bereit, die am Horizont auftauchende Gefahr einer russisch-französischen Annäherung als solche wahrzunehmen. Mit allen zur Verfügung stehenden Argumenten versuchte Bülow, ein russisch-französisches Bündnis als unplausibel abzutun[55]: „Einschwenkungen oder Abschwenkungen Rußlands ins französische Lager, Entschluß zum Übertritt zur französischen Gruppe" seien „Schlagworte, hinter denen nichts wirklich Reales" stehe[56]. Er vermochte es sich nicht einzugestehen, dass die Sowjetunion vor einer grundsätzlichen und von Deutschland hervorgerufenen Umorientierung seiner Außenpolitik stand. Außerdem wurden, wie so oft, die – rein taktischen – Ausführungen Hitlers in seiner Reichstagsrede vom 30. Januar 1934, die dem Wortlaut nach die Richtlinien des Auswärtigen Amts widerspiegelten, von Bülow als Bestätigung herangezogen und nach außen (und vielleicht auch vor sich selbst) als Vertrauensbeweis hingestellt[57]. Schließlich fand Anfang 1934 in der Russlandpolitik der Amtsleitung eine Schwerpunktverlagerung statt, ein Rückzug zu Argumenten, die bereits im Jahr vorher schon handlungsleitend, aber im Gesamtbild in den Hintergrund getreten waren. Mehrfach hatte man 1933 schon geäußert, man dürfe den Russen nicht „nachlaufen". Ein Jahr später nun wurde dieses Argument verstärkt verwendet[58]. 1934 setzte sich mit Bezug zur Sowjetunion im Auswärtigen Amt eine harte Linie durch: keine Zugeständnisse, kein Nachgeben, keine Initiative[59]. Als Deckmantel diente die Versicherung, es bleibe alles beim Alten, nämlich bei dem Ziel einvernehmlicher Beziehungen.

Bis zum Rücktritt Nadolnys Mitte 1934 zeigte die Russlandpolitik des Auswärtigen Amts keine grundsätzliche Neuausrichtung[60]. Im Mai 1934 kam es an der Spitze des Amts noch einmal zum intensiven Meinungsaustausch über Stellenwert sowie Art und Weise der Russlandpolitik. Gaus, als Leiter der Rechtsabteilung, verfasste in Zusammenarbeit mit dem Leiter der Ostabteilung, Richard Meyer, ein Memorandum, das von Bülow voll gebilligt wurde[61]. Auch Nadolny, der zu dieser Zeit in Berlin weilte, legte zum wiederholten Male

---

[55] Ein russisch-französisches Bündnis käme schon deshalb nicht in Frage, weil ein Beistand von Seiten Frankreichs gegen Japan nicht denkbar sei. Außerdem stehe die Rechte im französischen Kabinett einem steigenden Einfluss der Sowjetunion grundsätzlich ablehnend gegenüber, ADAP, Serie C, II, 2, Dok. 251.
[56] ADAP, Serie C, II, 2, Dok. 251.
[57] ADAP, Serie C, II, 2, Dok. 251. Auszüge aus Hitlers Rede: Max Domarus, Hitler. Reden und Proklamationen 1932–1945, Bd. I, 1, München 1965, S. 357.
[58] ADAP, Serie C, I, 1, Dok. 33; II, 1, Dok. 190; II, 2, Dok. 476.
[59] Der einzige Punkt, in dem Bülow mit Nadolnys Vorschlägen übereinstimmte, war, keine eindeutige Option für Japan zu treffen, ADAP, Serie C, II, 2, Dok. 251.
[60] Angesichts der Anfang des Jahres formulierten Richtlinien erscheint es nicht erstaunlich, dass die von Litwinow vorgeschlagene deutsch-sowjetische Garantieerklärung über die Unabhängigkeit der baltischen Staaten glatt abgelehnt wurde, obwohl Nadolny dafür plädiert hatte, den Vorschlag auf eine „allgemeinere Basis" zu stellen und in ein Ergänzungsabkommen zum Berliner Vertrag umzuwandeln, ADAP, Serie C, II, 2, Dok. 390 und 375.
[61] ADAP, Serie C, II, 2, Dok. 476.

seine politisch-strategischen Überlegungen schriftlich nieder[62]. Der Sache nach kam man mit etwas anderen Akzenten im Grunde zu gleichen Ergebnissen: Die politische Bedeutung der Sowjetunion sei so groß, dass auf die Wiederherstellung der guten Beziehungen hingearbeitet werden müsse. Ein Mittel dafür sei der Ausbau der Wirtschaftsbeziehungen. Politisch hingegen müsse man den Befürchtungen der Sowjetunion vor dem nationalsozialistischen Deutschland den Boden entziehen, eventuell sogar mit einem „politischen Dokument"[63]. Hier hatte die Amtsleitung, und mit ihr der Staatssekretär, die bisherige Linie Nadolnys gestützt, allerdings nur mit einem bürokratischen Schriftstück und ohne nennenswerte Konsequenzen[64]. Hitler hatte zunächst bei zwei Treffen mit Nadolny zwar seine Ansicht bekräftigt, mit den Russen „nichts zu tun" haben zu wollen, sich sonst aber bedeckt gehalten. Schließlich lehnte er, in typisch abrupter Weise, Nadolnys Vorschläge ab. Neurath, der im Gegensatz zu Bülow bei seiner skeptischen Haltung Russland gegenüber geblieben war, schloss sich – wie so oft – dem Votum Hitlers an. Nadolny zog die Konsequenz und trat von seinem Posten zurück[65].

Bülow, Gaus und Meyer zeigten sich nicht willens oder nicht in der Lage, Nadolny und seinen von ihnen geteilten politischen Kurs zu stützen, im Gegenteil. An dieser Stelle tritt ein weiterer Aspekt des politischen Verhaltensmusters, namentlich von Bülow, zutage: Er bezeichnete die ganze Angelegenheit als „alberne" Sache[66], was so viel bedeutete wie unnötige Aufregung, da man eigentlich doch die gleichen Ziele verfolgte (wie sich in den Denkschriften gezeigt hatte). Das traf den Kern der Auseinandersetzung nicht, denn es war darum gegangen, wieder eine aktive und positive deutsche Russlandpolitik zu initiieren, was letztlich an Hitlers Einspruch gescheitert war. Es ist ein Hauptmerkmal der Politik der Amtsleitung in den ersten Jahren nach 1933, grundlegende Differenzen in der politischen Ausrichtung (und zwar – unausgesprochen – zwischen Hitler und dem Auswärtigen Amt) zu marginalisieren und eine unterm Strich vollkommen neue außenpolitische Linie nach außen als die bloße Fortsetzung früherer Politik und gleichgebliebener Zielsetzungen darzustellen. Manchmal konnte man sich dabei auf öffentliche Äußerungen Hitlers beziehen, dessen bedurfte es aber offensichtlich nicht immer. In Verbindung mit der erwähnten harten Haltung führte das zum Ergebnis einer Abschirmung und Unterstützung von Hitlers anti-russischer Politik. Eine Annäherung der Sowjetunion an Frankreich wurde nicht verhindert, und die deutsch-russischen Beziehungen bewegten sich bis 1939, von gelegentlichen Verbesserungen im wirtschaftlichen Bereich abgesehen, in gespannter Atmosphäre[67].

Die Wende in der Ostpolitik betraf nicht nur das Verhältnis zu Russland, sondern auch das zu Polen. Bülow hatte im März 1933 kurz und bündig geschrieben: „Eine Verständigung mit Polen ist weder möglich noch erwünscht."[68] Im deutlichen Gegensatz dazu

---

[62] ADAP, Serie C, II, 2, Dok. 476, Anlage.
[63] ADAP, Serie C, II, 2, Dok. 476.
[64] Nadolny berichtet in seinen Memoiren, dass Bülow ihm noch eine, allerdings recht vage, mündliche Zusicherung gegeben hatte, Rudolf Nadolny, Mein Beitrag, Wiesbaden 1955, S. 168.
[65] Wollstein, Revisionismus, S. 269f.; Nadolny, Mein Beitrag, S. 168.
[66] ADAP, Serie C, II, 2, Dok. 488. Neben den unnötigen sachlichen sind sicherlich auch damit die unnötigen persönlichen Divergenzen gemeint. Nadolny bezeichnete dies als „überhebliche Einstellung gegen meine Person und Arbeit", ebenda.
[67] Nekrich, Pariahs, Partners, Predators, S. 82–101; Roberts, Origins, S. 17–61.
[68] Bülows Aufzeichnung für Außenminister Neurath vom 13.3.1933, PA AA, R 260966; Wollstein, Denkschrift, S. 92.

kam es auf Initiative der polnischen Regierung ab Anfang Mai zu ersten Annäherungen und direkten Gesprächen mit Hitler[69]. Ab September 1933 wurden Verhandlungen über die deutsch-polnischen Wirtschaftsbeziehungen vorangebracht. Spätestens hier zeigte sich, dass die höhere Beamtenschaft im Auswärtigen Amt durchaus geteilter Ansicht über diese Neuansätze in der Polenpolitik war[70]. Bülow allerdings kommentierte Anfang September 1933 die leichte Annäherung positiv[71], wenn auch seiner Ansicht nach der „wirtschaftliche Umschwung" „mit einer wirtschaftlichen Durchdringung Polens enden" müsse[72]. Der Versuch, die neue Linie einer Annäherung dem Fernziel einer Grenzrevision dienstbar zu machen, ist evident. Der Gedanke, die Lösung der Territorialfragen durch wirtschaftliche Faktoren zu beeinflussen, war von Bülow bereits zwei Jahre zuvor entwickelt worden[73].

Die internationale Situation und die europäische Sicherheitslage änderten sich schlagartig, als Deutschland am 14. Oktober 1933 aus dem Völkerbund austrat. Hitler hatte der Austrittserklärung die Versicherung beigefügt, die deutsche Friedensliebe durch Nichtangriffspakte mit seinen Nachbarstaaten unter Beweis stellen zu wollen[74]. Polen, dessen Sicherheitslage durch Deutschlands Austritt unmittelbar betroffen war, bemühte sich wieder um direkten Kontakt mit Hitler durch den neuen polnischen Gesandten in Berlin, Josef Lipski[75]. In dem Gespräch zwischen Hitler und Lipski am 15. November setzte sich Hitler über die Richtlinien des Auswärtigen Amts, die Wirtschaftsverhandlungen und die Minderheitenfrage zum Thema zu machen[76], vollkommen hinweg und äußerte dem polnischen Gesandten gegenüber seine Bereitschaft, den Gewaltverzicht von beiden Seiten vertraglich zu verankern[77]. Ob dabei schon der Begriff „Nichtangriffspakt" gefallen war, geht aus den Quellen nicht eindeutig hervor[78]. Bei den Spitzenbeamten des Auswärtigen Amts scheinen sofort die Alarmglocken geläutet zu haben. Der Leiter der Ostabteilung, Meyer, informierte die deutsche Gesandtschaft in Warschau und war dabei sichtlich bemüht, zwar nicht den Gewaltverzicht, aber das Ziel eines Vertrags abzuschwächen[79]. Eine im Auswärtigen Amt angefertigte Aufzeichnung ohne Unterschrift legte detailliert die Vorbehalte gegenüber einem Nichtangriffspakt mit Polen dar. Das Hauptargument war, dass „politisch" „die Bedeutung eines solchen Paktes wohl in allen Fällen über die forma-

---

[69] Günter Wollstein, Die Politik des nationalsozialistischen Deutschland gegenüber Polen 1933–1939/45, in: Funke (Hrsg.), Hitler, Deutschland und die Mächte, S. 795–810.
[70] Der Dirigent der Ostabteilung, Siegfried Hey, äußerte sich sehr kritisch: Wollstein, Revisionismus, S. 227.
[71] ADAP, Serie C, I, 2, Dok. 417.
[72] ADAP, Serie C, I, 2, Dok. 473.
[73] Vgl. Bülows Ideen zu den vermeintlich wirtschaftlichen und politischen Konsequenzen des Zollunionsprojektes, ADAP, Serie B, XVI, Dok. 174; Brief Bülows an den Gesandten Koch in Prag vom 15. 4. 1931, PA AA, R 29515.
[74] Domarus, Reden, Bd. I, 1, S. 307.
[75] Wollstein, Revisionismus, S. 272f.
[76] Rolf Ahmann, Nichtangriffspakte: Entwicklung und operative Nutzung in Europa 1922–1939. Mit einem Ausblick auf die Renaissance des Nichtangriffsvertrages nach dem Zweiten Weltkrieg, Baden-Baden 1988, S. 299.
[77] Telegramm Meyers an die deutsche Gesandtschaft in Warschau vom 15. 11. 1933, PA AA, R 30747.
[78] Ahmann, Nichtangriffspakte, S. 299.
[79] ADAP, Serie C, II, 1, Dok. 70: „Es handelt sich also nur um eine Wiederholung des Gedankens der No-Force-Declaration, und zwar nur in der Form des Presse-Kommuniqués, nicht aber in der Form eines besonderen Vertrags." Zur Veränderung gegenüber einem ersten Entwurf vgl. Ahmann, Nichtangriffspakte, S. 300f.

len Rechtsverpflichtungen [eines Gewaltverzichtes] weit hinaus" gehe. Nach einer Zusammenfassung der Locarnopolitik kam die Denkschrift zu folgendem Ergebnis: „Im Lichte dieser historischen Entwicklung gesehen, würde ein zweiseitiger Nichtangriffspakt zwischen Deutschland und Polen, auch wenn er ohne direkte Anspielung auf territoriale Fragen als reiner Nichtangriffspakt abgeschlossen würde, international zweifellos als die Aufgabe oder mindestens als eine wesentliche Abschwächung des bisherigen deutschen Standpunktes hinsichtlich der Ostgrenzen aufgefaßt werden."[80] Die Furcht, dass ein Nichtangriffspakt mit Polen offiziell als Verzichtserklärung auf eine Grenzrevision verstanden werden könnte, mahnte in den Augen des Auswärtigen Amts zur Skepsis und Zurückhaltung gegenüber einem solchen Unternehmen. Die Verfasserschaft des Textes ist bis heute unklar, spielt aber auch keine entscheidende Rolle, denn die dort geäußerten Argumente trafen die Haltung der meisten Spitzenbeamten[81].

Trotz aller Versuche des Auswärtigen Amts, diese Linie gegenüber Polen zu halten, wurde am Abend des 16. November in einer Ministerbesprechung ein Nichtangriffsvertrag beschlossen, vermutlich aufgrund von Hitlers Entscheidung[82]. War nun diese Entscheidung einmal getroffen, so versuchte man im Auswärtigen Amt, aus der Situation das Beste zu machen und den Wunsch Hitlers nach einem Vertrag auf eine Weise umzusetzen, dass das Ziel des Gewaltverzichts zwar bestehen blieb, aber die deutsche Position hinsichtlich der Grenzen nicht einschränkte. Innerhalb weniger Tage lag ein deutscher Vorschlag für eine „deutsch-polnische Erklärung" vor[83]. Auch dieses Schriftstück ist ohne Unterschrift, doch hier lässt sich mit guten Gründen die Urheberschaft von Gaus vermuten[84]. Gaus war schon in den vergangenen zehn Jahren ein Meister darin gewesen, besonders heikle internationale Vereinbarungen sprachlich in eine alle Seiten befriedigende Formel zu bringen[85]. Und Gaus war es auch, der Anfang Januar 1934 die entscheidenden Verhandlungen mit dem polnischen Gesandten führen sollte.

Dieser mit hoher Wahrscheinlichkeit von Gaus stammende Entwurf verfolgte das Ziel, – wie es in den einleitenden Bemerkungen hieß – durch eine „etwas freiere Diktion" einer „Erklärung" sich von den „abgegriffenen Klauseln der Nichtangriffspakte" abzuheben. Dies habe unter anderem den Vorteil, sich nicht auf die Anerkennung der Grenzen festlegen zu müssen, sondern „im Gegenteil zum Ausdruck [zu] bringen, daß mit der Erklärung eine Grundlage für die Lösung aller Probleme, also auch der territorialen Probleme, geschaffen werden soll"[86]. Es wurde also der Versuch unternommen, den Nachteil einer vertraglichen Bindung mit Polen zum Vorteil zu machen. Insofern berücksichtigte die „Erklärung" die Bedenken der kritischen Aufzeichnung aus dem Amt und bewegte sich

---

[80] ADAP, Serie C, II, 1, Dok. 77.
[81] Ahmann legt sich nicht fest, Nichtangriffspakte, S. 310f. Stuby hält zu Recht Gaus als Verfasser für möglich, Gaus, S. 326. Graml vermutet Bülow als Verfasser, was den Argumenten nach zutreffen könnte, aber der Diktion nach unwahrscheinlich ist, Bülow, S. 163. Wollstein nimmt eine Gegnerschaft gegen den neuen Kurs unter dem Dirigenten der Ostabteilung, Hey, an, dessen Kritik das Memorandum übernehme, Revisionismus, S. 281. Vgl. dazu Anm. 87.
[82] Ahmann, Nichtangriffspakte, S. 301. Die Instruktionen nach Warschau (vgl. Anm. 79) mussten von Meyer korrigiert werden, ADAP, Serie C, II, 1, Dok. 70, Anm. 5: Die erste Instruktion sei zu berichtigen, weil „in Aussicht genommen" sei, „No-Force-Declaration in Vertragsform zu fixieren".
[83] ADAP, Serie C, II, 1, Dok. 81.
[84] Stuby legt sich hinsichtlich der Verfasserschaft nicht fest, ist aber der Überzeugung, dass das Schriftstück in jedem Fall mit Gaus' „Plazet" entstanden sei, Gaus, S. 327.
[85] Krüger, Außenpolitik, S. 294 und 299f.
[86] ADAP, Serie C, II, 1, Dok. 81.

durchaus in deren Rahmen⁸⁷. In der Polenfrage wurde von Gaus die Quadratur des Kreises versucht: die Vereinbarkeit zwischen dem vollständigen Richtungswechsel durch Hitler mit den traditionellen Zielen des Auswärtigen Amts.

Zwischen Ende Dezember 1933 und Ende Januar 1934 fanden dann die maßgeblichen Besprechungen zwischen Gaus und dem polnischen Gesandten Lipski statt. Polen hatte am 9. Januar einen Gegenentwurf übergeben, der genau an den sensiblen Punkten Änderungen vorsah. Vor allem waren die Erwähnung des Locarno-Vertrags herausgenommen[88] und der Bezug zum „Schiedsgerichts- und Vergleichsverfahren" mit der Einschränkung „auf Grund gegenseitigen Einvernehmens für jeden besonderen Fall" konkretisiert worden[89]. Gaus machte dem polnischen Gesandten klar, dass „die Beseitigung der allgemeinen Verpflichtung zur Austragung von Konflikten auf schiedlichem Wege" (wie im Schiedsvertrag von Locarno und im deutschen Entwurf des Vertrags niedergelegt) „und ihre Ersetzung durch eine erst von Fall zu Fall zu treffende Vereinbarung eher einen Rückschritt als einen Fortschritt in der Sicherung der friedlichen Beziehungen darstelle"[90]. Es fand sich schließlich nach mehreren Sitzungen in Zusammenarbeit eine Formulierung, die bei Streitfragen eine friedliche Lösung „in jedem besonderen Falle" vorsah, aber den deutsch-polnischen Schiedsvertrag von Locarno nicht außer Kraft setzte[91]. Gaus hatte sich Polen gegenüber mit Form und Inhalt des Vertrags durchgesetzt.

Anders, als es vielleicht schien, hatte sich die Amtsspitze gegen Hitler jedoch nicht durchgesetzt. In der Forschung ist die Wendung in der Polenpolitik als ein wesentlicher Beweis für den Kompetenzverlust des Auswärtigen Amts bewertet worden[92]. Dieser Befund lässt sich dahingehend ergänzen, dass die Amtsspitze diesen Verlust verdrängte und sich der Illusion hingab, trotz massiver Eingriffe von Seiten Hitlers die Außenpolitik weiterhin gestalten bzw. auf der eigenen Linie halten zu können. War es doch Gaus gelungen, für die Gewaltverzichtserklärung eine Form zu finden, die den Revisionsinteressen nicht widersprach. Im Übrigen konnte man sich einreden, dass international ein Nichtangriffsvertrag prinzipiell einen positiven Eindruck machte. Die Konsequenz war die gleiche wie bei der Russlandpolitik: Indem man vorgab, in der großen Linie habe sich nichts geändert, stabilisierte man die von Hitler betriebene Politik[93].

---

[87] Deshalb ist die Annahme Wollsteins, die kritischen Bemerkungen stammten von der „Gegnergruppe" im AA, unplausibel (vgl. Anm. 81).
[88] Polen hatte noch zwei weitere, in Gaus' Augen problematische Zusätze eingefügt: 1) Die Versicherung, dass die deutsch-polnische Erklärung schon bestehende vertragliche Verpflichtungen beider Länder nicht beeinträchtige und 2) die Versicherung, dass die Erklärung sich nicht auf Fragen erstrecke, die „nach internationalem Recht zur ausschließlichen Zuständigkeit der Staaten gehören", ADAP, Serie C, II, 1, Dok. 168.
[89] ADAP, Serie C, II, 1, Dok. 168.
[90] ADAP, Serie C, II, 1, Dok. 186.
[91] „[...] unbeschadet der Möglichkeit, nötigenfalls diejenigen Verfahrensarten zur Anwendung zu bringen, die in den zwischen ihnen in Kraft befindlichen anderweitigen Abkommen vorgesehen sind", ADAP, Serie C, II, 1, Dok. 203. Als weiteres Argument außer der Grenzfrage hatte Gaus angeführt, dass „durch die Aufhebung des deutsch-polnischen Schiedsvertrages das viel weiter reichende politische Problem der Geltung der gesamten Locarnoverträge aufgeworfen" worden wäre, ebenda, Dok. 186.
[92] Dülffer, Zum „decision-making process", S. 190, der die Verlagerung im Entscheidungsprozess zu Hitler, nicht aber die politischen Schritte des Auswärtigen Amts analysiert.
[93] Graml betont in der Russland- und Polenfrage die eigenständige Linie Bülows 1933 und den Kompetenzverlust des Auswärtigen Amts, Bülow, S. 157-165. Insgesamt gerät Gramls Bülow-Bild etwas zu positiv, und Bülows Bestreben, gegen Hitler Akzente zu setzen, wird überbetont. Die Art und Weise, wie die Spitze des Auswärtigen Amts Hitlers vollkommen gegenläufige Linie umsetzte, wird zu wenig beachtet.

Alles in allem ist die Umorientierung in der gesamten Ostpolitik nicht allein als Kompetenzverlust zu werten, sondern kommt vielmehr einer Selbstentmachtung des Auswärtigen Amts gleich. In der Russlandfrage zog man sich auf eine harte Haltung zurück und erlag den Hitler'schen Beteuerungen des Friedenswillens. Im Falle Polens unternahm man den Versuch, regulierend einzugreifen, und überschätzte somit den eigenen Einfluss. Man segnete Hitlers Politik ab und gab vor, sie stehe im Einklang mit den eigenen Zielen. So lässt sich am Beispiel der Ostpolitik besonders gut erkennen, auf welche Weise und aus welchen Gründen der diplomatische Apparat die nationalsozialistische Außenpolitik umsetzte und damit zur Stabilisierung des neuen Regimes und zur Verankerung des nationalsozialistischen Deutschland im internationalen System beitrug.

Ebenfalls exemplarisch für die außenpolitische Haltung ist die Rheinlandfrage. Zwischen 1933 und 1935 lassen sich zahlreiche Belege dafür finden, dass die Amtsleitung die Verträge von Locarno, und damit die demilitarisierte Rheinlandzone, als wesentlichen Bestandteil der deutschen Sicherheit und des deutsch-französischen Verhältnisses ansah. Bülow legte dies in seiner Denkschrift vom März 1933 nieder[94], und auch gegenüber den Militärs wurde dies von Seiten des Auswärtigen Amts in den folgenden Jahren wiederholt bekräftigt[95]. Begründet lag diese Haltung im unbedingten Friedenswillen der Amtsleitung. Dieser Grundpfeiler der außenpolitischen Konzeption des Amts bildete einen wesentlichen Unterschied zu Hitler. In einer Besprechung mit Generalstabschef Ludwig Beck im Dezember 1934 zum Beispiel wies Bülow diesen nachdrücklich darauf hin, dass Deutschland „durch die Kündigung des Locarno-Vertrages", der auf der entmilitarisierten Rheinlandzone basiere, „die schwersten Verwicklungen unmittelbar herbeiführen" würde[96]. Auch nach der Wiedereinführung der Wehrpflicht im März 1935 wurde vom Auswärtigen Amt mehrfach geltend gemacht, dass man sich mit Blick auf das Rheinland nicht der Verletzung des demilitarisierten Status schuldig machen dürfe[97].

Parallel dazu fand ab 1934 eine Umgruppierung des europäischen Staatensystems statt. Sie zeigte sich in der Annäherung des bolschewistischen Russland an Frankreich, die letztlich zum Abschluss des französisch-russischen Paktes Anfang Mai 1935 führte[98]. Wie oben erwähnt, hatte Deutschland mit seiner Ostpolitik maßgeblich dazu beigetragen. Diese Tatsache ließen Bülow und Gaus bei ihrer Analyse des französisch-russischen Paktes völlig außer Acht. Gaus, als bester Kenner des Vertrags von Locarno, kam zu dem Schluss, dass der französisch-russische Pakt an zentraler Stelle im Widerspruch zu diesem Vertrag und den damit verbundenen Verpflichtungen Frankreichs stehe[99]. Dennoch betrachteten Gaus

---

[94] Bülows Aufzeichnung für Außenminister Neurath vom 13.3.1933, PA AA, R 260966; Wollstein, Denkschrift, S. 83.
[95] Es wurden z.B. nachhaltige Bedenken gegen einen verstärkten Grenzaufsichtsdienst an der Westgrenze geäußert: ADAP, Serie C, I, 2, Dok. 490 und 499; II, 1, Dok. 39, Anm. 5; II, 2, Dok. 366 und 452.
[96] ADAP, Serie C, III, 2, Dok. 369.
[97] Zum Beispiel drang man darauf, die Wehrpflichtigen in der demilitarisierten Zone von zivilen Stellen erfassen zu lassen (ADAP, Serie C, IV, 1, Dok. 32 und 163) und übte Kritik am militärischen Charakter der Landespolizei (ebenda, Dok. 56, 57, 118, 147 und 242), deren strikte Überwachung schließlich vom Reichswehrminister angeordnet wurde, ebenda, IV, 2, Dok. 420.
[98] Keith Neilson, Britain, Soviet Russia and the Collapse of the Versailles Order 1919–1939, Cambridge 2006, S. 105–110 und 120–143; Georges-Henri Soutou, Les relations franco-soviétiques de 1932 à 1935, in: Mikhail Narinski u. a. (Hrsg.), La France et l'URSS dans l'Europe des années 30, Paris 2005, S. 31–60, hier S. 38–55.
[99] Vgl. auch Stuby, Gaus, S. 334f. Der Vertrag von Locarno hatte Deutschland und Frankreich verpflichtet, nicht gegeneinander zum Kriege zu schreiten, außer bei Anwendung der Artikel 16 und 15,7 (hier nur im Falle des ersten Schrittes zum Angriff) der Völkerbundsatzung. Im französisch-

und Bülow dies zunächst nicht zwangsläufig als einseitige Kündigung durch Frankreich und damit als implizite Handlungsfreiheit Deutschlands im Rheinland[100]. Die Akten aus den folgenden Monaten vermitteln jedoch den Eindruck, dass der Pakt im Amt allmählich ein tatsächliches und nicht nur vorgeschobenes Bedrohungsgefühl auslöste[101].

Die Ratifizierung des französisch-russischen Vertrags in der französischen Abgeordnetenkammer am 27. Februar 1936 diente Hitler als Anlass, Anfang März 1936 den Befehl zum Einmarsch deutscher Truppen ins Rheinland zu geben[102]. Während er damit offen gegen die Verträge von Versailles und Locarno verstieß, bediente sich Hitler der Argumentation des Auswärtigen Amts, dass nämlich der Vertrag von Locarno aufgrund des russisch-französischen Bündnisses keine Gültigkeit mehr habe[103]. Wenn die Amtsleitung mit ihrer Kritik des Paktes auch die späteren Folgen nicht beabsichtigt haben mag, so hatte sie doch Hitler Argumente in die Hand gegeben.

Die Entscheidung zum Einmarsch traf Hitler trotz mehrfach geäußerter Bedenken der Diplomaten und Militärs, die das Unternehmen als äußerst riskant einschätzten[104]. Anschließend aber legitimierte das Auswärtige Amt Hitlers vollendete Tatsachen[105]. Dabei spielte der sogenannte Friedensplan eine wesentliche Rolle, der von der deutschen Regierung gleichzeitig mit dem Einmarsch ins Rheinland den Vertretern der Locarnomächte übergeben worden war[106]. Die wichtigsten Vorschläge dieses „Friedensmemorandums" waren eine demilitarisierte Zone auf beiden Seiten der deutschen Westgrenze, ein 25-jähriger Nichtangriffspakt mit Belgien und Frankreich, die Bereitschaft, auch mit Deutsch-

---

russischen Pakt aber war verankert, dass die Beistandspflicht Frankreichs für Russland (auch im Falle eines russisch-deutschen Krieges) auch dann galt, wenn es zu keinem Ratsbeschluss des Völkerbundsrates (der in den genannten Fällen Voraussetzung war) gegen Deutschland kam. Es lag also letztlich im eigenen Ermessen Frankreichs, wer in einem deutsch-russischen Konflikt der Angreifer war, ADAP, Serie C, IV, 1, Dok. 107, Anlage.

[100] Stuby, Gaus, S. 334f.
[101] Der russisch-tschechoslowakische Vertrag verstärkte diese Einschätzung, ADAP, Serie C, IV, 1, Dok. 167, 248 (mit Anm. 5) und 235. Die Antworten auf Deutschlands Memorandum zur Unvereinbarkeit des russisch-französischen Paktes mit Locarno befriedigten das Auswärtige Amt nicht, ebenda, Dok. 170, 196 und 230. Deutschlands Haltung zu den Fragen des Ost-, Donau- und Luftpaktes war durch den französisch-russischen Pakt beeinflusst, ebenda, Dok. 234, 235, 248 und 252. Der Vorschlag des französischen Ministerpräsidenten Pierre Laval, in einem „diplomatischen Dokument" das beiderseitige Bestreben nach vertrauensvollen Beziehungen festzuhalten, wurde abschlägig beschieden, u. a. weil man dies als deutsche Billigung der russisch-französischen Allianz empfunden hätte, ebenda, IV, 2, Dok. 419 und 423.
[102] Instabile politische Verhältnisse in Frankreich, die Störung der internationalen Sicherheitslage durch den Abessinienkrieg und Mussolinis Zusicherung des italienischen Desinteresses an Locarno machten ein gemeinsames Vorgehen der Locarnomächte gegen Deutschland unwahrscheinlich, vgl. James Thomas Emmerson, The Rhineland Crisis, 7 March 1936, London 1977, S. 75–86 und 92; ADAP, Serie C, IV, 2, Dok. 579.
[103] ADAP, Serie C, V, 1, Dok. 3.
[104] ADAP, Serie C, IV, 2, Dok. 575; Robertson, Wiederbesetzung, S. 186f. und 202–204. Tatsächlich hatte man aus Vorsicht die Zahl der einmarschierenden Soldaten (22 000) relativ klein gehalten. Nur etwa 3000 Soldaten sollten tief in die Zone bis nach Aachen, Trier und Saarbrücken vordringen, um sich im Falle einer militärischen Reaktion Frankreichs schnell zurückziehen zu können, Emmerson, Crisis, S. 97; Ian Kershaw, Hitler. 1889–1936: Hubris, New York 1999, S. 588.
[105] Knipping, der die Frankreichpolitik des Auswärtigen Amts bis Ende 1935 analysiert, spricht mit Blick auf die von ihm nicht mehr behandelte Rheinlandkrise pauschal, aber zutreffend von „einem Prozeß anpassungsbedingter allmählicher Verbiegung", Knipping, Die deutsche Diplomatie und Frankreich, S. 512. Vgl. auch Dülffer, Zum „decision-making process", S. 196f., der die Politik des Auswärtigen Amts aber nur ansatzweise erwähnt.
[106] ADAP, Serie C, V, 1, Dok. 3, Anlage.

lands Nachbarn im Osten Nichtangriffspakte abzuschließen, und ein möglicher deutscher Wiedereintritt in den Völkerbund. Die Idee, ein solches Angebot mit der Remilitarisierung zu verknüpfen, hatte Hitler schon Ende Februar in seinen Besprechungen mit Neurath und Ulrich von Hassell geäußert[107]. Wie auch alle sonstigen Friedensbeteuerungen des deutschen Reichskanzlers entsprach der Grundtenor[108] dieses Programms sinngemäß durchaus den Zielen des Auswärtigen Amts. Die vermeintliche Ausrichtung des Memorandums, prinzipiell Deutschlands Willen zur Gestaltung eines stabilen und friedlichen internationalen Systems zum Ausdruck zu bringen (natürlich nach Erlangung der vollständigen Souveränität), konnte von der Amtsleitung mit Recht als ihr eigenes außenpolitisches Bestreben ausgegeben werden.

International hatte die Rheinlandbesetzung zunächst ein Treffen der Locarnomächte in Paris und dann in London zur Folge[109]. Parallel dazu tagte in London der Völkerbundsrat, der am 14. März Deutschland eine Einladung zukommen ließ, als eine der Locarnomächte an den Verhandlungen teilzunehmen[110]. Noch im Vorfeld der Ratstagung hatte die Amtsspitze ihr Ziel formuliert, das deutsche Friedensprogramm in den Mittelpunkt zu stellen[111]. Bülows Äußerungen im diplomatischen Schriftverkehr bis zur Ratstagung deuten auf eine friedfertige Haltung und die Bereitschaft zur Umsetzung des deutschen Friedensplanes hin[112]. Auch plädierte er für eine Veröffentlichung der Truppenstärke im Rheinland als deeskalierende Maßnahme[113]. Es zeigte sich während der Rheinlandkrise das gleiche Verhaltensmuster wie in den vergangenen drei Jahren: Hitlers als rein taktisches Manöver zu verstehende Friedensangebote wurden vom Auswärtigen Amt unterstützt und außenpolitisch verwendet.

Gleichzeitig – neben der Betonung der deutschen Friedensvorschläge – wurde weiter nach Kräften konsequent die im Jahr zuvor angelegte Argumentationslinie vertreten, das französisch-sowjetische Bündnis habe den „Umschwung in europäischer Gesamtkonstellation herbeigeführt" und „nicht nur den Buchstaben, sondern den ganzen politischen Sinn von Locarno zerstört"[114]. Nachdem die deutsche Delegation unter dem vermeintlichen Englandexperten Ribbentrop am 19. März zur Tagung des Völkerbundsrates in Lon-

---

[107] ADAP, Serie C, IV, 2, Dok. 575. Die Frage, ob die Idee von Hitler selbst stammte, ist aus den bekannten Quellen nicht zu beantworten, vgl. Emmerson, Crisis, S. 93. Das Angebot des Wiedereintritts in den Völkerbund wurde den Vorschlägen erst einige Tage vor dem Einmarsch hinzugefügt. Auch die Frage nach dessen Urheberschaft ist nicht geklärt.

[108] Im Detail wurden manche Punkte, z. B. von Hassell, als zu weitgehend empfunden, gerade weil keine Aussicht auf Umsetzbarkeit bestand, Robertson, Wiederbesetzung, S. 205.

[109] Zu den Diskussionen innerhalb der französischen Regierung über eine militärische Reaktion vgl. Helmut-Dieter Giro, Die Remilitarisierung des Rheinlands. Hitlers Weg in den Krieg?, Essen 2006, S. 95–115; Emmerson, Crisis, S. 104–113. Dem deutschen Friedensmemorandum wurde in England große Bedeutung beigemessen, ebenda, S. 115 und 132.

[110] ADAP, Serie C, V, 1, nach Dok. 118, Anmerkung der Herausgeber, S. 145. Formaler Anlass für die Ratssitzung war das Ersuchen der belgischen und französischen Regierung vom 8. März, den Völkerbundsrat mit der Sache zu befassen, ebenda, nach Dok. 23, Anmerkung der Herausgeber, S. 42.

[111] ADAP, Serie C, V, 1, Dok. 119.

[112] ADAP, Serie C, V, 1, Dok. 94 und 150.

[113] ADAP, Serie C, V, 1, Dok. 104. Bülow musste zugeben, dass der französische Botschafter während eines Gesprächs die Unterredungen „mit photographischer Treue" wiedergab, in denen bis in den März hinein Hitler, Neurath und Bülow selbst jede Absicht einer Besetzung des Rheinlandes abgeleugnet hätten, ebenda, Dok. 169.

[114] ADAP, Serie C, V, 1, Dok. 150. Außerdem sei die militärpolitische Lage „entscheidend" zu Deutschlands Ungunsten verändert worden, so dass man zu einem „gewissen Ausgleich" in den Verteidigungsmöglichkeiten gezwungen war, ebenda.

don eingetroffen war, konstatierte der Rat eine Verletzung des Artikels 43 des Versailler Vertrags sowie den Bruch des Locarnovertrags. Ministerialdirektor Dieckhoff begleitete Ribbentrop als engster Berater nach London und wurde von Bülow und Gaus zu einem deutlichen Protest gegen den Beschluss des Rates angewiesen[115]. Der Rheinpakt von Locarno müsse „infolge des Verhaltens der französischen Regierung als erloschen angesehen werden", ein hinfälliger Vertrag könne nicht mehr durch den anderen Partner verletzt werden. Mit Nachdruck wurde von den deutschen Diplomaten der Anspruch auf deutsche „Gleichberechtigung" hervorgehoben, die nun durch die Erlangung der vollen Souveränität im ganzen deutschen Staatsgebiet wiederhergestellt worden sei[116].

Ausgangspunkt und Grundlage aller weiteren Kommunikation zwischen Deutschland, Großbritannien und Frankreich war ein von den übrigen Locarnomächten in London erstelltes Memorandum, in dem ausführlich „Vorschläge" zur Lösung der angespannten internationalen Lage nach der deutschen Rheinlandbesetzung zusammengestellt waren[117]. Die Reaktion der deutschen Diplomaten darauf bestand in einer schärferen Sprache. Das Memorandum sah unter anderem vor, die Frage, ob der französisch-russische Pakt dem Locarnopakt widerspreche, vor den Ständigen Internationalen Gerichtshof in Den Haag zu bringen. Vor allem dies und die folgenden Punkte erregten sowohl im Auswärtigen Amt als auch in der deutschen Öffentlichkeit besondere Empörung: Deutschland solle auf den Bau von Befestigungswerken in der Rheinlandzone verzichten und eine „internationale Truppenmacht" zulassen, und zwar im Bereich von 20 Kilometern östlich der Grenze. Zusätzlich wurde eine internationale Kontroll-Kommission gefordert[118]. Bülow nannte das Programm „unannehmbar", es könne „nicht einmal die Grundlage von Verhandlungen" sein[119]. Die Vorschläge wurden als erneute Diskriminierung Deutschlands angesehen und als „Rückfall in Versailler Methoden"[120]. Die deutsche Antwort auf das Memorandum der Locarnomächte, ein ausführlicher weiterer deutscher Friedensplan vom 31. März[121], hatte eine Stagnation der Verhandlungen zur Folge. Großbritannien beantwortete diesen deutschen Plan am 7. Mai mit einem ausführlichen „Fragebogen", der vom Auswärtigen Amt abgelehnt wurde[122].

---

[115] ADAP, Serie C, V, 1, Dok. 154.
[116] ADAP, Serie C, V, 1, Dok. 192 und 207. Graml behandelt die Rheinlandkrise vor allem unter dem Aspekt des Kompetenzverlustes der Spitzendiplomatie, Bülow, S. 166–173. In welcher Weise diese die außenpolitische Seite des Rheinlandcoups gestaltete, wird nicht untersucht, vgl. Anm. 93.
[117] ADAP, Serie C, V, 1, nach Dok. 161, Anmerkung der Herausgeber, S. 194–198.
[118] ADAP, Serie C, V, 1, nach Dok. 161, Anmerkung der Herausgeber, S. 196; Emmerson, Crisis, S. 201 f. Die in dem Schriftstück geäußerte Bereitschaft zu „Abkommen für die Organisation des Systems der kollektiven Sicherheit" gingen daneben unter.
[119] ADAP, Serie C, V, 1, Dok. 170 und 174.
[120] ADAP, Serie C, V, 1, Dok. 176. Außerdem sei für die Frage der Vereinbarkeit des französisch-russischen Vertrags mit Locarno der Haager Gerichtshof nicht zuständig, da es sich hier vornehmlich um politische und militärische Gesichtspunkte handele, ebenda.
[121] ADAP, Serie C, V, 1, Dok. 242. Die erste deutsche schriftliche Reaktion nahm keinen sachlichen Bezug auf das Memorandum: Ebenda, Dok. 207.
[122] ADAP, Serie C, V, 1, Dok. 313. Bülow kritisierte daran u. a. die indirekte Forderung nach einer „bindenden Anerkennung" der bleibenden Versailler Bestimmungen. Die englischen Rückfragen liefen „auf die Forderung einer deutschen Vorleistung von außerordentlicher Tragweite hinaus". Ebenda, Dok. 317. Die französische „Antwort" vom 8. April auf den deutschen Plan vom 31. März betrachtete Bülow als „überaus gehässig im Ton" und „bewußt mit falschen Argumenten" operierend. In einem Runderlass widerlegte Dieckhoff jeden einzelnen Punkt der französischen Denkschrift, ebenda, Dok. 272 und 271.

In den folgenden Monaten wurde die Angelegenheit von deutscher Seite dilatorisch behandelt. Trotz zahlreicher Nachfragen kam es zu keiner offiziellen deutschen Reaktion auf den englischen Fragebogen. Zwischen September 1936 und Juli 1937 machte England einen neuen Anlauf mit mehreren Vorschlägen zu einem Westpakt[123]. Gaus und Dieckhoff waren weiterhin für die Politik des Auswärtigen Amts maßgeblich verantwortlich. Dieckhoff hatte nach Bülows Tod im Sommer 1936 den Posten des Staatssekretärs kommissarisch übernommen, und Gaus war an der Abfassung der deutschen Antwortnoten auf die englischen Vorschläge wesentlich beteiligt[124]. Der Notenwechsel führte jedoch zu keinem Ergebnis, und die Angelegenheit verlief im Sande[125].

Hitlers Einmarsch in die entmilitarisierte Rheinlandzone hatte keine internationalen Strafmaßnahmen nach sich gezogen. Das den Einmarsch flankierende Friedensmemorandum, drei Wochen später präzisiert, hatte zumindest auf englischer Seite die Bereitschaft zu einer friedlichen Lösung der Krise erhöht. Das Auswärtige Amt, das die Aktion bis fast zuletzt als zu riskant abgelehnt hatte, befleißigte sich anschließend, rigoros den deutschen Anspruch auf volle Souveränität nach außen zu vertreten. Die Friedenspläne wurden dabei als Nachweis der deutschen Friedensliebe herangezogen und eine Diskussion darüber nachhaltig eingefordert. Dabei lassen die Quellen die Deutung zu, dass, was für Hitler bloß ein taktisches Manöver war, dem außenpolitischen Konzept der Spitzenbeamten durchaus entsprach. Die harte Haltung der Diplomaten verfestigte sich jedoch durch die als Zumutung empfundene schriftliche Reaktion der anderen Mächte. Es wird deutlich, dass sich die Amtsleitung dem Erfolg der Hitler'schen Methoden nicht verschließen konnte. Nachdem sie sich in den Jahren vor 1936 um das unbedingte Aufrechterhalten von Locarno bemüht hatte, zeigte sich nun, dass die Remilitarisierung des Rheinlandes auch ohne Krieg möglich gewesen war[126]. Bei allem glaubhaft erscheinenden Bestreben, anschließend zu einem neuen vertraglichen Ausgleich mit den anderen Mächten zu kommen, fiel für die Spitzenbeamten jedoch die Tatsache der wiedererlangten Souveränität stärker ins Gewicht. Nachdem die Gefahr eines Krieges gebannt war, sahen sie keinen Grund für Zugeständnisse, im Gegenteil: Aus einer neuen Machtposition heraus konnte man fordernder auftreten. Dass sie damit letztlich nicht Deutschland, sondern Hitler und seinen rasseideologischen Zielen einen Dienst erwiesen, war den Spitzendiplomaten im Jahr 1936 anscheinend nicht bewusst.

Man hat oft davon gesprochen, dass die Teilidentität der Ziele zwischen dem traditionellen auswärtigen Dienst und den Nationalsozialisten in den ersten Jahren der NS-Herrschaft die tiefergehenden Unterschiede überdeckte und so eine Zusammenarbeit erleichterte. Dies ist insofern einzuschränken, als zunächst auch in der Methode der Revisionspolitik grundlegende Unterschiede klar zutage traten: vor allem in dem Bestreben des Auswärtigen Amts, die hartnäckig verfolgten Revisionsziele auf friedlichem Wege und auch langfristig mit möglichst wenig Eskalation durchzusetzen. Parallel dazu zeigte sich jedoch schleichend der Kompetenzverlust des Amts auf allen außenpolitischen Gebieten: Die Marschroute wurde mehr und mehr von Hitler vorgegeben. Davon ausgehend lässt sich an den hier genannten Beispielen ein Verhaltensmuster der Amtsleitung feststellen,

---

[123] ADAP, Serie C, V, 2, Dok. 546; VI, 1, Dok. 9 und 47; VI, 2, Dok. 474.
[124] Stuby, Gaus, S. 339f.; ADAP, Serie C, V, 2, Dok. 596; VI, 1, Dok. 47, Anm. 11, Dok. 69, 79 und 258. Taschka, Dieckhoff, S. 158.
[125] ADAP, Serie C, VI, 2, Dok. 577.
[126] Dies hebt vor allem Krüger hervor: Krüger, Verfall der Diplomatie, S. 294.

das für die Jahre ab 1933 wiederholt zu beobachten ist: Es gelang ihr nicht, die eigenen außenpolitischen Vorstellungen durchzufechten. Stattdessen verteidigte und schirmte sie die immer aggressiveren außenpolitischen Methoden Hitlers ab und legte eine zunehmend harte Haltung an den Tag. Als Argumente wurden oft Einzelheiten der veränderten internationalen Konstellation angeführt, die Deutschland vermeintlich das Recht zu einer Änderung seiner außenpolitischen Vorgehensweise gaben. Obwohl die Vertreter der Auslandsmissionen zum Teil scharfsinnige Analyseberichte nach Berlin sandten, die keinen Zweifel daran ließen, dass die neu entstehende internationale Konstellation maßgeblich auf die innerdeutsche Entwicklung zurückzuführen war, blieb das Amt bei seiner harten Linie. Es fällt besonders auf, dass man nicht einmal nach außen mildere Töne sandte.

Zu einem solchen Verhalten dürfte ein Bündel an Ursachen geführt haben, das – in jedem individuellen Fall anders zusammengesetzt – jeweils biografisch zu untersuchen wäre. Die Beispiele der Ostpolitik und der Rheinlandkrise zeigen jedoch, dass die Politik des Auswärtigen Amts auch die Folge eines fatalen Berufsverständnisses war, bei gleichzeitiger Überschätzung des eigenen Einflusses und Unterschätzung der Hitler'schen Ziele und Methoden. In einer Art Selbstbetrug unterstützte und förderte man die Hitler'sche Farce der Friedensbeteuerungen und erlag der Sogwirkung seiner Erfolge. Indem das Auswärtige Amt in den ersten Jahren des Dritten Reiches die eigene revisionspolitische Linie in einem schleichenden Prozess verließ und zunehmend die aggressive NS-Politik abschirmte, ja teilweise sogar mitgestaltete, leistete es dem Erfolg des NS-Regimes mit seinen weiterreichenden, verbrecherischen Zielen Vorschub. Die Amtsleitung gab vor, dass ihre Ziele und Methoden keine Änderung erfahren hätten, vollstreckte aber gleichzeitig Hitlers zum Teil vollkommen gegenläufige Außenpolitik. Angesichts dieses Befundes kann für die Jahre zwischen 1933 und 1936 von einer Selbstentmachtung des Auswärtigen Amts gesprochen werden.

Michael Jonas
Das Auswärtige Amt und die deutsche Nordeuropapolitik im Zweiten Weltkrieg

Nordeuropa ist zweifelsohne keine Region, kein Geschichts- und geographischer Raum, der sich aufdrängt, wenn man über die Außen- und Besatzungspolitik des „Dritten Reiches", ja über Politik im Zweiten Weltkrieg insgesamt nachzudenken vorhat. Die wesentlichen Entscheidungen, die eigentlichen geschichtsmächtigen Prozesse, die Masse von Ereignis und Verlauf, kurzum: die „große Politik" und – nach deren Abhandenkommen – der eigentliche Krieg spielten sich woanders ab. Nicht umsonst zogen Nordeuropäer es im Krieg lange vor, vom „Großmächtekrieg" zu sprechen. Einem solchen stand dabei entweder die skandinavische Neutralität gegenüber – oder aber, die Finnen haben diese Lesart perfektioniert, jener kleinere, vermeintlich isolierte Sonderkrieg, den man eigenständig und ohne besonders intensiven Bezug zur europäischen, zunehmend auch zur globalen Gesamtwetterlage ausfocht. Dass diese zeitgenössische, aber auch in der Nachkriegszeit noch zentrale Dichotomie eine künstliche ist, liegt auf der Hand. Nordeuropa war, wie andere Regionen auch, sowohl Kriegsschauplatz als auch politische Arena und ist in seiner komplexen Geschichte im Zweiten Weltkrieg nur in diesem Kontext voll zu erfassen.

Die Komplexität des nordeuropäischen Raums im Zweiten Weltkrieg ergibt sich dabei in erster Linie aus der Summe der einzelnen Kriegserfahrungen, die die vier skandinavischen Länder Schweden, Norwegen, Dänemark und, so ist zu betonen, auch Island sowie das in jeder Hinsicht eigentümliche Finnland in der Zeit zwischen 1939 und 1945 auf sich vereinen[1]. Was die Region für das Studium der Geschichte des Zweiten Weltkriegs nachdrücklich empfiehlt, ist eben jenes Panorama an völlig divergenten nationalen Kriegserfahrungen, das sich erst über die vergleichende Annäherung erschließen dürfte[2]. Nirgendwo sonst lässt sich innerhalb einer historisch ebenso gewachsenen wie konstruierten Region ein so breites, beinahe erschöpfendes Spektrum an Kriegsauswirkungen beobachten, wie dies im europäischen Norden im Gefolge des sowjetisch-finnischen Winterkriegs Ende November 1939 und mit der deutschen Besetzung Dänemarks und Norwegens im April 1940 der Fall ist[3]. Anhand von Nordeuropa als Kriegsschauplatz und Expansions-

---

[1] Auf den Fall Island, das – als Königreich Island in Personalunion mit der dänischen Monarchie – ab 10.5.1940 unter britischer, ab 7.7.1941 dann unter US-Besatzung stand und am 17.6.1944 seine Unabhängigkeit von Dänemark erklärte, und die ähnlich komplexe Geschichte der ab dem 12.4.1940 von Großbritannien besetzten Färöer kann in diesem Zusammenhang nicht näher eingegangen werden. Es sei auf die beiden Standardwerke hingewiesen: Þór Whitehead, Ísland í sídari heimsstyrjöld, 4 Bde., Reykjavík 1980–1999; Niels Juel Arge, Stríðsárini 1940–45, 6 Bde., Tórshavn 1985–1990; vgl. auch James Miller, The North Atlantic Front. Orkney, Shetland, Faroe and Iceland at War, Edinburgh 2003.
[2] Vgl. u. a. die auf Nordeuropa bezogenen Beiträge in zwei Sammelbänden zum Thema: Stig Ekman/Nils Edling (Hrsg.), War Experience, Self Image and National Identity: The Second World War as Myth and History, Södertälje 1997; Henrik Stenius/Mirja Österberg/Johan Östling (Hrsg.), Nordic Narratives of the Second World War. National Historiographies Revisited, Lund 2011.
[3] Die Literatur zur Konstruktion wie Integration des Nordens als Raumeinheit ist in den letzten Jahren ins Unüberschaubare gewachsen. Als maßgeblich erscheinen die Arbeiten von Norbert Götz, u. a. „Norden": Structures that Do Not Make a Region, in: European Review of History 10 (2003), S. 323–341, und kürzlich Marja Jalava, The Nordic Countries as a Historical and Historiographical Region: Towards a Critical Writing of Translocal History, in: História da Historiografia 11 (2013), S. 244–264; im Hinblick auf die Region im Zweiten Weltkrieg vgl. die Arbeiten von Jan Hecker-Stampehl, u. a.

raum lassen sich dabei sowohl unterschiedliche Modi bilateraler Beziehungen im Krieg als auch verschiedene Typen von Okkupation, von hegemonialpolitischer Kontrolle und von Bündnispolitik in ungemein verdichteter Form veranschaulichen[4]. Vor allem aber leistet das im Folgenden skizzierte Panorama der skandinavischen Länder im Zweiten Weltkrieg in ihren Außenbeziehungen zum „Dritten Reich" eines: Es macht deutlich, dass sich den gesamten Zweiten Weltkrieg hindurch Bereiche hielten, in denen sich Außenpolitik zwar kriegsbedingt deformierte, diese ihren politischen Gehalt hingegen – mit Ausnahme des letzten Kriegsjahrs – nicht wirklich einbüßte. Mit Blick auf den Auswärtigen Dienst des „Dritten Reiches" heißt dies, dass sich über die Betrachtung der vom Auswärtigen Amt moderierten Beziehungen zu Staaten wie Dänemark, Finnland oder Schweden auch jenes politische Moment rehabilitiert, das anderweitig im Kriegsverlauf vollständig abhanden kam und das Amt auf wenig mehr als Handlanger- und Zuarbeitsdienste im Zusammenhang mit der eskalierenden Gewalt- und Vernichtungspolitik des NS-Regimes reduzierte[5]. Es rehabilitiert sich dabei wohlgemerkt nicht eine konkrete Politik, sondern vielmehr das Politische – oder genauer: das Außenpolitische – im weitesten Sinne seiner Begriffsbedeutung als das eigentliche Geschäft von Außenministerien.

Um die zunehmend komplexere Ausgangslage zu illustrieren, der sich die Nordeuropapolitik des Auswärtigen Amts im Zeitfenster zwischen 1939 bis 1941 gegenübersah, sind eingangs die unterschiedlichen Modi der Außenbeziehungen des Deutschen Reiches zu den skandinavischen Ländern und Finnland zu skizzieren. Auf Grundlage einer seit dem Ersten Weltkrieg zunehmend konzertierten Außenpolitik erklärten die Kleinstaaten Nordeuropas am 1. September 1939 umgehend ihre Neutralität im deutsch-polnischen Krieg und taten dies erneut zwei Tage darauf bezogen auf den Krieg der Westmächte gegen das Deutsche Reich. Mit dem Beginn des sowjetisch-finnischen Winterkriegs am 30. November 1939 und der Invasion Westskandinaviens ab dem 9. April 1940 wurde der Norden zum Kriegsschauplatz. Ab diesem Zeitraum, der von den beiden für die Region eigentlich gewichtigen Daten eingerahmt ist, fallen die Kriegserfahrungen der nordischen Staaten fundamental auseinander[6]:

Schweden gelang es dabei als einzigem der nordeuropäischen Länder, sich seine Neutralität in durchaus typisch ambivalenter Form den gesamten Krieg über zu bewahren. Die deutsche Gesandtschaft in Schweden war in diesem Zusammenhang an nahezu allen

---

Der Traum von der nordischen Einheit. Definitionen und Abgrenzungen des Nordens im Zweiten Weltkrieg, in: Ders./Hendriette Kliemann-Geisinger (Hrsg.), Facetten des Nordens. Räume – Konstruktionen – Identitäten, Berlin 2009, S. 175–207, und ders., Vereinigte Staaten des Nordens. Integrationsideen in Nordeuropa im Zweiten Weltkrieg, München 2011.

[4] Kürzlich auch: Bernd Wegner, Der Ostseeraum im Zweiten Weltkrieg, in: Jan Hecker-Stampehl/ Bernd Henningsen (Hrsg.), Geschichte, Politik und Kultur im Ostseeraum, Berlin 2012, S. 97–119, hier S. 100f.

[5] So die von Christopher Browning und Hans-Jürgen Döscher bereits vor drei Jahrzehnten entwickelte These, vgl. Christopher R. Browning, The Final Solution and the German Foreign Office. A Study of Referat D III of Abteilung Deutschland 1940–43, New York/London 1978; ders., Unterstaatssekretär Martin Luther and the Ribbentrop Foreign Office, in: Journal of Contemporary History 12 (1977), S. 313–344; Hans-Jürgen Döscher, Das Auswärtige Amt im Dritten Reich. Diplomatie im Schatten der „Endlösung", Berlin 1987. Die Ergebnisse der Unabhängigen Historikerkommission, vgl. Eckart Conze u. a., Das Amt und die Vergangenheit. Deutsche Diplomaten im Dritten Reich und in der Bundesrepublik, München 2010, übernehmen die Prämissen der Interpretation Brownings und Döschers.

[6] Patrick Salmon, Scandinavia and the Great Powers, 1890–1940, Cambridge 1997, S. 319.

Angelegenheiten des deutsch-schwedischen Verhältnisses mittelbar oder unmittelbar beteiligt, obgleich die Spitze der Mission mit Viktor Prinz zu Wied auf dem Gesandtenposten denkbar schlecht besetzt war. Wied, seit 1905 im Auswärtigen Dienst, war bereits kurz nach dem Ersten Weltkrieg Mitglied der Gesandtschaft in Stockholm gewesen, allerdings 1922 abberufen und – nach einem Interim als Geschäftsträger in Budapest – „wegen Unfähigkeit" zeitnah zur Disposition gestellt worden[7]. Sein Missionschef der frühen 1920er Jahre, Rudolf Nadolny, später Botschafter in Moskau und die gesamte Weimarer Zeit hindurch „Außenminister ohne Verwendung", hielt Wied im repräsentativen Alltagsgeschäft der Gesandtschaft für durchaus geeignet, „sachlich" freilich für absolut „unbrauchbar"[8]. Der Eindruck des Protokollchefs unter Außenminister Constantin von Neurath, Vicco von Bülow-Schwante, Wied sei „des Lesens und Schreibens unkundig" gewesen, ist wohl ein wenig wörtlicher zu nehmen, als dies bisher in der Forschung geschehen ist[9]. Die durch die Schülerschen Reformen neu und vor allem professioneller orientierte Personalabteilung bemühte sich vor diesem Hintergrund wiederholt, den unfähigen Hochadeligen „abzusägen"[10]. Dies freilich konnte durchaus auch dazu angetan sein, mit den Befindlichkeiten der Stockholmer Gesellschaft und insbesondere der schwedischen Königsfamilie zu kollidieren, mit der Wied mütterlicherseits verwandt war[11]. In Anbetracht dessen sah man sich in der Zentrale gezwungen, den Prinzen erst vorübergehend nach Budapest wegzuloben, bevor – nach Verstreichen einer gewissen personalpolitischen Schamfrist – die eigentliche Entfernung aus dem Auswärtigen Dienst erfolgte.

Wieds Reaktivierung Anfang Dezember 1933 ist hauptsächlich als „Belohnung" für eingehende Mittlerdienste zwischen der Leitungsebene des Auswärtigen Amts um Neurath und führenden Nationalsozialisten – hier insbesondere Göring – zu verstehen. Unter anderem hatte der zur Disposition gestellte Prinz, der sich seit den frühen 1930er Jahren um Mitgliedschaft in der NSDAP bemüht hatte, die erste Unterredung Hitlers mit Neurath im Januar 1932 vermittelt und Ersteren damit unter den alten Eliten mit salonfähig gemacht[12]. Wieds intensive Verbindungen in das schwedische Königshaus und in die Stockholmer Gesellschaft hinein konnten in einem solchen Zusammenhang offensichtlich nicht schaden, deckten sie zugleich doch im Habituellen zumindest behelfsmäßig jene fundamentale Entfremdung ab, die mit der Machtübernahme und Konsolidierung des NS-Regimes im Deutschen Reich auch und gerade im liberalen politischen

---

[7] Döscher, Das Auswärtige Amt, S. 60 f., der eine Aufzeichnung des Ministerialdirektors Köpke vom 4.11.1935 zitiert.
[8] Politisches Archiv des Auswärtigen Amts (künftig: PA AA), Nachlass Rudolf Nadolny, Bestand 102: Nadolny an Blücher, 18.7.1920 bzw. 23.8.1922 (Zitat „sachlich unbrauchbar"); Rudolf Nadolny, Mein Beitrag. Erinnerungen eines Botschafters des Deutschen Reiches, hrsg. von Günter Wollstein, Köln 1985, S. 154 f.; Günter Wollstein, Rudolf Nadolny – Außenminister ohne Verwendung, in: Vierteljahrshefte für Zeitgeschichte (VfZ) 28 (1980), S. 47–93.
[9] Zit. nach Döscher, Das Auswärtige Amt, S. 60 f.
[10] PA AA, Nachlass Rudolf Nadolny, Bestand 102: Nadolny an Blücher, 23.8.1922.
[11] Roth verweist völlig zu Recht auf den Umstand, dass es sich bei Wied nicht, wie in der Memoiren- und Forschungsliteratur ein ums andere Mal kolportiert, um einen Neffen des schwedischen Königs Gustav V. handelte, sondern um den Vetter 2. Grades von dessen Frau, Sofia von Baden. Vgl. Daniel Roth, Hitlers Brückenkopf in Schweden. Die deutsche Gesandtschaft in Stockholm 1933–1945, Berlin 2009, S. 54 ff. und 357 f.
[12] Die Aufnahme Wieds und seiner Frau in die NSDAP erfolgte dabei erst am 26.3.1934, freilich rückwirkend zum 1.1.1932; maßgebend hier die Darstellung bei Döscher, Das Auswärtige Amt, S. 60 f.; vgl. auch Roth, Hitlers Brückenkopf, S. 357; Conze u. a., Amt, S. 65 f. (dort auch vorhergegangenes Zitat).

Milieu Skandinaviens einhergegangen war[13]. Er folgte auf den konservativen Berufsdiplomaten Frederic von Rosenberg, dem als vormaligem Außenminister des Kabinetts Cuno gerade in Stockholm einiges an Gewicht zugekommen war[14]. Das eigentliche Alltagsgeschäft der Gesandtschaft und deren politische Positionierung oblagen dabei allerdings in erster Linie Wieds effektiven Stellvertretern vor Ort, den Gesandtschaftsräten und jüngeren Berufsdiplomaten Erich Meynen von 1931 bis 1937 und Carl von Below bis 1941 sowie schließlich der eigentlichen grauen Eminenz der Mission, dem langjährigen Geschäftsträger Werner Dankwort, der bereits von 1927 bis 1931 an der Gesandtschaft tätig gewesen war und – gleich nach Kriegsausbruch – erneut dorthin versetzt wurde. Wied selber erschien zumeist als politisch wenig initiativ bis apathisch, von gravierenden Gesundheitsproblemen, die ihn regelmäßig zu längeren Auszeiten zwangen, einmal abgesehen[15].

Die politischen Prämissen der deutschen Gesandtschaft in Stockholm wie der deutschen Schwedenpolitik insgesamt spiegelten dabei die Kontinuitäten und Konjunkturen der schwedischen Neutralität im Zweiten Weltkrieg. Im Zentrum von Hitlers Interesse an Schweden stand die Sicherung der kriegswirtschaftlich unerlässlichen Zufuhr schwedischer Rohstoffe, hier vor allem Erz, und Halbfertigprodukte. „Eisenerz und Neutralität", so hat der schwedische Historiker Kent Zetterberg es bewusst vergröbernd zu erfassen versucht, „waren das, was Hitler von Schweden forderte – und was er bekam"[16]. Für das NS-Regime und damit auch die diesen Kurs mittragende Gesandtschaft vor Ort gab es, dies scheint offensichtlich, „keinen mit weniger Risiko und Ressourcenaufwand verbundenen Weg als den der Verhandlungen mit einer formal souveränen und neutralen, aufgrund vitaler wirtschaftlicher und sicherheitspolitischer Interessen aber zum Arrangement mit Deutschland geneigten schwedischen Regierung"[17]. In dem auf „Interessenausgleich

---

[13] Matthias Hannemann, Die Freunde im Norden. Norwegen und Schweden im Kalkül der deutschen Revisionspolitik 1918–1939, Berlin 2011, u. a. S. 511ff.

[14] Rosenberg hatte zudem beinahe ein Jahrzehnt auf dem Gesandtenposten zugebracht, „eine Wohltat", wie er sich später erinnerte. Vgl. Winfried Becker, Frederic von Rosenberg (1874–1937). Diplomat vom späten Kaiserreich bis zum Dritten Reich, Außenminister der Weimarer Republik, Göttingen 2011, S. 181ff. und – für die Erinnerungen – S. 302 (Zitat).

[15] Dankwort (ab 12.6.1942 Botschaftsrat) übernahm während der häufigen Abwesenheitszeiten Wieds von 1941 an die Funktion des Geschäftsträgers, bis schließlich 1943 der wenig mit Schweden vertraute vormalige Geschäftsträger in Washington, Hans Thomsen, als Gesandter nach Stockholm versetzt wurde. Vgl. Biographisches Handbuch des deutschen Auswärtigen Dienstes 1871–1945, hrsg. vom Auswärtigen Amt, Bd. 1: A-F, Paderborn u. a. 2000, S. 97, S. 399f. und, Bd. 3: L-R, S. 249f.; auch Roth, Hitlers Brückenkopf, S. 342ff., S. 56f. und 196ff.; ders., Mikrokosmos der NS-Außenpolitik – Die deutsche Gesandtschaft in Stockholm auf dem Höhepunkt ihres Ausbaus im Zweiten Weltkrieg, in: Christian A. Braun/Michael Mayer/Sebastian Weitkamp (Hrsg.), Deformation der Gesellschaft? Neue Forschungen zum Nationalsozialismus, Berlin 2008, S. 75–92.

[16] Kent Zetterberg, Neutralitet till varje pris? Till frågan om den svenska säkerhetspolitiken 1940–42 och eftergifterna till Tyskland, in: Bo Hugemark (Hrsg.), I orkanens öga: 1941 – osäker neutralitet, Stockholm 1992, S. 11–36, hier S. 13. Vgl. die differenziertere und noch immer maßgebliche Untersuchung von Klaus Wittmann, Schwedens Wirtschaftsbeziehungen zum Dritten Reich 1933–1945, München/Wien 1978, S. 241ff.; Sven Radowitz, Schweden und das „Dritte Reich" 1939–1945. Die deutsch-schwedischen Beziehungen im Schatten des Zweiten Weltkrieges, Hamburg 2005, S. 269ff.

[17] Roth, Hitlers Brückenkopf, S. 331. Vgl. auch Alf W. Johansson/Torbjörn Norman, Den svenska neutralitetspolitiken i historiskt perspektiv, in: Bo Hugemark (Hrsg.), Perspektiv på svensk säkerhetspolitik 1809–1985, Stockholm 1986, S. 11–43; Hans-Jürgen Lutzhöft, Deutsche Militärpolitik und schwedische Neutralität 1939–1942, Neumünster 1981; Wittmann, Schwedens Wirtschaftsbeziehungen, S. 393ff.; Radowitz, Schweden und das „Dritte Reich", S. 242ff.

und Konfliktentschärfung" ausgerichteten, im Grunde kooperativen Binnenklima der deutsch-schwedischen Beziehungen auch nach Kriegsausbruch behielt die deutsche Diplomatie ihre angestammte Rolle größtenteils bei, obgleich, dies hat Daniel Roth überzeugend nachgewiesen, die zügellose Expansion der Stockholmer Gesandtschaft auch deren Charakter nicht unbeträchtlich deformierte[18]. Dies schloss, insbesondere im kritischen Zeitfenster zwischen der deutschen Besetzung Dänemarks und Norwegens im Frühjahr 1940 und dem unmittelbaren Vorlauf zum Unternehmen „Barbarossa", auch das Bemühen der Gesandtschaftsführung ein, Schweden wehrwirtschaftlich so intensiv wie möglich an die deutschen Kriegsanstrengungen zu binden, ja unter Umständen gar als aktiven Bündnispartner für den Angriffskrieg gegen die Sowjetunion zu gewinnen. Angefangen mit dem in der Praxis zunehmend pervertierten Transit-Übereinkommen der frühen 1940er Jahre ließen Berlin und die deutsche Diplomatie vor Ort keine Gelegenheit aus, Schweden die Beibehaltung einer strikteren Form von Neutralität zu erschweren[19]. Erst mit der kriegsbedingten Schwächung des deutschen Einflusses vor Ort befreite sich Stockholm zunehmend vom deutschen Zugriff und fand ab 1942 zu einer abwartenden, abwägenden, im Grunde strikt neutralen Haltung, die gegen Kriegsende verstärkt pro-alliierte Züge gewann[20].

Im Gegensatz zum schwedischen Beispiel erfolgreicher kleinstaatlicher Selbstbehauptung wurden Schwedens Anrainer Dänemark und Norwegen Opfer deutscher Aggression und im Rahmen des Unternehmens „Weserübung" ab dem April 1940 besetzt. Die dort installierten Besatzungsregime divergierten fundamental, ja glichen weit eher entgegengesetzten Polen auf der Skala der vom NS-Regime in West-, Nordwest- und Nordeuropa eingerichteten Okkupationssysteme. Dänemark wurde von Berlin als eigenständiger Staat mit vergleichsweise autonomer Regierung, eigener Innen- und formal sogar Außenpolitik belassen. Ein Modus vivendi zum Deutschen Reich als vermeintlicher „Schutzmacht", so die propagandistische Lesart von deutscher Seite, sollte über die Aufwertung des deutschen Gesandten vor Ort zum sogenannten Reichsbevollmächtigen sichergestellt werden. Die Verantwortung für die bilateralen Beziehungen verblieb über den Reichsbevollmächtigen beim Auswärtigen Amt[21]. Bis zur eigentlichen Zäsur im bilateralen Verhältnis, dem sogenannten Augustaufruhr von 1943 (dän. Augustoprøret), hatte sich solcherart ein vergleichsweise stabiler Modus von Besatzungsverwaltung und bilateralen Beziehungen eingependelt, der mit dem Umschwung im Kriegsverlauf allerdings grund-

---

[18] Roth, Hitlers Brückenkopf, S. 183 ff. (Zitat S. 329).
[19] Ebenda, S. 329 f.; Kent Zetterberg, Den tyska transiteringstrafiken genom Sverige 1940–1943, in: Stig Ekman (Hrsg.), Stormaktstryck och småstatspolitik. Aspekter på svensk politik under andra världskriget, Stockholm 1986, S. 97–118; Radowitz, Schweden und das „Dritte Reich", S. 289ff.
[20] Kent Zetterberg, 1942 – Storkriget vänder, Sveriges utsatta läge består, in: Bo Hugemark (Hrsg.), Vindkantring. 1942 – politisk kursändring, Stockholm 1992, S. 81–152; ders., Svensk säkerhetspolitik 1943. En balansakt på slak lina mellan de krigförande, in: Bo Hugemark (Hrsg.), Nya fronter? 1943 – spänd väntan, Stockholm 1994, S. 15–117.
[21] Vgl. Erich Thomsen, Deutsche Besatzungspolitik in Dänemark 1940–1945, Düsseldorf 1971, S. 11 ff.; Hans Kirchhoff, Foreign Policy and Rationality – The Danish Capitulation of 9 April 1940. An Outline of a Pattern of Action, in: Scandinavian Journal of History 16 (1991), S. 237–268; Henning Poulsen, Die deutsche Besatzungspolitik in Dänemark, in: Robert Bohn u. a. (Hrsg.), Neutralität und totalitäre Aggression. Nordeuropa und die Großmächte im Zweiten Weltkrieg, Stuttgart 1991, S. 369–380; Karl Christian Lammers, Die deutsche Besatzungspolitik und ihre dänischen Partner. Eine Forschungsbilanz, in: Robert Bohn (Hrsg.), Die deutsche Herrschaft in den „germanischen" Ländern 1940–1945, Stuttgart 1997, S. 135–144.

legend untergraben wurde und schließlich unerwartet rapide kollabierte. Der hierauf verhängte Ausnahmezustand reduzierte den Manövrierspielraum Dänemarks erheblich, enthob es bis zum Kriegsende seiner eigenen Regierung und militarisierte den Status quo im bilateralen Verhältnis anhaltend[22].

Für den Zeitraum April 1940 bis August 1943 freilich lässt sich, legt man die in den frühen 1940er Jahren von Werner Best, dem späteren Reichsbevollmächtigten in Dänemark, entwickelte Typologie von Besatzungstypen an, der sicherlich weitreichendste Versuch ausmachen, im deutschen Herrschaftsbereich eine sogenannte Bündnisverwaltung zu etablieren. In Absetzung von der rigideren „Aufsichtsverwaltung" war Letztere vor allem durch eine bewusst schwache Zivilverwaltung gekennzeichnet, die sich vertraglich zur Wahrung der territorialen und staatlichen Integrität des Landes verpflichtet sah und damit auch von jenen Formen von Einmischung in die inneren Angelegenheiten Abstand zu nehmen hatte, die ansonsten zentral mit der Funktion und Praxis von Besatzung assoziiert sind[23]. Dies erklärt den geradezu kuriosen Umstand, dass beide Reichsbevollmächtigten in Kopenhagen, der von 1940 bis zur Telegrammkrise im November 1942 amtierende Berufsdiplomat Cécil von Renthe-Fink und der auf diesen folgende SS-Obergruppenführer Best, mit einer Koalitionsregierung unter Führung des langjährigen sozialdemokratischen Ministerpräsidenten Thorvald Stauning zu arbeiten hatten, die nach dessen Tod im Mai 1942 erst vom Sozialdemokraten Vilhelm Buhl, nach der sogenannten Telegrammkrise im Herbst des Jahres vom vormaligen liberalen Außenminister Erik Scavenius geführt wurde[24]. Unter Best normalisierten sich die nicht gänzlich krisenfesten Modi deutsch-dänischer Kooperations- und Verhandlungspolitik so weitgehend, dass – ein Unikum im deutsch kontrollierten Orbit – im März 1943 die verfassungsgemäß vorgeschriebenen Wahlen zum dänischen Reichstag abgehalten werden konnten. Dass die Träger der Zusammenarbeitspolitik in der Koalitionsregierung noch gestärkt aus den Parlamentswahlen hervorgingen, ließ dabei vor allem Best triumphieren, auch und gerade gegen politische Gegner in Berlin, unter anderem Unterstaatssekretär Martin Luther, der für einen härteren Kurs der innenpolitischen Einflussnahme plädiert hatte[25].

Der norwegische Fall unterscheidet sich insofern, als trotz einer ähnlichen – auch konzeptionellen – Ausgangslage auf deutscher Seite zeitnah eine dezidiert härtere, direk-

---

[22] Hans Kirchhoff, Augustoprøret 1943. Samarbejdspolitikkens Fald. Forudsætninger og Forløb. En studie i kollaboration og modstand, Bde. I–III, Kopenhagen 1979; auch Thomsen, Deutsche Besatzungspolitik, S. 151 ff.

[23] Das effektiv besetzte Dänemark besitzt dabei vor August 1943 völkerrechtlich größtenteils Züge der von Best beschriebenen „Bündnisverwaltung", im wirtschafts- und handelspolitischen Bereich freilich in erster Linie Elemente eines von Best als „Aufsichtsverwaltung" bezeichneten Systems. Bests Typologie findet sich systematischer entwickelt in: Werner Best, Grundfragen einer deutschen Großraum-Verwaltung, in: Wilhelm Stuckart (Hrsg.), Festgabe für Heinrich Himmler, Darmstadt 1941, S. 33–60, hier S. 54 ff.; zu Best und seinen großraumpolitischen Konzeptionen vgl. Ulrich Herbert, Best. Biographische Studien über Radikalismus, Weltanschauung und Vernunft 1903–1989, Bonn 2001 (TB), S. 290 ff. und 323 ff.

[24] Scavenius, ein traditioneller Berufsdiplomat, der bereits vor und im Ersten Weltkrieg dänischer Außenminister gewesen war, ist zweifelsohne die Schlüsselfigur dieses Beziehungsgeflechts; vgl. Viggo Sjøquist, Erik Scavenius. Danmarks udenrigsminister under to verdenskrige, statsminister 1942–1945, 2 Bde., Kopenhagen 1973; Bo Lidegaard, Kampen om Danmark 1933–1945, Kopenhagen 2005, u. a. S. 353 ff.

[25] Herbert, Best, S. 340 (auch Anm. 50, S. 612); Kirchhoff, Augustoprøret 1943, Bd. I, S. 197.

tere Variante von Okkupationsherrschaft eingerichtet wurde, ein sogenanntes Reichskommissariat unter dem vormaligen Gauleiter von Essen, Josef Terboven[26]. In Hitlers Sicht wurde dies spätestens notwendig, als sich die ursprünglich favorisierte mildere Variante, orientiert am dänischen Präzedenzfall, aufgrund der eskalierenden Entwicklung im Zusammenhang mit der Invasion nicht durchsetzen ließ. Obgleich formal als Zivilverwaltung zu klassifizieren, war der Einfluss von Politik und Ideologie, Wehrmacht – und hier vor allem der Kriegsmarine – und Kriegswirtschaft so zentral, dass der Bests Typologie entlehnte Begriff der „Aufsichtsverwaltung" im Hinblick auf die deutsche Besatzungsherrschaft in Norwegen mehr in die Irre führt als zur Klärung beiträgt. Im Grunde verdeckt das Kompositum aus reichskommissarischer Aufsicht und vermeintlich einheimischer Verwaltung euphemistisch „das rücksichtslose Diktat und das tatsächliche Ausmaß der Eingriffe der Okkupationsmacht"[27].

Für den Blick auf die Rolle des Auswärtigen Amts scheint in erster Linie die Phase der Genese des Besatzungsregimes in Norwegen von Belang. Mit der eigentlichen Etablierung des Reichskommissariats, kulminierend in der Ernennung Terbovens zum Reichskommissar für die besetzten norwegischen Gebiete per Führererlass vom 24. April, endete de facto die Zuständigkeit des Auswärtigen Amts für Norwegen – ein Zustand, der erst die Auflösung der Gesandtschaft, dann auch die formale Kündigung der Zuständigkeit durch das Amt am 6. Juni nach sich zog[28]. Der deutsche Gesandte, Curt Bräuer, war bereits Mitte April von Hitler zurückgezogen worden. Im Führererlass kommt dem Reichskommissar nicht nur die höchste, völlig unbeschränkte Zivilgewalt im besetzten Land zu; er wird zudem als Institution der Autorität des Auswärtigen Amts entzogen und unmittelbar dem „Führer" unterstellt[29]. Die neuen Strukturen des besetzten Norwegens, repliziert im politisch ähnlich gelagerten Fall der Niederlande, erlauben keine substanziellen Einblicke in das Geschäft der deutschen Diplomatie, da das Land ab Ende April 1940 effektiv Bestandteil einer „großgermanisch" erweiterten nationalsozialistischen Innenpolitik geworden war[30].

Finnland vereint einen Großteil der bereits umrissenen Kriegserfahrungen und stellt somit den komplexesten und am schwersten zu fassenden Fall unter den Staaten Nordeuropas dar. Auf anfängliche Neutralität folgte mit dem sowjetisch-finnischen Winterkrieg

---

[26] Hans-Dietrich Loock, Quisling, Rosenberg und Terboven. Zur Vorgeschichte und Geschichte der nationalsozialistischen Revolution in Norwegen, Stuttgart 1970, S. 243ff. und 304ff.; Robert Bohn, Die Errichtung des Reichskommissariats Norwegen, in: Bohn u. a. (Hrsg.), Neutralität und totalitäre Aggression, S. 129–148; ders., Reichskommissariat Norwegen. „Nationalsozialistische Neuordnung" und Kriegswirtschaft, München 2000, S. 31ff.; Berit Nøkleby, Josef Terboven – Hitlers mann i Norge, Oslo ²2008.
[27] Werner Röhr, System oder organisiertes Chaos? Fragen einer Typologie der deutschen Okkupationsregime im Zweiten Weltkrieg, in: Bohn (Hrsg.), Die deutsche Herrschaft, S. 11–46, hier S. 39f.
[28] Loock, Quisling, Rosenberg und Terboven, S. 326ff.
[29] „Erlass des Führers über Ausübung der Regierungsbefugnisse in Norwegen" vom 24.4.1940, in: Reichsgesetzblatt (künftig: RGBl.) I (1940), S. 677; Bohn, Reichskommissariat Norwegen (2000), S. 34f. und 57ff.; Loock, Quisling, Rosenberg und Terboven, S. 339f.
[30] Die Formulierung geht zurück auf Hans-Dietrich Loock, Zur „Großgermanischen Politik" des Dritten Reiches, in: VfZ 8 (1960), S. 37–60; auch ders., Nordeuropa zwischen Außenpolitik und „großgermanischer" Innenpolitik, in: Manfred Funke (Hrsg.), Hitler, Deutschland und die Mächte: Materialien zur Außenpolitik des Dritten Reiches, Düsseldorf ²1978, S. 684–706; zu den Besatzungsstrukturen in den Niederlanden vgl. „Erlass des Führers über Ausübung der Regierungsbefugnisse in den Niederlanden" vom 18.5.1940, in: RGBl. I (1940), S. 778; vgl. Isabel Gallin, Machtstrukturen im Reichskommissariat Niederlande, in: Bohn (Hrsg.), Die deutsche Herrschaft, S. 145–157.

eine von außen an das kleine Land herangetragene Aggression, in deren Gefolge die finnische Staatsführung im Zeitfenster 1940/41 intensiv die Nähe zum nationalsozialistischen Deutschland suchte. An dessen Seite überfiel man im Juni 1941 die Sowjetunion, um vor dem Hintergrund der Kriegswende im Osten ab Frühjahr 1943 erneut die Distanz zu suchen. Nach dem Zerfall der deutsch-finnischen Militärkoalition Anfang September 1944 schloss sich für das von ca. 213 000 deutschen Soldaten besetzte Nordfinnland eine mehrmonatige Phase der effektiven Besatzung an, die funktional in erster Linie der Evakuierung von Truppenkontingenten nach Nordnorwegen geschuldet war[31]. Nichtsdestoweniger hinterließen die erst mit Kriegsende vollständig zurückgezogenen Wehrmachtverbände in den von ihnen kontrollierten Teilen Lapplands größtenteils „verbrannte Erde"[32]. Im Hinblick auf die deutsche Diplomatie hat in diesem Zusammenhang vor allem die Ausgestaltung des deutsch-finnischen Verhältnisses im Zeitfenster zwischen 1941 und 1944 von besonderem Interesse zu sein – jene Phase des Koalitionskriegs gegen die UdSSR, die in beiden Sprachen bereits zeitgenössisch als „Waffenbrüderschaft" (finn. Aseveljeys) mythisiert und entsprechend propagandistisch inszeniert wurde[33].

Blickt man insgesamt auf die hier nur umrissene Bandbreite an Phänomenen, so wird deutlich, welch unterschiedlichen Voraussetzungen und Erfordernissen sich die Diplomatie, ja im Grunde die Nordeuropapolitik des Auswärtigen Amts gegenübersah. Einheitlich konnte sie angesichts des komplexen Potpourris von Besatzungsherrschaft, Neutralitätspolitik und Bündnismoderation ohnehin nicht sein. Zusammengeführt wurden die unterschiedlichen Stränge im Referat VI „Skandinavien und Randstaaten" der Politischen Abteilung des Amts, das in unterschiedlichen Bezeichnungen bereits seit 1934 dem Vortragenden Legationsrat Werner von Grundherr zu Altenthann und Weyershaus unterstand, der noch 1940 mit der Amtsbezeichnung Gesandter versehen wurde. Dass es sich bei dem 1888 geborenen und 1918 in den Auswärtigen Dienst eingetretenen Grundherr um einen Beamten alten Typs handelte, hatte selbst die NSDAP erkannt, die, wie Hans-Jürgen Döscher feststellt, seinen Aufnahmeantrag vom 4. Juni 1940 unter Hinweis

---

[31] Vgl. zuletzt Tiina Kinnunen/Ville Kivimäki (Hrsg.), Finland in World War II: History, Memory, Interpretations, Leiden/Bosten 2012, dort u. a. die Beiträge von Henrik Meinander, Michael Jonas und Pasi Tuunainen sowie die exzellente Einleitung von Ville Kivimäki.

[32] Sampo Ahto, Aseveljet vastakkain. Lapin sota 1944–1945, Helsinki 1980; Bernd Wegner, Das Kriegsende in Skandinavien, in: Das Deutsche Reich und der Zweite Weltkrieg, Bd. 8: Karl-Heinz Frieser (Hrsg.), Die Ostfront 1943/44. Der Krieg im Osten und an den Nebenfronten, München 2007, S. 961–1008, hier S. 992ff.

[33] Von wenigen Ausnahmen in der finnischen Historiographie abgesehen, steht in der Forschung heute außer Frage, dass es sich bei dem deutsch-finnischen Angriff auf die UdSSR vom Juni 1941 um eine „militärische Aktionsgemeinschaft" handelte, die in ihrer Genese und ihren Grundlagen den Charakter eines Koalitionskriegs trug, obgleich ihr dabei zweifelsohne eine Reihe konstitutiver Merkmale dieser Form der Kriegführung abgingen. Vgl. u. a. Gerd R. Ueberschär, Koalitionskriegführung im Zweiten Weltkrieg. Probleme der deutsch-finnischen Waffenbrüderschaft im Kampf gegen die Sowjetunion, in: Manfred Messerschmidt u. a. (Hrsg.), Militärgeschichte. Probleme – Thesen – Wege, Stuttgart 1982, S. 355–382; Das Deutsche Reich und der Zweite Weltkrieg, Bd. 4: Horst Boog u. a. (Hrsg.), Der Angriff auf die Sowjetunion, Stuttgart 1983, S. 365–403, hier S. 402 (Zitat); für die finnische Forschung grundlegend: Mauno Jokipii: Jatkosodan synty. Tutkimus Saksan ja Suomen sotilaallisesta yhteistyöstä 1940–1941, Keuruu 1987; siehe auch die Forschungsüberblicke von Markku Jokisipilä, „Kappas vaan, saksalaisia!" Keskustelu Suomen jatkosodan 1941–1944 luonteesta, in: Ders. u. a. (Hrsg.), Sodan totuudet – Yksi suomalainen vastaa 5,7 ryssää, Helsinki 2007, S. 153–182; Henrik Meinander, A Separate Story? Interpretations of Finland in the Second World War, in: Stenius u. a. (Hrsg.), Nordic Narratives, S. 55–78.

auf die „ausgeprägte Eitelkeit, Standesdünkel, früheres Desinteresse an der NSDAP und offensichtliche[n] Opportunismus" des Antragstellers ablehnte[34]. Opportunismus lässt sich Grundherr auch im Hinblick auf seine Amtsführung unterstellen, die durchaus empfänglich gewesen zu sein scheint für antisemitische Impulse aus der Abteilung Deutschland, freilich ohne dass der Skandinavienreferent in diesen Angelegenheiten selber initiativ geworden wäre. Während er beispielsweise im Falle Dänemarks bereits 1941/42 im Verbund mit dem sogenannten Judenreferenten der Abteilung Deutschland, Franz Rademacher, eine Aufnahme der, so heißt es, „endgültig zu lösenden Judenfrage" mit der dänischen Regierung anregte, deckte Grundherr im Falle der ähnlich sensiblen deutsch-finnischen Beziehungen das gänzlich anders geartete Verhalten des Gesandten in Helsinki, Wipert von Blücher, auch und gerade in der sogenannten Judenpolitik[35]. Im Grunde scheinen ihn dabei die hinreichend bekannten Motive geleitet zu haben: für den Diplomaten typische außenpolitische Erwägungen, der verabsolutierte Primat der Außenpolitik auf der einen, die opportunistische Konsolidierung der eigenen – vergleichsweise labilen – Stellung im Auswärtigen Dienst auf der anderen Seite. Weitergehende nordeuropapolitische Initiativen waren vor diesem Hintergrund von Grundherr nicht zu erwarten.

Im Gegensatz zu Grundherr, dessen Verhalten durchaus symptomatische Züge für die höhere Beamtenschaft aufweist, erwies sich dessen langjähriger politischer Freund in Helsinki, der Gesandte Wipert von Blücher, als aktiver und im Umgang mit der Zentrale und der Amtsführung als durchaus selbstbewusster Missionschef[36]. Dies hing zweifelsohne auch mit der Eigentümlichkeit des deutsch-finnischen Verhältnisses in den Kriegsjahren zusammen, das ihm und seiner Mission einen individuellen wie außenpolitischen Rückzugsraum bot. Die sensiblen und für die Kriegführung im Osten zentralen Beziehungen zwischen Berlin und Helsinki bedurften in den Jahren 1941 bis 1944 eines Bindeglieds, das in der Lage war, die Befindlichkeiten und politischen Präferenzen der finnischen Führung um Staatspräsident Risto Ryti und den Oberbefehlshaber der finnischen Streitkräfte, Marschall Carl Gustaf Emil Mannerheim, in adäquater Form an Berlin heranzutragen, ohne dabei das deutsche Kerninteresse an einer Fortsetzung des Militärbündnisses mit Finnland aus den Augen zu verlieren. Blüchers häufige Interventionen zugunsten der finnischen Sicht, auch und gerade in nordeuropapolitischen Belangen, trugen ihm nicht gänzlich zu Unrecht bei Ribbentrop den Vorwurf ein, als notorischer „Fennophiler" dessen eigene Politik zu hintertreiben[37]. Blüchers Pendant im Militärischen bildete der deutsche Verbindungsgeneral im finnischen Hauptquartier in Mikkeli, General der Infanterie Waldemar Erfurth, ein Generalstabsoffizier von „feiner humanistischer Bildung", der sich

---

[34] Döscher, Das Auswärtige Amt, S. 70f. (Zitat); ders., Seilschaften. Die verdrängte Vergangenheit des Auswärtigen Amts, Berlin 2005, S. 107f. Zur Biographie Grundherrs vgl. Staatsarchiv (künftig: StA) Nürnberg, Spruchkammerakte Werner von Grundherr, u. a. Verteidigungsschrift Grundherrs vom 23. 3. 1948, S. 8ff.; Biographisches Handbuch des deutschen Auswärtigen Dienstes 1871–1945, Bd. 2: G-K, Paderborn u. a. 2005, S. 124f.
[35] Conze u. a., Amt, S. 245f.; Michael Jonas, NS-Diplomatie und Bündnispolitik 1935–1944. Wipert von Blücher, das Dritte Reich und Finnland, Paderborn 2011, S. 375ff.
[36] Zum biographischen Hintergrund und zur politischen Mentalität Blüchers vgl. Jonas, NS-Diplomatie, S. 33ff.
[37] Die Bezeichnung „fennophil" (im Original „finnophil") geht auf eine Denkschrift des Staatssekretärs Ernst von Weizsäcker zurück. Vgl. Leonidas Hill (Hrsg.), Die Weizsäcker-Papiere 1933–1950, Frankfurt a. M. u. a. 1974, Eintrag vom 26. 6. 1940, S. 210; zum Kontext Jonas, NS-Diplomatie, S. 171ff.

über seine intensive langjährige Bindung an Mannerheim die finnischen Interessen noch wesentlich expliziter zu eigen machte, als dies bei Blücher der Fall war[38].

Blüchers allgemeines Verständnis von Außenpolitik bewegte sich – ebenso wie die Grundlagen seiner Finnlandpolitik im Konkreten – innerhalb der traditionellen Parameter spätwilhelminischer Diplomatie und kultivierte eben jene zeittypischen Präferenzen und Ressentiments, die das politische Bewusstsein national-konservativer Diplomaten im Auswärtigen Dienst prägten. Sein außenpolitisches Credo – im traditionellen Sinne der Staatsräson verpflichtet – war dabei ideologischer oder genauer: parteipolitischer Rücksichtnahme unzugänglich. Im Hinblick auf das deutsch-finnische Verhältnis hatte diese Grundhaltung zur Folge, dass er sich politisch auf die bewährten Träger der deutsch-finnischen Beziehungen stützte. Im Positiven äußerte sich dies in der Pflege der bilateralen Kirchenbeziehungen sowie im kontinuierlichen Ausbau seiner Verbindungen in die Netzwerke der finnischen Konservativen in Politik und Militär hinein; im Negativen, sieht man von der üblichen Bekenntnisrhetorik ab, in Blüchers vorsätzlicher Distanz zum einheimischen Faschismus, der „Isänmaallinen kansanliike" (IKL, dt. Vaterländische Volksbewegung), und in seinem beharrlichen Bemühen, einer Einflussnahme seitens der NSDAP und ihrer Organisationen so weit wie möglich vorzubeugen[39]. Blüchers Obstruktionshaltung spiegelte sich auch in einer Reihe von Interventionen wider, zu denen er sich aufgrund der NS-Judenpolitik veranlasst sah und die dazu angetan waren, einem potenziellen Vorgehen gegen den jüdischen Bevölkerungsteil Finnlands, ja im Grunde Nordeuropas präventiv entgegenzuwirken[40].

Auf der Grundlage seiner finnlandpolitischen Vorstellungen und Erfahrungen entwickelte Blücher in den frühen 1940er Jahren in zunehmendem Maße Politikansätze, die den vorherrschenden Prämissen deutscher Gewalt- und Okkupationspolitik diametral entgegenstanden. Am kohärentesten lässt sich Blüchers alternativpolitischer Ansatz anhand seiner Vorschläge zur Ausrichtung deutscher Politik in Nordeuropa veranschaulichen. Das deutsch-finnische Verhältnis firmiert in diesem Zusammenhang nicht nur als konstitutiver Bestandteil eines ambitionierten Gesamtentwurfs, sondern geradezu als Modell deutscher Politik im Ostseeraum und in Skandinavien. Wie bereits in der Vorkriegszeit sah Blücher auch unter den veränderten Rahmenbedingungen nach dem Winterkrieg die Notwendigkeit, Finnlands staatliche Eigenständigkeit als „autochthone Bauerndemokratie" durch

---

[38] Carl Gustav Emil Mannerheim, Erinnerungen, Zürich/Freiburg i. Br. 1952, S. 529 (Zitat). Eine umfassende Biographie Erfurths stellt weiterhin ein eklatantes Forschungsdesiderat dar. Zu Erfurths Dienstzeit in Finnland vgl. Waldemar Erfurth, Der finnische Krieg 1941–1944, Wiesbaden 1950; Jonas, NS-Diplomatie, S. 570 f.; Manfred Menger, Deutschland und Finnland im zweiten Weltkrieg. Genesis und Scheitern einer Militärallianz, Berlin (Ost) 1988, S. 214 f.; kritisch die Memoiren des deutschen Militärattachés in Helsinki, Oberst Horst Kitschmann, Bundesarchiv-Militärarchiv Freiburg i. Br., MSg 2/3317: „Als Militärattaché in Helsinki", Dokumentation von Herrn Oberst a. D. Kitschmann vom Dezember 1962, hier S. 162 f.

[39] Kansallisarkisto (Staatsarchiv, künftig: KA) Helsinki, Nachlass Wipert von Blücher, hier vor allem die programmatischen Denkschriften Blüchers vom 31. 10. 1940, 29. 10. 1942 sowie vom Juni und Juli 1943; Wipert von Blücher, Gesandter zwischen Diktatur und Demokratie. Erinnerungen aus den Jahren 1935–1944, Wiesbaden 1951, u. a. S. 334 ff.; Michael Jonas, Alternativpolitik und Diplomatie. Das Auswärtige Amt und Nordeuropa im Zweiten Weltkrieg, in: Historische Zeitschrift 293 (2011), S. 667–707; Jonas, NS-Diplomatie, S. 100 ff. und 335 ff.

[40] Jonas, NS-Diplomatie, S. 375 ff.; ders., „Die deutsche Judenpolitik entfremdet uns innerlich dem finnischen Volk". Wipert von Blücher, die NS-Judenpolitik und Finnland im Zweiten Weltkrieg, in: Nordeuropaforum. Zeitschrift für Politik, Wirtschaft und Kultur 14 (2004), S. 3–26.

eine Politik weitgehender Nichteinmischung zu wahren. Die staatliche Existenz und Unabhängigkeit Finnlands galt ihm in dieser Auslegung als zentrales „außenpolitisches Postulat" deutscher Finnlandpolitik[41]. In der Bündniskonstellation der frühen 1940er Jahre sah der Gesandte einerseits die Vollendung der bilateralen Beziehungen, andererseits einen Modellfall schlechthin für die Ordnung des Verhältnisses von Hegemonialmacht und Kleinstaat. Seine Überzeugung, im deutsch-finnischen Verhältnis den Idealfall deutscher Hegemonialpolitik en miniature vorzufinden, motivierte ihn seit Kriegsausbruch zu einer Reihe von Initiativen, die auf die Übertragung des finnischen Modells auf das Konglomerat von Kleinstaaten im Ostseeraum und im besetzten Westskandinavien abzielten.

Mit sicherem Blick für die begrenzten deutschen Ressourcen favorisierte Blücher dabei gegenüber einer offenen Expansionspolitik das Modell einer teilintegrativen indirekten (Vor-)Herrschaft, das die auswärtigen Beziehungen des Deutschen Reiches zum gesamten fenno-skandinavischen Norden kennzeichnen solle. Nahziel seiner Überlegungen war es offenbar, angesichts der deutschen Besetzung Dänemarks und Norwegens den verschärften Antagonismus zwischen dem „Dritten Reich" und den verbliebenen nordischen Staaten, Finnland und Schweden, zu überwinden und einen Modus vivendi herbeizuführen, der sich längerfristig, also auch über den Krieg hinaus, als tragfähig erweisen könne. Im Zentrum stand in diesem Zusammenhang die ein ums andere Mal formulierte Erkenntnis, der Norden stelle sich unter gar keinen Umständen als potenzielles Expansions- oder Protektoratsgebiet dar. Hier war Blüchers Entwurf einer deutschen Sonderbeziehung zu Nordeuropa beinahe idealtypisch angelegt. Dieser bildete fraglos den Tenor einer Alternativpolitik, die die gesamten frühen 1940er Jahre umspannte und sich angesichts des Kriegsverlaufs ab 1943 zunehmend letzter Skrupel in der Berichterstattung entledigte[42].

Seiner Ablehnung der ideologischen Prämissen nationalsozialistischer Außenpolitik stellte er dabei den von ihm seit Mitte 1940 entwickelten Gegenentwurf eines deutschen Verhältnisses zu Nordeuropa entgegen, der in der Tradition des älteren Mitteleuropa-Denkens von föderativen, integrativen und kooperativen Elementen bestimmt war. Auf Grundlage der Erkenntnis, dass „die eigenartigen und eigenwilligen Nordländer nicht assimilierbar sind" und daher Alternativen zu einer gewaltsamen Einverleibung des Nordens in den deutschen Machtbereich gefunden werden müssen, postulierte der Gesandte selbstbewusst: „Das positive Ziel der deutschen Politik im Norden muß dahin gehen, daß die nordischen Länder als freie Staaten, gleichberechtigt mit den Achsenmächten, auf der Basis der ihnen adäquaten staatlichen Lebensformen mit allen Kräften an den Aufgaben des Neuen Europas mitarbeiten." Optimistisch gab er die Prognose, dass eine solche strategische Ausrichtung der Nordeuropapolitik dem Deutschen Reich in jeder Hinsicht Vorteile einbringen und insbesondere zur Festigung des hier nur indirekt formulierten deutschen Hegemonialanspruchs auf dem Kontinent beitragen würde. „Die deutsche Politik muß demgemäß bei Normalisierung der Beziehungen zu den nordischen Ländern den besonderen dort herrschenden Verhältnissen in geschmeidiger Anpassung [...] Rechnung tragen." „Auf direkten Wegen", d.h. über militärische Okkupation und gewaltsame

---

[41] StA München, Spruchkammerakte Wipert von Blücher, Verteidigungsschrift Blüchers „Mein Fall" vom 22.5.1947 (Zitat). Zur Relativierung vgl. Jonas, Alternativpolitik und Diplomatie, S. 675f.
[42] KA, Nachlass Wipert von Blücher, Denkschrift Blüchers „Palermo-Petsamo" vom 31.10.1940, als vergleichsweise frühes Beispiel. Zum weiteren Kontext vgl. Jonas, Alternativpolitik und Diplomatie, S. 678ff.

Einverleibung, ließe sich eine wie auch immer geartete Einflussnahme Deutschlands auf den Norden jedoch unter keinen Umständen bewerkstelligen[43].

Den eloquentesten und inhaltlich reifsten Ausdruck fanden Blüchers nordeuropapolitische Vorstellungen schließlich im Gefolge der dänischen Krise vom Herbst 1943. In einer umfänglichen Denkschrift, deren Titel – „Normalisierung des Verhältnisses zum Norden" – erstmals konkret auf deren eigentliche programmatische Ausrichtung Bezug nahm, kondensierte der Gesandte ein letztes Mal vor Kriegsende seine Gedanken zur deutschen Nordeuropapolitik. Anlass für seine erneute Intervention war der Effekt, den die dramatische Eskalation deutscher Besatzungspolitik in Dänemark auf Finnland sowie den Norden im Allgemeinen hatte. Für die von ihm avisierte Normalisierung des deutschen Verhältnisses zu Nordeuropa gab Blücher dem Amt hier – konkreter als jemals zuvor – Handlungsvorschläge an die Hand. Eine öffentliche Willenserklärung, nach der die Okkupation Dänemarks und Norwegens nach dem Krieg aufzuheben und die Integrität und Souveränität der besetzten Länder wiederherzustellen sei, solle von einer Reihe praktischer Schritte gefolgt werden, deren Umsetzung bereits im Laufe des Krieges zu erfolgen habe: die „Wiedereinrichtung deutscher Gesandtschaften in Kopenhagen und Oslo", die „Anpassung der Verwaltung an die neuen Ziele unter Betonung des Übergangscharakters", die „Unterstellung der gesamten Dänemark und Norwegen betreffenden Fragen, soweit sie nicht militärischer Natur sind, unter das Auswärtige Amt"[44].

Blüchers konkrete, kurzfristig zu implementierenden Maßnahmen zielten offensichtlich in erster Linie auf die Wiederherstellung der Zuständigkeit des Auswärtigen Amts ab und lassen sich insofern auch als Teil jenes „innenpolitischen Machtkampfes" deuten, den Klaus-Jürgen Müller in Absetzung von Begriffen wie Widerstand und Opposition als zentrales Motiv im Verhalten der national-konservativen Eliten ausgemacht hat[45]. Sie waren jedoch nicht nur diesem Selbstzweck geschuldet, sondern vielmehr darauf abgestellt, das deutsch-finnische wie das Verhältnis Deutschlands zu Nordeuropa im Allgemeinen schnellstmöglich zu entkrampfen und mittelfristig in geordnete Bahnen zu überführen. Betrachtet man die Interventionen des Gesandten in ihrem Gesamtzusammenhang, stellt sich vor allem die Art und Weise als bemerkenswert dar, in der es ihm über seine formvollendete und stets ostensible diplomatische Berichterstattung an das Auswärtige Amt über Jahre hinweg gelang, eine auf Kooperation ausgerichtete Deeskalationspolitik von deutscher Seite zu ventilieren, ohne sich selbst politisch zu exponieren und damit angreifbar zu machen[46].

---

[43] Dabei dramatisiert er unter Hinweis auf die vermeintlich verfehlte Finnlandpolitik der russischen Verwaltung unter Generalgouverneur Nikolai Bobrikoff in den 1890er Jahren die Umstände in Finnland und warnt, die Beispiele Norwegens und Dänemarks vor Augen, in pathetischem Gestus davor, dass es „bei jeder Krise, in die die betreffende Großmacht gerät, [...] im Norden zu einer Neuauflage der Sizilianischen Vesper kommen" könnte. Vgl. KA, Nachlass Wipert von Blücher, Denkschrift Blüchers „Deutschland und Norden" vom 7.7.1943 (sämtliche unmittelbar vorhergehenden Zitate).

[44] KA, Nachlass Wipert von Blücher, Denkschrift Blüchers „Normalisierung des Verhältnisses zum Norden" vom 11.11.1943. Blüchers Skepsis im Hinblick auf den Kriegsausgang wird hier auch im Kleinen deutlich, so u.a. in seiner korrigierenden Ersetzung des Passus „nach dem Siege" durch „nach dem Kriege".

[45] Klaus-Jürgen Müller, Zu Struktur und Eigenart der nationalkonservativen Opposition bis 1938. Innenpolitischer Machtkampf, Kriegsverhinderungspolitik und Eventual-Staatsstreichplanung, in: Jürgen Schmädeke/Peter Steinbach (Hrsg.), Der Widerstand gegen den Nationalsozialismus. Die deutsche Gesellschaft und der Widerstand gegen Hitler, München u.a. ²1994, S. 329–344.

[46] Walter Bußmann, Das Auswärtige Amt unter der nationalsozialistischen Diktatur, in: Manfred Funke u.a. (Hrsg.), Demokratie und Diktatur. Geist und Gestalt politischer Herrschaft in Deutschland und Europa, Bonn 1987, S. 252–265.

Sein beständiger Verweis auf vermeintliche Befindlichkeiten in Finnland und in den skandinavischen Staaten, deren potenzielle Wirkung auf das deutsch-finnische Verhältnis und die damit verbundene außenpolitische Interessenlage des Deutschen Reiches besaß in diesem Zusammenhang zweifellos auch die Funktion, ihm eine gewisse Einflussnahme auf Bereiche außerhalb seiner eingeschränkten Zuständigkeiten zu ermöglichen. Der in der Regel indirekte Zugriff auf das von ihm behandelte Problem kaschierte dabei den Grad seines persönlichen Dissenses von der offiziellen Berliner Politik, wie sie sich für ihn in den verfehlten Besatzungsregimes in Westskandinavien manifestierte[47].

Der ungewöhnlich liberale Gehalt von Blüchers alternativer Finnland- und Nordeuropapolitik mag auf Grundlage der allgemein etablierten Begriffe von deutscher Besatzungspolitik, die zumal in Bezug auf Nordeuropa lange mit dem omnipräsenten Verweis auf Quisling allzu schematisch operierten, auf den ersten Blick erstaunen. Gerade in ihrer konsequenten Absetzung von Hitlers rassenideologisch begründeten Vorstellungen eines „Großgermanischen Reiches" wirken die nordeuropapolitischen Ansätze des Gesandten wie der vereinzelte Sonderfall, der sich zur Verifikation einer allgemeinen Regel heranziehen ließe[48]. Nichtsdestoweniger gehörten Konzeptionen wie die Blüchersche ebenso zum außen- und besatzungspolitischen Repertoire des „Dritten Reiches" wie die von Terboven in Norwegen umgesetzte „Politik der harten Hand", nirgendwo mehr als im nord- und nordwesteuropäischen Kontext[49]. Bezeichnend stellt sich in Bezug auf Skandinavien und den Ostseeraum dabei vor allem die Ambivalenz des deutschen Vorgehens dar, die in der eklektischen Entscheidungsfindung, zuweilen gar in dem launischen Naturell Hitlers ihren Ausgang fand und sich durch die Polykratie nationalsozialistischer Außenpolitik hindurch perpetuierte.

Die erst von Renthe-Fink, dann von Best betriebene Besatzungspolitik in Dänemark macht diesen Zusammenhang nahezu exemplarisch deutlich, fand sich mit Best doch das Beispiel eines buchstäblichen Alternativpolitikers aus dem Zentrum der NS-Herrschaft, der dem Präjudiz, das diesen Vordenkern der NS-Weltanschauung auch zeitgenössisch anhaftete, in seiner pragmatisch-kooperativen Haltung so überhaupt nicht entsprach. Mit

---

[47] Zu Blüchers Berichtspraxis vgl. PA AA, Nachlass Wipert von Blücher, Bestand 84: Erinnerungen II, S. 59f.; Blücher, Erinnerungen, S. 318f.; Jonas, NS-Diplomatie, S. 370ff.
[48] Zu Selbstbild und Selbstrechtfertigung vgl. StA München, Spruchkammerakte Wipert von Blücher, Verteidigungsschrift Blüchers vom 22. 5. 1947; ebenda, Affidavit Grundherrs vom 6. 6. 1947; Blücher, Erinnerungen, u. a. S. 334ff. Hitlers Großraumvisionen bezogen auf Nordeuropa sind angedeutet in – den nicht unproblematischen Aufzeichnungen – von Henry Picker, Hitlers Tischgespräche im Führerhauptquartier. Entstehung, Struktur, Folgen des Nationalsozialismus, Berlin ³1999, Einträge vom 28. 3. 1942, S. 216f., und vom 8. 6. 1942, S. 523f.; aus der Forschung vgl. Loock, Zur „Großgermanischen Politik", S. 37ff.; ders., Nordeuropa, in: Funke (Hrsg.), Hitler, Deutschland und die Mächte, S. 684ff.; Fritz Petrick, Der 9. April 1940 und die „Neuordnung" Nordeuropas, in: Robert Bohn (Hrsg.), Deutschland, Europa und der Norden. Ausgewählte Probleme der nordeuropäischen Geschichte im 19. und 20. Jahrhundert, Stuttgart 1993, S. 97–105.
[49] Selbst die Rolle von Terboven und dessen Okkupationsverwaltung wird dabei von Bohn, Reichskommissariat Norwegen (2000), S. 159ff. und 454f., einer Revision unterzogen. Für die vom Reichskommissar für die besetzten niederländischen Gebiete, Arthur Seyß-Inquart, entwickelte Okkupationspolitik vgl. die frühe Studie von Konrad Kwiet, Reichskommissariat Niederlande. Versuch und Scheitern nationalsozialistischer Neuordnung, Stuttgart 1968, mit dem Diktum Seyß-Inquarts, S. 57, in dem sich das Selbstverständnis der NS-Hoheitsträger in den besetzten Gebieten Nord- und Nordwesteuropas paradigmatisch widerspiegelt: „Im Osten haben wir eine nationalsozialistische Mission, drüben im Westen haben wir eine Funktion." Vgl. auch Gerhard Hirschfeld, Fremdherrschaft und Kollaboration. Die Niederlande unter deutscher Besatzung 1940–1945, Stuttgart 1984.

dem konsequenten Ausbau der seit April 1940 etablierten Politik der Zusammenarbeit zwischen innenpolitisch autonom agierender dänischer Regierung und deutscher „Bündnisverwaltung" schuf der Reichsbevollmächtigte einen Modellfall deutscher Hegemonialpolitik, der in vielerlei Hinsicht ähnlich zukunftsweisende Elemente enthielt wie Blüchers finnlandpolitische Praxis und die damit assoziierten Vorstellungen von einem verhältnismäßig „freien Norden"[50]. Auf ihrem Höhepunkt in der ersten Jahreshälfte 1943 fand die beide Seiten offenbar übergangsweise zufriedenstellende Verhandlungs- bzw. Zusammenarbeitspolitik dabei Unterstützung in einer in dieser Form wohl einmaligen Bandbreite, vom Auswärtigen Amt über die mit Wirtschaftsfragen beschäftigten deutschen Dienststellen und Reichspropagandaminister Goebbels bis hin zu Himmler, dessen Protektion in diesem Zusammenhang von zentraler Bedeutung war[51]. In symptomatischer Verdichtung lässt sich dies einem von Ulrich von Hassell dokumentierten Gespräch mit dem dänischen Legationsrat Steensen-Leth im Juni 1943 entnehmen, in dem Letzterer das Vorgehen Bests wohlwollend von der fehlerhaften deutschen Politik im Allgemeinen absetzte und darauf hinwies, dass Best „geschickt sei, Verständnis für die Lage in Dänemark zeige, die gänzlich unbrauchbaren dänischen Nazis entschlossen liquidiere und die Fehler vermeide, die Renthe-Fink aus zitternder Angst vor der Partei begangen habe"[52]. Nach dem Zusammenbruch der deutsch-dänischen Zusammenarbeit sah sich Hassell folgerichtig veranlasst, die „vernünftige Politik" Bests mit der „gradezu blödsinnigen Politik" Hitlers, Ribbentrops und des Wehrmachtbefehlshabers in Dänemark, General Hermann von Hanneken, zu kontrastieren: „Nun ist auch diese verhältnismäßige Oase im Kreise der besetzten Gebiete verschwunden."[53]

Trotz der offensichtlichen Parallelen in den Entwürfen und der Methodenwahl Blüchers und Bests tun sich in der konkreten vergleichenden Analyse beider Ansätze fundamentale Unterschiede auf. Dabei ist in diesem Kontext der Umstand erst einmal zu vernachlässigen, dass es sich bei den deutsch-finnischen Beziehungen in Prinzip und Praxis um das in jedem Fall andersartige Verhältnis zweier auch de facto souveräner Staaten handelte, während die deutsche Politik in Dänemark, ungeachtet der komplexen völkerrechtlichen Sonderstellung Dänemarks im deutschen Orbit, im Grundsätzlichen auch immer Besatzungsherrschaft war[54]. Denn Blüchers Vorstellungen bezogen ihren vergleichsweise originären Gehalt weniger aus ihrer finnlandpolitischen Dimension als aus den Implikationen seines auf Nordeuropa bezogenen außenpolitischen Denkens. Was jedoch die Entwürfe des Gesandten von der „eleganten und elastischen" Besatzungspolitik

---

[50] KA, Nachlass Wipert von Blücher, Blüchers Aufzeichnung für Unterredungen in Berlin (6.11. 1942).
[51] Der Bezeichnung „Forhandlingspolitik" (Verhandlungspolitik) wohnen dabei positivere Konnotationen inne als dem Begriff „Samarbejdspolitik" (Zusammenarbeitspolitik), obgleich beide nach dem Zweiten Weltkrieg – unter völlig veränderten geschichts- und erinnerungspolitischen Vorzeichen – durch Begrifflichkeiten wie Kollaboration ersetzt wurden; vgl. Hans Kirchhoff, Forhandlings- og samarbejdspolitikken, in: Gads leksikon om dansk besættelsestid 1940–1945, Kopenhagen 2002, S. 155–161; Herbert, Best, S. 337f.
[52] Die Hassell-Tagebücher 1938–1944. Ulrich von Hassell. Aufzeichnungen vom Andern Deutschland, hrsg. von Friedrich Freiherr Hiller von Gaertringen, Berlin 1988, Eintrag vom 9.6.1943, S. 368.
[53] Hassell-Tagebücher, Eintrag vom 4.9.1943, S. 386.
[54] Zur völkerrechtlich komplexen Stellung Dänemarks vgl. zuletzt Karen Gram-Skjoldager, The Law of the Jungle. Denmark's International Legal Status during the Second World War, in: International History Review 6 (2011), S. 235–256.

Bests ganz wesentlich unterschied, war die ihrem jeweiligen Vorgehen zugrundeliegende Motivation[55].

Blüchers Auffassungen gingen auf die spätwilhelminische Tradition deutscher Großmachtpolitik zurück und strebten die Wiederherstellung und den vorsichtigen, international verträglichen Ausbau der im Gefolge des Ersten Weltkriegs verlorengegangenen Hegemonialstellung des Deutschen Reiches im Ostseeraum an. Angesichts dieser prinzipiellen Orientierung waren seiner wie auch der außenpolitischen Vorstellungswelt der Berufsdiplomaten des Auswärtigen Dienstes die rassenideologischen Denkkategorien einer „völkischen Großraumordnung", so wie sie Bests eigenes und das Denken der intellektuellen Träger des Nationalsozialismus kennzeichneten, a priori fremd. Abgesehen von der gelegentlichen Übernahme von Begrifflichkeiten und schlagwortartig reduzierten Denkmustern aus dem ideologischen Arsenal des Nationalsozialismus blieb diese Fremdheit im Grundsätzlichen bestehen[56]. Während für Blücher die Methodenwahl und der allgemeine Modus deutscher Außenpolitik gleichsam auch zum konkreten Ausdruck einer Politik gehörten, die perspektivisch auf die Versöhnung der deutschen Vormachtstellung in Europa mit den existenziellen Interessen der nordeuropäischen bzw. Ostseeanrainer angelegt war, begriffen Best und die mit ihm assoziierten Advokaten „einer nach ,rassischen' und politischen Kriterien hierarchisierten ,völkischen Großraumordnung'" ihr Vorgehen in Dänemark ausschließlich als Mittel zum Zweck[57]. Nicht wegen, sondern trotz divergierender intellektueller, weltanschaulicher und politischer Voraussetzungen sowie höchst unterschiedlicher finaler Visionen liefen beide Entwürfe alternativer Nordeuropapolitik daher im Übergang der Jahre 1942/43 für eine Weile konzeptionell parallel zueinander, bis sie, jeder in seiner Zeit, unter dem Druck des negativen Kriegsverlaufs für das Deutsche Reich in sich zusammenfielen[58]. Ähnlich wie beide Ansätze ab ovo den militärischen Erfolgen der ersten Kriegsjahre geschuldet waren, standen ihre zunehmende Deformation und schließlich ihr vorzeitiges Scheitern in kausalem Zusammenhang mit der absehbaren deutschen Niederlage[59]. Die unerlässliche Voraussetzung für eine Fortsetzung der Alternativpolitik Blüchers wie auch von Bests pragmatisch-rationalem Besatzungsregime in Dänemark war daher, dass Deutschland den Krieg gewann.

Es dürfte zweckmäßig sein, die vorliegende Betrachtung um den Fall eines weiteren – allerdings spektakulär verhinderten – Alternativpolitikers zu ergänzen, den des deutschen Gesandten in Norwegen, Curt Bräuer, der bereits eine Woche nach der Invasion des Landes am 16. April 1940 abberufen wurde. Dies erscheint insofern geboten, als Bräuers Wirken im Bericht der Unabhängigen Historikerkommission bestenfalls leicht vergröbert

---

[55] Herbert, Best, S. 337, mit der hier zitierten Wendung Goebbels'.
[56] Blüchers Anleihen im Fundus NS-ideologischer oder zeittypischer Wortschöpfungen spiegeln sich in seiner umfangreichen Redetätigkeit in zumeist offizieller Funktion wider; vgl. PA AA, Nachlass Wipert von Blücher, Bestand 85: Reden (1925–1944).
[57] Vgl. die Darstellung bei Herbert, Best, u.a. S. 325f., S. 328ff. und – zu den Grundlagen von Bests Denken – S. 275ff. (Zitat S. 331).
[58] Zum Kollaps beider Entwürfe vgl. neben Jonas, NS-Diplomatie, S. 360f., 431ff. und 505ff., auch – hier differenzierter als Herbert, Best, S. 356ff. – John T. Lauridsen, Werner Best och den tyske sabotagebekaempelse i Danmark, in: Henrik Lundtofte (Hrsg.), Samarbejde og sabotage – seks maend 1940–1945, Esbjerg 2006, S. 144–209.
[59] Herbert, Best, S. 341f., der diesen Konnex einer „umfänglichen Leistungsbilanz" Bests von Anfang Mai 1943 entnimmt. Blüchers Berichterstattung stellt diesen Kausalzusammenhang explizit heraus; vgl. KA, Nachlass Wipert von Blücher, u.a. Blücher an AA, 9.10.1942; ebenda, Gesprächsprotokoll Blüchers vom 6.11.1942.

dargestellt wird[60]. Ganz wie die Amtsleitung und hier insbesondere Staatssekretär Ernst von Weizsäcker, der als vormaliger Gesandter in Oslo noch am Invasionstag an „allgemeinem Überbefinden" erkrankte, war auch Bräuer ein Opponent des expansionistischen Ausgreifens nach Westskandinavien, wie es vor allem die Kriegsmarine und Alfred Rosenberg betrieben hatten[61]. Als ihm nach Weihnachten 1939 erste, noch vergleichsweise unspezifische Hinweise auf eine Aggression gegen Norwegen zugetragen wurden, bemühte sich Bräuer in seiner Berichterstattung und in Gesprächen mit Amtschef Ribbentrop wiederholt, ein militärisches Ausgreifen nach Nordeuropa zu verhindern[62]. Vom bevorstehenden Überfall, dies erscheint unstrittig, erhielt Bräuer erst am Vorabend der Invasion, dem 8. April 1940, Kenntnis. Weisungsgemäß überbrachte er der norwegischen Regierung am Morgen des 9. das Memorandum der Reichsregierung, in dem eine friedliche Besetzung des Landes, eine sogenannte Friedensbesetzung, in Aussicht gestellt wurde[63]. An den dänischen Parallelfall angelehnt, erschien dieses Vorgehen angesichts der Eskalation der Lage sowohl in Oslo als auch in den deutsch-norwegischen Beziehungen insgesamt zunehmend unrealistisch. Protegiert von Rosenberg hatte sich der Chef der faschistischen „Nasjonal Samling", Vidkun Quisling, noch am Invasionstag in die Regierungsgewalt zu bringen versucht, so dass sich Bräuer in seinen Verhandlungen mit der legitimen norwegischen Regierung und dem König gezwungen sah, auf Quisling als künftigem Ministerpräsidenten des besetzten Landes zu bestehen[64]. Dabei „sympathisierte" er zu keinem Zeitpunkt mit dem einheimischen Faschistenführer, wie der Kommissionsbericht nahelegt, sondern sah sich an einen vergleichsweise engen Weisungskatalog gebunden, der ihm keine wirklichen Alternativen ermöglichte[65]. Erst als die erkanntermaßen kontraproduktive Putschregierung Quisling Mitte April auch von Hitler fallengelassen wurde, konnte Bräuer seine eigenen, der von ihm ungewollten Situation angepassten Vorstellungen umsetzen, wurde aber bereits am 16. April zur Berichterstattung nach Berlin einbestellt und kurz darauf formal abberufen. Berit Nøkleby hat dabei das Agieren Bräuers bereits 1969 als ambitionierte persönliche Alternativpolitik gekennzeichnet[66]. Dass diese zeitnah aufgrund einer weiteren Radikalisierung in der deutschen Norwegenpolitik scheiterte, dürfte sie keineswegs als Forschungsgegenstand entwerten. Hans Rothfels' frühe Erkennt-

---

[60] Conze u. a., Amt, S. 250f.
[61] Hill (Hrsg.), Weizsäcker-Papiere, Eintrag vom 8. 4. 1940, S. 199, mitsamt dessen Versuch, Ribbentrop von der Fehlerhaftigkeit einer Besetzung Westskandinaviens zu überzeugen; vgl. auch Bundesarchiv Koblenz, Nachlass 1273: Ernst von Weizsäcker, Bd. 61: Affidavit des Osloer Bischofs Eivind Berggrav vom 1. 10. 1946; ebenda, Bd. 63: Aufzeichnung Grundherrs zur „Norwegen und Dänemark-Aktion" vom 16. 12. 1947; ebenda, Grundherrs Antworten auf einen Fragebogen der Verteidigung von Unterstaatssekretär Ernst Woermann im Wilhelmstraßen-Prozess vom 28. 1. 1948; Ernst von Weizsäcker, Erinnerungen, hrsg. von Richard von Weizsäcker, München u. a. 1950, S. 283 ff.
[62] Loock, Quisling, Rosenberg und Terboven, S. 277ff.
[63] Akten zur deutschen auswärtigen Politik 1918–1945, Serie D, Bd. IX, Dok. 53, S. 67ff., u. a. Memorandum und „Aufzeichnung" vom 9. 4. 1940 sowie Ribbentrop an Bräuer: „Zur persönlichen Aufklärung" vom 7. 4. 1940; vgl. Loock, Quisling, Rosenberg und Terboven, S. 278ff.
[64] Loock, Quisling, Rosenberg und Terboven, S. 286 ff.; auch Bohn, Reichskommissariat Norwegen (2000), S. 4f.
[65] Conze u. a., Amt, S. 250.
[66] Berit Nøkleby, Fra november til april – sendemann Bräuers personlige politikk, i 1940 – Fra nøytral til okkupert, Universität Oslo, 1969; zuletzt auch dies., Bräuer, Curt, in: Hans Fredrik Dahl, Guri Hjeltnes, Berit Nøkleby, Nils Johan Ringdal, Øystein Sørensen (Hrsg.), Norsk krigsleksikon 1940–45, Oslo 1995, B4; vgl. auch Loock, Quisling, Rosenberg und Terboven, S. 326ff.; Bohn, Reichskommissariat Norwegen (2000), S. 6f.

nis bleibt auch vor dem Hintergrund dieser Spielarten der Nordeuropapolitik des Auswärtigen Amts gültig: dass Misserfolg „an und für sich niemals [...] ein endgültiger Maßstab der Beurteilung sein [kann]"[67].

Wenn den vom Auswärtigen Amt betriebenen verschiedenen Varianten von Nordeuropapolitik etwas gemein ist, dann der Umstand, dass auf die nordischen Länder bezogen eine Verdichtung von vergleichsweise offenen, ja unorthodoxen Entwürfen vorliegt, die – vom neutralen Schweden einmal abgesehen – allesamt etwas Alternatives in sich trugen und die Distanz zu klischeehaft vergröberten Idealtypen nationalsozialistischer Gewaltherrschaft und Vernichtungspraxis suchten. Obgleich sie sich auch dem zeitgenössischen Beobachter als Alternativen erschlossen, waren sie dies im Grunde nicht oder nur sehr bedingt. Blücher in Finnland, Best in Dänemark, anfänglich auch Bräuer in Norwegen waren ebenso Bestandteile, freilich äußerst distinktive Bestandteile des breiten Spektrums der nationalsozialistischen Außenpolitik und Okkupationsherrschaft wie Koch in der Ukraine, Terboven in Norwegen oder – und hier wird es beinahe unerträglich komplex – erneut jener Werner Best, diesmal allerdings im Hinblick auf die Organisation und Koordination des vernichtungspolitischen Einsatzgruppenapparats in Polen oder als Leiter der Abteilung Verwaltung im Verwaltungsstab des Militärbefehlshabers in Frankreich[68].

---

[67] Hans Rothfels, Die deutsche Opposition gegen Hitler. Eine Würdigung, hrsg. u. eingeleitet von Hermann Graml, Frankfurt a. M. 1986 [1949], S. 100; auch Gregor Schöllgen, Ulrich von Hassell 1881-1944. Ein Konservativer in der Opposition, München 1990, S. 175. In Abgrenzung zu E. H. Carrs „bias in favour of what is successful" spricht Michael Oakeshott von Erfolgsgeschichte als verkürzter Geschichte: „History as a success story is always abbreviated history." Vgl. Michael Oakeshott, Mr. Carr's First Volume, in: Cambridge Journal 4 (1950/51), S. 344-352, hier S. 345f.
[68] Zu Kochs Regime in der Ukraine vgl. u. a. Ralf Meindl, Ostpreußens Gauleiter. Erich Koch: eine politische Biographie, Osnabrück 2007; zu Terboven vgl. Bohn, Reichskommissariat Norwegen (2000), S. 31 ff.; Loock, Quisling, Rosenberg und Terboven, S. 335 ff.; Berit Nøkleby, Josef Terboven; zu Best in Polen und Frankreich s. Herbert, Best, S. 237 ff. und 251 ff.

Das Auswärtige Amt und die NS-Verbrechen

Magnus Brechtken
Auswärtiges Amt, Sicherheitsdienst und Reichssicherheitshauptamt 1933 bis 1942
Antisemitismus und Judenpolitik zwischen Machtfrage und Radikalisierungserfahrung

Einleitung

Der folgende Beitrag gehört in den weiteren Kontext der Diskussion um „Das Amt und die Vergangenheit"[1]. Wichtige Erkenntnisse und Thesen des folgenden Textes basieren auf Forschungen, die spätestens seit den 1980er Jahren möglich waren und in einem weiteren Forschungszusammenhang in meiner Monographie über den „Madagaskar-Plan" Niederschlag gefunden haben[2]. Zwei zentrale Kapitel des Buches beschäftigen sich spezifisch mit der Rolle des Auswärtigen Amts (AA) bei der Formulierung der nationalsozialistischen Judenpolitik nach 1933. Insbesondere finden sich dort ausführlich die ideologischen und antisemitischen Argumente, die sich aus den Dokumenten im Politischen Archiv des Auswärtigen Amts systematisch herausfiltern ließen. Zugleich ist im Wechselspiel mit anderen Institutionen erkennbar, welche teilweise widersprüchlichen Motive, ideologischen Denkmuster und politischen Konzeptionen im AA formuliert und durchaus kontrovers diskutiert wurden. Dabei wird regelmäßig sichtbar, inwieweit das AA aus seiner Perspektive Einfluss auf die praktische „Judenpolitik" zu nehmen versuchte, wie weit ihm das gelang und wie andere Institutionen, namentlich der Sicherheitsdienst (SD), sich hierzu verhielten.

Dies ist der Ausgangspunkt der folgenden Darstellung. Mit dem Auswärtigen Amt und dem SD bzw. ab September 1939 dem Reichssicherheitshauptamt (RSHA) blicken wir auf das Wechselverhältnis zweier Groß-Institutionen des NS-Apparates. Zwingend notwendig ist hierbei die Vorkriegsentwicklung seit 1933 zu beachten. Nur mit dieser Vorgeschichte lässt sich das Zusammenspiel in den Kriegsjahren sinnvoll analysieren. Dabei ist zudem zentral zu verstehen, dass die Politik der einschlägigen Akteure einer Beziehungslinie folgt, deren chronologische Entwicklung und deren Repercussionen im allgemeinen Kompetenzwettbewerb der Akteure des „Maßnahmenstaates" unbedingt beachtet werden müssen. Das gilt besonders für die Kernphase von 1939 bis 1941, als sich das, was unter „Endlösung" verstanden wurde, radikal wandelte.

Vor diesem Hintergrund, der in jeder Studie über die Rolle des Auswärtigen Amts im nationalsozialistischen Staat stets bewusst und erkennbar reflektiert werden sollte, werden im Folgenden einige zentrale Befunde präsentiert und Thesen formuliert, um die Kernfragen der Beziehung zwischen dem AA und dem SD/RSHA deutlich werden zu lassen. Der Blick ist dabei auf die Rassenpolitik und die Diskussionen um die „Lösung der Judenfrage" konzentriert. Hier zeigt sich, dass im Verhältnis der beiden Institutionen zwei zentrale Themen im Vordergrund standen, nämlich: der allgemeinpolitische Radikalisierungsprozess und die Machtfrage. Überhaupt – das gilt über das Verhältnis von AA und SD/

---
[1] Eckart Conze u. a., Das Amt und die Vergangenheit. Deutsche Diplomaten im Dritten Reich und in der Bundesrepublik, München 2010.
[2] Magnus Brechtken, „Madagaskar für die Juden". Antisemitische Idee und politische Praxis 1885–1945, München ²1998.

RSHA hinaus – ist es für das Verständnis des allseits erkennbaren Radikalisierungsprozesses unabdingbar, regelmäßig die „Machtfrage" zu stellen, also zu klären und zu identifizieren, welche Akteure diesen Prozess vorantrieben, vornehmlich bestimmten und jeweils die operationelle Führung durchzusetzen vermochten. Auswärtiges Amt und SD/RSHA sind hierbei durchaus als paradigmatisch zu charakterisieren.

Vor dem Krieg

Zwischen 1933 und 1939 erkennen wir ein regelmäßiges Wechselspiel der Vorschläge zwischen Auswärtigem Amt und SD, wie die „Judenfrage" mit Blick auf ihre außenpolitische Bedeutung zu behandeln sei. Es ist ein zu Recht kritisierter teleologischer Kurzschluss, wenn in „Das Amt" zu lesen ist: „Auf dem Weg zur ‚Endlösung der Judenfrage' markiert Bülows Weisung vom 13. März 1933, statistisches Material zum überproportionalen ‚Vordringen der Juden' im öffentlichen Leben Deutschlands zu sammeln, gewissermaßen den Anfang."[3] Dergleichen ahistorische Formulierungen verkennen die jahrelange Unentschiedenheit der nicht nur im Auswärtigen Amt formulierten „Lösungsvorschläge zur Judenfrage". Seit dem 20. März 1933 war für die Behandlung dieser „Judenfrage" im Auswärtigen Amt das dem Staatssekretär unmittelbar unterstellte Referat Deutschland zuständig[4]. Die verantwortlichen Beamten fühlten sich durchaus aufgerufen, ihre eigenen Ideen und „Lösungsvorschläge" zu formulieren. Im Februar 1934 resümierte Referatsleiter Vicco von Bülow-Schwante in einem von seinem Experten für „Judenfragen", Emil Schumburg[5], entworfenen Runderlass die „Entwicklung der Judenfrage in Deutschland und ihre Rückwirkungen im Ausland"[6]: „Das zunächst rein innerdeutsche Judenproblem biologischen und rassischen Ursprungs", hieß es dort, gewinne „die Bedeutung einer außenpolitischen Frage ersten Ranges"[7]. Das war gleichermaßen ein Indiz der eindeutigen rassenpolitischen Orientierung und ein Ruf nach angemessener Partizipation. In einer weiteren Aufzeichnung vom 16. Oktober 1934 hielt Bülow-Schwante fest, dass nach Auffassung seines Referats „ein Verhandeln oder Paktieren mit irgendwelchen jüdischen Organisationen oder jüdischen repräsentativen Körperschaften in der Judenfrage ein für alle Mal ausgeschlossen" sei[8]. Das Papier diente als Grundlage eines Schreibens, das Außenminister Constantin von Neurath zwei Wochen später im gleichen Tenor an „Führerstellvertreter" Rudolf

---

[3] Conze u. a., Das Amt, S. 46.
[4] Akten zur deutschen auswärtigen Politik 1918–1945 (künftig ADAP), C, IV, 2, S. 1209 mit Anm. 2. Neben der „Judenfrage" hatte das Referat zur Aufgabe: die „Beobachtung für die Außenpolitik wichtiger innerpolitischer Vorgänge in Deutschland, Beobachtung der Einwirkung des Auslandes auf innerpolitische Verhältnisse in Deutschland, Unterstützung des Staatssekretärs bei seinen Kontakten mit den Inlandsstellen". Schon in den zwanziger Jahren existierte ein „Referat D (Deutschland)" bzw. „Sonderreferat D", allerdings mit anderen Aufgabenbereichen, im Januar 1931 wurde es aufgelöst; vgl. ADAP, A, III, S. 620; ADAP, B, I, 2, S. 673; vgl. auch Hans-Jürgen Döscher, Das Auswärtige Amt im Dritten Reich. Diplomatie im Schatten der „Endlösung", Berlin 1987, S. 120.
[5] Schumburg (1898–1961) war seit 26. 4. 1933 im Referat D (Deutschland), zu dessen Leiter er am 26. 9. 1939 aufstieg; zu Schumburgs Lebenslauf und Karriere: Biographisches Handbuch des deutschen Auswärtigen Dienstes 1871–1945, hrsg. vom Auswärtigen Amt, Bd. 4: S, Paderborn u. a. 2012, S. 207f.
[6] Politisches Archiv des Auswärtigen Amts (künftig PA AA), R 99332, Aufzeichnung von Bülow-Schwante vom 28. 2. 1934.
[7] Ebenda, S. 6.
[8] PA AA, R 99331, Aufzeichnung von Bülow-Schwante vom 16. 10. 1934.

Heß, das Innen- und das Propagandaministerium sandte[9]. Auch hier ist neben der allgemeinen Orientierung am ideologischen Grundmuster des NS-Staates vor allem das Bemühen zu erkennen, im Wettbewerb der Institutionen zu partizipieren.

Zum zweiten Jahrestag der „Machtergreifung" resümierte Schumburg, das Referat Deutschland habe „seit seinem Bestehen versucht, jedes Hinneigen zu einer Kompromißlösung oder zum Paktieren in der Judenfrage abzuwehren"[10]. Das nationalsozialistische Deutschland befinde sich in einem Kampf „materieller und weltanschaulicher Art" mit dem „internationalen Judentum". Der „Gedanke einer Kompromißlösung" schwäche nur die eigene Widerstandskraft. Während dieses Kampfes dürfe „nur an den ganzen Sieg gedacht werden"[11]. Dass diese eindeutigen Formulierungen nicht automatisch die Haltung „des Amts" wiedergeben, zeigt Schumburgs wiederholter Unmut über die mangelnde Resonanz seines obersten Dienstherrn. Er beklagte, dass Neurath vom „Grundsatz des Durchhaltens" abweiche, weshalb er Bülow-Schwante vorschlug, die ideologischen Positionen durch einen Vortrag beim Minister klarzustellen[12]. Schumburg wurde später ausdrücklich als „Verbindungsführer des Reichsführers SS und Chefs der Deutschen Polizei zum Auswärtigen Amt" – „wie bisher" – herausgestellt[13]. Seine klare NS-ideologische Haltung zielte auf Umsetzung, ohne dass ihm in der Praxis mehr blieb, als regelmäßig neue Positionspapiere zu formulieren.

Aber nicht nur der Minister zeigte sich weniger ideologisch ausgerichtet, als die „Judenexperten" im Amt erwarteten. Die innere Linie des Auswärtigen Amts zur „Judenfrage" blieb über die Jahre geprägt vom Widerstreit divergierender Argumente und Friktionen zwischen einzelnen Referaten, die insbesondere in der Diskussion um das Haavara-Abkommen sowie die generellen Folgen jüdischer Siedlung mit der möglichen Perspektive eines jüdischen Staates in Palästina in den Jahren 1937/38 hervorbrachen. Die Uneinheitlichkeit innerhalb des Auswärtigen Amts ist dabei nur der Spiegel einer weiter angelegten Diskussion zwischen all jenen Institutionen des NS-Staates, die sich zum Engagement in der „Judenfrage" berufen fühlten. In der Summe und als Konsequenz ist eine dynamisierende Radikalisierung erkennbar, die von der Forschung seit den 1970er Jahren wiederholt festgestellt worden ist, bei der allerdings das Auswärtige Amt trotz der forcierten ideologischen Ausrichtung keine hervorgehobene Rolle spielte.

Demgegenüber ist zu erkennen, dass sich seit 1937 das SD-Hauptamt immer stärker als zentrale Instanz zur operationellen „Lösung der Judenfrage" herauskristallisierte und seine zentrale Machtrolle kontinuierlich zu entwickeln begann. Neben Reinhard Heydrich sind schon in dieser Zeit zahlreiche Akteure wie Adolf Eichmann, Theodor Dannecker, Herbert Hagen und Dieter Wisliceny identifizierbar, die später zu zentralen Figuren des „Endlösungsprozesses" avancierten.

Eine koordinierte oder gar einheitliche Politik ist in den mit der „Judenfrage" befassten Institutionen nicht zu sehen. Dies zeigen exemplarisch die Diskussionen um das Haavara-

---

[9] Bundesarchiv (künftig BArch), Z Sg 133/105, Schreiben von Neurath an Heß, Frick, Goebbels vom 30.10.1934, S. 374f.
[10] ADAP, C, III, 2, Nr. 467, Notiz des Legationssekretärs Schumburg vom 30.1.1935, S. 863f.
[11] Ebenda, S. 863.
[12] Ebenda, S. 864.
[13] BArch, NS 19/256, Hauszirkular des AA vom 16.12.1938 mit Begleitschreiben von Schumburg an den Chef des Persönlichen Stabes RFSS, Wolff, vom 30.12.1938. Schumburg war seit 20.10.1936 Mitglied der SS; am 1.7.1938 trat er auch in die NSDAP ein; Biographisches Handbuch des deutschen Auswärtigen Dienstes 1871–1945, Bd. 4: S, S. 207.

Abkommen und die Palästina-Frage. So warnte im Auswärtigen Amt Walther Hinrichs aus dem Referat Deutschland im Januar 1937 vor der Möglichkeit eines jüdischen Staates[14]. Er sprach sich gegen die vernehmbaren anderen Meinungen in seiner Behörde aus, wonach die Frage eines solchen Nationalstaates in Palästina „nicht akut" sei, und forderte, „die deutschen Reichsbehörden und Parteistellen von der Auffassung des A[uswärtigen] A[mts] in Kenntnis" zu setzen[15]. Auch Emil Schumburg argumentierte in den bereits erprobten ideologischen Mustern: Das „deutsche Interesse an der Förderung der jüdischen Auswanderung nach Palästina" werde „durch das weitaus größere Interesse an der Verhinderung der Bildung eines jüdischen Staates kompensiert. Das innerpolitische Problem der Judenfrage", so Schumburg, „würde durch das erheblich gefährlichere einer völkerrechtlich unterbauten Gegnerschaft des Weltjudentums gegen das Dritte Reich ersetzt werden." Deshalb bestehe ein „eindeutiges Interesse daran, die Bildung eines jüdischen Staates zu verhindern und die politische Zersplitterung des Judentums aufrechtzuerhalten. [...] Falls der jüdische Staat in Palästina doch verwirklicht wird, würde die deutsche Außenpolitik jedenfalls vor ein neues Problem gestellt werden, das in seiner Schwere die innenpolitische Judenfrage weit überwiegen dürfte."[16]

Demgegenüber argumentierte Werner Otto von Hentig[17] aus dem Orientreferat im Gespräch mit einem Mitarbeiter des Außenhandelsamts der Auslandsorganisation, „daß er solange für die Aufrechterhaltung der Haavara sei, als man ihm keine besseren Vorschläge zur Förderung der Judenauswanderung vorlegen könne". Er fand sich damit in Übereinstimmung mit dem Reichswirtschaftsministerium, das sich gleichfalls für die Fortführung einsetzte[18]. Als Hentigs Gesprächspartner einwarf, das Amt sei doch für die Aufhebung des Verfahrens, entgegnete der, dies sei „nur persönliche Ansicht" Schumburgs. Die Kritik Hentigs wurde umgehend dem Büro von Ernst Bohles Auslandsorganisation gemeldet[19]. Hier zeigt sich eine Kakophonie, deren Kompromissformel in den Richtli-

---

[14] PA AA, R 99359, Aufzeichnung des Referats Deutschland vom 9.1.1937. Zu Hinrichs (1882–1964): Biographisches Handbuch des deutschen Auswärtigen Dienstes 1871–1945, Bd. 2: G–K, Paderborn u.a. 2005, S. 318–320. Hinrichs war seit Dezember 1935 im Referat D (Deutschland) und übernahm später die „Leitung des Sonderref[erats] Deutschland/Information der Auslandsvertretungen über wichtige innenpolitische Vorgänge, Judenpolitik, Rassenpolitik, Antikominternfragen etc."; seit Juli 1939 war er in die Präsidialkanzlei abgeordnet; ebenda, S. 320. Die britische Kommission unter Leitung Lord Peels (William Robert Wellesley) hatte im August 1936 den Auftrag erhalten, nach den Ursachen für die im April des Jahres in Palästina ausgebrochenen Unruhen zu suchen und Möglichkeiten zu deren Lösung im Hinblick auf eine zukünftige Regelung zwischen Juden und Arabern sowie der Rolle der Briten in diesem Konfliktverhältnis vorzuschlagen; vgl. Francis R. Nicosia, The Third Reich and the Palestine Question, London 1985, S. 109–114. Die Kommission hielt sich vom 11.11.1936 bis zum 17.1.1937 in Palästina auf und veröffentlichte ihre Ergebnisse im Juli des Jahres.
[15] PA AA, Inland II A/B 43/3, Aufzeichnung des Referats Deutschland vom 9.1.1937, jetzt R 99359.
[16] ADAP, D, V, Nr. 570, S. 641f., Emil Schumburg, Deutsche Einstellung zum britischen Plan der Bildung eines jüdischen Palästina-Staates, 7.8.1937.
[17] Hentig (1886–1984) hatte das Orientreferat im April 1937 übernommen und leitete es bis Oktober 1939; zu Hentigs Lebenslauf und Karriere: Biographisches Handbuch des deutschen Auswärtigen Dienstes 1871–1945, Bd. 2: G–K, S. 275–278.
[18] Vgl. ADAP, D, V, Nr. 575, S. 650–653, Brief von Reichsbankrat Utermöhle von der Reichsstelle für Devisenbewirtschaftung an Hentig vom 7.12.1937.
[19] Rolf Vogel, Ein Stempel hat gefehlt. Dokumente zur Emigration deutscher Juden, München 1977, S. 132–140, 148f. und 152f.; PA AA, R 27266, Aufzeichnung des Amtsleiters Schwarz vom 24.1.1938. Die undatierte und unadressierte Aufzeichnung von Hentig „Zur Frage der Aufhebung des Haavara-Abkommens" wurde von ihm ein „halbes Jahr nach Erscheinen des Peel-Plans", also spätestens im

nien des Leiters der Politischen Abteilung, Ernst von Weizsäcker, „für die künftige Behandlung der Palästina-Frage" erkennbar wird. Demnach sei „eine Zersplitterung des Weltjudentums der Gründung eines Palästina-Staates vorzuziehen". Weizsäcker wollte zugleich „nicht ausschließen, daß das A[uswärtige] A[mt] seine Stellungnahme den innerdeutschen Ressorts zur Kenntnis gibt, damit bei innerpolitischen Maßnahmen, die der jüdischen Auswanderung dienen, berücksichtigt wird, daß die jüdische Auswanderung nach Palästina nicht bedenkenlos zu fördern, sondern die Auswanderung nach jeder anderen Richtung der Welt vorzuziehen ist"[20]. Weizsäcker fasste hier widerstreitende Ansichten zusammen, die sich als „eindeutige Lösung" gegenseitig ausschlossen, zugleich aber den in diesen Jahren auf „Judenaustreibung" angelegten, rassenideologisch abgeleiteten Grundtenor klar erkennen lassen, ohne dass das Amt in der praktischen Umsetzung dieser Politik entscheidende Mitgestaltungsmöglichkeiten besaß. In der Summe waren die Formulierungen dieser Zeit mehr Rufe nach Gehör als reale Partizipation.

Im SD-Hauptamt dagegen, das eng mit dem Geheimen Staatspolizeiamt kooperierte und seine Aktivitäten mit der dort für die Juden zuständigen Abteilung II B 4 koordinierte, stand seit 1937 die pragmatisch-flexible Auswanderungsförderung ganz im Vordergrund. Adolf Eichmanns Referat nahm in dieser Zeit vielfältige Kontakte zu jüdischen Organisationen auf, unter anderem zur zionistischen militärischen Untergrundformation Hagana, um die eigene Auswanderungsorganisation zu fördern. Diese makabre Interessenkonvergenz zwischen NS-Verfolgern und dem zionistischem Bemühen um Zuwanderungsbeschleunigung nach Palästina führte im September 1937 so weit, dass Eichmann mit seinem Kollegen Herbert Hagen eine konspirative Reise nach Palästina unternahm, um sich über die politische Lage, die zionistischen Aktivitäten und eventuelle Zugangsmöglichkeiten zu informieren[21].

In Berlin hatte er zuvor zweimal einen Vertreter der Hagana getroffen und war von diesem eingeladen worden[22]. Eichmann tarnte sich als Schriftleiter des „Berliner Tageblatts", Herbert Hagen als Student. Heydrich genehmigte den Plan, lehnte aber jede Verantwortung für den Fall ab, sollte er scheitern[23] – was dann auch geschah: Die britischen Mandatsbehörden erfuhren von der konspirativen Aktion und schleusten die beiden Amateurspione nach Ägypten weiter[24]. Die Episode wirkt wie der Plot aus einem schlecht konzipierten Groschenkrimi, sie zeigt aber vor allem: Für Heydrich, Eichmann & Co dominierten in dieser Zeit praktische Fragen mit dem Ziel, möglichst viele Juden aus Deutschland herauszubringen. Einen jüdischen Staat wünschten auch sie nicht. Aber dergleichen hypothetische Fragen erschienen nachrangig gegenüber den aktuellen Erfordernissen und vor allem dem Ziel, die operative Handlungsdominanz zu gewinnen. Diese Strategie zieht sich wie ein roter Faden durch die praktische Verfolgungspolitik bis tief in die Kriegsjahre hinein.

Januar 1938, abgefasst, abgedruckt in: Vogel, Stempel, S. 141 f.; Nicosia, The Third Reich, S. 132, datiert das Memorandum auf den Herbst 1937, als die Diskussion um das Haavara-Abkommen in vollem Gange war.

[20] Aufzeichnung von Bülow-Schwante vom 27.4.1937, abgedruckt in: Vogel, Stempel, S. 123 f., Zitat S. 124.
[21] Jochen von Lang, Das Eichmann-Protokoll. Tonbandaufzeichnungen der israelischen Verhöre, Frankfurt a. M. u. a. 1985, S. 28 und 32.
[22] Lang, Das Eichmann-Protokoll, S. 33 f.
[23] BArch, R 58/623, S. 25, 1.7.1937, und S. 21, 4.9.1937.
[24] Lang, Eichmann-Protokoll, S. 35.

Sie spiegelt sich im Übrigen auch in der Entwicklung des Begriffs „Endlösung", der erstmals im Sommer 1938 auftaucht. In einem internen Papier des SD-Hauptamts heißt es, die „Judenfrage" sei, „abgesehen von einigen noch strittigen Einzelfragen" „auf dem Gesetzes- und Verordnungswege geklärt". „Der Jude", heißt es dort, sei „nicht mehr Teil der Gemeinschaft" und könne „auch nicht mehr an ihren politischen und wirtschaftlichen Erfolgen teilnehmen". Weil kein Jude mehr eine Existenz in Deutschland aufbauen könne, müssten alle auswandern, die hierzu noch in der Lage seien. Allerdings blieben vermutlich 200 000 Juden in Deutschland, die nicht auswandern könnten. Das hatte zur Konsequenz, das weitere „Auswanderungsmöglichkeiten unter möglichster Vermeidung von Devisenkosten" gefunden und „Unterstützungskosten für die zurückbleibenden Juden durch jüdische Mittel des In- oder Auslandes" beschafft werden sollten. Das „Problem" werde folglich, „soweit es innenpolitisch zu lösen ist, einer *Endlösung* entgegengeführt"[25]. Aus den sich wandelnden semantischen Zuschreibungen des Begriffs „Endlösung" in den Folgejahren lässt sich die stufenweise Radikalisierung der Verfolgungs- und Vernichtungspolitik ablesen.

Die lang und anhaltend debattierte Frage nach dem Entscheidungsprozess hin zum genozidalen Massenmord findet in dergleichen Dokumenten ihre Antwort. Der zu Recht als „kumulative Radikalisierung" (Hans Mommsen) charakterisierte Prozess orientierte sich dabei stets an den Optionsmustern, die sich aus der „großen Politik" ergaben, deren programmatische Leitlinien von Hitler bestimmt blieben. Insofern sollten programmatische Langzeitziele und schrittweise, aus dem Wettbewerb konkurrierender Institutionen entstehende, sich prozessual radikalisierende „Lösungs"-Vorschläge komplementär gedacht werden. Programmorientierung und Radikalisierung gehören durch jenen Institutioneneifer, wie ihn auch das Auswärtige Amt und der SD repräsentieren, zusammen. Vor welchem Hintergrund diese Orientierung stattfand, machte Hitler am 29. April 1937 bei einer internen Rede vor Kreisleitern auf der Ordensburg Vogelsang exemplarisch deutlich. Hier nahm er auch zur „Judenfrage" Stellung und erklärte, das „Endziel" der ganzen Politik sei ihm und seinem Auditorium ja „ganz klar. Es handelt sich bei mir immer nur darum, keinen Schritt zu machen, den ich vielleicht wieder zurück machen muß, und keinen Schritt zu machen, der uns schadet. Wissen Sie, ich gehe immer an die äußerste Grenze des Wagnisses, aber auch nicht darüber hinaus. Da muß man nun die Nase haben, ungefähr zu riechen: ‚Was kann ich noch machen, was kann ich nicht machen?' Auch im

---

[25] BArch, R 58/996, S. 113–122, hier zitiert der handschriftliche Schluss, S. 121 f., Hervorhebung des Autors. Der Bericht mit dem Titel „Das Judentum" ist nicht datiert, das ungefähre Datum lässt sich aber aus den internen Angaben erschließen. Zum einen wird die Zahl der bis dato aus dem Deutschen Reich ausgewanderten Juden auf 130 000 beziffert, was der Stand von Ende 1937 war, zum anderen muss es nach der Konferenz von Evian (6.–15. 7. 1938) liegen, da auf die Schrift von Dieter Schwarz über „Das Weltjudentum" verwiesen wird, in der schon das Scheitern der Konferenz antizipiert wird. Die Zahl der noch in Deutschland befindlichen Juden wird auf 672 000 beziffert. Die Broschüre über „Das Weltjudentum", von Herbert Hagen und Franz Alfred Six verfasst, wurde unter dem Pseudonym Dieter Schwarz als von Heydrich sanktionierte Linie des SD veröffentlicht, Wisliceny-Bericht vom 18. 11. 1946, in: Léon Poliakov/Josef Wulf (Hrsg.), Das Dritte Reich und die Juden. Dokumente und Aufsätze, Berlin 1955, S. 88; vgl. BArch, All Proz 6/103 (Eichmann-Prozeß), S. 386. „Schwarz" vertrat bezüglich Palästina die Ansicht, „daß das Judenproblem durch die Errichtung eines Judenstaates unlösbar" sei, da dort allenfalls eine Million der auf 17 Millionen geschätzten Juden der ganzen Welt angesiedelt werden könnten. Außerdem würde ein solcher Staat zum unerwünschten „Vatikan eines Weltjudentums", weshalb Deutschland „von dem einmal beschrittenen Wege zur endgültigen Lösung der Judenfrage nicht abgehen" werde – gegen einen Palästina-Staat, aber ohne Nennung einer konkreten Alternative; Dieter Schwarz (i. e.: Franz A. Six/Herbert Hagen/Reinhard Heydrich), Das Weltjudentum. Organisation, Macht und Politik, Berlin 1939, S. 56 f.

Kampf gegen einen Gegner. Ich will ja nicht gleich einen Gegner mit Gewalt zum Kampf fordern, ich sage nicht: ‚Kampf!', weil ich kämpfen will, sondern ich sage: ‚Ich will Dich vernichten! Und jetzt *Klugheit, hilf mir, dich so in die Ecke hineinzumanövrieren, daß du zu keinem Stoß kommst, und dann kriegst du den Stoß ins Herz hinein.'* Das ist es!"[26]

Wenn für den SD weiterhin „zerstreuende Auswanderung", sprich Austreibung, im Zentrum dieser „Endlösungspolitik" stand, dann stets auch das Bemühen, sich selbst als zentrale operative Instanz dieses Prozesses zu etablieren. Das Auswärtige Amt spielte in diesem Prozess, ebenso wie beispielsweise das Wirtschaftsministerium oder Hermann Görings Vierjahresplanbehörde, vor allem eine instrumentell-kooperative Rolle. Insgesamt erkennen wir in der Haavara-Debatte und der Palästina-Frage eine bemerkenswerte Koinzidenz zwischen den pragmatischen Stimmen innerhalb des Auswärtigen Amts einerseits mit den praktischen Ideologen im SD-Hauptamt andererseits – gegen die strenger ideologisch argumentierenden Fundamentalisten à la Schumburg.

Der Erfolg der SD-Strategie spiegelte sich in Heydrichs Ernennung zum Leiter der „Reichszentrale für die jüdische Auswanderung" am 24. Januar 1939.[27] Eine Woche später, als Hitler im Reichstag seine bekannte „prophetische" Rede zur „Judenfrage" hielt, informierte Heydrich das Auswärtige Amt und bat Ribbentrop, einen Vertreter in den Ausschuss der „Reichszentrale" zu entsenden[28]. Die Wahl fiel auf den „Judenexperten" Emil Schumburg[29], der einige Wochen zuvor als „Verbindungsführer des Reichsführers SS und Chefs der Deutschen Polizei zum Auswärtigen Amt"[30] charakterisiert wurde. In der Machtpraxis dominierte Heydrich die Entwicklungen zur „Lösung der Judenfrage" und zwang das Amt in eine Position, sich dazu verhalten zu sollen, ohne selbst in derselben Weise agieren zu können – was nicht heißt, dass man sich im Amt nicht weiterhin Gedanken machte über den möglichen eigenen Beitrag. Wenige Tage zuvor hatte Schumburg in einem in der Forschung schon länger bekannten Runderlass zur „Judenfrage als Faktor der Außenpolitik im Jahre 1938"[31] ein zweistufiges, in sich kohärentes „Programm" formuliert. Zuerst sollte – kurzfristig – die gelenkte Zerstreuung der Juden in der Welt den Antisemitismus in den Einwanderungsländern fördern. Dies hätte zur Folge, so meinte Schumburg, dass sich alle Völker im eigenen Interesse um eine internationale Lösung der „Judenfrage" bemühen würden. Als langfristige und ins Globale reichende Lösung projizierte er die Unterbringung der Juden in einem Reservat. Wie schon in den Vorjahren repräsentierten die Formulierungen Schumburgs ein streng ideologisch orientiertes Konzept – eine ernste Rezeption allerdings oder gar die Einbeziehung in Heydrichs Apparat ist nicht erkennbar.

Für das Verständnis des „Endlösungsprozesses" ist wichtig zu verstehen, dass der SD seine ideologischen Orientierungen stets aufs engste mit den aktuellen machtrationalen Er-

---

[26] Hildegard von Kotze/Helmut Krausnick (Hrsg.), „Es spricht der Führer". 7 exemplarische Hitler-Reden, Gütersloh 1966, S. 147f., Hervorhebung im Original.
[27] PA AA, R 100857, 24.1.1939; das Bestallungsschreiben von Göring war an Innenminister Frick gerichtet, in dessen Ministerium die Zentrale rein formell eingerichtet wurde; abgedruckt in: Vogel, Stempel, S. 290f.
[28] PA AA, R 100857, Schreiben von Heydrich an Ribbentrop vom 30.1.1939.
[29] PA AA, R 100857, Brief des Auswärtigen Amts vom 10.2.1939.
[30] BArch, NS 19/256, Hauszirkular des AA vom 16.12.1938 mit Begleitschreiben von Schumburg an den Chef des Persönlichen Stabes RFSS, Wolff, vom 30.12.1938.
[31] ADAP, D, V, Nr. 664, S. 780–785, Emil Schumburg, Die Judenfrage als Faktor der Außenpolitik im Jahre 1938, 25.1.1939.

fordernissen verknüpfte. Zwar radikalisierten sich die ideologisch abgeleiteten Aktivitäten fortwährend, behielten aber stets das realisierbare Maß im Auge. Je grundsätzlich-ideologischer die Äußerungen im Auswärtigen Amt formuliert waren – so jedenfalls der Eindruck aus den verfügbaren Dokumenten –, desto weiter standen die Autoren meist von der Machtpraxis entfernt. Daran änderte sich auch nichts, als „Judenexperte" Schumburg nahezu zeitgleich mit der Bildung des RSHA zum Referatsleiter aufstieg[32].

Im Krieg

Die Bildung des Reichssicherheitshauptamts aus dem Hauptamt Sicherheitspolizei, dem Sicherheitshauptamt des Reichsführers SS, dem Geheimen Staatspolizeiamt und dem Reichskriminalpolizeiamt mit Heydrich als „Chef der Sicherheitspolizei und des SD" an der Spitze am 27. September 1939 war ein gleichermaßen symbolischer wie machtpolitischer Akt. Das RSHA repräsentierte die organisatorische Antwort auf eine neuartige ideologische „Herausforderung": die „Lösung der Judenfrage" im gesamten deutsch beherrschten Territorium. Das RSHA symbolisierte und manifestierte, dass es nicht um „Außenpolitik", sondern um eine NS-europäische Innenpolitik ging. Das Streben nach einer „Lösung" personifizierte sich in Heydrich und Eichmann. Schon am 21. September hatte Heydrich in einem Schnellbrief an die Chefs aller Einsatzgruppen der Sicherheitspolizei, betreffend die „Judenfrage im besetzten Gebiet", unter Berufung auf eine am gleichen Tag abgehaltene Besprechung in Berlin angeordnet, „daß die *geplanten Gesamtmassnahmen* (also das Endziel) *streng geheim* zu halten" seien. Es müsse unterschieden werden „zwischen 1.) dem Endziel (welches längere Fristen beansprucht) und 2.) den Abschnitten der Erfüllung dieses Endzieles, (welche kurzfristig durchgeführt werden)". Vorerst sollten die Juden vom Lande in den größeren Städten konzentriert werden[33], wodurch sie zu einer handhabbareren Verfügungsmasse wurden, die je nach Möglichkeit und dem Willen des Führers „behandelt" werden konnte. Die im Herbst/Winter 1939/40 im RSHA formulierten Gedanken an ein Judenreservat im besetzten Polen blieben Fiktion. Eine eigenständige Beteiligung des Auswärtigen Amts ist hier nicht erkennbar. Überhaupt ist dies eine Phase verminderter Wahrnehmbarkeit, was offensichtlich vor allem personelle Gründe hatte.

Als Heinrich Himmler, der inzwischen auch den Titel des „Reichskommissars für die Festigung des deutschen Volkstums" trug, am 10. April 1940 eine Entlassungssperre für alle jüdischen KZ-Häftlinge anordnete, nahm er immer noch diejenigen aus, deren Auswanderung vorbereitet war[34]. Daran zeigt sich, dass Auswanderung auch zu diesem Zeitpunkt noch als ein Aspekt der als praktikabel angesehenen „Lösungs"-Optionen charakterisiert werden muss. Erst der Sieg im Westen mit der unerwartet raschen Eroberung Frankreichs markiert die Zäsur. Denn sechs Wochen später hoffte Himmler, wie er in seinen „Gedanken über die Behandlung der Fremdvölkischen im Osten" vom 25. Mai 1940 formulierte, den „Begriff Juden [...] durch die Möglichkeit einer großen Auswande-

---

[32] Schumburg stieg am 26. 9. 1939 zum Leiter auf, das RSHA wurde am nächsten Tag gebildet; Datum zu Schumburg nach: Biographisches Handbuch des deutschen Auswärtigen Dienstes 1871–1945, Bd. 4: S, S. 208.
[33] BArch, R 58/276, S. 235–238, 21. 9. 1939, Hervorhebungen im Original.
[34] BArch, R 58/276, S. 252, 10. 4. 1940.

rung sämtlicher Juden nach Afrika oder sonst in eine Kolonie völlig auslöschen zu sehen"[35]. Hitler fand Himmlers Schrift angeblich „sehr gut und richtig", doch sollte „niemals auch nur auszugsweise oder gedächtnisweise in einem Befehl" darauf Bezug genommen werden[36].

Vor diesem Hintergrund sind die Initiativen des neuen „Judenreferenten" im Auswärtigen Amt, Franz Rademacher, vom Sommer 1940 zu sehen. Als dieser im Juni und Juli 1940 seine Vorschläge in Umlauf brachte – es ist wichtig zu betonen, dass es zwei sind, weil sie sich in wichtigen Punkten unterscheiden und weil dies erneut den Prozess-Charakter der Entscheidungsfindung zeigt –, projizierte er in eine machtpolitische Black Box hinein. In diesen Wochen schien alles möglich, auch eine aktive, vielleicht gar zentrale Rolle des Amts, die es, das muss in Erinnerung gerufen werden, bislang nicht gehabt hatte. Die Kriegsentwicklung erschien wie eine genuine außenpolitische Chance. Das Deutsche Reich hatte Frankreich im Rekordtempo erobert, Hitler sah sich auf dem Weg zur Herrschaft Europas, wenn nicht der Welt. Selbst die Skeptiker fieberten nun mit im Lichte der deutschen Erfolge. Rademacher, der neu in seinem Amt war, wollte dabei sein. Er zielte darauf ab, sich selbst, sein Referat sowie seine Abteilung zu profilieren. Dabei wird zugleich deutlich erkennbar, wie sehr Rademacher auch die inneren Rivalitäten der eigenen Behörde reflektierte. Denn er plädierte insbesondere deshalb für zügige Initiativen, um bei eventuellen Friedensverhandlungen gegenüber der Politischen Abteilung nicht ins Hintertreffen zu geraten. Ansonsten bestünde die Gefahr, meinte er, dass seitens der Politischen Abteilung zu sehr auf die imperialistische Stellung des Reiches, aber zu wenig auf die „überstaatlichen Mächte" geachtet werde[37]. Denn dieser Krieg habe, so Rademacher, „ein doppeltes Gesicht: ein imperialistisches – die Sicherung des für Deutschland als Weltmacht politisch, militärisch und wirtschaftlich notwendigen Raumes –, ein überstaatliches – [die] Befreiung der Welt aus den Fesseln des Judentums und der Freimaurerei". Um dies zu unterstreichen, beantragte er eine Verstärkung seines Referats um einen „geschickten, jüngeren Konsulatssekretär", eine Schreibdame und einen Attaché[38].

Noch bevor Rademacher seine Vorstellungen näher ausgearbeitet hatte, schaltete sich bereits Heydrich ein. In einem Brief an Ribbentrop pochte er am 24. Juni 1940 darauf, von Göring mit der „Durchführung der jüdischen Auswanderung aus dem gesamten Reichsgebiet beauftragt" zu sein. Da das *Gesamtproblem* – es handele sich „bereits um 3 $\frac{1}{4}$ Millionen Juden in den *heute* deutscher Hoheitsgewalt unterstehenden Gebieten" – „*durch Auswanderung* nicht mehr gelöst werden" könne, sei eine „territoriale Endlösung" notwen-

---

[35] Zit. nach Helmut Krausnick, Denkschrift Himmlers über die Behandlung der Fremdvölkischen im Osten, in: Vierteljahrshefte für Zeitgeschichte 5 (1957), S. 194–198, hier S. 197. Krausnick hat in seiner Vorbemerkung zur Veröffentlichung dieser Denkschrift festgehalten, Himmler habe sich hier „im Sinne des bekannten Planes einer Abschiebung nach Madagaskar" geäußert; ebenda, S. 195. Dies ist insofern zu relativieren, als der Madagaskar-Plan zu diesem Zeitpunkt noch nicht in der Diskussion war und ein Bezug zu dieser Insel nur, aus der früheren Berührung Himmlers mit diesem Gedanken abgeleitet, vermutet werden kann. Eine hieraus entstandene Anregung zum Planungsentwurf für Madagaskar lässt sich nicht erkennen. Krausnick ist zuzustimmen, wenn er die von Himmler in dieser Denkschrift als „ungermanisch und unmöglich" abgelehnte „bolschewistische Methode der physischen Ausrottung eines Volkes" als schwerlich auch für die Juden geltend charakterisiert.
[36] Staatsarchiv (künftig StA) Nürnberg, NO-1881, 28.5.1940.
[37] PA AA, R 100305, Gedanken über die Arbeiten und Aufgaben des Ref. D III, 3.6.1940, S. 2.
[38] Ebenda, S. 3. Sein Entwurf ist auch als Kurzfassung unter dem Titel „Kurzer Überblick über die neu aufzunehmenden, vordringlichen Aufgaben des Ref. D III" überliefert; PA AA, R 100857, S. 229, 3.6.1940.

dig. Er bitte daher um eine Beteiligung „bei bevorstehenden Besprechungen, die sich mit der Endlösung der Judenfrage befassen, falls solche von dort aus vorgesehen sein sollten"[39]. Es ist offensichtlich, dass Heydrich von Rademachers Initiative erfahren hatte und mit der gewohnten Sensibilität für Machtfragen sofort reagierte, um diese – aus Sicht des RSHA – ungebührliche Einmischung zu konterkarieren und die eigene Autorität anerkannt zu sehen. Der Begriff „territoriale Endlösung" war dabei ambivalent. Er konnte sowohl die Verbringung in ein bestimmtes, ob nun innerhalb oder außerhalb Europas liegendes Territorium meinen als auch den deutsch-beherrschten Machtbereich in Europa, auf den die „Endlösung" bezogen werden sollte. Ausgehend von Heydrichs Formulierungen firmierte nun in den Sommermonaten des Jahres 1940 der Madagaskar-Plan als „territoriale Endlösung". Damit war in der bereits skizzierten Semantik des Begriffs „Endlösung" die zweite Eskalationsstufe fixiert. Dabei ging es eindeutig um Deportation, fortgesetzte Überwachung und SS-Kontrolle, nicht „nur" um „Vertreibung"[40]. Von dieser „territorialen Endlösung" eskalierte die Praxis der antijüdischen Politik ein gutes Jahr später in die dritte Phase der „genozidalen Endlösung", die im Nachhinein zum Synonym für den Massenmord als Ganzes wurde[41].

Heydrichs Intervention setzte einen weiteren Wettlauf in Gang, dessen Einzelheiten hier nicht dargestellt werden können. Entscheidend ist, dass in den folgenden Monaten deutlich wurde, dass das Auswärtige Amt, obwohl Rademacher sich weiterhin mühte, mit seinem Referat und dem Amt im Spiel zu bleiben, allenfalls eine kommunikative Zuarbeiterrolle einnahm. Eichmann behauptete nach dem Krieg, es sei „zu einer ganzen Anzahl von Dezernentenbespr[echungen]" gekommen, an denen Vertreter aus allen Zentralinstanzen teilgenommen hätten. Insgesamt hätten auf seiner Dienststelle „15–20 grosse Sitzungen" zum Madagaskar-Projekt mit 20 bis 25 Teilnehmern stattgefunden[42]. Eichmann behauptete weiter, das Auswärtige Amt sei auf diesen Besprechungen durch Eberhard von Thadden vertreten gewesen, der „bei jeder Sitzung" zugegen gewesen sei. Dieser habe das Besprochene im Auswärtigen Amt vorgebracht, das dann an die Vichy-Regierung herangetreten sei und „mit Laval verhandelt" habe[43]. Zeitgenössisch gibt es für beide Behauptungen keinerlei Belege; wenn es solche Treffen gab, ist von ihnen nichts überliefert. Als der fertige Madagaskar-Entwurf des RSHA im August 1940 auf den Schreibtisch von Unterstaatssekretär Martin Luther kam, ist an dessen Notizen ablesbar, dass er in den vorausgegangenen Monaten kaum mit der Angelegenheit befasst war.

Luther verlangte zu erfahren, von wem denn der Plan stamme und welche Arbeiten „wir", das heißt die Deutschland-Abteilung des Auswärtigen Amts, daran geleistet habe[44].

---

[39] PA AA, R 100857, Heydrich an Ribbentrop, 24.6.1940, abgedruckt in: Vogel, Stempel, S.312f., Hervorhebung im Original.
[40] So irreführend: Conze u.a., Das Amt, S.15 [Einleitung].
[41] BArch, R 58/996, S.121f. Als Ernst von Weizsäcker nach dem Krieg auf den Bedeutungswandel des Begriffs „Endlösung" hinwies, sprach er vom „sogenannten ‚Madagaskar Zionismus'"; Trials of War Criminals before the Nuernberg Military Tribunals (NMT), Vol. XIII, Washington 1952, S.444.
[42] BArch, All Proz 6/95, S.15. An anderer Stelle spricht er sogar von „20, 30, 40 Dezernenten", die er „wöchentlich ein bis zweimal" versammelt habe; BArch, All Proz 6/104, S.422.
[43] BArch, All Proz 6/95, S.16; IfZ, Eich 1491 -C-, S.4, 31.5.1960; IfZ, G 01/Adolf Eichmann, von Eichmann korrigierte Tonbandtranskription, S.140. Die Zahl der Referenten schätzte er laut der letztgenannten Quelle (in dem für ihn typischen Redundanzstil) nur noch auf „ungefähr rund um die zehn".
[44] PA AA, R 100857, S.198, handschriftliche Notiz von Luther, undatiert (nach dem 15.8.1940), Punkt 1 und 2.

Weiter notierte er, dass nicht nur Beauftragte des SD, sondern auch des Auswärtigen Amts und eventuell des Reichswirtschaftsministeriums bei Verhandlungen beteiligt werden sollten[45]. Auch die Frage der Einbeziehung der Juden in Italien, Bulgarien, Rumänien „etc." wollte er behandelt wissen und fragte nach Vorarbeiten[46]. Luthers Notiz ist ein signifikanter Indikator insofern, als er für seinen ideologischen Ehrgeiz ebenso bekannt war wie für sein Bestreben, in seinem Arbeitsbereich eine umfassende Übersicht und Kontrolle zu erhalten. Es ist deshalb mehr als bemerkenswert, dass er dergleichen offensichtlich wenig informierte Nachfragen formulierte. Luthers Reaktion zeigt zweierlei. Sie deutet darauf hin, dass das Projekt in seinen Augen einen reinen Planungscharakter von nachrangiger Bedeutung hatte, weil anzunehmen ist, dass er andernfalls früher und intensiver interveniert hätte. Und sie zeigt, dass das Auswärtige Amt trotz der ursprünglich von Rademacher ausgehenden Initiative, über Madagaskar zu diskutieren, bei den konkreten Planungsdiskursen des Sommers 1940 gegenüber dem RSHA nur eine nachrangige, in vielen Aspekten nicht einmal voll informierte Rolle spielte.

Rademacher selbst stellte die ganze Angelegenheit so dar, als seien die Zuständigkeiten seitens des Auswärtigen Amts freiwillig und problemlos den anderen beteiligten Institutionen zugestanden worden. Sein Narrativ liest sich allerdings eher wie die nachträgliche Rationalisierung eines Ergebnisses, bei dessen Anerkennung er keine Wahl hatte. Seine Initiative war im Wettbewerb absorbiert worden. Nicht nur Heydrich hatte nachdrücklich und unübersehbar auf seine Rolle gepocht. Auch zwischen Ribbentrop und Göring entwickelte sich im Juni und Juli 1940 ein heftiger Kompetenzstreit, ob das Auswärtige Amt oder Görings Vierjahresplanbehörde für die Vorbereitung und Durchführung der „wirtschaftlichen Friedensverhandlungen"[47] mit Frankreich die Federführung übernehmen durfte[48].

Analysiert man die Diskussion innerhalb des Auswärtigen Amts sowie zwischen dem Amt und dem RSHA, so fällt die stark divergierende Disposition der Akteure auf. Rademachers Gedanken und Vorschläge kreisten darum, die Notwendigkeit seiner Institution bei der Planung und Umsetzung nachzuweisen, sich selbst ins Spiel zu bringen und aus dem Vorhaben ein Zusammenspiel mehrerer Behörden zu gestalten. Sein Ehrgeiz ist ebenso erkennbar wie seine weitgehende Erfolglosigkeit. Denn der Plan des RSHA zeigt in seiner Genese und seiner Formgebung den Willen der SS, das Heft der Judenverfolgung ganz in der Hand zu halten bzw. im deutsch-beherrschten Europa in die Hand zu bekommen. Die Genesis der „genozidalen Endlösung" seit dem Frühjahr 1941 illustriert dann, wie sich das RSHA, wie sich Himmler und Heydrich durchsetzten.

Es erscheint deshalb auch nicht verwunderlich, dass Rademachers Vorschlag, eine Konferenz der verschiedenen mit dem Madagaskar-Plan befassten Behörden im Auswärtigen Amt abzuhalten, ohne Resonanz blieb. Dasselbe gilt für seinen Vorschlag, eine Vorberei-

---

[45] PA AA, R 100857, S. 198, Notiz von Luther, Punkt 3. Er notierte hier als Stichwort „Wako", i. e. Waffenstillstandskommission. Hierzu ist festzuhalten, dass in der Korrespondenz des Auswärtigen Amts mit der Waffenstillstandskommission wiederholt Fragen der zukünftigen Behandlung des französischen Kolonialreiches angeschnitten wurden, ohne dass von Madagaskar als von einer projektierten zukünftigen „Heimstätte für die Juden" oder gar von konkreten Plänen die Rede ist; Brechtken, „Madagaskar für die Juden", S. 267.
[46] PA AA, R 100857, S. 198, Notiz von Luther, Punkt 4.
[47] PA AA, R 29607, Vertrauliche Aufzeichnung von Wiehl vom 1. 7. 1940.
[48] PA AA, R 29607, Schreiben von Göring an das Auswärtige Amt vom 2. 7. 1940; Schreiben von Ribbentrop an Göring vom 9. 7. 1940.

tungs-Kommission zusammenzustellen, die dann ein bis zwei Monate auf die Insel fahren und gezielte Untersuchungen vornehmen sollte. Tatsächlich hielt das RSHA die Fäden in der Hand. Eichmann übernahm die zentrale Rolle und entsandte Theodor Dannecker im August 1940, nach Fertigstellung des Projekt-Entwurfs und zunächst noch unter den Auspizien einer eventuellen Realisierung des Plans, als „Beauftragten" nach Frankreich[49]. Hier avancierte Dannecker als Leiter des Referats IV J der Sipo-SD in Paris zum herausragenden Antreiber in der Verfolgung der französischen Juden und zu einem entscheidenden Vorbereiter der „genozidalen Endlösung" in Frankreich. Dieter Wisliceny wurde in gleicher Mission im September nach Preßburg entsandt. Eine Kommission für Madagaskar, wie sie Rademacher vorgeschlagen hatte, wurde weder vom Auswärtigen Amt noch vom RSHA ins Leben gerufen. Der Krieg, auch der gegen die Juden, lief in anderen Bahnen weiter[50]. In den deutsch-französischen Verhandlungen über die Einzelheiten des Waffenstillstandes spielten diese Planungen keine Rolle.

Auch die Kommunikationsflüsse innerhalb des Auswärtigen Amts unterstreichen dessen machtpolitische Nachrangigkeit. Als Rademacher im Februar 1942 den Gesandten Bielfeld wissen ließ, „der Führer" habe „entschieden", „daß die Juden nicht nach Madagaskar, sondern nach dem Osten abgeschoben werden sollen", die Insel „mithin nicht mehr für die Endlösung vorgesehen"[51] sei, zeigte sich Ernst Woermann als Leiter der Politischen Abteilung immer noch auf dem Stand von 1940. Seine Nachfrage illustriert einen bemerkenswerten Grad von Uninformiertheit. Am 14. Februar 1942 wollte er, „bei der Bedeutung, die diese Entscheidung hat", wissen, „auf welchen Quellen die Angabe [Rademachers] beruht"[52].

Woermanns indikative Nicht-Informiertheit über die seit längerem laufenden Veränderungen in der Behandlung der „Judenfrage" illustriert auch sein Bericht für Ribbentrop zur „Frage eines kolonialen Ausgleichs zwischen Deutschland, Frankreich und Spanien in Afrika"[53]. Woermanns Schreiben datiert vom 21. Januar 1942, also einen Tag nach der Wannsee-Konferenz, auf der die bereits angelaufene „genozidale Endlösung" koordiniert wurde, vor allem aber Heydrich seinen Führungsanspruch manifestierte. Woermann hält am Tag nach der Konferenz noch fest: „für den Judenstaat: vielleicht Madagaskar", während die reale machtpolitische Entwicklung dergleichen Imaginationen seit mehr als einem Jahr hinter sich gelassen hatte. Es war Rademacher, der seinen Vorgesetzten darüber aufklären musste, dass die Wannsee-Konferenz inzwischen als Geschäftsgrundlage galt und „der Madagaskar-Plan des Referats D III auf Grund der neuen Entwicklung, wie sie Obergruppenführer Heydrich Unterstaatssekretär Luther dargelegt hat, hinfällig geworden ist"[54]. Bemerkenswert ist Rademachers betonte Formulierung vom „Madagaskar-Plan des

---

[49] Wisliceny-Bericht vom 18.11.1946, in: Poliakov/Wulf (Hrsg.), Das Dritte Reich und die Juden, S. 90.
[50] Vgl. den o. g. Titel von Lucy S. Dawidowicz, Der Krieg gegen die Juden 1933–1945, München 1979, ohne dass hier deren „ultraintentionalistische" (Browning) These zutreffend wäre.
[51] PA AA, R 100857, Hausmitteilung von Rademacher an Bielfeld vom 10.2.1942, abgedruckt in: Vogel, Stempel, S. 334f. Dass Rademacher den Plan hier als von seinem Referat entworfen bezeichnet, kann sich nur auf die gedankliche Urheberschaft zum Projekt-Entwurf des Reichssicherheitshauptamts beziehen.
[52] PA AA, R 100857, Woermann an Rademacher, 14.2.1942, abgedruckt in: Vogel, Stempel, S. 335.
[53] StA Nürnberg, NG-5741.
[54] PA AA, R 100857, Notiz von Rademacher für Luther mit der Bitte um Unterrichtung Woermanns vom 24.2.1942, abgedruckt in: Vogel, Stempel, S. 335f.

Referats D III". Er suchte demnach weiterhin – zumindest intern – seine initiative Rolle und die Bedeutung seines Referats zu unterstreichen, was spätestens seit August 1940 schon nicht mehr von den Realitäten des Entscheidungsprozesses gedeckt war.

Für eine Gesamtbewertung bis zum Jahresbeginn 1942 ergibt sich demnach folgendes Bild: Seitens des Auswärtigen Amts gab es wiederholt Versuche, sich im Kreis der in der Judenpolitik treibenden Kräfte der NS-Regime-Hierarchie Gehör zu verschaffen. Mitarbeiter des Auswärtigen Amts waren regelmäßig bemüht, in der Diskussion um die „Judenpolitik" aktiv einen originellen „rassenpolitischen" Beitrag zu leisten. Die realen machtpolitischen Erfolge im Gesamtbild der Institutionenkonkurrenz blieben bescheiden. Namentlich gegenüber dem SD, später dann dem RSHA, wirkten viele Initiativen des Auswärtigen Amts vor allem wie das Bemühen, in der polykratischen Konkurrenz nicht den Anschluss zu verlieren.

Resümee

Die hier notwendigerweise kursorisch präsentierten Differenzierungen, die Betonung des präzisen Blicks auf die Chronologie und der Kontext fortschreitender Radikalisierung sind nicht nur deshalb notwendig, weil sie sich aus dem überlieferten Dokumentenbefund ergeben, wie ihn schon seit den 1980er Jahren namentlich Christopher Browning und Hans-Jürgen Döscher vorgeführt haben[55]. Es ist offensichtlich, dass die angemessene Bewertung einer Behörde nur mit Hilfe einer multi-institutionalen Perspektive möglich ist. Insofern bleibt eine derart integrierte Geschichte des Auswärtigen Amts und seiner Rolle, Funktion und Wirkung in der NS-Gesellschaft und der NS-Verfolgungspolitik ein Desiderat.

Was sollte eine solche integrierte Geschichte leisten? Fünf zentrale Elemente verdienen dabei besondere Beachtung:

Erstens: Eines solche Studie müsste zeigen, welche tatsächliche Macht-Rolle das Amt bei der Formulierung und Implementierung der Außenpolitik bis 1939 und der NS-europäischen Binnenpolitik danach spielte. Eine solche Analyse müsste notwendigerweise das Wechselspiel mit den anderen, konkurrierenden Institutionen in den Blick nehmen, allen voran dem Sicherheitsdienst und dem späteren RSHA, aber auch dem Wirtschafts-, später dem Rüstungsministerium, der Vierjahresplanbehörde, dem Propagandaministerium, der Dienststelle Rosenberg, dem Ostministerium, dem Generalgouvernement, um nur die wichtigsten zu nennen.

Zweitens: Eine solche Analyse müsste den tatsächlichen Einfluss auf politische Entscheidungen analysieren. Welche reale Wirkung hatten die Diplomaten welcher Abteilungen und Referate, hatten jene Formulierungen, die sie regelmäßig produzierten, auf die tatsächliche Entscheidungsfindung – vom Austritt aus dem Völkerbund über die vielfältigen Vertragsbrüche (Wiedereinführung der allgemeinen Wehrpflicht, Einmarsch ins entmilitarisierte Rheinland etc.), die Aushandlung neuer Verträge bis zur Kriegführung. Wo ist das Amt aktiver operationaler Gestalter, wo Begleiter, wo Kommentator? Wie mischt und wandelt sich dies über die zwölf Jahre?

---

[55] Dieser Blick findet sich auch in meiner Studie zur Entwicklung des Madagaskar-Gedankens, auf die bereits verwiesen wurde; vgl. Anm. 2.

Dies bedeutet *drittens,* dass für das Verhältnis des Auswärtigen Amts zu anderen Institutionen chronologisch präzise das jeweilige Machtgefüge bestimmt werden muss.

Viertens verlangte eine solche Analyse, dass die Bedeutung des Amts aus der Sicht der tatsächlichen außenpolitischen Entscheider – allen voran und immer wieder Hitler – bestimmt werden muss. Welchen Einfluss übte das Amt aus, als es um außenpolitische Aktionen ging wie: Verlassen des Völkerbundes, Nichtangriffspakt mit Polen, Flottenabkommen mit Großbritannien, Stahlpakt, Münchner Abkommen, Angriff auf Polen, Angriff auf die Sowjetunion. Dies sind nur einige Beispiele, bei denen zu fragen wäre, ob das Auswärtige Amt eine tatsächlich mit-entscheidende Rolle spielen konnte. Welche Sicht auf „das Amt" hatte Hitler jeweils, wenn er außenpolitische Entscheidungen traf? Inwieweit orientierte er sich an Ideen, die aus der Wilhelmstraße kamen? An welchen außenpolitischen Entscheidungen lässt sich ein Einfluss des Amts auf diese Entscheidungsfindung feststellen?

Fünftens wäre zu untersuchen, wie das Amt über die Jahre von den jeweiligen außenpolitischen Partnern und Gegnern im Ausland wahrgenommen wurde.

Kurzum: Eine solche integrierte, multi-perspektivische, methodisch und inhaltlich den aktuellen Forschungsstand reflektierende Studie ist gleichermaßen ein Desiderat und eine spannende Herausforderung. Die Diskussion um „Das Amt und die Vergangenheit" hat gezeigt, dass eine solche quellengestützte Analyse bislang fehlt. Die gegenwärtig laufenden Projekte beispielsweise zum Bundesministerium der Justiz[56] und dem Reichsministerium der Finanzen[57] zeigen in ihren bislang vorliegenden Ergebnissen, wie ertragreich eine ernsthafte wissenschaftliche Auseinandersetzung sein kann.

---

[56] Manfred Görtemaker/Christoph Safferling (Hrsg.), Die Rosenburg. Das Bundesministerium der Justiz und die NS-Vergangenheit. Eine Bestandsaufnahme, Göttingen 2013.
[57] http://www.reichsfinanzministerium-geschichte.de/ [6. 3. 2014].

Moshe Zimmermann
Das Auswärtige Amt und der Holocaust

Der Historiker stellt Fragen an die Vergangenheit, die zu gegenwartsrelevanten Antworten führen sollen. Dabei geht er selbstverständlich davon aus, dass untergegangene oder auch gegenwärtige Gesellschaften, die nicht seine eigenen sind, ihm fremde Sprachen sprechen, von einer fremden Mentalität geprägt und von anderen Werten motiviert sein können, ja dass mitunter dort sogar unterschiedliche moralische Maßstäbe angelegt wurden und werden. Dieser Umstand ist auch dem Historiker bekannt, der sich mit der deutschen Gesellschaft vor 1945 und spezifisch mit der Rolle von deutschen Diplomaten im „Dritten Reich" befasst. Im folgenden Beitrag, wie bereits im Bericht der Historikerkommission[1], geht es also nicht um „eine Bewertung von der Höhe heutiger Moral", durch die „Personen einem Maßstab, der ihnen nicht gemäß ist", unterworfen werden. Auch werden die folgenden Erörterungen sicherlich nicht durch ein „Desinteresse an der damaligen Innensicht" geleitet[2].

Es muss zunächst darauf hingewiesen werden, dass die besagte Historikerkommission zu einem faktischen Befund kam, der nichts mit einem „ungemäßen Maßstab" zu tun hat: „An der ‚Endlösung der Judenfrage', der systematischen Vernichtung der europäischen Juden, wirkte das AA mit." Es handelte sich dabei „um Planung, Vorbereitung und Durchführung von Maßnahmen gegen die jüdische Bevölkerung Europas"[3]. Aus meiner Sicht geht es nun im gesamten Zusammenhang primär jedoch nicht um damals erfolgte Taten oder Unterlassungen, die zwar im Buch *„Das Amt und die Vergangenheit"* exemplarisch aufgezählt werden und die auch aus der „damaligen Innensicht" heraus hätten anfechtbar sein können. Es geht mir vielmehr um den *„state of mind"*, um Absichten und Ansichten von Diplomaten, ja um die generelle Akzeptanz von Normen des NS-Regimes, also letztlich um den universalen Test der „vernünftigen Durchschnittsperson", des „verständigen Rechtsgenossen" (*reasonable person*). Mehr noch: Da Geschichte eine angewandte Wissenschaft ist, zielen Historiker und Konsumenten des historischen Produkts nicht auf Schuldsprüche gegen Personen der Vergangenheit ab, sondern sie mühen sich um eine Lehre für die Zukunft, um eine Erkenntnis der Mechanismen und Phänomene, die Katastrophen – in unserem Fall: den Holocaust – ermöglichten und unter Umständen auch zukünftig ermöglichen könnten. Entsprechende Lehren aus der Geschichte sind nicht nur für die israelische Gesellschaft seit 1967 sehr relevant, sondern auch für die deutsche Gesellschaft der Gegenwart, die angeblich von alten Innensichten voll und ganz Abschied genommen hat. Dass mancher bei der Rückschau auf Untaten von deutschen Diplomaten, anders als auf die Verbrechen von Dschingis Khan, mit Empörung reagiert, ist nun sicherlich doch nicht auf eine fehlerhafte Methode von Historikern zurückzuführen.

---

[1] Eckart Conze u. a., Das Amt und die Vergangenheit. Deutsche Diplomaten im Dritten Reich und in der Bundesrepublik, München 2010.
[2] Siehe Bernhard Schlink, Die Kultur des Denunziatorischen, in: Martin Sabrow/Christian Mentel (Hrsg.), Das Auswärtige Amt und seine umstrittene Vergangenheit. Eine deutsche Debatte, Frankfurt a. M. 2014, S. 347–365 (Zitat S. 357).
[3] Conze u. a., Das Amt, S. 167f.

Zudem sollte der heutige Historiker es unbedingt vermeiden, in die Falle des Historizismus des 19. Jahrhunderts zu geraten, einer Zeit, in der Historiker sich gegenüber vergangenen Gesellschaften und ihren Werten neutral verhalten wollten und so den moralischen Relativismus förderten. Um ein Beispiel zu nennen: Bernhard Schlink, ein scharfer Kritiker des relevanten historiographischen Ansatzes und unserer Publikation über *„Das Amt"*, hat mit seinen Studenten Gustav Freytags Roman *„Soll und Haben"* aus dem Jahre 1862 gelesen, um den mentalen Unterschied zwischen den damaligen und heutigen moralischen Maßstäben zu veranschaulichen. Dabei stellte er nun fest: Freytags Judenbild sei nach heutigem Maßstab „moralisch defizitär", doch ein Antisemit sei Freytag nicht gewesen[4]. Da hätte Schlink wohl besser auch George Mosses Ausführungen zu *„Soll und Haben"* lesen sollen: Auch wenn Freytag und viele Deutsche seiner Zeit sich für liberal und nicht für Antisemiten hielten – und sogar Juden das fragliche Buch als Geschenk zur Bar-Mitzwa gaben –, war Freytags Beitrag zur Verbreitung des negativen jüdischen Stereotyps seit der Veröffentlichung des Buches gewaltig. Damit aber wurde auch *„Soll und Haben"* zum Fundament späterer antisemitischer Politik und deren Akzeptanz in der deutschen Gesellschaft[5]. Hier also liegt des Pudels Kern oder der springende Punkt. Für uns ist die technische Frage, ob Freytag sich als Antisemit verstand, unerheblich, ja sogar gefährlich; denn der Versuch, die „Innensicht von damals" zu verstehen, kann sich leicht zum Instrument der moralischen Entlastung einer ganzen Generation wandeln. Um George Mosse noch einmal mit einer weiteren Stellungnahme zu Wort kommen zu lassen: „Those who took part in the initial stages of anti-Jewish policy cannot be absolved of blame for what happened later"; denn was später geschah, ist die logische Schlussfolgerung dessen, was für einen denkenden Menschen nicht nur im Nachhinein feststellbar ist[6]. Mosse meint zudem: „There is no doubt that belief in this theory of criminality [of Jews] made it easier to accept the murder of the Jews"[7].

In genau diesem Kontext kann als relevantes Beispiel aus der Geschichte des Auswärtigen Amts die Paraphe Ernst von Weizsäckers zu Franz Rademachers Brief an Adolf Eichmann vom März 1942 angeführt werden; denn dort legt Weizsäcker Wert auf die Ergänzung, dass die 6000 zur Verschickung nach Auschwitz bestimmten Juden „polizeilich näher charakterisierbar" sind (oder sein sollten). Bei kriminalisierten Juden erübrigt sich eben der Einspruch![8]

Es besteht m. E. grundsätzlich durchaus eine Übereinstimmung zwischen der Historikerkommission und ihren professionellen Kritikern über die Rolle des Auswärtigen Amts im Holocaust. Das Auswärtige Amt hat, wie oben aus dem Bericht der Kommission zitiert, am Holocaust mitgewirkt. „Die Mitwisser im Amt waren auch Mittäter", so die Kommission weiter, „mitunter ergriffen sie sogar die Initiative."[9] Was bereits im Urteil des Wilhelmstraßen-Prozesses gegen Ernst von Weizsäcker et al. festgestellt wurde, gilt eigentlich *mutatis mutandis* für die Diplomaten überhaupt: „Wenn wir erwägen, daß die Angeklagten gewußt haben, was mit den Juden geschah, wenn sie in die Hände der SS, der Gestapo und

---

[4] Schlink, Die Kultur des Denunziatorischen, in: Sabrow/Mentel (Hrsg.), Das Auswärtige Amt, S. 353f.
[5] George L. Mosse, Germans and Jews. The Right, the Left, and the Search for a "Third Force" in Pre-Nazi Germany, New York 1970, S. 74ff.
[6] Ders., Toward the Final Solution. A History of European Racism, New York 1978, S. 203.
[7] Ebenda, S. 220.
[8] Siehe hierzu Michael Mayer, Akteure, Verbrechen und Kontinuitäten. Das AA im Dritten Reich – Eine Binnendifferenzierung, in: Vierteljahrshefte für Zeitgeschichte (VfZ) 59 (2011), S. 509–532, hier S. 523.
[9] Conze u. a., Das Amt, S. 16.

der Polizei geraten waren, können wir uns unmöglich vorstellen, daß die Angeklagten zu einem anderen Schluß kommen konnten, als daß diese Verschickung [nach Auschwitz] mit dem Tode dieser Zwangsverschickten durch Erschöpfung, Überarbeitung, Aushungerung, Mißhandlung und Massenmord enden würden. Die Angeklagten sind Leute von überdurchschnittlicher Intelligenz und Erfahrung. [...] Wenn er [Weizsäcker] nicht geglaubt hat, daß sich reißende Wölfe über Nacht in sanfte Lämmer verwandelt hätten, konnte er über ihr unvermeidliches Ende nicht in Zweifel sein."[10]

Johannes Hürter kritisiert in seinen Einwänden gegen die Kommission zwar vor allem die „allzu schnelle Verbindung zwischen Mitwisserschaft und Mittäterschaft", weist aber dann doch darauf hin, dass in Frankreich, in der Slowakei, in Kroatien und Bulgarien die Mittäterschaft umfangreich war und dass nicht nur „neue" Diplomaten und Seiteneinsteiger an den Untaten beteiligt waren[11]. Dass das Auswärtige Amt die zentrale Rolle in diesem Prozess gespielt habe und alle Diplomaten „reißende Wölfe" gewesen seien, behauptet weder die Kommission noch der Verfasser selbst, auch wenn bereits die Richter im Wilhelmstraßen-Prozess in ihrem Urteil niedergelegt hatten, „daß das Auswärtige Amt bei diesen Greueltaten [der Ausrottung von zirka fünf Millionen Juden] eine maßgebliche Rolle gespielt hat"[12].

Über die im Buch *„Das Amt und die Vergangenheit"* beschriebenen und hier nicht zu wiederholenden Fälle hinaus, in denen Diplomaten direkt an der Verfolgung und Ermordung von Juden beteiligt waren, werde ich im Folgenden wesentlich auf den *„state of mind"* von Diplomaten hinweisen, der – oft dann doch bis hin zur aktiven Teilnahme – das möglich machte, was man Holocaust nennt. Dieser Zugang zum Thema vermeidet die Gefahr, den Holocaust forschungsmäßig zu „isolieren"[13]. Die Begriffe „Holocaust" oder „Endlösung" beziehen sich somit nicht nur auf die Praxis der gezielten Ermordung der Juden zwischen Ende 1941 und Mai 1945, sondern auf längere Prozesse und eine breitere Perspektive. Das Spektrum des für diese Abhandlung relevanten Materials erstreckt sich zurück bis in die Zeit der „Vorbereitung" und geht weit über die Rolle der Haupttäter hinaus. Der Historiker platziert auf diesem Wege das, was im allgemeinen „Holocaust" oder „Endlösung" genannt wird, im größeren historischen Raum.

Der Beitrag, der auf der Tutzinger Tagung meinen Ausführungen folgte, behandelte die NS-Gewaltpolitik „abseits des Holocaust". Selbstverständlich gab es auf dem weiten Feld der NS-Gewaltherrschaft auch abseits oder jenseits des Holocaust und der „Endlösung" oder Judenverfolgung andere Katastrophen. Nur passt ein jüdischer Historiker wachsam darauf auf, ob die Bezeichnung „abseits" oder der Vorwurf, seine Forschung beschränke sich einseitig auf den Holocaust[14], nicht die Intention signalisiert, am Ende eine Marginalisierung des Holocaust im Gesamtbild der NS-Geschichte herbeiführen zu wollen. Sogar

---

[10] Robert M. W. Kempner/Carl Haensel (Hrsg.), Das Urteil im Wilhelmstraßen-Prozeß. Der amtliche Wortlaut der Entscheidung im Fall Nr. 11 des Nürnberger Militärtribunals gegen Weizsäcker und andere, Schwäbisch Gmünd 1950, S. 81.
[11] Johannes Hürter, Das Auswärtige Amt, die NS-Diktatur und der Holocaust. Kritische Bemerkungen zu einem Kommissionsbericht, in: Sabrow/Mentel (Hrsg.), Das Auswärtige Amt, S. 287–321, hier S. 303–307.
[12] Kempner/Haensel (Hrsg.), Das Urteil im Wilhelmstraßen-Prozeß, S. 82.
[13] Andreas Wirsching, Vom „Lehrstück Weimar" zum Lehrstück „Holocaust"?, in: Aus Politik und Zeitgeschichte (APuZ) 62 (1–3/2012), S. 9–14.
[14] Daniel Koerfer, Macht „Das Amt" es sich zu einfach? Ein Gespräch mit dem Historiker Daniel Koerfer, in: Sabrow/Mentel (Hrsg.), Das Auswärtige Amt, S. 159–179; Hürter, Das Auswärtige Amt, die NS-Diktatur und der Holocaust, in: Ebenda, S. 304.

im Vorfeld der Arbeit der Historikerkommission waren derartige Andeutungen aufgekommen. Das Gewicht, das das Kapitel des Holocaust in *„Das Amt"* letztlich gewonnen hat, ist zum Teil eine Reaktion auf derartige Tendenzen. Dass die historische Forschung sich andererseits auf Gebiete begeben sollte, die weniger „beackert" sind, bleibt sicher unbezweifelt. Ebenso selbstverständlich ist das Verlangen nach einer differenzierten Sichtweise der Täterschaft. Es steht außer Frage, dass die Diplomaten des Auswärtigen Amts im Vergleich zu den Beamten des Reichssicherheitshauptamts (RSHA) – soweit diese Diplomaten nicht auch zum RSHA gehörten bzw. Verbindungsleute waren – in der Mordmaschine nicht die „erste Geige" gespielt haben. Auch ging es bei den Diplomaten selten um Schwarz und Weiß, sondern eher um *„Fifty Shades of Grey"*. Richard Breitmann nannte in seinem Buch über Heinrich Himmler und den Holocaust das relevante Kapitel dann auch *„Konkurrenten werden zu Komplizen"*[15].

Doch selbst wenn Diplomaten nur als „Hitlers willige Abschirmer" zu bewerten wären, sollte dies keineswegs einer Entlastung der Diplomaten bzw. einer Bagatellisierung des Beitrags des Auswärtigen Amts und seiner Diplomaten zum Holocaust gleichkommen; denn die Tatsache, dass Personen oder Institutionen im „Dritten Reich" nicht immer mächtig genug waren, um allein auf sich gestellt Verbrechen zu verüben, darf nicht darüber hinwegtäuschen, dass die Absicht, die gedankliche Initiative, die Bereitschaft zum Mitmachen, die Akzeptanz von Verfolgung und Mord durchaus vorhanden waren. Und dies wiederum bereitete den Weg unter anderem zur „erfolgreichen Endlösung" an einem Ort, an dem man mehr Distanzierung und vielleicht sogar Widerstand hätte erwarten dürfen. Um es noch einmal zu betonen: Es geht mir dabei nicht um das wiederholte Anführen der Fakten und Aussagen im Buch *„Das Amt und die Vergangenheit"*, sondern um die Auslegung von Daten und Dokumenten, die von den „Minimalisten" und denjenigen, die eine „Entlastung" des Auswärtigen Amts anstreben, auf eine von unserer Lektüre abweichende Art verstanden und interpretiert wurden, wie am bereits angeführten Beispiel der Weizsäcker-Paraphe gezeigt werden konnte.

Schauen wir zunächst auf den Bericht *„Die Judenfrage als Faktor der Außenpolitik im Jahre 1938"* aus der Feder Emil Schumburgs, des „Judenreferenten" des Auswärtigen Amts, vom 25. Januar 1939, verfasst also etwa zehn Wochen nach der Pogromnacht des 9. Novembers 1938 und acht Monate vor Kriegsbeginn. Der Verfasser war kein Neuling im Auswärtigen Amt, kein Quereinsteiger und bis 1936 auch noch nicht bei der SS oder in der Partei, also durchaus ein Mann, der zu den Karrierebeamten, zu den sogenannten traditionellen Diplomaten gehörte. Der Text des Berichts lässt aber keinen Zweifel aufkommen – der Verfasser ist ein fanatischer Antisemit. Er spricht von den Juden als „Krankheit des Volkskörpers", verlangt eine „radikale Lösung der Judenfrage" und erklärt zunächst, das „letzte Ziel der deutschen Judenpolitik ist die Auswanderung"[16].

Man kann sich darüber wundern, dass dieses eigentlich innenpolitische Ziel für ihn auch zur Aufgabe der Diplomaten und zum Ziel der Außenpolitik wurde. Denn theoretisch hätten sich deutsche Diplomaten nur darauf konzentrieren sollen, die Schäden, die durch die NS-Politik im Ausland entstanden, zu minimalisieren. Und wir werden auch sehen, wohin diese Aufgabe deutsche Diplomaten geführt hat. Doch häufig zögerten Diplo-

---

[15] Richard Breitman, Himmler und die Vernichtung der europäischen Juden, Paderborn 1991, S. 294–296.
[16] Rundschreiben von Schumburg, 25. 1. 1939, Politisches Archiv des Auswärtigen Amts (PA AA), R 104791.

maten nicht und stellten sich ganz in den Dienst einer Innenpolitik, die die „Entfernung" der jüdischen Bevölkerung anstrebte. Schon lange vor Schumburg hatte man im Amt entsprechende Initiativen ergriffen: Zur Förderung des Auswanderungswillens von Juden schlug Vicco von Bülow-Schwante „eine Verschärfung der innenpolitischen Judengesetzgebung" vor, so dass Juden sich quasi automatisch für eine Auswanderung entscheiden müssten. Diese „Verschärfung" sollte über die bereits damals zwei Jahre existierenden „Nürnberger Gesetze" hinausgehen. Wohlgemerkt, der Diplomat, der sich mit den auswärtigen Beziehungen zu befassen hat, betreibt hier Innenpolitik[17].

Schumburgs Empfehlungen gingen aber über dieses Ziel noch hinaus, obwohl er als Vertreter des Auswärtigen Amts an der von Hermann Göring auf den 12. November 1938 – drei Tage nach der Pogromnacht – einberufenen Sitzung zur „Lösung der Judenfrage" im Deutschen Reich teilgenommen hatte und deshalb wissen musste, dass „heraus, was herausgebracht werden kann"[18], noch immer das offizielle Ziel des Regimes war – und das Auswärtige Amt sich entsprechend nur um die Behandlung von ausländischen Juden zu kümmern hatte.

Bemerkenswert ist, dass Schumburg eine eigene Initiative ergriff und über das offizielle Ziel hinausdrängte. Der deutsche außenpolitische Erfolg, so stellte er zuerst einmal fest, komme darin zum Ausdruck, dass auch in den Ländern, die Juden als Einwanderer erleben, die „befestigte Position des Judentums" erschüttert sei. „Diese antisemitische Welle zu fördern, muß eine Aufgabe der deutschen Außenpolitik sein." Muß! Gerade dieser „Erfolg" zwang den Diplomaten mit dem globalen Weitblick also zu einer Schlussfolgerung, die nicht einmal bei der Polizei so früh artikuliert wurde: „Auch für Deutschland wird die Judenfrage nicht die Erledigung gefunden haben, wenn der letzte Jude deutschen Boden verlassen hat"[19]. Schumburg war nun jedoch nicht der erste Diplomat, der eine derartige Initiative entwickelte. Vielmehr bekräftigte er nur eine Idee, die bereits ein Jahr zuvor Vicco von Bülow-Schwante in einem Runderlass verkündet hatte: „Bisher [!] war es das primäre Ziel der deutschen Judenpolitik, die Auswanderung der Juden aus Deutschland nach Möglichkeit zu fördern. [...] Diese aus innenpolitischen Gründen diktierte deutsche Haltung [...] hätte zu der Auffassung beitragen können, daß Deutschland der Bildung eines Judenstaates in Palästina wohlwollend gegenüberstehe. [...] Die Judenfrage wird für Deutschland nicht gelöst sein, wenn kein Angehöriger der jüdischen Rasse mehr auf deutschem Boden seßhaft ist"[20].

Schumburg ging konsequent einen Schritt weiter – Die „Judenfrage" muss international „erledigt" werden. Die Lösung wäre, so wie es Alfred Rosenberg kurz zuvor dargelegt habe, „ein jüdisches Reservat einzurichten". Nicht nur Deutschland, sondern alle Welt, die – dank des „Erfolges" der deutschen Außenpolitik – antisemitischer geworden sei, werde Juden zur Auswanderung zwingen. Daher bleibe als einzige Alternative im Bereich der später sogenannten „territorialen Endlösung" – das Reservat. Acht Monate vor dem Angriff auf Polen ist sich der Judenexperte des Auswärtigen Amts auch hier sicher: „Das

---

[17] Bülow-Schwante, 11.6.1937, Akten zur deutschen auswärtigen Politik 1918–1945 (ADAP), Serie D, Bd. V, S. 631.
[18] Die Verfolgung und Ermordung der europäischen Juden durch das nationalsozialistische Deutschland 1933–1945, hrsg. im Auftrag des Bundesarchivs, des Instituts für Zeitgeschichte und des Lehrstuhls für Neuere und Neueste Geschichte an der Albert-Ludwigs-Universität Freiburg von Susanne Heim u. a. (VEJ), Bd. 2: Deutsches Reich 1938–August 1939, München, 2009, Dok. 146, S. 436.
[19] PA AA, R 104791.
[20] ADAP, Serie D, Bd. V, S. 632–634 (Zitat S. 634).

ist das Programm der außenpolitischen Haltung Deutschlands in der Judenfrage"[21]. Theoretisch hätte der weitsichtige Diplomat im Sinne der NS-Politik seit 1933 auch auf Palästina als Reservat zurückgreifen können. Dass er das ebenso wenig getan hat wie seine Vorgesetzten Bülow-Schwante oder Weizsäcker vor ihm resultierte aus einem rein antisemitischen Grund: „Ein jüdischer Staat [in Palästina] würde aber dem Weltjudentum einen völkerrechtlichen Machtzuwachs bringen."

Was die Vertreibung der jüdischen Bevölkerung in ein Reservat an Leiden für die Menschen bringen werde, konnte Schumburg sich gut vorstellen. Daher warnte er eindringlich vor „falschem Mitleid" mit Juden und rückte die „Gefahr [des] Judentums für den völkischen Bestand der Nationen" in den Mittelpunkt seiner Erwägungen. Diese Denkweise ist radikal genug. Aber beim Lesen des fraglichen Dokuments stellt sich alsbald die nächste Frage: Wie wird der „völkische Bestand der Nationen" zu retten sein, wenn es keinen Platz für ein Reservat geben sollte? Wenn der Leser wie Schumburg selbst an „die Konsequenz [...] des nationalsozialistischen Gedankens" glaubt, wäre die Vernichtung der Juden, nicht nur der deutschen Juden, in Kauf zu nehmen[22]. Die im Text selbst allein angedeutete Konsequenz ist gedanklich durchaus impliziert. Dass die Vernichtung nach der Pogromnacht tatsächlich zur Wahrscheinlichkeit wurde, begriff der Schweizer Botschafter in Paris, der Weizsäcker zitierte: „Die noch in Deutschland verbliebenen [...] Juden sollten unbedingt irgendwie abgeschoben werden. [...] Wenn [...] kein Land bereit sei, sie aufzunehmen, so gingen sie eben über kurz oder lang ihrer vollständigen Vernichtung entgegen."[23]

Bereits Ende 1938 konnte Weizsäcker also für die deutschen Juden feststellen, dass beim Scheitern anderer Alternativen die Vernichtung auf der Tagesordnung stand. Dieselbe Logik galt dann ebenso für das Schicksal aller Juden, auch derjenigen außerhalb Deutschlands, wenn das Auswärtige Amt das von Schumburg vorgegebene Ziel verfolgen sollte. Ohne direkt erwähnt zu werden, steht die Vernichtung der jüdischen Bevölkerung beim Schreiben und Lesen des Schumburg'schen Rundschreibens durchaus im Raum. Schumburg hätte als Teilnehmer an der Sitzung vom 12. November 1938 auch die Warnung Görings registrieren müssen: „Wenn das Deutsche Reich in irgendeiner absehbaren Zeit in außenpolitischen Konflikt kommt, so ist es selbstverständlich, daß auch wir in Deutschland in allererster Linie daran denken werden, eine große Abrechnung an den Juden zu vollziehen."[24] Göring sprach hier von Madagaskar, aber diese Warnung in ihrer verschärften und bekannten Form hat Hitler dann am 30. Januar 1939 verkündet, also fünf Tage nach dem Versand von Schumburgs Schrift. Der gezeigte Zusammenhang verleiht Schumburgs Aussagen eine zusätzliche Schärfe. Kurz: Denkt man als Diplomat über die Staatsgrenzen hinaus, so schließt die mentale Haltung am Ende des Tages sogar die Vernichtung nicht aus. Mehr noch: Gerade die systematische außenpolitische Denkrichtung machte hier Diplomaten zu Anregern einer Lösung, die aus damaliger innenpolitischer Sicht noch nicht reif war. Um Missverständnisse zu vermeiden: Zum Plan, zur Marschroute ist es Anfang 1939 noch nicht gekommen, aber die mentale Grundhaltung war vorhanden.

Nun kann selbstverständlich argumentiert werden, dass es sich in Schumburgs Rundschreiben um eine für die Denkweise der Diplomaten untypische Formulierung des „Judenreferenten" handelt. Doch dieser Text ging, so wie Bülow-Schwantes oben zitiertes

---

[21] PA AA, R 104791.
[22] PA AA, R 104791.
[23] VEJ, Bd. 2, Dok. 151, 15. 11. 1938, S. 449.
[24] VEJ, Bd. 2, Dok. 146, 12. 11. 1938, S. 436.

Rundschreiben vom Juni 1937, an alle Botschaften und Konsulate und wurde überall gelesen oder mindestens registriert. Die Verfasser beider Dokumente gingen also davon aus, dass die Botschaft beim Leser und damit eben beim Durchschnittsdiplomaten widerstandslos ankommen werde. Und tatsächlich trugen die Adressaten keine Einwände vor, erhoben keinen Einspruch und brachten keine Empörung zum Ausdruck. Als Joachim von Ribbentrop in Nürnberg am 30. März 1946 mit diesem Schreiben konfrontiert wurde, gab er zu Protokoll: „Das ist nicht das Amt!", als gehöre die Abteilung Deutschland nicht zum Auswärtigen Amt. Ribbentrop übernahm dennoch die Verantwortung für dieses Memorandum, obwohl er es seinen Angaben zufolge in Nürnberg zum ersten Male zu sehen bekommen hatte. Relevanter jedoch ist folgende seiner Aussagen: „Es scheint mir durchaus in dem Sinne zu liegen, wie damals allgemein solche Erlasse zur Schulung der Beamten und so weiter herausgegeben worden" sind. Auch wenn Ribbentrop selbst den Text also nicht gelesen hatte, so war er doch vielen unauffälligen Diplomaten, so der ehemalige Reichsaußenminister, sehr wohl zur Kenntnis gelangt [25].

Nicht auf die zentralen Figuren kommt es mir aber in erster Linie hier an, sondern auf die Akzeptanz und Kollaboration der vielen grauen Männer im Spiel. Mit der skizzierten mentalen Grundverfassung, diesem *„state of mind"*, konnten die meisten Diplomaten zu Mittätern am Prozess der Entrechtung, Vertreibung und schließlich Ermordung der deutschen und nichtdeutschen Juden werden. Als seinerzeit A. J. P. Taylor und Hugh Trevor-Roper über die Ursachen des Zweiten Weltkriegs stritten, schrieb Taylor eine Erwiderung mit dem Titel *„How to Quote"* (u. a. zum Thema „What about the European Jews?")[26]. Was ich mit den vorliegenden Erörterungen bisher versucht habe, zielt in eben diesem Sinn darauf, ein Dokument einmal „anders" zu lesen und zu verstehen.

Im Juni 1940 hatte zu passender Gelegenheit nach dem Sieg über Frankreich der nächste Judenreferent im Auswärtigen Amt, Franz Rademacher, die Idee vom Reservat wieder aufgenommen und sich als Initiator des Madagaskar-Programms dargestellt. Rademacher ergriff hier die Initiative noch vor dem RSHA, was Reinhard Heydrich dazu veranlasste, Hierarchien klarzustellen und sich derartiges Verhalten zu verbitten. Heydrich wandte sich dazu am 24. Juni 1940 direkt an Ribbentrop, und bat darum, an eventuellen Beratungen im AA über die „Endlösung der Judenfrage" teilnehmen zu dürfen.

Rademacher ging jedoch auch eine Woche später noch davon aus, dass ein „Abstimmen dieser Pläne auf die Wünsche des Herrn Reichsaußenminister" vorausgesetzt sei, und gab bekannt, er habe „von ihm [dem Reichsaußenminister] den Auftrag erhalten, diese Vorarbeiten unverzüglich in die Wege zu leiten"[27]. Die Tatsache, dass das Auswärtige Amt am Ende nicht federführend geworden ist, lag nicht an einem Mangel an Intention und Motivation, sondern an der Schwäche des Amts gegenüber dem RSHA. So wurde bald der Initiator zum Komplizen und Abschirmer. Eine vorauseilende Zuarbeit führte zur Zusammenarbeit, die die realen Machtverhältnisse zwischen den Regierungsbehörden reflektierte. Darüber, dass das Auswärtige Amt mit dem RSHA nicht konkurrieren konnte, kann es keinen Zweifel geben.

---

[25] Ribbentrop als Angeklagter im Nürnberger Prozess, in: Der Prozeß gegen die Hauptkriegsverbrecher vor dem Internationalen Militärgerichtshof Nürnberg. 14. November 1945-1. Oktober 1946, Nürnberg 1947, Bd. 10, S. 341.
[26] A. J. P. Taylor, How to Quote: Exercises for Beginners, in: Esmonde M. Robertson (Hrsg.), The Origins of the Second World War, London/Basingstoke 1971, S. 100–104. Zum *„state of mind"* siehe: Alon Confino, A World without Jews, New Haven 2014.
[27] ADAP, Serie D, Bd. 10, S. 92ff.; siehe auch Michael Mayer, Staaten als Täter. Ministerialbürokratie und „Judenpolitik" in NS-Deutschland und Vichy-Frankreich. Ein Vergleich, München 2010, S. 217.

Dass aber Wille und Absicht – *mens rea* – vorhanden waren, ist m. E. der entscheidende Moment. Und selbst wenn im Auswärtigen Amt die „Judenfrage" nur als Mittel aufgegriffen und funktionalisiert wurde, um das Amt zu profilieren, so ist die Mittäterschaft doch gegeben.

Überhaupt stellten Diplomaten ihre besonderen Expertisen und Kenntnisse über andere Staaten in den Dienst der NS-Rassenpolitik. Diplomaten haben taktische Manöver vorgeschlagen, um die deutsche Politik vor Fehlschlägen und „Tritten ins Fettnäpfchen" zu bewahren, nicht aber – jedenfalls in der Regel –, um auf diese Politik mildernd einzuwirken. Aus meiner Perspektive ist es umso wichtiger zu zeigen, dass nicht nur die „neuen" und prominenten Diplomaten – Eberhard von Thadden, Martin Luther, Franz Rademacher und etliche andere, – sondern schon „alte" oder unauffällige Diplomaten ihre Expertisen auf dem glatten Gefälle über Judenboykott, Olympische Spiele und Pogromnacht bis hin zur „Endlösung" verlauten ließen und zum Einsatz bringen konnten.

Die Devise „Hinaus mit den Juden aus Deutschland" galt bis Oktober 1941 für Hitler, Heydrich und die Ministerien als Richtschnur. Die antijüdischen Maßnahmen waren Mittel zu diesem Zweck. In dieser Zeit nun betrieben Diplomaten überraschenderweise aus Erwägungen, die mit der Außenpolitik in Zusammenhang standen, eine Gegenkampagne: Aus Deutschland ausgewanderte Juden, so hieß es, fügten dem deutschen Interesse im Ausland Schaden zu. Die deutsche Gesandtschaft in Kabul, und dann die Abteilung W II c (nicht nur D III) waren mit der Ankunft von deutschen Juden in Afghanistan unzufrieden: „Das AA kann die Begründung einer Niederlassung von Juden deutscher Staatsangehörigkeit nicht gutheißen." Das deutsche Konsulat in Manila nannte die Ankunft von jüdischen Flüchtlingen „höchst unerwünscht", und die deutsche Botschaft in Santiago sprach vom „Skandal der jüdischen Einwanderung nach Chile"[28]. Die Sprache der relevanten Dokumente ist selbstverständlich nicht die Sprache einer prinzipiellen Opposition gegen Hitler oder seine antisemitische Politik, die eine „Entfernung" der deutschen Juden aus dem Reich verlangte. Sie bedeutet eher die indirekte, implizite Aufforderung, eine „Lösung" zu finden, die radikaler war als Entrechtung und erzwungene Auswanderung. Hört man auf die Warnungen der Diplomaten und schraubt die „Entfernung" der Juden aus Deutschland als Lösung zurück, so wird das Verbleiben in Deutschland für Juden mehr und mehr zur Falle. Was nach September 1939 und Juni 1941 zum Mord als „Endlösung" geführt hat, wird hier durch Kritik und Vorschläge aus dem Auswärtigen Amt implizit angekündigt: das Reservat und womöglich die Vernichtung.

Solange die „Lösung der Judenfrage" durch Auswanderung noch aktuell war, gab es aus der Sicht der Diplomaten zwei Alternativen – „Zerstreuung" der Juden in alle Welt oder Konzentration in Palästina. 1937 erreichte die Diskussion um diese Alternativen ihren Höhepunkt, als die Peel-Kommission die Teilung Palästinas und die Errichtung eines Judenstaates in Aussicht stellte. Zu dieser Zeit hatte sich die Führungsriege des Auswärtigen Amts schon längst gegen die Gründung des Judenstaates geäußert, wohlgemerkt noch zur Zeit Constantin von Neuraths als Reichsaußenminister.

Im Januar 1939 war dann die Gründung des Judenstaates nicht mehr aktuell; denn die englische Mandatsmacht hatte sich letztlich dagegen entschieden. Aber auch die Alternative der „Zerstreuung" galt für die deutsche Diplomatie, wie bereits erwähnt, als gefährlich für deutsche Interessen. Die logische Konsequenz aus der Konstellation – weder Palästina noch „Zerstreuung" –, die man aus dem Rundschreiben Schumburgs im Januar 1939 entnehmen konnte, wurde zwar erst im Sommer 1940 und dann im Herbst 1941 in

---

[28] Conze u. a., Das Amt, S. 177f.

ein Programm umgesetzt, hatte aber ihre gedanklichen Wurzeln im Auswärtigen Amt lange vor Kriegsbeginn. Nachdem der Madagaskar-Plan auf Eis gelegt worden war und die Pläne für den Überfall auf die Sowjetunion sich konkretisiert hatten, bot sich das „Reservat im Osten" bzw. die in der Wannsee-Konferenz erörterte Lösung an.

Die Ironie dabei war: Die für das Auswärtige Amt „beruhigende" Information, dass die jüdische Auswanderung aus Deutschland und Westeuropa ab Oktober 1941 nicht mehr gestattet sein und somit eine angebliche „Gefahr" für Deutschland durch die jüdische Auswanderung („Zerstreuung") ausbleiben werde, kam bereits am 28. August 1941 im Auswärtigen Amt an, wenn auch nicht „ganz oben". Eichmann schrieb in Reaktion auf eine Bitte der jüdischen Gemeinde in Frankfurt um die Ausreise von Werner Bauer an die Abteilung für Auslandsreisen des Auswärtigen Amts, dass „im Hinblick auf die kommende und in Vorbereitung befindliche Endlösung der europäischen Judenfrage sowohl die Auswanderung von Juden aus Frankreich als auch die Ausreise von Juden aus dem Reichsgebiet [...] zu verhindern ist"[29]. So also hieß es etwa zwei Monate vor dem Inkrafttreten des generellen Ausreiseverbotes für Juden. Da hätte auch der einfache Abteilungsleiter begreifen müssen, dass die Falle zugeschnappt war und er selbst an einer neuartigen „Endlösung der Judenfrage" beteiligt sein wird. Er konnte zwar nicht wissen, wie die „Endlösung" tatsächlich und genau aussehen werde; aber er konnte ahnen oder doch wenigstens vermuten, dass sie im Sinne der Warnung Ernst von Weizsäckers im November 1938 oder des von Schumburg in Umlauf gesetzten Memorandums vom Januar 1939 praktiziert werden wird.

Zwar ist die Debatte um die Frage, wann und wie genau die Entscheidung über die systematische Ermordung des gesamten europäischen Judentums fiel, noch immer nicht geklärt. Über den Entschluss, eine Endlösung für die „Frage" der deutschen Juden durch Deportation herbeizuführen, also die deutschen Juden nach Osten abzuschieben, wissen wir jedoch Bescheid. Das bekannte Schreiben Heinrich Himmlers an Gauleiter Arthur Greiser vom 18. September 1941 gibt der Nachwelt darüber Auskunft. Was genau in den Beratungen zwischen Hitler und Himmler in den fraglichen zwei Tagen davor besprochen worden ist, ist allerdings nicht dokumentiert. Hier jedoch lassen die Indizienbeweise und die Heranziehung des Reichsaußenministers und des Botschafters in Paris zu den Beratungen sowie die Vorbereitungen, die in der deutschen Botschaft in Paris auf diesen Termin hin getroffen wurden, keinen Zweifel aufkommen, dass die Spitze des Auswärtigen Amts an dieser Entscheidung beteiligt war. Es war eine Entscheidung, die den Schneeball des systematischen Mordes an den europäischen Juden ins Rollen gebracht und die Schleuse zum Holocaust geöffnet hat[30].

Auch wenn die Aufgabe des Auswärtigen Amts selbst in dieser Phase hauptsächlich die „Abschirmung" bleiben sollte, kann man eine entsprechende Praxis nicht als Bagatelldelikt abtun. Nach außen und innen half diese „Abschirmung" die vom Regime verübten Verbre-

---

[29] VEJ, Bd. 3: Deutsches Reich und Protektorat Böhmen und Mähren September 1939–September 1941, Dok. 210, S. 520.
[30] Siehe Peter Witte, Zwei Entscheidungen in der „Endlösung der Judenfrage". Deportationen nach Lodz und Vernichtung in Chelmno, in: Theresienstädter Studien 1995, S. 38–68; Christian Gerlach, The Wannsee Conference, the Fate of German Jews and Hitler's Decision in Principle to Exterminate all European Jews, in: Journal of Modern History (JMH) 70 (1998), S. 759–812; Peter Klein, Die Rolle der Vernichtungslager Kulmhof (Chełmno), Belsec (Bełżec) und Auschwitz-Birkenau in den frühen Deportationsvorbereitungen, in: Dittmar Dahlmann/Gerhard Hirschfeld (Hrsg.), Lager, Zwangsarbeit, Vertreibung und Deportation. Dimensionen der Massenverbrechen in der Sowjetunion und in Deutschland 1933 bis 1945, Essen 1999, S. 459–481.

chen – und jetzt geht es um den „harten Kern" des Holocaust – nicht nur zu vertuschen, sondern auch fortzusetzen. So wurde der „Abschirmer" zum Komplizen. Persönlich kam es gerade um diese Zeit, also im August und September 1941, zu einer Annäherung zwischen Ribbentrop und Himmler, die so weit ging, dass Himmler einige Tage nach der besagten Entscheidung vom Reichsaußenminister auf dessen Landgut zur Jagd empfangen wurde[31].

Mitwisserschaft und diplomatisches Kalkül führten am Ende die „Abschirmungsmaßnahmen" *ad absurdum*. Ein Beispiel: Luther reagierte im November 1941 auf eine Intervention der schwedischen Regierung zugunsten von holländischen Juden, die ins Konzentrationslager geschickt wurden. Vom RSHA erfuhr er, dass 400 von den 660 Häftlingen bereits ermordet worden waren. Dies wiederum veranlasste ihn zum Vorschlag, beim nächsten Mal wenigstens nicht den Eindruck entstehen zu lassen, alle angeblich auf Krankheiten zurückzuführenden Todesfälle hätten sich an einem bestimmten Tage ereignet und schon gar nicht in einem Konzentrationslager in Deutschland[32]. „Abschirmung" bedeutete hier eine äußerst zynische Haltung gegenüber der nun systematisch werdenden Ermordung der jüdischen Bevölkerung unter Berücksichtigung des „guten Rufs" Deutschlands im „feindlichen Ausland".

Darauf, dass man gegen ausländische Juden keine „Judenmaßnahmen" ergriff, hatten die Diplomaten aus rein taktischen Gründen bestanden. Diese Gründe entfielen dann vor allem mit dem Eintritt der USA in den Krieg gegen Deutschland. Der Zynismus kam aber nochmals brutal im Fall Julius Seligsohns zum Ausdruck: Seligsohn, der als Vorstandsmitglied der Reichsvereinigung der Juden in Deutschland als Reaktion auf die Deportation der badischen Juden im Oktober 1940 zu einem allgemeinen Fastentag aufgerufen hatte, wurde im Konzentrationslager inhaftiert. Der deutsche Konsul in San Fransisco erhielt von Seligsohns sich bereits in den USA befindender Gattin eine Nachfrage nach dem Befinden ihres Mannes. Er leitete diese Anfrage am 10. Juli 1941 an die Zentrale in Berlin weiter, erhielt aber erst am 15. November 1941, kurz vor der deutschen Kriegserklärung an die Vereinigten Staaten, die Antwort Rademachers, wonach Seligsohn gesundheitlich wohlauf sei, bis auf „ein Ekzem am Kinn"[33]. Der mutige Seligsohn verstarb dann drei Monate später im Konzentrationslager Sachsenhausen. Ein Beispiel für die Rolle der Diplomaten als Briefträger, die als Mitwisser dann doch auch Komplizen waren.

Selbst wenn man die Aufgabe deutscher Auslandsdiplomaten, vor dem Krieg über ausgewanderte Juden Informationen zu sammeln oder Statistiken aufzustellen, nicht in eine direkte Verbindung mit der radikalsten „Lösung der Judenfrage" bringen kann, so gibt es doch für ähnliche Aufgaben in den letzten zwei Kriegsjahren kein Alibi mehr. Geht man davon aus, dass das Auswärtige Amt wie die gesamte traditionelle Verwaltung zum Befehlsempfänger mit beobachtender Funktion geworden ist, dann „darf nicht verkannt werden", dass es an dem, was wir als Holocaust bezeichnen, „beteiligt war"[34].

Das Beispiel Griechenlands zeigt nun unter anderem, dass sich Diplomaten auch in der „Judenpolitik" ganz unterschiedlich verhalten konnten. Hier haben wir einerseits Konsul Fritz Schöneberg, der energisch für eine Judendeportation eintrat, andererseits aber den eher zurückhaltenden Günther Altenburg. Ein konkretes Beispiel weist auf die Breite von

---

[31] Breitman, Himmler, S. 295.
[32] Conze u. a., Das Amt, S. 239; VEJ, Bd. 5: West- und Nordeuropa 1940–Juni 1942, Dok. 99, 5. 11. 1941, S. 294.
[33] Yad Vashem (YV), JM 3137.
[34] Mayer, Staaten als Täter, S. 276f.

Mitwissen und Mitwirken hin: Am 29. April 1943 wurden „die deutschen Vertretungen in Rom, Ankara, Madrid, Bern, Budapest, Sofia und Lissabon angewiesen, den dortigen Regierungen von der Ausdehnung der allgemeinen Maßnahme gegen die Juden auf die Saloniki-Zone Kenntnis zu geben und ihnen anheimzustellen, Juden ihrer Staatsangehörigkeit bis zum 15. Juni zurückzuziehen."[35] Dass es hier um die Deportation nach Auschwitz ging, wussten nicht nur die „üblichen Verdächtigen", Gustav Adolf Steengracht von Moyland und Eberhard von Thadden, sondern auch die Adressaten dieses Schreibens. Die Mitwisserschaft ist hier einer Komplizenschaft am Mord an den Juden gleichzusetzen und bleibt nicht nur eine Angelegenheit der Spitze des Amts oder von „Inland II". Worum es sich bei „Judenmaßnahmen" handelte, war auch Beamten der unteren Ränge in der Finanzabteilung bekannt; denn sonst hätte es sich Franz Rademacher nicht erlaubt, im entsprechenden Formular als Ziel einer Dienstreise „Liquidierung von Juden" anzugeben.

Die „Feldscher-Aktion", also der Versuch, etwa 5000 jüdische Menschen, überwiegend Kinder, aus dem Machtbereich des „Dritten Reiches" 1944 nach England zu retten, wurde von verschiedenen Historikern akribisch erforscht. Hier spielten „harte" Nationalsozialisten im Auswärtigen Amt – Staatssekretär und Judenreferent –, aber auch die Rechtsabteilung und viele andere Beamte eine äußerst zynische Rolle. Sie waren bestrebt, die Angelegenheit unter propagandistischem Aspekt zu behandeln, und haben dazu im aus ihrer Sicht unerwünschten Fall, dass die „Aktion" doch stattfinden sollte, nur das altbekannte Ziel aus dem Memorandum Schumburgs im Auge: „[...] im Falle einer positiven Erledigung der Angelegenheit durch diese jüdische Einwanderung dem Antisemitismus in England Nahrung zu geben"[36]. Dass die Entscheidungsträger hier die Wahl, „zum Guten und nicht zum Bösen zu raten", verfehlt hatten, wie es im Urteil des Wilhelmstraßen-Prozesses heißt, lag daran, dass sie noch immer davon ausgingen, die Anwesenheit von Juden werde automatisch bei Nichtjuden Antisemitismus wecken. Sie hielten die im Deutschen Reich bereits praktizierte Lösung dieses „Problems" für die optimale[37]. Eine entsprechende mentale Einstellung, ein *state of mind*, kann man nicht nur Horst Wagner zur Last legen.

Der „Außenhandel" mit jüdischen Menschen führt uns zum nächsten Beispiel: Zur Verwirklichung der Idee, Juden in dem sogenannten Aufenthaltslager Bergen-Belsen als Geiseln zum Austausch gegen deutsche Zivilisten, die im Ausland interniert waren, zu konzentrieren, wurde auch das Auswärtige Amt herangezogen. Ein Diplomat wurde nach Bergen-Belsen beordert, um den neuen Ort zu besichtigen. Seine Reaktion: „Die sanitären Verhältnisse [...] sind völlig unzureichend." Ungeeignet fand von Thadden in seinem Schreiben an Eichmann das Lager auch, weil die Juden einen Einblick in die benachbarten Kriegsgefangenenlager und Konzentrationslager nehmen könnten. Man wusste im Amt also genau Bescheid, wie die Verhältnisse in Bergen-Belsen waren und worum es ging. Man verlangte nach Änderungen. Allerdings ging es hier aus der Sicht des Auswärtigen Amts allein um das Ziel, das Schreckensszenario zu verschleiern. Der Stacheldraht zwischen Judenlager und Konzentrationslager sei „mit Tarngespinst abzudecken", Waschbaracken sollten gebaut werden. Selbstverständlich sollte nicht der Aufenthalt der Inhaf-

---

[35] Kempner/Haensel (Hrsg.), Das Urteil im Wilhelmstraßen-Prozeß, S. 101.
[36] Ebenda, S. 104; vgl. Sebastian Weitkamp, Braune Diplomaten. Horst Wagner und Eberhard von Thadden als Funktionäre der „Endlösung", Bonn 2008; Yehuda Bauer, Freikauf von Juden? Verhandlungen zwischen dem nationalsozialistischen Deutschland und jüdischen Repräsentanten von 1933 bis 1945, Frankfurt a. M. 1994.
[37] Kempner/Haensel (Hrsg.), Das Urteil im Wilhelmstraßen-Prozeß, S. 104.

tierten erträglicher gestaltet werden. Es ging allein um die Vermeidung von Propaganda-Schäden; denn sonst werde den internierten Juden „geeignetes Material zur Förderung der Greuel-Propaganda im Ausland unter den gegenwärtigen Umständen geradezu in die Hand gegeben"[38]. Mit den katastrophalen Bedingungen, die sich ein Jahr später in Bergen-Belsen entwickelten, hatte dieser Briefwechsel zwar nichts zu tun; er ist aber ein Zeugnis der Mitwisserschaft im Hinblick auf den Charakter der „Endlösung" und das Schicksal von russischen Gefangenen und KZ-Häftlingen. Und er weist auf die Bedeutung der Rolle der Diplomaten als „Abschirmer" des verbrecherischen Regimes. Besonders relevant sind hier wieder einmal nicht die „braunen" Diplomaten Luther oder von Thadden, sondern vor allem der „kleine Fisch", der sich im August 1943 in Bergen-Belsen ein Bild vom Zustand des Lagers machen sollte. Aus der Korrespondenz des Auswärtigen Amts in Sachen Bergen-Belsen geht zudem hervor, dass Fragen und Anweisungen in Bezug auf die kriminelle Mittäterschaft des Amts oft nur mündlich übermittelt wurden und so die schriftliche Dokumentation fehlt. Dies wiederum rechtfertigt das Vorgehen des Historikers, anders als im Gerichtsverfahren, aufgrund von Indizienbeweisen Zusammenhänge zu rekonstruieren.

Wie stark die Mitwisserschaft mit der Mittäterschaft verzahnt war, zeigte die Tagung in Krummhübel etwa ein Jahr vor Kriegsende. Auf Initiative des Reichsaußenministers war Anfang 1944 die Propagandastelle „Antijüdische Auslandsaktion" entstanden – mit Rudolf Schleier, einem „nicht-traditionellen" Diplomaten, an der Spitze und mit Vertretern aus verschiedenen Abteilungen des Auswärtigen Amts und anderer Ministerien. Die gesetzte Aufgabe war keine überraschende, wenn man sich an Schumburgs fünf Jahre zuvor ergangenes Memorandum erinnert, in dem das Ziel ja bereits vorgegeben worden war. Nur wussten Diplomaten im Jahr 1944 auch, dass die „radikale Lösung der Judenfrage" nicht mehr das Reservat war, sondern die Vernichtung. Eine derartige Propaganda zu diesem Zeitpunkt bedeutete eine Befürwortung der Maßnahmen und ein Eintreten für das extreme Verbrechen des Massenmordes. Schleier leitete auch die am 3. April beginnende Arbeitstagung, an der mehrere Teilnehmer aus dem Auswärtigen Amt und seiner verschiedenen Missionen teilnahmen. Dass dort „Tacheles" geredet wurde, lehrt die Anweisung Eberhard von Thaddens, die „Exekutiv-Maßnahmen gegen das Judentum" im Protokoll unerwähnt zu lassen. Der Bericht über Franz Alfred Six' Referat erwähnte jedoch unvorsichtigerweise „die physische Beseitigung des Ostjudentums"[39]. Somit wurden die Teilnehmer an der Tagung ebenso wie auch die Leser des Protokolls spätestens zu diesem Zeitpunkt zu Komplizen an den Verbrechen des Holocaust.

Der Historiker kann und will sich nicht als Revisionsinstanz im Nürnberger Prozess gegen Neurath und Ribbentrop oder im Wilhelmstraßen-Prozess postieren. Gültig bleibt das Urteil der Geschichte in Bezug auf die Rolle des Auswärtigen Amts im Holocaust – anders als es Ernst von Weizsäcker in seinen Memoiren behaupten wollte, war das AA nicht nur indirekt mit der „Judenfrage" befasst[40]. Diplomaten haben mehr angeregt, initiiert und mitgewirkt als dagegengehalten. Mindestens die Bezeichnung „Hitlers willige Abschirmer" trifft im Zusammenhang des Holocaust in sehr großem Umfang zu.

---

[38] Von Thadden an Eichmann, 12.8.1943, in: Konzentrationslager Bergen-Belsen. Berichte und Dokumente. Ausgewählt und kommentiert von Rolf Keller, Wolfgang Marienfeld, Herbert Obenaus u. a., Göttingen 1995, S. 31 f., hier S. 32.
[39] Conze u. a., Das Amt, S. 197–199.
[40] Ernst von Weizsäcker, Erinnerungen, hrsg. von Richard von Weizsäcker, München u. a. 1950, S. 337 f.

Michael Mayer
Diplomaten im Krieg: Die Deutsche Botschaft Paris und die NS-Unrechtspolitik im besetzten Frankreich

Was taten deutsche Diplomaten während des Zweiten Weltkrieges, wenn sie die Macht dazu hatten? In welcher Weise waren sie an der NS-Unrechtspolitik in den besetzten Gebieten beteiligt? Wie nutzen sie vorhandene Handlungsspielräume aus? Diese Fragen sind weit komplexer, als es zuerst den Anschein hat. Eine Antwort hat dabei an erster Stelle die Besatzungsstrukturen zu beachten und Überlegungen darüber anzustellen, wo das Auswärtige Amt (AA) überhaupt verwaltungstechnische Mitspracherechte besaß. Besatzungsgebiete sind schließlich Domänen von Militär und sicherheitspolizeilichen Organen, während in Kriegszeiten die Außenministerien eine sehr untergeordnete Rolle spielen, da nicht mehr Diplomaten, sondern die Waffen sprechen. In den Zivil- oder Militärverwaltungen der besetzten Gebiete während des Zweiten Weltkrieges stellte der Vertreter des AA deshalb keine tragende Säule der Besatzungsmacht dar. Es gibt jedoch einen Sonderfall, der aus der deutschen Besatzungsstruktur heraussticht. Dies ist der Fall Frankreich[1]. Hier wurde nach der Okkupation des Landes nicht nur ein Deutscher Botschafter benannt – was an sich verwaltungstechnisch widersprüchlich ist, da weite Teile des Landes von deutschen Truppen besetzt waren – nein, die Deutsche Botschaft Paris stellte zudem eine der tragenden Säulen der deutschen Besatzungsherrschaft dar. Wenn wir also herausfinden wollen, was deutsche Diplomaten taten, wenn sie die Macht dazu hatten, dann müssen wir den Blick nach Paris richten. Nur hier finden wir die Antwort.

Im Mittelpunkt der folgenden Ausführungen wird – stellvertretend für die NS-Unrechtspolitik – die deutsche antisemitische Politik im besetzten Frankreich stehen. Dazu werden zwei zentrale Beispiele der Judenverfolgung herausgegriffen, um zu untersuchen, in welcher Weise die Deutsche Botschaft daran beteiligt war. Es handelt sich zum einen um die Einführung der deutschen Rassengesetzgebung in der Besatzungszone im August/September 1940, zum anderen um die Massendeportation von Juden aus Frankreich während des Sommers 1942. Zur Exemplifizierung wird zudem das Gesuch um die Entlassung des Franzosen jüdischer Herkunft, Roger Gompel, aus dem Internierungslager Drancy herangezogen, um der Frage nachzugehen, wie sich die Haltung der Botschaft von den anderen Besatzungsorganen in Paris wie Militärverwaltung und Dienststelle des Reichssicherheitshauptamts (RSHA) unterschied. Abschließend wird auf die aktuelle Diskussion um die Rolle des AA bei der Entscheidungsfindung zum Holocaust eingegangen, die sich inzwischen nicht mehr auf ein Treffen zwischen Hitler und Reichsaußenminister Joachim von Ribbentrop am 17. September 1941 konzentriert, sondern bei der neuerdings eine Zusammenkunft zwischen dem Deutschen Botschafter in Paris, Otto Abetz, und Hitler am Tage zuvor in den Mittelpunkt gerückt ist.

---

[1] In gewisser Weise stellt auch Dänemark einen Sonderfall dar, der jedoch keine vergleichbare Bedeutung für den Holocaust besitzt.

I. Die Deutsche Botschaft und die Rassengesetzgebung im besetzten Frankreich im Sommer 1940

Am 3. August 1940 erfuhr Botschafter Abetz während einer Audienz von Hitler, dass dieser „nach dem Kriege alle Juden aus Europa"[2] evakuieren wollte. Abetz witterte nunmehr eine Chance, seine eigene Stellung in der französischen Hauptstadt aufzuwerten und zugleich die Reichsführung auf sich aufmerksam zu machen. Abetz war nämlich am gleichen Tage mit Wirkung zum 15. August 1940 von Hitler zum Botschafter ernannt worden[3]. Damit wurde die besondere Rolle Frankreichs innerhalb der von Deutschland okkupierten Territorien nachdrücklich unterstrichen. Es handelte sich nicht um ein gewöhnliches Besatzungsgebiet. Vielmehr existierte auch weiterhin eine halbautonome Regierung, die in der Stadt Vichy in der freien Zone im Süden des Landes residierte. Die französische Staatsführung war dabei keine Kollaborationsregierung von deutschen Gnaden, sondern wurde von der eigenen Bevölkerung getragen und war – anders als das Freie Frankreich des Generals Charles de Gaulle – international anerkannt. Die USA etwa brachen ihre Beziehungen zu Vichy-Frankreich erst am 22. Oktober 1944, zwei Monate nach der Befreiung von Paris, ab[4]. Die Aufgaben des Deutschen Botschafters spiegeln diese besondere Situation wider. So hatte Abetz die militärischen Stellen in politischen Fragen zu beraten, ebenso war es seine Aufgabe, den Kontakt zur Vichy-Regierung aufrechtzuerhalten. Dennoch war der Botschafter dem Militärbefehlshaber in Frankreich (MBF), Otto von Stülpnagel, untergeordnet. Soweit von seinen Aufgaben „militärische Interessen berührt werden sollten", so die Anordnung Hitlers, „wird Botschafter Abetz nur im Einvernehmen mit dem Militärbefehlshaber in Frankreich handeln"[5]. Die Dienststelle des MBF war das oberste Besatzungsorgan. Ihr unterstanden ein Kommandostab für militärische Fragen sowie ein Verwaltungsstab, der für alle zivilen Belange zuständig war. Innerhalb des Verwaltungsstabs stellten die Abteilungen Verwaltung und Wirtschaft den Kern der zivilen deutschen Besatzungspolitik dar. Diese waren letztlich dafür zuständig, Verordnungen mit

---

[2] So eine Aufzeichnung des Leiters der Abteilung Deutschland des AA, Gesandter I. Klasse Martin Luther, vom 15. 8. 1940, in: Politisches Archiv des AA (im Folgenden PA AA), R 100857, Bl. 194.
[3] In Eckart Conze u. a., Das Amt und die Vergangenheit. Deutsche Diplomaten im Dritten Reich und in der Bundesrepublik, München 2010, S. 227, heißt es, Abetz sei am 15. 8. 1940 zum Botschafter ernannt worden. Hier müsste sorgfältiger zwischen Ernennung und Amtsantritt unterschieden werden. Vgl. die Abschrift der Ernennungsurkunde in der Personalakte von Abetz, die von der Historikerkommission nicht eingesehen wurde, in: PA AA, Personalakten 10, Bl. 394.
[4] Zur Legitimität des französischen Vichy-Regimes vgl. Michael Mayer, Staaten als Täter. Ministerialbürokratie und „Judenpolitik" in NS-Deutschland und Vichy-Frankreich. Ein Vergleich, München 2010, S. 3–7. In Conze u. a., Amt, S. 228, wird die französische Staatsführung als „Satellitenregierung" bezeichnet, was wohl der mangelhaften Beschäftigung mit der besonderen Situation in Frankreich geschuldet ist. Deshalb auch heißt es an dieser Stelle, die Bemühungen von Abetz, den französischen Ministerpräsidenten Pierre Laval für eine Kollaboration zu gewinnen, seien am 13. 11. 1940 mit dessen Entlassung durch Marschall Pétain beendet worden. Abgesehen davon, dass Laval am 13. 12. 1940 abgesetzt wurde, werden hier die Ursprünge der Kollaboration, die von französischer und nicht von deutscher Seite im Frühherbst 1940 ausgingen, was in der Forschung seit Jahrzehnten unumstritten ist, nicht beachtet. Vgl. Eberhard Jäckel, Frankreich in Hitlers Europa. Die deutsche Frankreichpolitik im Zweiten Weltkrieg, Stuttgart 1966, S. 86 und 102f., oder Jean-Pierre Azéma, La Collaboration (1940–1944), Paris 1975, S. 54.
[5] Schreiben des Reichsaußenministers Joachim von Ribbentrop vom 3. 8. 1940 an den Chef des Oberkommandos der Wehrmacht (OKW), Wilhelm Keitel; abgedruckt in: Akten zur deutschen auswärtigen Politik 1918–1945 (im Folgenden ADAP), Serie D, Bd. X, Frankfurt a. M. 1963, Dok. 282.

Gültigkeit für die von deutschen Truppen besetzte Zone im Norden und Westen des Landes auszuarbeiten[6].

Botschafter Abetz konnte in Frankreich nicht von sich aus aktiv werden. Nach seiner Rückkehr nach Paris traf er sich deshalb am 17. August 1940 mit dem Leiter der Abteilung Verwaltung des MBF, Kriegsverwaltungschef Werner Best. Diesem unterbreitete er den Vorschlag, verschiedene antisemitische Maßnahmen umzusetzen: So möge die Militärverwaltung anordnen, „dass mit sofortiger Wirkung keine Juden mehr in das besetzte Gebiet hereingelangen werden". Dadurch sollte verhindert werden, dass die Juden, die vor den deutschen Truppen in das unbesetzte Südfrankreich geflohen waren, wieder in die Besatzungszone zurückkehrten. Weiterhin schlug Abetz vor, „die Entfernung aller Juden aus dem besetzten Gebiet" vorzubereiten, was die zwangsweise Abschiebung dieser Menschen in das unbesetzte Frankreich zur Folge gehabt hätte. Eine Deportation der Juden sollte indes erst im Frühjahr 1942 diskutiert werden. Daneben bat Abetz die Militärverwaltung zu prüfen, „ob das jüdische Eigentum im besetzten Gebiet enteignet werden kann"[7].

In der Studie „Das Amt und die Vergangenheit" heißt es nun, die von Abetz initiierten Maßnahmen seien eingeführt worden, noch bevor das AA sich überhaupt dazu geäußert habe[8]. Das ist ein Punkt, der stutzig werden lässt. Abetz, ein wild gewordener Antisemit im besetzten Frankreich, lässt eigenmächtig eine antisemitische Verordnung einführen, und Berlin wird nicht kontaktiert? Dies erscheint doch sehr abwegig. Was war geschehen? Abetz besaß selbstverständlich nicht die Befugnis, Verordnungen zu erlassen. Vielmehr ging in Frankreich alles seinen verwaltungstechnisch geordneten Gang. Innerhalb der Militärverwaltung wurden die Vorschläge von Abetz sorgfältig geprüft. Das abschließende Urteil lässt sich verkürzt folgendermaßen zusammenfassen: In dieser Form undurchführbar! Was genau hatte die Prüfung ergeben? Der Referent der Gruppe Verwaltung, Kriegsverwaltungsrat Ludwig Mahnke, hielt am 22. August 1940 fest, dass die Arbeitsrichtlinien der Militärverwaltung als wichtigste Aufgabe „die Gewährleistung der Interessen und der Sicherheit der Wehrmacht" nennen würden: „Da aus der Aufrollung der Rassenfrage auf Annexionsabsichten geschlossen werden kann, soll von Maßnahmen auf diesem Gebiete abgesehen werden. Die Anregungen des Botschafters Abetz stehen mit diesen in den Arbeitsrichtlinien enthaltenen Weisungen im Widerspruch." Doch sei ein Abweichen hiervon möglich, wenn eine „Gefährdung der Interessen der deutschen Wehrmacht" zu befürchten sei[9].

Die Militärverwaltung war also der Einführung antijüdischer Maßnahmen gegenüber nicht grundsätzlich abgeneigt, sollte es „militärische Notwendigkeiten" hierfür geben. So ergänzte Mahnke, dass die Gefahr bestehe, „dass die Juden infolge ihrer deutschfeindlichen Einstellung und ihren mannigfaltigen Verbindungen zum nichtbesetzten Teil Frank-

---

[6] Zur deutschen Besatzungsstruktur in Frankreich vgl. Michael Mayer, „Die französische Regierung packt die Judenfrage ohne Umschweife an". Vichy-Frankreich, deutsche Besatzungsmacht und der Beginn der „Judenpolitik" im Sommer/Herbst 1940, in: Vierteljahrshefte für Zeitgeschichte (VfZ) 58 (2010), S. 329–362, hier S. 332–334.
[7] Aufzeichnung von Best vom 19.8.1940, in: Archives Nationales, Paris (im Folgenden AN), AJ40 548, Bd. 1, Bl. 1; abgedruckt in: Katja Happe/Michael Mayer/Maja Peers (Bearb.), Die Verfolgung und Ermordung der europäischen Juden durch das nationalsozialistische Deutschland 1933–1945, Bd. 5: West- und Nordeuropa 1940 bis Juni 1942, München 2012 (im Folgenden VEJ), Dok. 232.
[8] Conze u. a., Amt, S. 192.
[9] AN, AJ40 548, Bd. 1, Bl. 3.

reichs und zu anderen Ländern der deutschfeindlichen Spionage oder deutschfeindlichen Umtrieben aktiv Vorschub leisten oder solche Machenschaften zumindest unterstützen"[10]. Der erste Vorschlag von Abetz, Juden die Rückkehr in die besetzte Zone zu verbieten, erschien deshalb opportun, sah doch die Besatzungsmacht Juden als „Sicherheitsrisiko" an. Auch ließ sich eine derartige Maßnahme relativ leicht umsetzen. So wurde die Demarkationslinie zwischen der besetzten und der unbesetzten Zone von deutschen Truppen kontrolliert. Zum Betreten der Besatzungszone benötigte man einen Passierschein, der von den deutschen Behörden ausgestellt wurde. Juden wurde bereits mit Bekanntmachung vom 10. September 1940 die Rückkehr in die besetzte Zone verwehrt[11]. Eine Schwierigkeit ergab sich jedoch in der Praxis, wenn aus den vorgelegten Papieren keine Zugehörigkeit zur jüdischen Religionsgemeinschaft erkennbar war. In diesem Fall waren die an der Demarkationslinie eingesetzten Soldaten angewiesen, alle Personen zurückzuweisen, „deren Name oder Aussehen die Zugehörigkeit zur jüdischen Rasse vermuten lassen"[12].

Weniger positiv reagierte die Militärverwaltung auf den zweiten Vorschlag des Botschafters zur „Entfernung" aller Juden aus der besetzten Zone. Im Hôtel Majestic, dem Sitz der Militärverwaltung in Paris, befürwortete man eher „Einzelausweisungen" von scheinbar „gefährlichen" Juden. Eine generelle Vertreibung der Juden war hingegen, so wurde betont, nicht mit der Haager Landkriegsordnung (HLKO) vereinbar[13]. Letztere war neben dem Waffenstillstandsvertrag[14] die rechtliche Grundlage der deutschen Besatzungspolitik[15]. Einzelausweisungen entsprachen dem deutschen Bedürfnis nach Aufrechterhaltung von Ruhe und Ordnung. So konnte auch ein Konflikt mit den französischen Behörden vermieden werden, die sich der Massenabschiebung von Juden in die unbesetzte Zone widersetzen würden.

Wie reagierte man im Hôtel Majestic auf die Enteignungsvorschläge von Abetz? Diese wurden als völlig undurchführbar angesehen. Kriegsverwaltungsrat Ernst Bardenheuer, Referent der Gruppe Polizei, hielt am 27. August 1940 fest, dass eine derartige Maßnahme der Haager Landkriegsordnung widerspreche: „Hiernach kann aus besonderem Anlass das jüdische Eigentum nicht angetastet werden."[16] Begrenzte Maßnahmen erschienen aber der Gruppe Verwaltung notwendig, da ein Verbleiben der jüdischen Betriebsinhaber „in ihren wirtschaftlichen Machtstellungen eine Gefahr für die deutsche wirtschaftliche Kriegsführung" bedeute[17]. Ziel der Militärverwaltung war es nämlich, Frankreich für die

---

[10] AN, AJ40 548, Bd. 1, Bl. 4.
[11] Rundschreiben des Chefs des Kommandostabes des MBF, Hans Speidel, vom 20. 9. 1940, in: AN, AJ40 548, Bd. 1, Bl. 21.
[12] Ebenda.
[13] So die Aufzeichnung von Mahnke vom 22. 8. 1940, in: AN, AJ40 548, Bd. 1, Bl. 6. Ähnlich auch die Aufzeichnung des Leiters der Gruppe 1 der Abteilung Verwaltung des MBF, Kriegsverwaltungsabteilungschef Storz, vom 5. 9. 1940, in: Ebenda, Bl. 11. Anders hingegen der Referent der Gruppe Justiz, Walter Bargatzky, der am 26. 8. 1940 schrieb, dass sich eine Ausweisungsanordnung „mit der antideutschen Gesinnung und der daraus entspringenden Gefahr" rechtfertigen ließe, in: Ebenda, Bl. 7.
[14] Abgedruckt in: Hermann Böhme, Entstehung und Grundlagen des Waffenstillstandes von 1940, Stuttgart 1966, S. 364–367.
[15] Vgl. das Abkommen vom 18. 10. 1907 betreffend die Gesetze und Gebräuche des Landkriegs (IV. Haager Abkommen), in: Reichsgesetzblatt (im Folgenden RGBl.) 1910, S. 107–383.
[16] AN, AJ40 548, Bd. 1, Bl. 10. Ähnlich Bargatzky am 26. 8. 1940, in: Ebenda, Bl. 7. Die HLKO legte in Art. 46 Abs. 2 fest: „Das Privateigentum darf nicht eingezogen werden." In: RGBl. 1910, S. 147.
[17] So die Aufzeichnung von Mahnke vom 22. 8. 1940, in: AN, AJ40 548, Bd. 1, Bl. 4.

deutsche Kriegswirtschaft auszubeuten, weshalb der jüdische „Einfluss" beschränkt und zugleich versucht werden sollte, rüstungswirtschaftlich bedeutsame jüdische Unternehmen deutscher Kontrolle zu unterwerfen.

Abetz wurde über den Diskussionsprozess innerhalb der Militärverwaltung laufend informiert. Am 20. August 1940 übermittelte er ein erstes Zwischenergebnis mit der Bitte um „Einverständnis antisemitischer Sofortmassnahmen" an das AA in Berlin. Es zeigt sich, dass der erste von Abetz vorgeschlagene Punkt von der Militärverwaltung aufgegriffen worden war und ein „Verbot jüdischer Rückwanderung über Demarkationslinie nach besetztem Frankreich" erwogen wurde. Die übrigen Anregungen des Botschafters wurden so modifiziert, dass sie einerseits den Interessen der Militärverwaltung entsprachen, andererseits verwaltungstechnisch durchführbar waren: Eine „Meldepflicht im besetzten Gebiet ansässiger Juden" sowie die „Kenntlichmachung jüdischer Geschäfte im besetzten Frankreich" schienen eine sicherheitspolizeiliche und wirtschaftliche Kontrolle der jüdischen Bevölkerung zu ermöglichen. Ebenso sollten kommissarische Verwalter „für jüdische Geschäfte, deren Besitzer geflohen sind", eingesetzt werden[18]. Damit unterschied sich die vom MBF ausgearbeitete und in dieser Form auch letztlich erlassene Verordnung in grundlegenden Teilen von der ursprünglich von Abetz vorgeschlagenen Fassung[19]. Die deutsche Besatzungspolitik wurde zu diesem Zeitpunkt also noch maßgeblich von der Militärverwaltung bestimmt.

Festzuhalten bleibt trotzdem: Botschafter Abetz hatte die Initiative für antisemitische Maßnahmen in Frankreich ergriffen. Dies ist ein zentraler Punkt. Er unterstreicht, welcher Transformation das AA seit dem Ministerwechsel zu Ribbentrop unterworfen war[20]. Abetz, SS-Mitglied seit dem 1. August 1935, kam am 6. April 1940 über die Dienststelle Ribbentrop in das AA[21]. In Paris war Abetz dem Reichsaußenminister Ribbentrop direkt unterstellt[22]. Das belegt seine Sonderrolle, die nicht dem üblichen Prozedere im AA entsprach. Normalerweise hätte Abetz seine Weisungen von der traditionell geprägten Politischen Abteilung des AA erhalten. Bei den alten diplomatischen Eliten im Amt wäre ein derartiges Vorpreschen eines Botschafters ohne vorherige Abstimmung mit der Zentrale in Berlin – noch dazu in einem Bereich, der nicht zum klassischen Aufgabenfeld der Außenpolitik gehörte – mehr als ungewöhnlich gewesen.

In der Studie „Das Amt" heißt es, „die von Otto Abetz initiierten Maßnahmen wurden eingeführt, noch bevor das Amt auf die Anfrage seines Botschafters geantwortet hatte". So

---

[18] Drahtbericht Nr. 413 von Abetz vom 20.8.1940, in: PA AA, R 29587, Bl. 228. In Conze u.a., Amt, S. 191, werden die von Abetz am 20.8.1940 übermittelten Vorschläge als dessen eigene Entwürfe gewertet. Die deutlich sichtbare Entwicklung zwischen den ersten Anregungen von Abetz und der am 20.8.1940 übermittelten Variante wird nicht gesehen.
[19] Vgl. hierzu genauer Mayer, Vichy-Frankreich, S. 332–338.
[20] Vgl. Michael Mayer, Akteure, Verbrechen und Kontinuitäten. Das AA im Dritten Reich – Eine Binnendifferenzierung, in: VfZ 59 (2011), S. 509–532, hier insbesondere S. 531 f.
[21] Vgl. die Personalakte von Abetz im AA sowie seine SS-Akte, in: PA AA, Personalakten 8–10, und Bundesarchiv Berlin-Lichterfelde (im Folgenden BArch), SSO 001. In Conze u.a., Amt, S. 190, Anm. 68, ist von einer Personalakte die Rede, die als Kopie in Yad Vashem eingesehen wurde. Dabei handelt es sich um eine Ablichtung der SS-Akte aus dem Bundesarchiv. Die Personalakte von Abetz im AA wurde für die Studie nicht eingesehen.
[22] Vgl. das Schreiben von Ribbentrop vom 3.8.1940 an Keitel, in: ADAP, D, X, Dok. 282. Zu Abetz vgl. Roland Ray, Annäherung an Frankreich im Dienste Hitlers? Otto Abetz und die deutsche Frankreichpolitik 1930–1942, München 2000; Barbara Lambauer, Otto Abetz et les Français ou l'envers de la collaboration, Paris 2001.

habe es erst am 9. Oktober 1940 eine Reaktion auf den Vorschlag von Abetz gegeben, den dieser am 20. August 1940 an die Zentrale übermittelt hatte[23]. Dies erscheint doch reichlich ungewöhnlich und ist deshalb genauer zu prüfen. Dank der guten Überlieferung lässt sich minutiös verfolgen, welchen Weg der Drahtbericht von Abetz im AA nahm. Nach Eingang wurde das Dokument sogleich an die zuständigen Abteilungen weitergegeben und lag zum Beispiel auch Staatssekretär Ernst von Weizsäcker vor – Letzterem wohl am 21. August 1940[24]. Am gleichen Tage erhielt Abetz eine positive Rückmeldung aus dem AA, die – so die Aktenlage – mit der kompletten Leitungsebene des Hauses abgestimmt war: „Über Anregung ihres Telegramms", so die Antwort aus dem Ministerbüro, „der man hier günstig gegenübersteht, wird höheren Ortes entschieden werden"[25]. Anschließend wurden in Berlin das RSHA und der Beauftragte für den Vierjahresplan um Stellungnahme gebeten[26]. Wenige Tage später, am 29. August 1940, teilte Abetz dem Kriegsverwaltungschef Best in Paris mit, der „Führer" habe angeordnet, dass die nach Berlin übermittelten Vorschläge „beschleunigt durchgeführt werden" sollten[27]. Daraufhin arbeitete die Militärverwaltung eine Verordnung aus, die diese Maßgaben enthielt und am 27. September 1940 veröffentlicht wurde[28]. Weshalb glaubt die Historikerkommission, es habe keine Reaktion des Amts auf den Drahtbericht von Abetz gegeben? Dieser Fehlschluss ist damit zu erklären, dass die Überlieferung des Politischen Archivs des AA nicht zu Rate gezogen wurde, sondern sich allein auf das Archiv in Yad Vashem gestützt wurde. Dessen Aufgabe ist aber insbesondere die Sammlung von Dokumenten zur Verfolgung und Ermordung der europäischen Juden, nicht aber die Überlieferung von vollständigen Verwaltungsvorgängen.

Im Bericht der Historikerkommission heißt es weiter, dass es sich beim Vorpreschen von Abetz um „eine Initiative aus einer Auslandsvertretung, koordiniert mit dem Reichssicherheitshauptamt" gehandelt habe[29], es also somit geradezu eine konzertierte Aktion der Vertreter des AA und des RSHA in Paris gegeben habe. Davon kann jedoch keine Rede sein. Der Vertreter des Beauftragten des Chefs der Sicherheitspolizei und des Sicherheitsdienstes (SD) für Belgien und Frankreich in Paris, SS-Sturmbannführer Helmut Knochen, war an der Einführung der Rassengesetzgebung nicht beteiligt, da er keinerlei Kompetenzen in dieser Frage besaß[30]. Wie kommt die Historikerkommission nun dazu, von einer intensiven Zusammenarbeit zwischen den Vertretern des AA und des RSHA in Paris zu sprechen? Dies liegt an einer fälschlichen Zuordnung, auf der die gesamte Argumentation aufbaut: Es handelt sich um den Fall Werner Best, demgegenüber Abetz seine antisemitischen Anregungen vorbrachte. Best war schließlich der Stellvertreter des Leiters des Reichssicherheitshauptamts, Reinhard Heydrich, weshalb sollte man nicht davon ausgehen, dass das RSHA in Paris die deutsche Rassengesetzgebung gemeinsam mit der Bot-

---

[23] Conze u. a., Amt, S. 192.
[24] Vgl. seine Paraphe auf dem Drahtbericht Nr. 413 von Abetz vom 20. 8. 1940 in den Akten der Abteilung Deutschland, in: PA AA, R 100869, Bl. 89.
[25] So der Drahterlass des Legationsrats I. Klasse, Franz Edler von Sonnleithner, in: PA AA, R 29587, Bl. 227. Zu den von Seiten des AA eingeholten Stellungnahmen in der Reichshauptstadt vgl. PA AA, R 100869, Bl. 81–91, und Institut für Zeitgeschichte (IfZ), NG 4893.
[26] Vgl. die Schreiben von Luther und Legationsrat Franz Rademacher (Referat D III) vom 23. 8. 1940 sowie die darauf folgende Korrespondenz, in: PA AA, R 100869, Bl. 80–88.
[27] AN, AJ40 548, Bd. 1, Bl. 14.
[28] Verordnung des MBF vom 30. 9. 1940, S. 92f.; abgedruckt in: VEJ 5, Dok. 240.
[29] Conze u. a., Amt, S. 191.
[30] Vgl. ausführlich Mayer, Staaten als Täter, S. 224–226.

schaft initiiert hatte? Best wird in der Studie „Das Amt" sogar als „Vertreter des RSHA bei der Militärverwaltung"[31] bezeichnet. Dies ist jedoch nicht korrekt. Best war im Mai 1940 im Streit mit Heydrich aus dem RSHA ausgeschieden. Seit 1. August 1940 war er dem Militärbefehlshaber in Frankreich zugeordnet und als Kriegsverwaltungsbeamter und Leiter der Abteilung Verwaltung des MBF Teil dieser Institution. Best blieb dabei, was er auch vorher bereits war: ein Verwaltungsjurist und Antisemit, der sorgfältig seine Aufgaben für seinen Dienstherren erledigte[32].

Mit der irrtümlichen Ansicht, Best sei als Vertreter des RSHA tätig gewesen, begeht man auch einen entscheidenden Fehler: Man entlässt die antisemitische Militärverwaltung aus ihrer Verantwortung. Es war aber nicht der durchtriebene Werner Best vom RSHA, der innerhalb der unschuldigen Militärverwaltung gemeinsam mit Abetz eine Rassengesetzgebung durchboxte. Vielmehr war die Verordnung der Militärverwaltung durch und durch Resultat des Antisemitismus der deutschen Ministerialbürokratie bzw. der Wehrmacht. Best wird letztlich dazu benutzt, um die Generalthese der Studie „Das Amt" zu unterstützen, wonach RSHA und AA mehr oder minder gemeinsam den Holocaust in Gang gesetzt hätten. Bei näherem Hinsehen ist dies aber in dieser Form nicht haltbar. Damit fällt auch die von der Historikerkommission im Zusammenhang mit der Initiative von Abetz geäußerte These in sich zusammen, diese belege, „wie unklar im Anfangsstadium der ‚Gesamtlösung' die Kompetenzgrenzen zwischen AA und Reichssicherheitshauptamt waren"[33]. Die Kompetenzen zwischen beiden Institutionen waren 1940 mehr als deutlich definiert. Das RSHA wachte dabei eifersüchtig über seinen Bereich[34]. In der Studie „Das Amt" wurde die Entwicklung in Frankreich als Hauptbeleg für gemeinsame Initiativen von AA und RSHA in der „Judenpolitik" auf Augenhöhe angeführt. Dies entspricht nicht den tatsächlichen Gegebenheiten. Es kann zwar kein Zweifel bestehen, dass die Zentrale des AA und seine Auslandsvertretungen weitgehend in den Holocaust involviert waren, doch muss deutlich zwischen einer Initiierung dieses Menschheitsverbrechens und einer Beteiligung daran, also einer Täterschaft und einer Mittäterschaft, unterschieden werden. Andernfalls würde man einem Verantwortungsrelativismus Tür und Tor öffnen.

Dennoch gab es insbesondere seit Herbst 1940 eine Zusammenarbeit zwischen der Botschaft und den Vertretern des RSHA in Frankreich. Heydrich hatte im Juni 1940 ein mageres Kommando aus 20 Männern unter der Leitung von Knochen nach Paris entsandt. Das RSHA besaß dabei nicht – wie von der Historikerkommission irrtümlich angenommen[35] – eine Vertretung bei der Militärverwaltung. Vielmehr wurde eine eigene Dienststelle geschaffen, die Dienststelle des Beauftragten des Chefs der Sicherheitspolizei und des SD für Belgien und Frankreich mit einer Dependance in Paris. Da das Oberkommando des Heeres verhindern wollte, dass das RSHA in Frankreich Einfluss erlangte, durften

---

[31] Conze u. a., Amt, S. 191.
[32] Vgl. auch Ulrich Herbert, Best. Biographische Studien über Radikalismus, Weltanschauung und Vernunft 1903–1989, Bonn ³1996, S. 262–265, der ebenso betont, dass das RSHA an dieser Frage nicht beteiligt war. Selbst in Conze u. a., Amt, S. 192, heißt es, dass die Reaktion Heydrichs in Berlin darauf hindeute, dass erst die Initiative von Abetz „das Reichssicherheitshauptamt zum Handeln veranlasste".
[33] Vgl. Conze u. a., Amt, S. 192.
[34] Man denke nur an die Reaktion Heydrichs auf die AA-Madagaskarpläne. Vgl. Mayer, Akteure, S. 529–531.
[35] Vgl. Conze u. a., Amt, S. 191.

Knochens Männer nicht einmal eigene Uniformen tragen oder einen eigenen Funkverkehr mit Berlin unterhalten. Erst seit Oktober 1940, da war die antisemitische deutsche Verordnung bereits erlassen, besaß Knochen im besetzten Frankreich Kompetenzen für die Überwachung der „weltanschaulichen Gegner" des Nationalsozialismus. Dabei verfügte er jedoch über keinerlei exekutive Befugnisse. Wollte er die Verhaftung eines „Verdächtigen" erwirken, so musste er sich an die Militärverwaltung wenden, die hierzu etwa die Geheime Feldpolizei entsandte. Den Vertretern Heydrichs in Frankreich ging es deshalb im Sommer/Herbst 1940 erst einmal darum, weitere Kompetenzen zu erlangen. Hierbei wurden sie von der Deutschen Botschaft unterstützt, die ihre Befugnisse auf Kosten der Militärverwaltung ebenfalls ausbauen wollte[36].

Diese Bemühungen wollte Heydrich von Berlin aus unterstützen. So war er am 23. August 1940 vom Leiter der Abteilung Deutschland des AA, Gesandter I. Klasse Martin Luther, über die von Abetz vorgeschlagenen Maßnahmen informiert und um eine Stellungnahme gebeten worden[37]. Es ist wenig verwunderlich, dass Heydrich nicht um sein Einverständnis ersucht wurde. Das RSHA besaß schließlich in Hinblick auf die besetzte Zone in Frankreich keinerlei Kompetenzen in dieser Frage. Erst am 20. September 1940 erhielt Luther eine Antwort des Chefs des RSHA. Diese belegt die bisher noch wackelige Machtposition seiner Vertreter in Paris. Heydrich machte nämlich deutlich, dass er „eine weitgehende Einschaltung des im besetzten Frankreich befindlichen Kommandos der Sicherheitspolizei, das gerade auf dem Judengebiet über sacherfahrene Kräfte verfügt, für unerlässlich halte". Angesichts seiner Machtfülle im Reich kam es fast schon einer Demütigung gleich, wenn Heydrich darum ersuchen musste, dass seine Männer an der Umsetzung der deutschen antisemitischen Politik im besetzten Frankreich wenigstens beteiligt würden: „Ich darf daher bitten, eine entsprechende Einschaltung der Sicherheitspolizei sicherzustellen."[38] Es handelte sich bei diesem Schreiben Heydrichs also nicht um eine Bemühung zur „Einhaltung des Dienstwegs", wie es in der Studie „Das Amt" heißt[39]. Dieser wurde regulär beschritten. Eine Einbeziehung der Vertreter des RSHA war zu diesem Zeitpunkt nicht erforderlich und durch keinerlei Kompetenzen gedeckt. Auch ist die Aussage der Historikerkommission nicht korrekt, Heydrich habe unmittelbar im Anschluss an dieses Schreiben vom 20. September 1940 SS-Obersturmführer Theodor Dannecker als „Judenreferenten" an die Dienststelle des Beauftragten des Chefs der Sicherheitspolizei und des SD in Paris entsandt[40]. Dannecker war bereits seit dem 5. September 1940 in der französischen Hauptstadt in dieser Funktion tätig[41].

II. Die Deutsche Botschaft Paris und die Deportation der Juden

Bevor die Beteiligung des AA an der Deportation der Juden aus Frankreich im Sommer 1942 untersucht werden kann, muss kurz auf einige institutionelle Veränderungen auf Seiten der Besatzungsmacht eingegangen werden: Nach dem deutschen Einmarsch in die

---

[36] Vgl. hierzu genauer Mayer, Staaten als Täter, S. 224–230.
[37] PA AA, R 100869, Bl. 88.
[38] PA AA, R 100869, Bl. 83.
[39] Conze u. a., Amt, S. 192.
[40] Ebenda, S. 192.
[41] Vgl. seine SS-Akte, in: BArch, SSO 135. Vgl. zudem Claudia Steur, Theodor Dannecker. Ein Funktionär der „Endlösung", Essen 1997, S. 45.

Sowjetunion am 22. Juni 1941 begannen französische Kommunisten, Anschläge auf deutsche Militärangehörige zu verüben. Nach mehreren tödlichen Attentaten forderte Hitler die massenhafte Erschießung von Geiseln, die von der deutschen Besatzungsmacht inhaftiert waren. Militärbefehlshaber und Botschaft wandten sich jedoch dagegen, da dies nur zu einer weiteren Eskalation führe. Damit würden die deutsche Besatzungspolitik, die Kollaboration der französischen Verwaltung und die pragmatisch-attentistische Haltung der französischen Bevölkerung insgesamt gefährdet. Der Militärbefehlshaber Otto von Stülpnagel ordnete deshalb am 14. Dezember 1941 als Reaktion auf die Anschläge öffentlich in Frankreich an: „Eine große Anzahl krimineller jüdisch-bolschewistischer Elemente wird zur Zwangsarbeit in den Osten deportiert. […] Einhundert Juden, Kommunisten und Anarchisten, die nachweislich Kontakt zu den Attentätern haben, werden hingerichtet." Daneben wurde betont: „Diese Maßnahmen treffen in keiner Weise das französische Volk, sondern nur die Individuen, die im Dienste der Feinde Deutschlands stehen, Frankreich ins Verderben stürzen wollen und die Absicht haben, die Versöhnung zwischen Deutschland und Frankreich zu hintertreiben."[42] Zugleich ließen sich so politische und weltanschaulich motivierte Unterdrückungsmaßnahmen miteinander verbinden, da sich unter den überführten Attentätern auch jüdische Widerstandskämpfer befanden[43]. Insgesamt gelang es jedoch nicht, die Attentate gegen deutsche Militärangehörige zu stoppen. Im Februar 1942 wurde Militärbefehlshaber Otto von Stülpnagel deshalb von seinen Pflichten entbunden und durch seinen Vetter Carl-Heinrich von Stülpnagel ersetzt. Ebenso entzog Hitler der Militärverwaltung sämtliche sicherheitspolizeilichen Befugnisse und übergab diese am 9. März 1942 der neu geschaffenen Dienststelle des zugleich ernannten Höheren SS- und Polizeiführers in Frankreich (HSSPF), Carl Albrecht Oberg, der damit für den überwiegenden Teil der deutschen „Judenpolitik" in Frankreich, darunter die Deportation von Juden, federführend zuständig wurde. Auch wurde die Dienststelle des Beauftragten des Chefs der Sicherheitspolizei und des SD aufgewertet, indem ein Befehlshaber der Sicherheitspolizei geschaffen wurde[44].

Im Sommer 1942 wurden auf deutschen Befehl zehntausende ausländische und staatenlose Juden in Frankreich von der französischen Polizei verhaftet und anschließend deportiert[45]. Welche Rolle spielte nun die Botschaft bei der Organisation dieses Massenverbrechens? Die Studie „Das Amt" kommt hier zu einem eindeutigen Urteil: Die Botschaft Paris habe bei der Frage der Deportation der Juden aus Frankreich eine „entscheidende Rolle" übernommen. Zudem sei es Botschafter Abetz sogar gelungen, „das Amt in Berlin

---

[42] Verordnung des MBF; abgedruckt in: VEJ 5, Dok. 300.
[43] Vgl. Regina Delacor, Attentate und Repressionen. Ausgewählte Dokumente zur zyklischen Eskalation des NS-Terrors im besetzten Frankreich 1941/42, Stuttgart 2000; Ahlrich Meyer, Die deutsche Besatzung in Frankreich 1940–1944. Widerstandsbekämpfung und Judenverfolgung, Darmstadt 2000. Vgl. jüngst Laurent Thiery, La répression allemande dans le Nord de la France (1940–1944), Lille 2013, insbesondere S. 147–165. In Conze u. a., Amt, S. 228, wird die Geiselkrise in Frankreich darauf verkürzt, dass die Botschaft „aktiv an der Deportation von Juden aus Frankreich in Richtung Osten" mitgewirkt habe. Als Beleg wird Christopher Browning, The Final Solution and the German Foreign Office. A Study of the Referat D III of Abteilung Deutschland 1940–1943, New York 1978, S. 91, angegeben, der jedoch nur die allgemeine Faktenlage beschreibt. Deutlich differenzierter hingegen Conze u. a., Amt, S. 230f.
[44] Vgl. genauer Mayer, Staaten als Täter, S. 230–240.
[45] Vgl. jüngst Serge Klarsfeld (Hrsg.), Histoire régionale de la Shoah en France. Déportation, sauvetage, survie, Paris 2011; Wolfgang Seibel, Macht und Moral. Die „Endlösung der Judenfrage" in Frankreich 1940–1944, Konstanz 2010, S. 122–170; Mayer, Staaten als Täter, S. 277–285.

zum Handeln zu veranlassen"[46]. Diese sehr klare Sicht ist doch sehr ungewöhnlich. Die Botschaft war entscheidend an der Deportation beteiligt und konnte sogar das AA in Berlin hiervon überzeugen? Dies widerspricht deutlich dem bisherigen Forschungsstand; eine Überprüfung dieser Aussage ist also angebracht: Federführend zuständig war in dieser Frage die Dienststelle des HSSPF. Diese verhandelte mit der französischen Regierung und Verwaltung über die Massenverhaftungen und Transporte. Die Botschaft war bei diesen Gesprächen nicht zugegen. Dies ist wenig überraschend, da sie keine direkte Zuständigkeit besaß. Dennoch wurde die Botschaft über die laufenden Verhandlungen unterrichtet und wirkte, soweit politische Fragen angesprochen waren, auf die französische Regierung ein. Die Botschaft war also an der Vorbereitung der Deportationen insofern aktiv beteiligt, als sie die politische Rückendeckung der Vichy-Regierung zu erhalten suchte[47].

Noch intensiver eingespannt wurde die Botschaft vom HSSPF, als die französische Regierung ab Herbst 1942 keine weiteren Verhaftungen und Deportationen mehr durchführen wollte. Vichy hatte nur ein Interesse daran, ausländische und anscheinend kriminelle inländische Juden loszuwerden. Als die Deutschen die französischen Juden deportieren wollten, sperrte sich Vichy. Hieran konnte letztlich auch die Botschaft nichts ändern, obwohl sie massiv Druck ausübte[48]. Die Umsetzung des Holocaust in Frankreich hing also von der Zustimmung der französischen Regierung ab, da die deutsche Besatzungsmacht nicht über genügend Sicherheitskräfte verfügte, um Verhaftungen im größeren Stil selbst vorzunehmen.

Insgesamt ist es deshalb übertrieben, der Botschaft oder dem AA eine – wie es in der Studie „Das Amt" heißt – „entscheidende Rolle" bei der Deportation der Juden aus Frankreich zuzurechnen[49]. Wie wird diese „entscheidende Rolle" belegt? Diese wird einerseits dadurch unterstrichen, dass die Botschaft Paris über die Ergebnisse der Verhandlungen zwischen den Vertretern des RSHA in Frankreich und der französischen Regierung nach Berlin berichtete, was dem unkundigen Leser suggeriert, das AA sei an den referierten Entscheidungen direkt beteiligt gewesen. Von noch größerer Bedeutung ist andererseits, dass sowohl das Amt als auch die Botschaft in Paris mehrfach – so die Historikerkommission – vom RSHA um Zustimmung zu den Deportationen gebeten worden seien[50]. Hier muss man jedoch vorsichtiger sein. Das Amt und seine Auslandsvertretung wurden nicht um Zustimmung, sondern um Kenntnisnahme gebeten. Dieser Unterschied ist von zentraler Bedeutung, da schließlich das RSHA die volle Entscheidungsbefugnis in dieser Frage für alle europäischen Staaten besaß, wie Heydrich auf der Wannsee-Konferenz am 20. Januar 1942 noch einmal betont hatte: „Die Federführung bei der Bearbeitung der Endlösung der Judenfrage liege ohne Rücksicht auf geographische Grenzen zentral beim Reichsführer-SS und Chef der Deutschen Polizei (Chef der Sicherheitspolizei und des SD)."[51] Das AA hatte – beachtet man allein die verwaltungstechnischen Gegebenheiten, ohne auf die aus heutiger Sicht aus moralischen Gründen gebotene Pflicht zum Widerstand gegen dieses Menschheitsverbrechen an den europäischen Juden einzugehen – allein die Befugnis, Bedenken außenpolitischer Art anzumelden, es verfügte jedoch nicht über die Kompetenz, eine Zustimmung zu den geplanten Deportationsmaßnahmen zu

---

[46] Conze u. a., Amt, S. 230.
[47] Vgl. Mayer, Staaten als Täter, S. 277–285.
[48] Vgl. ebenda, S. 298–311.
[49] Conze u. a., Amt, S. 228.
[50] Vgl. ebenda, S. 229f.
[51] ADAP, E, I, Dok. 150, S. 267–275, hier S. 268.

erteilen oder zu verweigern. So wurde das AA am 22. Juni 1942 vom „Judenreferenten" des RSHA, SS-Obersturmbannführer Adolf Eichmann, über das Ergebnis der Besprechungen zwischen den Vertretern des RSHA in Frankreich und den französischen Behörden informiert. Dieses war Grundlage für die Massendeportationen im Sommer 1942. Die Wortwahl Eichmanns verdeutlicht, dass es sich nicht um eine Bitte um Zustimmung handelte: „Ich darf um gefällige Kenntnisnahme bitten und nehme an, dass auch seitens des AA Bedenken gegen diese Maßnahmen nicht bestehen."[52] Dieser Text wurde in der Folge mit der Bitte um Stellungnahme nach Paris gekabelt, wo man zwar keine grundsätzlichen Bedenken hegte, jedoch bat, zuerst diejenigen Juden zu deportieren, die auch von der französischen Regierung als unerwünscht angesehen wurden: ausländische und staatenlose Juden[53]. Somit waren sowohl Botschaft als auch AA über die Deportationen aus Frankreich umfassend informiert, wirkten sogar insofern aktiv daran mit, als eine politische Abschirmung des Verbrechens betrieben wurde. Von einer „entscheidenden Rolle" kann hingegen angesichts der Tatsache, dass diese brutalen Maßnahmen von der Dienststelle des HSSPF mit der französischen Regierung ausgehandelt und von der französischen Administration unter deutschem Druck durchgeführt wurden, nicht die Rede sein. Hier sollte klarer zwischen Täterschaft und Mittäterschaft unterschieden werden.

Daneben muss die Annahme überprüft werden, Botschafter Abetz habe das AA in Berlin in Hinblick auf die Deportationen zum Handeln veranlasst. Als Quellenbeleg wird eine undatierte Aktennotiz von Abetz angegeben, aus deren Kopie in Yad Vashem zitiert wurde[54]. Dank der freundlichen Unterstützung von Moshe Zimmermann konnte das Dokument identifiziert werden. Es handelt sich um einen Teil der SS-Akte von Abetz, die im Bundesarchiv überliefert ist[55]. Das Stück ist auf das Ende der dreißiger Jahre zu datieren und steht im Kontext eines „Ehrenhandels" von Abetz mit anderen SS-Angehörigen. Ein Bezug zu Frankreich oder der „Judenfrage" besteht nicht. Auch auf Nachfrage wurde leider kein anderer Beleg für die angestellte Behauptung erbracht.

Insgesamt muss also festgehalten werden: Die Botschaft in Paris war einflussreicher als die Vertreter des AA bei den Zivil- oder Militärverwaltungen in anderen besetzten Gebieten. Ebenso war die aktive Rolle, die die Botschaft bei der Umsetzung des Holocaust in Frankreich spielen konnte, weit größer als bei allen anderen deutschen Vertretungen in Europa. Dies lag vor allem daran, dass das RSHA aufgrund des Systems der Aufsichtsverwaltung im besetzten Frankreich[56] auf die Kollaboration der französischen Regierung angewiesen war und die Botschaft den Kommunikationskanal nach Vichy kontrollierte. Die Parallelen aber, die in der Studie „Das Amt" zwischen den besetzten polnischen und französischen Gebieten gezogen werden, indem konstatiert wird, dass die Enteignung der Ju-

---

[52] PA AA, R 100869, Bl. 140. Auch in dem zentralen Schreiben von Eichmann vom 9.3.1942 hinsichtlich der Deportation von 6000 Juden aus Frankreich heißt es: „Ich wäre für eine Mitteilung, daß dort keine Bedenken gegen die Durchführung der Aktion bestehen, dankbar." PA AA, R 100869, Bl. 152.
[53] Vgl. den Drahterlass Nr. 2709 von Luther vom 28.6.1942 an die Botschaft Paris sowie als Antwort den Drahtbericht Nr. 2784 von Abetz vom 2.7.1942, in: PA AA, R 100869, Bl. 139 und 132f.
[54] Vgl. Conze u.a., Amt, S. 230, Anm. 36.
[55] BArch, SSO 001.
[56] Dabei kontrollierte eine geringe Zahl deutscher Beamter die französische Verwaltung und gab dieser Anweisungen. Die französische Seite verfügte beim System der Aufsichtsverwaltung über einen relativ großen Spielraum, da ihre Handlungen von der Besatzungsmacht nur in beschränktem Maße überprüft werden konnten. Vgl. Werner Best, Grundfragen einer deutschen Großraum-Verwaltung, in: Reich – Volksordnung – Lebensraum. Zeitschrift für völkische Verfassung und Verwaltung 1 (1941), S. 33–60.

den sowie ihre Konzentration in Ghettos im Generalgouvernement vom AA ebenso kommentarlos hingenommen worden sei, „wie Abetz selber aktiv die Beraubung und Deportation der französischen Juden vorantrieb"[57], sind nicht zulässig. Der Raub jüdischen Eigentums vollzog sich in Frankreich in völlig anderer Weise als im Generalgouvernement. So achtete die Vichy-Regierung eifersüchtig darauf, dass kein in Frankreich vorhandenes jüdisches Vermögen in deutsche Hände fiel. Für jüdische Unternehmen ernannte das französische Produktionsministerium deshalb französische Treuhänder. Von deutscher Seite wurde dieser Vorgang zwar überwacht, jedoch hatte die Militärverwaltung kein Personal, um – abseits einzelner wichtiger jüdischer Banken und Rüstungsbetriebe – hier Einflussmöglichkeiten wahrzunehmen[58].

Abetz wandte sich bewusst gegen die Deportation von französischen Juden, wohl wissend, dass die Vichy-Regierung dies keinesfalls tolerieren würde. Für die Botschaft hatten im Zweifelsfall politische Erwägungen einen höheren Stellenwert als der Holocaust – vor allem, wenn es um den Erhalt der Kollaborationsbereitschaft der französischen Regierung ging. An anderer Stelle heißt es in der Studie „Das Amt", Militärverwaltung und Botschaft im besetzten Frankreich hätten „die Deportation der französischen Juden nach Osten vorangetrieben"[59]. Auch hier werden die unterschiedlichen Positionen innerhalb der deutschen Besatzungsmacht ignoriert und die besondere Lage in Frankreich übersehen. Korrekt ist hingegen, dass Militärverwaltung und Botschaft in der Geiselkrise darauf gedrängt hatten, anstelle der von Hitler geforderten Erschießungen Juden und Kommunisten „als Vergeltungsmaßnahme" in den Osten zu deportieren[60]. Dabei handelte es sich vor allem um nicht-französische Juden. Es muss also grundsätzlich unterschieden werden zwischen den Einzeldeportationen als Repressalie, die von Militärverwaltung und Botschaft unterstützt wurden, und den Massendeportationen von Juden ab Frühjahr 1942, für die der HSSPF verantwortlich zeichnete.

III. Die Radikalität der Deutschen Botschaft bei der Umsetzung des Holocaust: Der Fall Roger Gompel

Von zentraler Bedeutung ist die Frage, ob die „Endlösung der Judenfrage" von der Botschaft ebenso kompromisslos verfolgt wurde wie vom RSHA. Daran lässt sich ersehen, ob die teilweise enge Kooperation der Vertreter des AA in Paris mit dem HSSPF Ausdruck einer ideologischen Verbundenheit war oder ob vielmehr machtpolitische Erwägungen, insbesondere was den Erhalt der eigenen Gestaltungs- und Einflussmöglichkeiten in Paris anbetrifft, dazu führten, dass die im besetzten Frankreich immer mächtiger werdenden Vertreter Heydrichs unterstützt wurden.

Um dieser Frage genauer nachzugehen, soll der Fall Roger Gompel (1885–1976) näher betrachtet werden. Gompel wurde am 12. Dezember 1941 in Paris verhaftet und im Lager Drancy im Norden der französischen Hauptstadt interniert. Er war dabei zusammen mit 742 weiteren jüdischen Honoratioren auf Anweisung des „Judenreferenten" des RSHA in

---

[57] Conze u. a., Amt, S. 236.
[58] Vgl. Martin Jungius, Der verwaltete Raub. Die „Arisierung" der Wirtschaft in Frankreich in den Jahren 1940 bis 1944, Ostfildern 2008.
[59] Conze u. a., Amt, S. 246.
[60] Verordnung des MBF; abgedruckt in: VEJ 5, Dok. 301.

Paris, Dannecker, verhaftet worden[61]. Fünf Tage später intervenierte der Pariser Vertreter der nichtjüdischen französischen Wohlfahrtsorganisation *Entre Aide d'Hiver du Maréchal* bei Gesandtschaftsrat Ernst Achenbach von der Deutschen Botschaft und bat ihn, sich für die Entlassung von Gompel einzusetzen: Bei diesem handele es sich um eine sehr verdienstvolle Person, die durch besondere Leistungen im Ersten Weltkrieg hervorgetreten sei. In der Begründung wurde weiter ausgeführt: „Sie sind nicht judenfreundlich eingestellt, Herr Gesandtschaftsrat, so wie auch ich nicht, aber ich bin sicher, dass die deutschen Behörden keine brutalen Maßnahmen gegen Juden durchführen möchten, die durch die außergewöhnliche Korrektheit ihrer Haltung derartige Brutalitäten nicht verdient haben."[62] An diesem Punkt ist bereits deutlich, dass es sich bei der Causa Gompel nicht um ein willkürlich gewähltes Beispiel handelt. Vielmehr lässt sich anhand dieses Einzelfalles die grundlegende antisemitische Disposition der handelnden Akteure untersuchen. Der zugunsten von Gompel intervenierende Franzose war dabei, wie aus dem Schreiben hervorgeht, ein klassischer Vertreter eines gemeineuropäischen Segregationsantisemitismus, der in den meisten Ländern des Kontinents von der Bevölkerungsmehrheit befürwortet wurde. Diese Form der Judenfeindschaft zeichnet sich in ihrer verwaltungstechnischen Umsetzung dadurch aus, dass eine scheinlegale Segregation der einheimischen jüdischen Bevölkerung realisiert wird – insbesondere durch die Einführung einer Rassengesetzgebung mit Berufsverboten und wirtschaftlichen Sonderbestimmungen. Auf diese Weise sollte der vermeintliche Einfluss der einheimischen jüdischen Bevölkerung im Staat beschränkt werden. Ein besonderes Merkmal zeichnet diesen Segregationsantisemitismus aus: eine Unterscheidung zwischen anscheinend guten und anscheinend schlechten Juden. Letztere – es handelte sich in den Augen der Antisemiten vor allem um ausländische, „kriminelle" oder linke Juden – sollten sicherheitspolizeilich scharf überwacht, teilweise interniert und längerfristig möglichst abgeschoben werden. Die anscheinend guten, einheimischen Juden seien durch ihre nationale „Gesinnung" erkennbar, was sich insbesondere durch ihr Engagement im Krieg zeige. Diese Menschen sollten den segregatorischen Bestimmungen der Rassengesetzgebung unterworfen werden und einen Status niederen Rechts erhalten. Sie sollten jedoch dauerhaft im Lande verbleiben können[63]. In dem zitierten Schreiben lassen sich die Elemente dieses Segregationsantisemitismus wiederfinden.

Auch die eher traditionell geprägte deutsche Militärverwaltung in Paris sprach sich für eine „Differenzierung" zwischen verschiedenen Kategorien von Juden aus. Bis zur Einsetzung eines HSSPF am 9. März 1942 war der Militärbefehlshaber für alle sicherheitspolizeilichen Fragen in der besetzten Zone zuständig, auch wenn bereits vor dem Frühjahr 1942 immer weitere Einzelkompetenzen an die Vertreter des RSHA abgegeben werden mussten. Darunter fiel auch weitgehend die Oberhoheit für das Internierungslager Drancy. Wie reagierte die Militärverwaltung auf die vielfachen französischen Gesuche zur Freilassung jüdischer Honoratioren aus dem Lager? In einem Gespräch mit dem Vertreter der französischen Regierung in der besetzten Zone, Fernand de Brinon, sagte Militärbefehls-

---

[61] Vgl. Serge Klarsfeld, Vichy – Auschwitz. Die Zusammenarbeit der deutschen und französischen Behörden bei der „Endlösung der Judenfrage" in Frankreich, Nördlingen 1989, S. 34f. Zum Lager Drancy vgl. jüngst: Annette Wieviorka/Michael Lafitte, À l'intérieur du camp de Drancy, Paris 2012.
[62] Centre de Documentation Juive Contemporaine, Paris (im Folgenden CDJC), VI-142.
[63] Zum Konzept des Segregationsantisemitismus vgl. Mayer, Staaten als Täter, S. 192–196. Diese gemeineuropäische Form der Judenfeindschaft kann mit gewissen Einschränkungen auch bei den alten Eliten in Ministerialbürokratie, Armee und Kirchen in NS-Deutschland nachgewiesen werden.

haber Carl-Heinrich von Stülpnagel die Entlassung einzelner Juden aus dem Internierungslager zu[64]. In einer ersten Entlassungswelle am 20. Dezember 1941 wurden 73 Personen aus den Lagern Compiègne und Drancy entlassen, da sie über 65 Jahre alt waren, an Erkrankungen litten oder zu ihren Gunsten interveniert worden war[65]. Am 6. März 1942 wurde erneut eine – wenn auch kleine – Anzahl von Juden aus diesen Internierungslagern entlassen[66]. Ende März gelang es de Brinon noch einmal, von der Militärverwaltung die Freilassung einiger Juden zu erwirken. Es handelte sich vor allem um ehemalige Frontkämpfer, Schwerkriegsbeschädigte und Personen, die „besondere Verdienste errungen haben"[67]. Damit wird deutlich, dass die Militärverwaltung im (leider viel zu seltenen) Einzelfall durchaus die Entlassung von Juden aus dem Internierungslager befürwortete. Als Kriterien galten hier vor allem Kriegsverdienste oder andere (zivile) Leistungen für Frankreich, die auch von den deutschen Offizieren anerkannt wurden. In ihrer grundsätzlichen Haltung ähnelte die Militärverwaltung also – trotz einer insgesamt weit radikaleren Einstellung gegenüber der jüdischen Bevölkerung – den französischen Vertretern. Die zu beobachtenden Unterschiede waren nicht qualitativer Natur.

Jedoch hatte die Militärverwaltung nicht die alleinige Entscheidungskompetenz in der Frage der Entlassung von Juden aus den Internierungslagern. Bereits bevor die sicherheitspolizeilichen Kompetenzen im März 1942 von der Militärverwaltung auf den HSSPF übergingen, hatte die Dienststelle des Beauftragten des Chefs der Sicherheitspolizei und des SD in Paris faktisch ein weitgehendes Vetorecht. Die Vertreter des RSHA in Frankreich planten zu diesem Zeitpunkt bereits die restlose Deportation aller Juden aus Frankreich und sahen deshalb keinerlei Notwendigkeit darin, Ausnahmen zu machen und Juden aus den Internierungslagern zu entlassen. Wie ist nun die Deutsche Botschaft einzuordnen? Gesandtschaftsrat Achenbach zeigte sich der ihm vorgebrachten Demarche gegenüber durchaus aufgeschlossen und teilte dies seinem Vorgesetzten, dem stellvertretenden Botschafter Rudolf Schleier, mit. Dieser hielt daraufhin fest, dass er zwar den vom „Judenreferenten" des RSHA in Paris, Dannecker, vertretenen Standpunkt kenne, wonach „man nicht weiterkommen würde, wenn mit Unterschieden begonnen würde". Er halte jedoch trotzdem „eine Überprüfung der bisher vorgenommenen Verhaftungen daraufhin für zweckmäßig, ob sich unter den verhafteten Juden schwerkriegsbeschädigte Weltkriegsteilnehmer befinden und diese nach Möglichkeit aus der Haft zu entlassen. Darüber hinaus scheint es mir zweckmäßig zu sein, bei neuen Maßnahmen von der Festsetzung von Kriegsbeschädigten Abstand zu nehmen."[68] Legationsrat Carl-Theo Zeitschel hielt daraufhin Rücksprache mit Dannecker, der jedoch auf seinem Standpunkt beharrte, „dass eine grundsätzliche Ausnahme für jüdische Mitglieder von Kriegsopferverbänden oder gar Kriegsteilnehmerverbänden nicht gemacht werden könne, da dies dem Prinzip der Sühnemaßnahmen gegen Juden widerspräche"[69]. Die Antwort Danneckers zeigt, wie weit die insgesamt sehr vorsichtige Anfrage der Botschaft im konkreten Gespräch gefasst war.

---

[64] So berichtet dies der französische Judenkommissar Xavier Vallat am 4.3.1942 in einem Schreiben an Ministerpräsident François Darlan, in: AN, F60 1485.
[65] Vgl. Klarsfeld, Vichy – Auschwitz, S. 35.
[66] Es handelte sich vorerst um sieben Personen. Vgl. das Schreiben von Best vom 6.3.1942, in: AN, F60 1485.
[67] Schreiben von de Brinon vom 26.3.1942 an die Direction des Services de l'Armistice, in: AN, AJ41 251.
[68] Aufzeichnung von Schleier vom 5.1.1942 für Zeitschel, in: CDJC, V-48.
[69] Vgl. die Aufzeichnung (gez. Bannführer Schmidt) vom 7.1.1942 für Schleier, in: CDJC, V-48.

In einem Schreiben an die Botschaft nahm der Stellvertreter des Befehlshabers der Sicherheitspolizei (BdS) im besetzten Frankreich, SS-Obersturmbannführer Kurt Lischka, am 3. April 1942 grundsätzlich zur Frage der Freilassung bestimmter Gruppen von Juden Stellung: „Durch den Judenreferenten der hiesigen Dienststelle war in den verschiedensten Besprechungen stets darauf hingewiesen worden, dass aus allgemeinen Gründen der Judenbehandlung die Freilassung bereits in einem Lager befindlicher Juden auf Grund irgendwelcher Verdienste kaum vertretbar ist."[70] Damit ist deutlich, dass für die Vertreter des RSHA in Paris die restlose Ermordung aller europäischen Juden ohne Ausnahme das Ziel war. Der stellvertretende Botschafter Schleier antwortete am 9. April 1942 auf das Schreiben der Dienststelle des BdS. Die Botschaft war dabei bemüht, der impliziten Anschuldigung einer zu „weichen" Haltung in der „Judenfrage" entgegenzutreten: „Die Botschaft wird niemals Vorschläge auf Ausnahmebehandlung stellen, wenn es sich um Maßnahmen handelt, von denen die Gesamtheit der Juden betroffen wird." Hier zeigt sich die im NS-Regime häufige Argumentationsstruktur, bei der zuerst die völlige Übereinstimmung mit dem Gegenüber versichert wird, bevor die Einschränkung erfolgt, die aber zumeist von grundlegender Bedeutung ist. Schleier wollte nämlich trotz der vorangegangenen Beteuerungen den Einzelfall berücksichtigt wissen: „Da die Zahl der Verhaftungen nur einen kleinen Prozentsatz aller im besetzten Gebiet lebenden Juden ausmacht, sollten in denjenigen Fällen, wo mit ganz besonderen Begründungen zugunsten eines einzelnen Juden eingegriffen wird, diesen Anträgen stattgegeben werden, solange die Verhaftungen nicht alle Juden ohne Ausnahme betreffen." Die Botschaft habe im Fall Gompel einen Antrag auf Haftentlassung unterstützt, da dieser „von einem der politischen Arbeit der Botschaft nahe stehenden Franzosen" gestellt wurde. Bemerkenswert ist vor allem die Begründung, weshalb man für eine Freilassung plädierte. Diese verdeutlicht, dass die Botschaft trotz weitgehender Unterschiede dem französischen Bittsteller bedeutend näherstand als den Vertretern des RSHA: „Gompel ist 68% Kriegsbeschädigter des Weltkrieges, 57 Jahre alt. Seine Familie soll seit 1765 in Frankreich leben. Bei der kleinen Zahl der bisher verhafteten Juden gibt es unter der großen Zahl frei herumlaufender Juden genügend Existenzen, für die die Verhaftung und Deportierung wesentlich zweckmäßiger wäre." Schleier sah sich zugleich einem massiven Rechtfertigungszwang ausgesetzt, wohl wissend, dass seine Haltung den Intentionen des RSHA widersprach. Der stellvertretende Botschafter betonte deshalb, dass die „Empfehlung der Botschaft" mit der „grundsätzlichen Regelung des Judenproblems nicht das geringste zu tun" habe: „Es gibt Mittel und Wege, um Einzelfälle, die besonders gelagert sind, auch so zu regeln, dass daraus nicht eine Durchbrechung oder Schwächung der angeordneten Maßnahmen hergeleitet werden kann."[71] Gompel wurde am 14. September 1942 aus dem Lager entlassen[72].

Diese Beispiele belegen, dass die traditionelle Militärverwaltung und sogar die eher radikale Botschaft eine „Differenzierung" in „gute" und „schlechte" Juden im Sinne des Segregationsantisemitismus vornahmen. Dieser Unterschied zwischen den einzelnen deutschen Dienststellen hatte sich auch im Gespräch mit der Vichy-Verwaltung gezeigt. Der

---

[70] Schreiben von Lischka vom 3. 4. 1942 an Zeitschel, in: CDJC, VI-142.
[71] Schreiben von Schleier vom 9. 4. 1942 an Knochen, in: CDJC, VI-142 (Hervorhebung im Original).
[72] Vier Jahre nach Gompels Tod veröffentlichte seine Tochter, Solange de Lalene Laprade, dessen Memoiren: Pour que tu n'oublies pas, Paris 1980.

französische Judenkommissar Xavier Vallat schrieb deshalb am 4. März 1942 in Hinblick auf die Entlassung von ehemaligen jüdischen Frontkämpfern an Ministerpräsident François Darlan: „Die Versprechungen, die in dieser Frage sowohl vom Herrn Botschafter des Deutschen Reiches als auch vom Militärbefehlshaber gegenüber Herrn de Brinon gemacht wurden, hatten keinerlei Folgen, da die letztendliche Entscheidung in dieser Sache dem Leutnant Dannecker vorbehalten ist, der sich immer geweigert hat, eine Unterscheidung zwischen den jüdischen Frontkämpfern und den anderen Juden zu machen."[73] Die deutsche „Judenpolitik" hatte sich also aufgrund des institutionellen Wandels in Frankreich, der durch die Einsetzung eines HSSPF seinen Abschluss fand, grundlegend geändert. Ausschlaggebend war dabei, dass die Federführung in den sicherheitspolizeilichen Fragen der Judenverfolgung von der Militärverwaltung auf die Vertreter des RSHA übergegangen war.

Bemerkenswert ist, dass die Haltung von Militärverwaltung und Botschaft auch in der Folge unverändert blieb. Selbst 1943 kritisierte der Leiter des Pariser Referats IV B des BdS, SS-Untersturmführer Hans Ahnert, „dass deutsche Dienststellen oder Privatpersonen immer noch Gesuche für die Befreiung von Juden befürworten oder unterstützen"[74]. Die wachsende Machtfülle der Vertreter des RSHA machte derartige Demarchen immer unwahrscheinlicher. Der Abschlussbericht der Militärverwaltung des MBF vom 25. März 1945 bemängelte deshalb, dass sogar bloße Erkundigungen eines Beamten nach dem Schicksal von verhafteten Juden „vom SD übel vermerkt" würden und „nicht ohne Gefahr für den Fragensteller" gewesen seien[75]. Dabei darf aber nicht verschwiegen werden, dass die Militärverwaltung tausende Tote in den Internierungslagern ebenso hinnahm wie den Abtransport von Juden und Kommunisten in den sicheren Tod im Osten als „Sühnemaßnahme" für die Ermordung deutscher Militärangehöriger. Dennoch sollte der qualitative Unterschied zur Deportation aller Juden aus Frankreich nicht verwischt werden.

Insgesamt lässt sich also feststellen, dass die Botschaft zwar oftmals eng mit den Vertretern des RSHA in Frankreich zusammenarbeitete. In der grundsätzlichen Ausrichtung der „Judenpolitik" entsprach die Botschaft aber vielfach eher dem Segregationsantisemitismus der klassischen deutschen Ministerialbürokratie, der an sich schon übel genug war. Dies ist umso verwunderlicher, als die Botschaft überwiegend nicht mit klassischen Diplomaten besetzt war, sondern vor allem mit nationalsozialistisch geprägten Aufsteigern, die in normalen Zeiten nicht in den Auswärtigen Dienst aufgenommen worden wären[76]. Die in der antisemitischen Politik maßgeblichen Akteure – Abetz, sein Stellvertreter Schleier und der „Judenreferent" der Botschaft Zeitschel – kamen alle nicht auf dem üblichen Weg nach erfolgreicher Absolvierung der diplomatisch-konsularischen Prüfung in das Amt. Vielmehr wurden sie als langjährige NSDAP- und zumeist SS-Mitglieder von NS-Institutionen versetzt, so Abetz von der Dienststelle Ribbentrop, Schleier von der Auslandsor-

---

[73] AN, F60 1485. Es ist bemerkenswert, dass sich etwa im besetzten Dänemark eine vergleichbare Konstellation fand, wobei das RSHA die Entlassung einzelner Juden ablehnte, während das AA diese befürwortete. Vgl. Conze u. a., Amt, S. 249. Hier hätte eine systematische, unvoreingenommene Analyse der in der Studie verstreuten Informationen einen bedeutenden Erkenntnisgewinn mit sich bringen können.
[74] Aufzeichnung vom 9. 4. 1943, in: AN, F7 15148.
[75] Abschlussbericht, S. 27, in: AN, AJ40 536.
[76] Zum Unterschied zwischen klassischen Diplomaten und nationalsozialistisch geprägten Quereinsteigern vgl. Mayer, Akteure, S. 511–521.

ganisation der NSDAP und Zeitschel vom Propagandaministerium[77]. Aber trotzdem ähnelten sie in dieser grundsätzlichen Frage eher den Antisemiten der klassischen Ministerialbürokratie, die zwar u. a. eine scharfe sicherheitspolizeiliche Überwachung der jüdischen Bevölkerung umsetzten, jedoch nicht die systematische Ermordung <u>aller</u> europäischen Juden forcierten. Dabei – und das kann nicht genug betont werden – dürfen die von der Militärverwaltung und der Botschaft befürworteten Maßnahmen gegen die jüdische Bevölkerung in keinem Falle verharmlost, sondern müssen als menschenverachtende Verbrechen gewertet werden. Auch die Antisemiten der klassischen Ministerialbürokratie hatten wenig Hemmungen, über Leichen zu gehen. Und das war durchaus wörtlich zu verstehen!

Insgesamt bleibt festzuhalten: In keinem anderen besetzten Gebiet hatten die Vertreter des AA eine derart zentrale Rolle bei der Umsetzung des Holocaust wie in Frankreich. Das AA war – wie die übrigen Teile der klassischen deutschen Ministerialbürokratie auch – weitgehend an diesem Menschheitsverbrechen beteiligt, das federführend vom RSHA umgesetzt wurde. Doch weder im Deutschen Reich noch im besetzten Frankreich wurde der Holocaust vom AA initiiert oder entscheidend vorangetrieben. Die entgegengesetzte Interpretation der Rolle des Ministeriums, die in der Studie „Das Amt" vorgenommen wird, ist unzureichend belegt und nicht zu halten.

IV. Die Deutsche Botschaft Paris und die Entscheidungsfindung zum Holocaust

Das in der Studie „Das Amt" genannte Treffen zwischen Hitler und Ribbentrop vom 17. September 1941 hat sich inzwischen, was die behauptete Bedeutung für den Holocaust betrifft, geklärt. Die von der Historikerkommission aufgestellte Behauptung, „an der Entscheidung über die ‚Endlösung' war die Spitze des Auswärtigen Amts direkt beteiligt"[78], lässt sich mit diesem Treffen nicht belegen. Es ist zwar richtig, dass Reichsaußenminister Ribbentrop am Nachmittag jenes Tages bei Hitler vorsprach, doch tat er dies in Begleitung von Großadmiral Erich Raeder, Vizeadmiral Karl Dönitz sowie Generalfeldmarschall Wilhelm Keitel und General Alfred Jodl[79]. Anzunehmen, bei diesem Gespräch sei es um den Holocaust gegangen, ist mehr als abwegig. Dank der Aufzeichnungen des Verbindungsoffiziers des Reichsministeriums für die besetzten Ostgebiete im Führerhauptquartier, SA-Standartenführer Werner Koeppen, kennen wir sogar den Inhalt der geführten Gespräche. Es ging dabei – wenig überraschend angesichts des Personenkreises – um die Kriegführung im Atlantik[80].

Vom Historiker Moshe Zimmermann wurde Botschafter Abetz in die Debatte eingebracht. Dieser, so Zimmermann, habe bei einem Treffen mit Hitler am 16. September 1941 eine Aufzeichnung vorgetragen, die der „Judenreferent" der Pariser Botschaft, Zeit-

---

[77] Für Abetz und Schleier vgl. Biographisches Handbuch des deutschen Auswärtigen Dienstes 1871–1945, hrsg. vom Auswärtigen Amt, Bde. 1–4 (A-F, G-K, L-R, S), Paderborn u. a. 2000–2012. Zu Zeitschel vgl. dessen AA-Personalakten, in: PA AA, 17. 121–122, und dessen personenbezogene Akten im Bundesarchiv, BArch, SSO 019C und N 2341/1.
[78] Conze u. a., Amt, S. 185.
[79] Vgl. die Aufstellung bei Andreas Hillgruber, Hitlers Strategie. Politik und Kriegführung 1940–1941, Bonn ³1993, S. 694.
[80] Vgl. Martin Vogt (Hrsg.), Herbst 1941 im „Führerhauptquartier". Berichte Werner Koeppens an seinen Minister Alfred Rosenberg, Koblenz 2002, S. 20.

schel, verfasst hatte. Zimmermann will damit belegen, dass das AA doch in den Entscheidungsprozess zum Holocaust einbezogen gewesen sei[81]. Die etwas abenteuerliche Beweisführung von Zimmermann beruht darauf, dass Zeitschel im August 1941 zwei Aufzeichnungen verfasst hatte und Abetz etwa einen Monat später mit Hitler zusammentraf. Für den Holocaust-Historiker bedurfte es deshalb keines weiteren Beweises. Was sonst hätte Abetz über einen Monat lang mit sich herumtragen sollen, um es dann bei erster Gelegenheit Hitler vorzutragen? Weshalb sollte Abetz auch nur einen Gedanken an die zum damaligen Zeitpunkt akuten Fragen im besetzten Frankreich verschwenden, die heute höchstens noch für altmodische Politik-, Diplomatie- oder Militärhistoriker von Interesse sind? Kurz vor dem Treffen Hitler–Abetz hatten zwar die französischen Vichy-Truppen in Syrien kapituliert, was die Position der Achsenmächte im östlichen Mittelmeerraum massiv bedrohte, am 27. August 1941 wurde auf den ehemaligen französischen Ministerpräsidenten und bekennenden Kollaborateur Pierre Laval ein Attentat verübt, wodurch das Fundament der deutsch-französischen Zusammenarbeit in Frage stand, wenige Tage zuvor, am 21. August 1941, wurde das erste tödliche Attentat auf einen deutschen Soldaten verübt, wodurch die berüchtigte Geiselkrise in Frankreich ausgelöst wurde – wie konnte all dies für Abetz von Interesse sein, wenn er vier Wochen zuvor eine Aufzeichnung seines „Judenreferenten" erhalten hatte? Die langjährige Beschäftigung mit dem Holocaust führt angesichts der Ungeheuerlichkeit dieses Menschheitsverbrechens manchmal zu einer bedauerlichen ahistorischen Dekontextualisierung.

Die Schlussfolgerungen Zimmermanns beruhen insgesamt ähnlich wie beim Zusammentreffen Hitler–Ribbentrop allein darauf, dass es überhaupt eine derartige Unterredung gab. Auch wenn es Zimmermann als „prerogative of the historian" bezeichnet, sich auf „circumstantial evidence" zu beziehen[82], so kann ein Blick in die Archive doch sehr erhellend sein. Aber im Einzelnen: Was schreibt Zeitschel in seinen Aufzeichnungen vom 21. und 22. August 1941? Auslöser der Aufzeichnung vom 21. August 1941 war ein Zeitungsartikel über das Buch von Theodore N. Kaufman, der Zeitschel in die Hände gefallen war. Darin forderte der Autor jüdischer Herkunft die Sterilisation aller Deutschen als Reaktion auf die Gräueltaten an den Juden. Zeitschel schrieb daraufhin voller Rage, dass man diesen Vorschlag aufgreifen und alle Juden im deutschen Machtbereich sterilisieren müsse. Von weit größerem Interesse ist indes das am Folgetag entstandene Dokument. Hier zeigt sich – anders als bei den sehr emotional gehaltenen Zeilen vom Vortag – eine deutliche Erhöhung des Reflexionsgrads. Zeitschel legte nun Überlegungen zum Umgang mit den Juden in den besetzten Ostgebieten vor. Diese wollte er in einer bestimmten Region im Osten ghettoisieren. Ebenso sollten die Juden aus den übrigen besetzten Gebieten Europas dorthin abgeschoben werden[83].

Zeitschel war also Vertreter einer seit 1939 diskutierten „territorialen Endlösung". Seine Pläne waren damit weder originell noch in irgendeiner Form neu. Angesichts des sich gerade in diesen Wochen in der Sowjetunion abzeichnenden Übergangs von Massentötungen hin zur systematischen Ermordung aller Juden waren Zeitschels Anregungen nicht einmal sehr zeitgemäß. Es erfordert also einen gewissen Mut, diese Aufzeichnungen als Beleg zu nehmen, das AA sei am Entscheidungsfindungsprozess zum Holocaust beteiligt

---

[81] Moshe Zimmermann, Secrets and Revelations. The German Foreign Ministry and the Final Solution, in: Israel Journal of Foreign Affairs 5 (2011), S. 115–123.
[82] Ebenda, S. 122.
[83] Aufzeichnungen überliefert in: CDJC, V-15. Abdruck in: Klarsfeld, Vichy – Auschwitz, S. 367f.

gewesen. Vielmehr zeigt sich bei Zeitschel die typische Planungseuphorie im Gefolge militärischer Siege, in diesem Fall in der Sowjetunion. Bereits nach dem Sieg über Frankreich hatte der Leiter des Referats D III des AA, Legationsrat Franz Rademacher, die Abschiebung der Juden nach Madagaskar vorgeschlagen. Es handelte sich dabei um den einzigen grundlegenden Plan zur „Lösung der Judenfrage", der im AA ausgearbeitet wurde. Nach einer mehr als deutlichen Intervention Heydrichs bei Ribbentrop, der dabei unmissverständlich auf die alleinige Federführung seiner Dienststelle verwies, wurden die Arbeiten sofort an das RSHA abgegeben[84]. Zeitschels Plan war keine derartige prominente Aufmerksamkeit beschert, sondern blieb völlig folgenlos.

Noch wichtiger als der Inhalt der von Zeitschel verfassten Dokumente ist die Kontextualisierung. Dazu müssen die in Deutschland und Frankreich überlieferten Akten der Botschaft und der Vertreter des RSHA in Paris konsultiert werden. Dabei zeigt sich, dass der „Judenreferent" des RSHA in der französischen Hauptstadt, Dannecker, seit September 1940 systematisch seine Dienststelle aufbaute. Sein Ziel stand für ihn fest: „Alles Grundsätzliche muss unter dem Gesichtspunkt betrachtet werden, dass, nachdem der Chef der Sicherheitspolizei und des SD vom Führer mit der Vorbereitung der Lösung der europäischen Judenfrage beauftragt wurde, seine Dienststelle in Frankreich die Vorarbeiten zu leisten hat, um zu gegebener Zeit als Außendienststelle des europäischen Judenkommissars hundertprozentig verlässlich wirken zu können."[85] Als Vertreter Eichmanns in Paris bereitete Dannecker die Massendeportationen der Juden aus Frankreich vor. Er vertrat dabei ohne weiteres die im RSHA in Berlin festgelegten Grundzüge der „Judenpolitik" auch gegenüber den Vertretern der Botschaft, wobei Zeitschel sein hauptsächlicher Ansprechpartner war. Zeitschel wurde weitgehend von Dannecker beeinflusst und vertrat selbst innerhalb der Botschaft dessen Ansichten[86]. Damit erklärt sich auch der bemerkenswerte Unterschied zwischen Zeitschels Aufzeichnung vom 21. August 1941, die relativ banal gehalten war, und seinen Ausführungen vom Folgetag, die ein umfassendes Konzept verraten. Aufgrund eines Schreibens Zeitschels vom 22. August 1941 an Dannecker wissen wir, dass sich beide am Vortag intensiv über die „Judenfrage" unterhalten hatten[87]. In seiner Aufzeichnung vom 22. August 1941 referierte Zeitschel also mehr oder minder, was er am Tage zuvor mit Dannecker besprochen hatte. Letztlich benutzte er dessen Gedankengut, um Botschafter Abetz ein Memorandum vorzulegen, das Eindruck erzeugen sollte. Deshalb verwundert es auch so wenig, dass sich die Aufzeichnung Zeitschels in weiten Teilen mit der – wenn auch teilweise durch die aktuellen Entwicklungen in der Sowjetunion überholten – Haltung innerhalb des RSHA deckte.

Die Aufzeichnung von Zeitschel ist also eher O-Ton RSHA als O-Ton AA. Letztlich ist auch das belanglos. Denn wir wissen, worüber Abetz am 16. September 1941 mit Hitler sprach. Es ging dabei um Fragen der französischen Innen- und Außenpolitik, nicht aber um den Holocaust[88]. Wollte Hitler über die Ghettoisierung von Juden in den besetzten Ostgebieten reden, so boten sich hier weitaus bessere Gesprächspartner an als der Deutsche Botschafter in Paris. Abetz ist also auch nicht der richtige Kandidat, um das AA zum Mitinitiator des Holocaust zu machen.

---

[84] Vgl. Mayer, Akteure, S. 529–531.
[85] CDJC, XXVI-1. Abdruck in: VEJ 5, Dok. 274.
[86] Vgl. Mayer, Staaten als Täter, S. 227–230, 241–258 und 271–284.
[87] BArch, R70/Frankreich/23, Bl. 6f.
[88] Vgl. ADAP, D, XIII, 2, Dok. 327.

Sebastian Weitkamp
Kooperativtäter – die Beteiligung des Auswärtigen Amts an der NS-Gewaltpolitik jenseits der „Endlösung"

Wenn das Auswärtige Amt (AA) im Zusammenhang mit Verbrechen genannt wird, geschieht dies fast ausschließlich mit Bezug auf die „Endlösung der Judenfrage". Ohne Zweifel ist die vorrangige Betrachtung der Beteiligung an diesem beispiellosen Menschheitsverbrechen berechtigt und wissenschaftlich mehr als begründet. Es ist das größte und folgenschwerste Verbrechen gewesen, an dem sich das AA jemals beteiligt hat. In enger Kooperation mit der SS arbeitete es willentlich und wissentlich der Vernichtung zu, indem es die außenpolitische Abschirmung gegenüber neutralen und feindlichen Staaten übernahm und die deutschen Verbündeten auf diplomatischem Wege zur Freigabe ihrer jüdischen Bevölkerung drängte. Ferner versuchte das AA, durch gezielte Propaganda im Ausland um Zustimmung für die antijüdischen Maßnahmen zu werben. Hierzu ist bereits eine Reihe von Untersuchungen erschienen, die die hohe Kooperationsbereitschaft des AA beim Judenmord hervorgehoben haben[1]. Die eigene Studie des Autors macht hier keinen Unterschied[2].

Ein Unterschied besteht jedoch in der neueren Forschungsliteratur in der Bewertung des Grades der Initiative des AA. Während die Historikerkommission in ihrer Studie „Das Amt" das AA als eine der Kerninstitutionen bei der Ingangsetzung der Vernichtungspolitik 1941/42 ansieht[3], wird dieser Grad von anderen Autoren als wesentlich geringer eingeschätzt. Die Historiker Christopher Browning, Hans-Jürgen Döscher und auch der Autor selbst gehen davon aus, dass das AA bei der endgültigen Entscheidung zum Genozid kaum eine Rolle gespielt hat. Es zeigte sich jedoch anschließend im Rahmen seiner Möglichkeiten und Aufgaben auch initiativ und kooperationswillig, nachdem die industrialisierte Vernichtung des europäischen Judentums durch SS und NS-Führung in Gang gesetzt worden war[4]. Es ist unbestritten, dass das AA bereits seit 1933 eine repressiv-antisemitische Politik unterstützte und teilweise auch forcierte. Das AA hätte aber eine exterminativ-antisemitische Politik, die auf Tötung und Vernichtung abzielte, nicht von sich aus initiiert.

Die Beteiligung des AA an anderen Verbrechen, die hier aufgrund ihrer Heterogenität unter dem verallgemeinernden Begriff „NS-Gewaltpolitik" summiert sind, werden in der allgemeinen Debatte in der Regel nicht näher beleuchtet und wenn doch, treten sie meist

---

[1] Vgl. in Auswahl Christopher Browning, The Final Solution and the German Foreign Office. A Study of Referat D III of Abteilung Deutschland 1940–1943, New York/London 1978 (deutsch: Die „Endlösung" und das Auswärtige Amt. Das Referat D III der Abteilung Deutschland 1940–1943, Darmstadt 2010); Hans-Jürgen Döscher, SS und Auswärtiges Amt im Dritten Reich. Diplomatie im Schatten der Endlösung, Frankfurt a. M./Berlin 1991. Zuletzt Eckart Conze u. a., Das Amt und die Vergangenheit. Deutsche Diplomaten im Dritten Reich und in der Bundesrepublik, München 2010.
[2] Vgl. Sebastian Weitkamp, Braune Diplomaten. Horst Wagner und Eberhard von Thadden als Funktionäre der „Endlösung", Bonn 2008.
[3] Vgl. Conze u. a., Das Amt, vor allem S. 185–188.
[4] Vgl. Johannes Hürter, Das Auswärtige Amt, die NS-Diktatur und der Holocaust. Kritische Bemerkungen zu einem Kommissionsbericht, in: Vierteljahrshefte für Zeitgeschichte (VfZ) 59 (2011), S. 167–192. Ebenso Browning, The Final Solution and the German Foreign Office; Döscher, SS und Auswärtiges Amt; Weitkamp, Braune Diplomaten.

gegenüber dem Holocaust in den Hintergrund – so auch im Bericht der Historikerkommission, der sich in erster Linie als Teil der Holocaust-Forschung versteht und auf dieser Folie die Geschichte des AA darstellt[5]. Andere Formen von Gewalt- oder Zwangspolitik werden zwar teilweise ebenfalls behandelt, aber nur selten in eine stringente Analyse eingebettet. Dies wurde auch durch die textliche Fragmentierung des Berichts verhindert, der letztlich aus Einzeltexten von mindestens zwölf Einzelautoren besteht.

Selbstverständlich könnte ebenfalls die Judenvernichtung unter der NS-Gewaltpolitik gefasst werden, der Begriff zielt jedoch auf eine allgemeinere Sichtweise ab. Im Folgenden werden unter NS-Gewaltpolitik vor allem die Vorbereitung eines Angriffskrieges, Kriegsverbrechen, Überwachung und Spionage sowie Gewaltpolitik bei den Achsenpartnern verstanden. Die Reihe ließe sich problemlos um Wirtschaftsverbrechen, Zwangsarbeit, Plünderung und Umsiedlungen ergänzen, was an dieser Stelle aber zu weit führt. Da die Beteiligung des AA an der Gewaltpolitik in Friedenszeiten eher gering einzuschätzen ist, wurden bewusst Bereiche aus der Phase der Radikalisierung in der Kriegszeit gewählt.

Gewalt gehörte zu den bevorzugten Mitteln der NS-Führung zur Durchsetzung ihrer Politik. Einer „partikularen Moral" (Ernst Tugendhat) wie dem Nationalsozialismus waren Gewalt und Zwangsausübung immanent, die sich in erster Linie gegen alles nicht der „Volksgemeinschaft" Zugehörige richteten. Liberale Werte und bestimmte Personengruppen wurden nicht als Teil des eigenen, partikularen Moralsystems angesehen, sondern gezielt ausgeschlossen und unterlagen bestimmten Repressionen bis hin zur Vernichtung. NS-genuine Institutionen wie das Reichssicherheitshauptamt (RSHA) brachten den Gewaltaspekt zur Durchsetzung der NS-Politik unmissverständlich zum Ausdruck. Im Gegensatz dazu war das AA eine im Kaiserreich geschaffene Reichsbehörde zur Umsetzung der klassischen Außenpolitik auf diplomatisch-konsularischem Wege. Im Kaiserreich war es Großmachtpolitik, in der Weimarer Republik Revisions- und Verständigungspolitik gewesen. In der Diktatur generierte die NS-spezifische, ideologisch-völkische Form der Außenpolitik neue Parameter, deren steigend konfrontativer Charakter auch für das AA zunächst noch ungewohnt war.

Zu den genannten Topoi der NS-Gewaltpolitik liegen kaum dezidierte Studien vor. Es handelt sich um ein sehr weites Feld und ein nur selten systematisch erforschtes dazu. Im begrenzten Rahmen des Beitrages soll deshalb ein allgemeiner Überblick über die oben genannten Felder der NS-Gewaltpolitik gegeben und die Kooperation des AA anhand konkreter Beispiele näher erläutert werden. Zu untersuchen ist, wie sich das AA im Einzelnen verhielt. Lassen sich Differenzen oder Kongruenzen zwischen Judenvernichtung und anderer NS-Gewaltpolitik konstatieren? Agierte das AA in der übrigen Gewaltpolitik zumeist initiativ, wie es der Kommissionsbericht für die Politik der „Endlösung" immer wieder betont, oder agierte das AA zumeist kooperativ, wie es andere Wissenschaftler annehmen?

1. Kategorien

Die Beteiligung des AA an der NS-Gewaltpolitik war von vielen externen und internen Faktoren abhängig. Im besetzten Europa richtete sich die Einflussnahme vor allem nach

---

[5] Vgl. Conze u. a., Das Amt, besonders S. 694–696.

der Form der Besatzungsherrschaft. In den eingegliederten Gebieten und Reichskommissariaten war der Einfluss des AA vergleichsweise geringer, in den Gebieten unter Militärverwaltung höher[6]. Die größten Entfaltungsmöglichkeiten bestanden für das AA in den Staaten, die nicht besetzt waren, sondern verbündet oder neutral; in denen also die traditionellen Spielregeln der Diplomatie in gewissem Maße fortbestanden. In allen Fällen konnte das AA aber nicht autark handeln, sondern musste sich gegen innenpolitische Konkurrenten wie SS, NSDAP und Wehrmacht durchsetzen bzw. mit ihnen kooperieren. Entscheidend für den Spielraum des AA war die Frage, welche Intentionen und welches Standing innerhalb der NS-Hierarchie die beteiligten Organisationen hatten.

Im Gegensatz zur Innenpolitik, in welcher die NS-Führung fast ungehindert agieren konnte, folgte die Gewaltpolitik in der Außenpolitik anderen Parametern, da die NS-Führung auf die interagierenden Partner entweder keinen oder nur bedingten Einfluss hatte. Zudem kann zwischen einer Gewaltpolitik seitens des AA vor und nach Kriegsausbruch 1939 unterschieden werden. Insbesondere nach Kriegsausbruch waren die Funktionen der klassischen Diplomatie extrem eingeschränkt[7].

Zur Analyse der Beteiligung an der NS-Gewaltpolitik werden Kategorien gebildet. Es wird unterschieden zwischen der Initiativtäterschaft und der Kooperativtäterschaft. Diese können für einen ganzen Tatkomplex stehen oder für eine konkrete, einzelne Gewalttat. Die Initiativtäterschaft verdeutlicht dabei die Frage nach der Ingangsetzung des Tatkomplexes oder der Gewalttat. Die Kooperativtäterschaft kategorisiert die Unterstützung und Mithilfe bei einem Tatkomplex oder einer einzelnen Tat.

Ein ähnliches Modell hat die bundesdeutsche Justiz verstärkt ab den 1960er Jahren bei der Ahndung von NS-Verbrechen genutzt. Sie unterschied zwischen Haupttätern und Komplizen. Jedoch wurden als Haupttäter nur die führenden Nationalsozialisten wie Adolf Hitler oder Heinrich Himmler gewertet. Sie hätten die verbrecherische Politik in Gang gesetzt. Alle, die sie dabei unterstützt hatten, vor allem die deutsche Ministerialbürokratie, Polizei oder Gestapo, wurden als Komplizen oder Gehilfen bezeichnet, was sich allein schon auf ein zu erwartendes, reduzierteres Strafmaß auswirkte[8].

Das hier verwendete Konzept von Initiativtäterschaft und Kooperativtäterschaft dient dagegen nicht dazu, juristische Kategorien und gesetzliche Maßstäbe anzulegen. Insbesondere wurde den Komplizen und Gehilfen ein eigener Wille zur Tat häufig abgesprochen; sie seien Werkzeuge und Verführte gewesen. Zudem nivelliert der Begriff des „Komplizen" den Tatbeitrag, weshalb die Aufnahme der „Täterschaft" in den hier verwendeten Oberbegriffen explizit enthalten ist, um die Verantwortung für die Tat hervorzuheben. Es wird davon ausgegangen, dass Initiativ- und Kooperativtäter die Tat letztlich willentlich und wissentlich gemeinsam begingen. Und selbstverständlich kann ein Kooperativtäter im Laufe der Tat initiativ werden und seinen Tatbeitrag erhöhen, indem er Einfluss auf die Tatdynamik oder das Tatziel nimmt.

---

[6] Vgl. Raul Hilberg, Die Vernichtung der europäischen Juden, 3 Bde., Frankfurt a. M. 1990, S. 570ff.
[7] Vgl. Wolfgang Michalka, „Vom Motor zum Getriebe". Das Auswärtige Amt und die Degradierung einer traditionsreichen Behörde 1933 bis 1945, in: Ders. (Hrsg.), Der Zweite Weltkrieg. Analysen, Grundzüge, Forschungsbilanz, München 1990, S. 249–259, hier S. 257.
[8] Vgl. Michael Greve, Täter oder Gehilfen? Zum strafrechtlichen Umgang mit NS-Gewaltverbrechen in der Bundesrepublik Deutschland, in: Ulrike Weckel/Edgar Wolfrum (Hrsg.), „Bestien" und „Befehlsempfänger". Frauen und Männer in NS-Prozessen nach 1945, Göttingen 2003, S. 194–221, hier S. 202, und Katrin Stoll, Die Herstellung der Wahrheit. Strafverfahren gegen ehemalige Angehörige der Sicherheitspolizei im Bezirk Bialystok, Berlin 2012, S. 106f.

Als letzter Oberbegriff wird die Passivtäterschaft eingeführt. Der paradox klingende Begriff geht von der Ermöglichung einer Tat oder eines Tatkomplexes aus, ohne dass auf Tatziel und Tatdynamik Einfluss genommen wird. Anhand dieser drei Oberbegriffe können vielleicht nicht alle Tatbeiträge im Detail analysiert werden, aber sie geben eine gewisse Orientierung.

2. Angriffskrieg

Nach der „Endlösung" ist die Beteiligung des AA an der Vorbereitung eines Angriffskrieges das wirkungsmächtigste Verbrechen. Im Nürnberger Hauptkriegsverbrecherprozess hatte die Beteiligung des AA bei der „Endlösung" noch eher eine untergeordnete Rolle gespielt, auch wegen des Fehlens wichtiger Quellen und Belege zu diesem Zeitpunkt. Eine enge Beteiligung der konventionellen Diplomatie am Massenmord schien zudem kaum wahrscheinlich.

Im Vordergrund des Prozesses stand hinsichtlich des AA die Beteiligung bei der Planung eines Angriffskrieges und damit ein Vorwurf, der dem AA auf dem klassischen Boden seiner Zuständigkeit – der Außenpolitik – gemacht wurde. Die Nürnberger Richter hielten fest, dass das AA unter Führung der angeklagten ehemaligen Reichsaußenminister (RAM) Constantin von Neurath und Joachim von Ribbentrop weitgehend willfährig und zuarbeitend die Kriegsplanungen der NS-Führung außenpolitisch umgesetzt hatte[9].

Aber nicht nur die Minister Neurath und Ribbentrop waren für die Vorbereitungen eines Angriffskrieges mitverantwortlich, sondern auch die erweiterte Führungsspitze des Ministeriums. Unter den Angeklagten im elften Nürnberger Nachfolgeprozess von 1948/49 gegen Angehörige von Ministerien und anderen Organisationen waren auch der ehemalige Staatssekretär Ernst von Weizsäcker und der ehemalige Unterstaatssekretär Ernst Woermann. Beide waren klassische Karrierediplomaten, die bereits seit 1920 bzw. 1919 im Dienst des AA standen. Hinzu kam der ehemalige Botschafter Karl Ritter, der seit 1922 dem Diplomatischen Dienst angehörte. Als zweite Gruppe von Angeklagten aus dem Bereich des AA können Wilhelm Keppler, Edmund Veesenmayer und Ernst Wilhelm Bohle (ehemaliger Leiter der NSDAP-Auslandsorganisation) gelten. Sie waren jedoch hauptsächlich aufgrund ihrer engen Verbindung zur NSDAP ins AA gekommen, wo sie zumeist als Sonderbeauftragte eingesetzt wurden. Keppler war seit 1938 vor allem mit Wirtschaftsfragen befasst, während sein früherer Referent Veesenmayer eine Art „Allzweckwaffe" darstellte. Als Sonderemissär war er unter anderem am Aufbau der deutschfreundlichen Satelliten Slowakei und Kroatien beteiligt. Auch in der NS-Gewaltpolitik setzte er sich in diesen Staaten später noch für Partisanenkampf und Judendeportationen ein, ehe er als Bevollmächtigter des Großdeutschen Reiches den schwankenden Verbündeten Ungarn stabilisieren sollte und einer der Hauptverantwortlichen für die Judendeportationen aus Ungarn wurde.

Der Gerichtshof verurteilte Weizsäcker und Woermann schließlich vor allem wegen Verbrechen gegen den Frieden und Verbrechen gegen die Menschlichkeit, womit haupt-

---

[9] Vgl. Der Prozeß gegen die Hauptkriegsverbrecher vor dem Internationalen Militärgerichtshof. Nürnberg 14. November 1945–1. Oktober 1946. Amtlicher Wortlaut in deutscher Sprache, Nürnberg 1947 (IMG), Bd. XXII, S. 603 ff.

sächlich Taten im Zuge der Judenvernichtung gemeint waren[10]. Allerdings revidierte das Gericht wenige Monate später sein Urteil gegen Weizsäcker und Woermann dahingehend, dass der Anklagepunkt des Angriffskrieges entfiel, während dieser Anklagepunkt für Keppler aufrechterhalten blieb. Das Urteil zeigt damit die komplexe Materie der Tatbeteiligung des AA auf. Waren es die Neueinsteiger im AA, die vornehmlich an der Gewaltpolitik partizipierten, während traditionelle Berufsdiplomaten nur mitliefen?

Bei den vorwiegend national-konservativ gesinnten Beamten herrschte überwiegend der Wille vor, dem Deutschen Reich nach der „Schmach von Versailles" zu alter Größe zu verhelfen[11]. Die Abkehr von der Verständigungspolitik der Weimarer Außenpolitik vollzog sich stillschweigend oder offen zustimmend mit dem Austritt aus dem Völkerbund und dem Verlassen der Genfer Abrüstungskonferenz (beide 1933) sowie der Aufkündigung des Locarno-Paktes (1936). Hinzu kamen die Wiederwehrhaftmachung und die Besetzung des entmilitarisierten Rheinlandes (beide 1935). All dies wurde im AA zumeist als Fortschritt und Erfolg der neuen Regierung gewertet und dementsprechend unterstützt, auch wenn es durchaus mahnende Stimmen gab. Bis weit in die 1930er Jahre hinein bestand jedoch zwischen NS- und AA-Führung in der Vorstellung von Außenpolitik kein sehr großer Unterschied. Für die konservativen Diplomaten stand die Revision des Versailler Vertrages im Vordergrund, für die NS-Führung um Hitler die Schaffung einer Ausgangsbasis für eine aggressive Expansionspolitik. Diese Zielidentitäten stabilisierten die Außenpolitik und führten dazu, dass die AA-Führung die Linien der NS-Führung willentlich umsetzte.

Daneben zeigt das 1935 durch Hitlers Spezialemissär Ribbentrop ausgehandelte Flottenabkommen mit Großbritannien die zunehmende Infiltrierung der diplomatischen Domäne durch Nicht-AA-Sonderbevollmächtigte und die schleichende Degradierung des AA vom Gestalter zum Instrument der NS-Führung, die die politischen Richtlinien oft ohne Rückgriff auf das AA selbst festlegte. Das AA stand deshalb unter einem erhöhten Anpassungsdruck[12].

Erst als 1938 mit der „Sudetenkrise" eine erhöhte Kriegsgefahr drohte, schreckten größere Teile der AA-Führung zurück. Hitlers Außenpolitik wurde zunehmend als Vabanquespiel gewertet und ließ kaum noch Zweifel an seiner Entschlossenheit zum Krieg. Diesen wollten führende Diplomaten zwar verhindern, sie setzten aber weiterhin auf eine Großmachtpolitik: Expansion ja, aber nicht auf Kosten eines großen Krieges. Dabei standen die Grundlinien und Ziele der NS-Außenpolitik kaum zur Debatte, sondern in erster Linie die Art und Weise, wie diese Ziele zu erreichen seien. So sind die Äußerungen des Staatssekretärs Weizsäcker zu verstehen, für den ein neuer Krieg zwar ein „finis germaniae" wäre, der aber dennoch für eine „chemische" Zersetzung der Tschechoslowakei plädierte

---

[10] Vgl. Robert M. W. Kempner/Carl Haensel, Das Urteil im Wilhelmstraßen-Prozeß. Der amtliche Wortlaut der Entscheidung im Fall Nr. 11 des Nürnberger Militärtribunals gegen Weizsäcker und andere, mit abweichender Urteilsbegründung, Berichtigungsbeschlüssen, den grundlegenden Gesetzesbestimmungen, einem Verzeichnis der Gerichtspersonen und Zeugen und Einführungen, Schwäbisch-Gmünd 1950, S. XXV.
[11] Vgl. allgemein Döscher, SS und Auswärtiges Amt, besonders S. 308; ferner Charles Bloch, Das Dritte Reich und die Welt, Paderborn 1993, S. 56ff.
[12] Vgl. Jacobsen, Hans-Adolf, Zur Struktur der NS-Außenpolitik 1933–1945, in: Manfred Funke (Hrsg.), Hitler, Deutschland und die Mächte. Materialien zur Außenpolitik des Dritten Reiches, Düsseldorf 1978, S. 137–185, hier S. 142f. und 169ff.

mit dem Ziel des Anschlusses an das Großdeutsche Reich[13]. Sehr wahrscheinlich hätte die AA-Führung sogar einen lokalen Krieg – etwa gegen die Tschechoslowakei oder Polen – zur Durchsetzung der Expansionspolitik billigend in Kauf genommen, wenn die Gefahr einer Intervention durch Frankreich oder Großbritannien nicht bestanden hätte.

Die vom AA mitgetragene Politik führte zu Allianzen, welche zur Führung eines kommenden Krieges unbedingt notwendig waren. Die strategischen Bündnisse mit Bulgarien, Finnland, Japan und Rumänien wirkten ebenso kriegsfördernd wie die ideologisch geprägten Bündnisse und Verbindungen zu Italien und Spanien. NS- und AA-Führung bereiteten Deutschland so außenpolitisch auf einen Krieg vor, auch wenn das AA noch versuchte, das Ausland von den angeblich redlichen und friedfertigen Absichten der neuen Reichsführung zu überzeugen. Selbstverständlich verfolgte Ribbentrop vor und nach Amtsantritt 1938 auch eigene außenpolitische Ziele, die sich jedoch nur begrenzt umsetzen ließen, da Hitler das letzte Wort besaß[14].

Der Einfluss Hitlers wird zwar auch von der Historikerkommission erwähnt, dennoch geht sie allgemein davon aus, dass das AA „zentrale Politikbereiche" gestalten konnte[15]. Doch gerade bei der außenpolitischen Vorbereitung zum Krieg ist es fraglich, ob das AA hier tatsächlich noch maßgeblich mitgestalten konnte.

Die Taktgeber der Expansionspolitik und der damit verbundenen massiven Aufrüstung waren die NS-Spitze, insbesondere Hitler selbst, und die Wehrmachtsführung[16]. So sieht Hans-Adolf Jacobsen die Wehrmacht als „das entscheidende Instrument der NS-Außenpolitik"[17]. In nicht wenigen wissenschaftlichen Überblicksdarstellungen spielt das AA eine untergeordnete Rolle, wogegen die außenpolitischen Konzeptionen und Planungen von Hitler und seinen engen Gefolgsleuten weiten Raum einnehmen[18]. Der französische Historiker Charles Bloch räumt dem AA nur bis 1935 noch eine gewisse Gewichtung in außenpolitischen Prozessen ein, aber spätestens mit dem Amtsantritt Ribbentrops 1938 sei das AA von den wesentlichen Entscheidungsprozessen abgekoppelt gewesen[19]. Bloch vernachlässigt bei seiner Untersuchung jedoch das Know-how der Berufsdiplomatie, welches sich die NS-Führung zunutze machte, und den Wert der Institution des AA, welches die Vorgaben der NS-Führung applanierte und umsetzte. Historiker wie Döscher oder Jacobsen haben auf die Expertenfunktion der Diplomaten mehrfach hingewiesen, da es NS-Quereinsteigern oftmals an Kompetenz und Qualifikation für das Alltagsgeschäft fehlte. Ein Beispiel ist hier der NS-Parvenue Horst Wagner, der 1943 zur Amtsführung seiner Gruppe Inland II den sehr gut ausgebildeten Karrierediplomaten Eberhard von Thadden als Stellvertreter und Judenreferenten installierte.

---

[13] Vgl. Rainer A. Blasius, Für Großdeutschland – gegen den großen Krieg. Staatssekretär Ernst Frhr. v. Weizsäcker in den Krisen um die Tschechoslowakei und Polen 1938/39, Köln 1981. Ferner Bloch, Das Dritte Reich und die Welt, S. 58ff., und Döscher, SS und Auswärtiges Amt, S. 182.
[14] Vgl. Wolfgang Michalka, Ribbentrop und die deutsche Weltpolitik 1933–1940. Außenpolitische Konzeptionen und Entscheidungsprozesse im Dritten Reich, München 1980. Ferner IMG, Bd. 10, S. 468.
[15] Vgl. Conze u. a., Das Amt, S. 13.
[16] Vgl. Michael Geyer, Militär, Rüstung und Außenpolitik – Aspekte militärischer Revisionspolitik in der Zwischenkriegszeit, in: Funke (Hrsg.), Hitler, Deutschland und die Mächte, S. 239–268.
[17] Vgl. Hans-Adolf Jacobsen, Zur Einführung, in: Bloch, Das Dritte Reich und die Welt, S. IX–XV, hier S. XII.
[18] Vgl. exemplarisch Marie-Luise Recker, Die Außenpolitik des Dritten Reiches, München 1990, und Bernd-Jürgen Wendt, Großdeutschland, Außenpolitik und Kriegsvorbereitung des Hitler-Regimes, München 1987.
[19] Bloch, Das Dritte Reich und die Welt, S. 62f.

Der in älteren Publikationen vorherrschende Blick auf die Meta-Ebene der Außenpolitik wird in jüngerer Zeit konstruktiv ergänzt durch biographische Arbeiten, die die Haltungen der Berufsdiplomaten untersuchen und deren Mitverantwortung aufzeigen. Zu nennen wäre hier der Leiter der Rechtsabteilung Friedrich Wilhelm Gaus. Er war seit 1907 Angehöriger des Auswärtigen Dienstes und kein NSDAP-Mitglied. Als versierter Jurist war er führend an vielen wichtigen außenpolitischen Verträgen der Weimarer Republik und des „Dritten Reiches" beteiligt. Er gestaltete mit seinem Fachwissen die Vertragstexte von Rapallo (1922) und Locarno (1925) ebenso wie den kriegsvorbereitenden Hitler-Stalin-Pakt im August 1939. Auf diese Weise macht er die besondere Rolle der Berufsdiplomaten deutlich, die die Verständigungspolitik der Republik ebenso kompetent umsetzten wie die Expansionspolitik des Regimes[20].

Nach Kriegsbeginn 1939 unterstützte das AA auch die Kriegführung auf außenpolitische Art und Weise, das heißt, es sammelte über diplomatische Netzwerke Nachrichten und betrieb eine intensive Propaganda- und Pressearbeit im Ausland, um die deutschen Kriegsziele als berechtigt darzulegen, Verbrechen zu verschleiern und den wahnwitzigen Versuch zu unternehmen, Deutschland nicht als Aggressor, sondern als Angegriffenen darzustellen[21]. Daneben galt es für das AA, vor allem die verbündeten und neutralen Staaten gewogen zu halten, um Devisen-, Wirtschafts- und Rohstoffverbindungen für die Kriegführung sicherzustellen. So schreibt etwa Daniel B. Roth der Deutschen Gesandtschaft Stockholm explizit einen hohen Stellenwert zu, wenn es darum ging, das neutrale Schweden mit seinen wichtigen Rohstoffvorkommen und der Lieferung von Halbfertigprodukten in die deutschen Kriegsplanungen vor und während des Krieges einzubinden. Dies sei hauptsächlich mit den Instrumenten der klassischen Diplomatie geschehen[22].

Hinsichtlich der Planung eines Angriffskrieges ist das AA als Kooperativtäter anzusprechen. Es konnte diesen Bereich nicht zentral gestalten, sondern setzte die Richtlinien um, schirmte die Aufrüstung und Kriegsplanung ab und bereitete im Rahmen seiner Aufgaben einen Krieg mit vor.

3. Kriegsverbrechen

Anders als bei den neutralen Staaten war das diplomatische Personal im besetzten und verbündeten Europa auch befasst mit Kriegsverbrechen. Dabei entwickelte das AA in der Regel innerhalb des gegebenen politischen Rahmens weitgehend systemkonforme Initiativen.

Bisweilen konnten diese Initiativen durchaus von der vorherrschenden Meinung abweichen. Als sich der Partisanenkampf in Frankreich zuspitzte, riet die Deutsche Botschaft zur Mäßigung bei den Vergeltungsmaßnahmen in Form von massenhaften Geiselerschießungen. Diese würden die deutsche Besatzungsmacht der französischen Bevölkerung entfremden. Bei ihrem letztlich erfolglosen Gegenvorschlag blieb die Diplomatie jedoch völlig systemkonform: Die Botschaft unterstützte zur Kompensation stattdessen den Vorschlag

---

[20] Gerhard Stuby, Vom „Kronjuristen" zum „Kronzeugen". Friedrich Wilhelm Gaus: ein Leben im Auswärtigen Amt der Wilhelmstraße, Hamburg 2008.
[21] Vgl. u. a. Dokumente zur Vorgeschichte des Krieges, hrsg. vom Auswärtigen Amt, Berlin 1939.
[22] Vgl. Daniel B. Roth, Hitlers Brückenkopf in Schweden. Die deutsche Gesandtschaft in Stockholm 1933–1945, Berlin 2009, S. 159f.

zur Deportation von Juden und Kommunisten[23]. Es ging also nicht um das „Ob", sondern nur um das „Wie".

Gegen die Befehle aus dem Führerhauptquartier und dem Oberkommando der Wehrmacht (OKW) war die Botschaft in Paris jedoch machtlos. Und so flankierten Botschaft und AA später die Geiselerschießungen mit propagandistischen Maßnahmen, um deren angebliche Rechtmäßigkeit zu belegen. Insbesondere wurde nach außen bewusst die Linie vertreten, bei den Attentätern und Widerstandskämpfern handle es sich vornehmlich um Juden oder Auslandsagenten, also nicht um eine französische Widerstandshandlung. Selbst bei feststehender französischer Täterschaft sollte weiterhin die These vertreten werden, Juden oder von britischen oder sowjetischen Geheimdiensten gekaufte Attentäter[24] seien die Drahtzieher.

Die gnadenlose deutsche Geiselpolitik hatte so auch eine internationale Dimension. In Bordeaux war beispielsweise am 22. Oktober 1941 ein Kriegsverwaltungsrat von unbekannten Tätern getötet worden. Der deutsche Militärbefehlshaber in Frankreich hatte deshalb kurz darauf bereits 48 französische Geiseln hinrichten lassen. 50 weitere Geiseln sollten folgen, wenn die französische Polizei der Täter nicht habhaft werde.

Der Deutsche Botschafter Otto Abetz telegraphierte an Ribbentrop, er übe vor Ort weisungsgemäß Zurückhaltung und sehe die Sache als reine Militärmaßnahme. Abetz' Haltung war aber ambivalent, da er die Geiselerschießungen nicht allgemein ablehnte. Die übliche geringe Zahl an Hinrichtungen, so Abetz weiter, habe lediglich dazu geführt, dass die französische Bevölkerung die Attentate verurteile. Behörden und Bevölkerung hätten aber keine Bereitschaft zur Ergreifung der Täter gezeigt. Abetz sei aber zuversichtlich, dass die bis jetzt insgesamt in Frankeich getöteten 600 Geiseln dazu führen würden, dass von französischer Seite alles getan werde, um zukünftige Attentate zu verhindern. Um keine antideutsche Stimmung in der Bevölkerung zu provozieren, sprach er sich abschließend dafür aus, die weiteren 50 Geiseln nicht zu exekutieren[25]. In der Tat schob die Wehrmacht auf Befehl Hitlers die zweite Exekutionswelle hinaus, um der französischen Polizei Zeit zu geben, die Täter zu fassen.

In der Zwischenzeit wandten sich diplomatische Vertreter aus Chile, Costa Rica und Mexiko an Stellen des AA, um gegen die bevorstehende Tötung der 50 Geiseln zu intervenieren. Das AA war jedoch bestrebt, jede ausländische Einmischung abzuwenden. Dementsprechend wies Unterstaatssekretär Woermann den chilenischen Botschafter am 25. Oktober 1941 in Berlin ab. In ähnlicher Form verfügte Staatssekretär Weizsäcker im Oktober und November 1941 in zwei Drahterlassen an deutsche Vertretungen, „mündliche Eröffnungen oder Noten" zu dem Thema nicht zuzulassen. Es handle sich bei den Interventionen um eine verabredete, britisch intendierte Aktion, die „unter [dem] Deckmantel [der] Humanität im wesentlichen das Ziel hat, Deutschlands Verhalten in der Geiselangelegenheit in den Augen der Welt herabzusetzen"[26].

In der Folge schloss sich der deutsche Vertreter in Costa Rica der offiziellen Lesart an und teilte dem Außenminister in San Jose mit, London und Washington hetzten die Bevölkerung zu Morden an deutschen Offizieren auf und man nehme deutscherseits an, die Regierung von Costa Rica sehe die Sühne für die Ermordung deutscher Offiziere

---

[23] Vgl. Conze u. a., Das Amt, S. 231f.
[24] Drahtbericht Abetz' (Auszug) vom 7. 12. 1941, in: Staatsarchiv (StA) Nürnberg, NG. 5126.
[25] Drahtbericht Abetz' vom 25. 10. 1941, in: Ebenda.
[26] Drahterlass Weizsäckers vom [Nov.] 1941, in: Ebenda.

„durch kommunistische Verbrecher" als gerechtfertigt. Die Todeskandidaten seien auch keine unschuldigen Geiseln, sondern „überführte kommunistische Agitatoren"[27]. Damit kriminalisierte der deutsche Diplomat Attentäter wie Geiseln pauschal als ideologische Gegner.

Dem war aber keineswegs so. Als Abetz am 6. November 1941 berichtete, die Polizei habe die verantwortliche Widerstandsgruppe dingfest gemacht, meldete er zugleich, dass sich unter den bereits erschossenen Geiseln teilweise Personen befunden hätten, die nur geringfügige Vergehen begangen und vor der Entlassung gestanden hätten. Auch seien mehrere Jugendliche hingerichtet worden, die lediglich Briefe über die Demarkationslinie geschmuggelt hätten, und drei hochdekorierte Veteranen des Ersten Weltkrieges[28].

Das in diesem Fall praktizierte Vorgehen der AA-Vertreter war exemplarisch für die gesamte Dauer des Krieges und betraf nicht nur die Geiselpolitik, sondern auch konventionelle Kriegsverbrechen im Frontbereich und Verbrechen an Kriegsgefangenen. Es war beispielsweise im Laufe des Jahres 1944 zu einer Reihe von Vorfällen gekommen, bei denen die Kriegsgegner dem Deutschen Reich schwere Verstöße gegen geltendes Kriegsrecht vorwarfen. Unter anderem kam es zu Erschießungen gefangener kanadischer Soldaten durch Angehörige der SS-Division „Hitlerjugend" während der Invasion in der Normandie, woraufhin die Schweiz als Schutzmacht der Commonwealth-Staaten das AA um eine „gründliche Untersuchung" bat. Es wurden „strenge Befehle" gefordert, die „eine Wiederholung eines derartigen Vorkommnisses verhindern werden"[29]. Als die Schweizer Gesandtschaft wissen ließ, dass die britische Seite die Ereignisse veröffentlichen wolle, forderte Ribbentrop die Rechtsabteilung auf, die Sache beschleunigt zu bearbeiten, um die Aussagen „richtigstellen" und ihnen „propagandistisch entgegentreten zu können"[30]. Da das OKW keine schnelle Auskunft erteilte, wandte sich die Rechtsabteilung an die Gruppe Inland II in der Hoffnung, dass sie als Verbindungsstelle zur SS schneller an Informationen komme. Doch Inland II bekam nur die Information, die Reichsführung-SS bedauere wegen des Rückzuges aus der Normandie eine Nachprüfung nicht durchführen zu können[31]. So blieb die Antwort an die Schweiz unzureichend.

Besonderes Aufsehen erregte ein Vorfall, bei dem im März 1944 achtzig britischen Luftwaffenoffizieren die Flucht aus dem Stalag Luft III bei Sagan gelungen war. Die meisten konnten wieder ergriffen werden, wonach fünfzig von ihnen auf Befehl Hitlers erschossen wurden[32]. Auch hier forderte die britische Schutzmacht Schweiz Aufklärung. Das nicht unterrichtete AA hatte damit erhebliche Schwierigkeiten und war letztlich nicht in der Lage, eine Erklärung abzugeben[33].

In der Geiselpolitik und bei Kriegsverbrechen legen die Befunde nahe, dass das AA als Kooperativtäter operierte. Es versuchte, teilweise Einfluss auf die durchführenden Stellen von SS und Wehrmacht zu nehmen und schirmte die Verbrechen durch Desinformation oder Gegenpropaganda gegenüber dem Ausland ab. Mit zunehmender Dauer des Krieges war es dem AA aber augenscheinlich immer weniger in ausreichendem Maße möglich,

---

[27] Drahtbericht der Deutschen Gesandtschaft San José vom 30.10.1941, in: Ebenda.
[28] Vgl. Drahtbericht Abetz' vom 6.11.1941, in: Ebenda.
[29] Note der Schweizerischen Gesandtschaft Berlin an AA vom 13.9.1944, in: StA Nürnberg, NG-3711, vgl. ebenso Note der Schweizerischen Gesandtschaft Berlin an AA vom 4.8.1944, in: Ebenda.
[30] Aufzeichnung des Büros RAM an AA/Rechtsabteilung vom 19.9.1944, in: Ebenda.
[31] Vgl. Dienstliches Schreiben Thaddens vom 1.11.1944, in: Ebenda.
[32] Vgl. Das Urteil von Nürnberg 1946. Mit einem Vorwort von Jörg Friedrich, München 1996, S. 100.
[33] Vgl. Kempner/Haensel, Das Urteil im Wilhelmstraßen-Prozeß, S. 72ff.

seine Abschirmungsfunktion wahrzunehmen. In dem Maße, wie sich die vornehmlichen Gewaltträger von SS und Wehrmacht weiter radikalisierten, nahmen sie auch zunehmend weniger Rücksicht auf außenpolitische und völkerrechtliche Gepflogenheiten. Das AA geriet dabei in die peinliche Rolle des Ahnungslosen. Ribbentrop und seine Führungsebene waren zwar gewillt, ihre Abschirmungsfunktion wahrzunehmen, doch SS und Wehrmacht legten zunehmend weniger Wert auf bürokratische Konventionen.

4. Fallbeispiel: Der Mord an General Maurice Mesny 1945

Einen traurigen Höhepunkt erreichte die Arbeitsteilung von AA, Wehrmacht und SS bei der Ermordung des kriegsgefangenen französischen Generals Maurice Mesny im Januar 1945[34]. Wie geschildert war das AA seit Beginn des Krieges 1939 laufend damit befasst, deutsche Kriegsverbrechen gegenüber den Interventionen der Schutzmächte oder fremder Regierungen zu bearbeiten. Nun jedoch wurde das AA sogar eingeschaltet, bevor das Kriegsverbrechen überhaupt begangen worden war.

Was war passiert? Am 8. November 1944 hatten britische Radiosender gemeldet, der für das Massaker von Oradour sur Glane als verantwortlich betrachtete deutsche General Friedrich von Brodowski sei in Gefangenschaft bei einem vermeintlichen Fluchtversuch erschossen worden[35]. Die Meldung wurde von deutschen Stellen abgefangen und bei einer Lagebesprechung Hitler vorgelegt. Für die deutsche Führung wies die Form der Nachricht vermeintlich darauf hin, dass es sich in Wahrheit um einen französischen Rachemord handle. Zornrot soll Hitler Vergeltung gefordert haben.

Generalfeldmarschall Wilhelm Keitel befahl daraufhin, einen kriegsgefangenen französischen General namhaft zu machen, um ihn als Repressalie hinzurichten. Am Telefon soll Keitel gesagt haben: „So was können wir auch!"[36] Kurz darauf wurde weitgehend willkürlich der auf der Festung Königstein bei Dresden festgehaltene General Maurice Mesny zum Opfer bestimmt. Dass Repressalien an Kriegsgefangenen völkerrechtlich klar verboten waren, interessierte niemanden.

Doch Mesny wurde nicht einfach exekutiert. Die NS-Führung mordete mit deutscher Akkuratesse. In den folgenden Tagen wurden sechs Dienststellen in die Planungen eingeschaltet. Fast eine Woche lang versuchten sie zunächst herauszufinden, wer überhaupt genau zuständig sei. Zeitweilig hieß es sogar aus dem RSHA, der Führerbefehl sei zurückgenommen[37]. Schon nach kurzer Zeit war das Chaos perfekt.

Aus der Phalanx der NS-Bürokratie blieben schließlich nur drei Institutionen übrig: AA, RSHA und aus dem Oberkommando der Wehrmacht der Chef Kriegsgefangenenwesen (Chef KGW), welcher zwar seit Oktober 1944 Himmler unterstand, aber dessen Dienststelle weiterhin mit vielen Wehrmachtsoffizieren besetzt war.

Unter den drei Stellen kristallisierte sich eine Arbeitsteilung heraus. Die Wehrmacht sollte die Logistik stellen, die SS den Mord ausführen und das AA die Tat außenpolitisch abschirmen. Dabei versuchte die deutsche Führung das kriminalistische Paradox, ein

---

[34] Der Fall ist detailliert geschildert in: Weitkamp, Braune Diplomaten, S. 327–368.
[35] Vgl. Auskunft der Schweizerischen Depeschenagentur vom 20.1.1960, in: Landesarchiv NRW – Hauptstaatsarchiv (LNRW-HstA) Düsseldorf, Ger.Rep. 237/11.
[36] Affidavit Theodor Kraffts vom 6.6.1947, in: StA Nürnberg, NO-3878.
[37] Vgl. Weitkamp, Braune Diplomaten, S. 339ff.

Kriegsverbrechen zu begehen und perfekt zu vertuschen, aber gleichzeitig der Feindseite Kenntnis darüber zu geben, um den Zusammenhang zum Todesfall Brodowski herzustellen. Hierzu sollte das AA eine internationale Pressemeldung herausgeben, die zwischen den Zeilen die Racheabsicht für den deutschen General erkennen lassen sollte[38] – ein groteskes Vorhaben!

SS und Wehrmacht kamen überein, den französischen Offizier bei einer fingierten Verlegungsfahrt zu erschießen. Am 18. November 1944 besprach sich SS-Oberführer Friedrich Panzinger vom RSHA mit Ribbentrops Verbindungsmann zur SS, dem Vortragenden Legationsrat Horst Wagner. Was Wagner hiernach notierte, war die haarkleine Planung eines Kriegsverbrechens:

> „Im Auto befinden sich jeweils der Fahrer und ein deutscher Begleiter. Der Wagen hat Wehrmachtsabzeichen. Die beiden Deutschen tragen Wehrmachtsuniform. Es handelt sich um besonders ausgesuchte Leute. Auf der Fahrt wird der Wagen des Generals Deboisse [Name des zunächst gewählten Opfers] eine Panne haben, um ihn von den anderen abzusondern. Bei dieser Gelegenheit soll der General durch gezielten Rückenschuß ‚auf der Flucht' erschossen werden. Als Zeitpunkt ist Dämmerung vorgesehen. Es wird sichergestellt, daß keine Landbewohner in der Nähe sind. Aus Gründen der Nachforschungssicherheit ist geplant, die Leiche zu verbrennen [...]."[39]

Doch dann wurden auch andere Tötungsmethoden erwogen und über die Vorzüge von Gift oder Gas diskutiert. Panzinger hielt die Tötung durch Gas für die „praktischste und humanste"[40]. Der Fond des Autos solle durch eine Glasscheibe abgetrennt werden und der Beifahrer während der Fahrt eine Gasflasche aufdrehen. Am 13. Dezember kam Panzinger ins AA und unterbreitete den Diplomaten Eberhard von Thadden und Rudolf Bobrik, dass das Opfer auf der Fahrt entweder „auf der Flucht" erschossen oder im Fond vergast werde. Die Diplomaten hielten später fest:

> „Zur Vergasung sei ein besonders gebauter Wagen erforderlich, der bereits fertig konstruiert ist. Der General sitzt allein auf den Rücksitzen. Die Türen sind, um ein Herausspringen während der Fahrt zu verhindern, abgeschlossen. Die Scheiben sind wegen des kalten Winterwetters hochgedreht. Die Scheibe zum Fahrerplatz [...] ist geschlossen. Etwaige Fugen sind besonders abgedichtet. Durch eine besondere Apparatur, die vom Vordersitz bedient wird, wird geruchloses Kohlenoxidgas während der Fahrt in den Innenraum eingelassen. Ein paar Atemzüge genügen, um ihn sicher zu töten. Da das Gas geruchlos ist, soll der General im fraglichen Augenblick keinen Verdacht schöpfen können, um etwa durch Zerschlagen der Fenster Frischluft hineinzulassen."[41]

Einen Tag vor Silvester 1944 unterrichtete RSHA-Chef Ernst Kaltenbrunner den Reichsführer-SS von den Mordoptionen. Sogar ein Vergasungswagen sei nach erheblichen Schwierigkeiten beschafft worden. Es war dann aber wahrscheinlich auch Himmler, der verfügte, der Mord sei durch Erschießen durchzuführen: Fahrer und Beifahrer seien durch das Gas zu gefährdet, und das Vergasen hinterlasse beim Opfer eine verräterische Körperfärbung.

Für die Ausführung des Mordes organisierte Kaltenbrunner zwei SS-Führer. Panzinger hatte vorgeschlagen, sich an den Chef des RSHA-Amts III (SD-Inland), Otto Ohlendorf, zu wenden. Ohlendorf, der zwischen Mai 1941 und Juni 1942 Führer der Einsatzgruppe D in Südrussland und der Ukraine gewesen war, kenne „solche Leute [...], die dort Exeku-

---

[38] Vortragsnotiz Wagners vom 18.11.1944, in: Politisches Archiv des Auswärtigen Amts (PA AA), Inland IIg 372.
[39] Ebenda.
[40] Aussage Meurers vom 15.1.1958, in: LNRW-HStA Düsseldorf, Ger. Rep. 237/35.
[41] Vortragsnotiz Thaddens vom 13.12.1944, in: PA AA, Inland IIg 372.

tionen ausgeführt haben"[42]. Panzingers Vorschlag ist wahrscheinlich befolgt worden, auch wenn die beiden Täter später nie identifiziert worden sind.

Unterdessen bereitete Oberst Friedrich Meurer vom Chef KGW die Verlegungsfahrt vor: Sechs französische Generäle sollten von Königstein ins Lager Colditz gebracht werden. Die Angelegenheit war derart geheim, dass selbst die Lagerkommandanten nicht über den wahren Zweck der Fahrt informiert wurden. Die SS-Führer erhielten Wehrmachtsuniformen und -soldbücher[43].

In der Zwischenzeit stellte die Rechtsabteilung des AA ein Schreiben zusammen, welches das völkerrechtliche Prozedere im Todesfall eines Kriegsgefangenen auflistete. Obwohl die betreffenden Diplomaten – Legationsrat Rudolf Krieger und Abteilungsleiter Erich Albrecht – um die Umstände des geplanten Mordes wussten, unterließen sie es, auch nur im Ansatz darauf hinzuweisen, dass es sich um ein Kriegsverbrechen handelte. Im Gegenteil liest sich ihre Aufzeichnung eher wie ein Leitfaden zum Spurenverwischen. Es bestehe keine Verpflichtung, die Schutzmacht von Fällen gewaltsamen oder unnatürlichen Todes zu unterrichten. Die Schutzmacht des Kriegsgefangenen müsse sich mit dem vom AA mitgeteilten Ermittlungsergebnis zufriedengeben und habe kein Recht auf eine Exhumierung oder gerichtsärztliche Untersuchung[44].

Am 19. Januar 1945 schließlich, fast drei Monate nach dem Tod Brodowskis, wurde General Maurice Mesny bei der fingierten Verlegungsfahrt in der Nähe von Dresden angeblich „auf der Flucht" erschossen. Dreieinhalb Monate später war der Krieg zu Ende. Die geplante Pressenotiz des AA über Mesnys Tod wurde nie herausgegeben.

Im Verlaufe des Nürnberger Hauptkriegsverbrecherprozesses 1945/46 wurden die belastenden Dokumente im Archiv des AA gefunden und in die Verfahren gegen Ribbentrop und Kaltenbrunner eingebracht[45]. Das Gericht verurteilte beide zum Tode, und die Urteile enthielten auch die Mitverantwortung für den Mord an General Mesny. Zu dem Versuch, ein Verbrechen zu begehen, es perfekt zu vertuschen, aber gleichzeitig der Feindseite Kenntnis darüber zu geben, bemerkte US-Ankläger Thomas J. Dodd:

„Das war Mord mit reiner Weste, Täuschung auf Bestellung, aufgemacht mit allen Formalitäten des Auswärtigen Amts, schimmernd im eisigen Glanz von Kaltenbrunners SD und Gestapo und unterstützt und gefördert von dem nach außen hin soliden Gerüst des Berufsheeres."[46]

5. Überwachung und Spionage

Bereits seit Mitte der 1930er Jahre wurden die diplomatischen Missionen im Ausland vermehrt zu Stützpunkten unterschiedlicher Institutionen wie etwa des Propagandaministeriums oder der SS. Das RSHA installierte in den Gesandtschaften und Botschaften SD-Agenten und Polizei-Attachés, die autonom, aber mit logistischer Unterstützung und Tarnung des Auswärtigen Dienstes Gewaltpolitik betreiben konnten[47]. Dazu zählte die Be-

---

[42] Aussage Panzingers vom 29.11.1956, in: LNRW-HstA Düsseldorf, Ger. Rep. 237/35.
[43] Vgl. Weitkamp, Braune Diplomaten, S. 356.
[44] Aufzeichnung Kriegers an Bobrik vom 18.1.1945, in: PA AA, Inland IIg 372.
[45] Vgl. Weitkamp, Braune Diplomaten, S. 371.
[46] Plädoyer Dodds vom 29.8.1946, in: IMG, Bd. 22, S. 305.
[47] Vgl. Sebastian Weitkamp, SS-Diplomaten – die Polizei-Attachés des Reichssicherheitshauptamtes, in: Wolfgang Schulte (Hrsg.), Die Polizei im NS-Staat, Frankfurt a. M. 2009, S. 339–370.

obachtung von deutschen Emigranten, Sabotage oder Spionage. Die Missionen, insbesondere in den neutralen Ländern, waren teilweise derart überlaufen mit ressortfremden Mitarbeitern, dass 1944 der deutsche Gesandte in Schweden, Hans Thomsen, an die Berliner Zentrale kabelte: „Es ist […] eine so große Anzahl von Beauftragten der Abwehr und des SD eingebaut und beschäftigt worden, dass ich unsere außenpolitische Aufgabe in nicht mehr zu vertretendem Umfang gefährdet sehe."[48]

Die Polizei-Attachés und in abgeschwächter Form auch die SD-Beauftragten agierten in den Auslandsmissionen als „diplomatische Gestapo". So notierte die Abteilung Deutschland des AA 1941, die Tätigkeit der Polizei-Verbindungsführer umfasse unter anderem: „Die Bearbeitung von Attentats- und Sabotagemeldungen, die Anregung und Durchführung polizeilicher Maßnahmen gegen staatsfeindliche Personen, die Überwachung des Verhaltens der im Gastland lebenden vorbestraften und politisch verdächtigen Reichsdeutschen und Emigranten usw."[49] Das waren Aufgaben, welche die Gestapo im Reich versah, und es erscheint angebracht, die Polizei-Attachés und Verbindungsführer mit gewissen Einschränkungen als langen Arm der Geheimpolizei zu bezeichnen, der bis weit ins Ausland reichte.

Der Erfolg der ausländischen Gestapo-Arbeit war aber höchst unterschiedlich, und dies lag auch am Kooperationsverhalten des AA. Im April 1943 machte das AA den Polizei-Attaché in Agram auf zwei Juden aufmerksam, die in der kroatischen Hauptstadt die Partisanenbewegung unterstützten, und das AA bat, dass „den beiden Juden das Handwerk gelegt wird"[50]. Auch wenn der Polizei-Attaché die Personen nicht ermitteln konnte, agierte das AA hier initiativ und nutzte die Tätigkeit des Polizei-Attachés. Als jedoch in Rumänien Polizei-Attaché Horst Böhme versuchte, aktive Polizeiarbeit zu leisten, verweigerten die dortige Gesandtschaft und das AA weitere Zugeständnisse. Böhme schrieb, er bearbeite laufend Vorgänge, die „eine exekutive Behandlung erfordern (Vernehmungen, Durchsuchungen, Festnahmen usw.)". Es ginge hauptsächlich um deutsche Verdächtige, denen ohne Vernehmungen nichts nachzuweisen sei. Böhme bat erfolglos um die Zuteilung von „Exekutivbeamten" der Kriminalpolizei und Gestapo[51].

Ergänzend dazu stellt Roth in seiner Studie zur Deutschen Gesandtschaft Stockholm fest, wo wegen Weigerung der schwedischen Regierung kein Polizeiverbindungsführer eingesetzt werden konnte, dass das AA-eigene Personal der Mission – auch bedingt durch akute Personalknappheit – verhältnismäßig wenig zur Kontrolle und Überwachung der in Schweden lebenden deutschen Emigranten und Flüchtlinge beigetragen habe[52]. Auch die Beteiligung der Gesandtschaft an Spionage und Sabotage stuft Roth als gering ein. Dies sei hauptsächlich in der Kriegszeit durch AA-fremde Institutionen wie SD oder Wehrmacht geschehen. Sie hätten „militärische Parallelstrukturen" mit eigener autonomer Berichterstattung und Arbeitsweise aufgebaut, und deren Tätigkeiten hätten im Gegenteil zu einer erhöhten Kompromittierung der Gesandtschaft in der schwedischen Öffentlichkeit und Politik geführt und seien kontraproduktiv gewesen. Auf dem Propagandasektor hingegen gelang es der Gesandtschaft, sich weitgehend zu behaup-

---

[48] Vgl. Drahtbericht Thomsens vom 12. 2. 1944, in: PA AA, Inland IIg 103.
[49] Drahterlass der Abteilung Deutschland an Deutsche Gesandtschaft Stockholm vom 14. 1. 1941, in: PA AA, Inland IIg 95.
[50] Drahterlass der Gruppe Inland II A an Deutsche Gesandtschaft Agram vom 6. 4. 1943, in: Ebenda, Inland IIg 176.
[51] Drahtbericht Böhmes vom 23. 10. 1942, in: Ebenda, Inland IIg 93.
[52] Roth, Hitlers Brückenkopf, S. 153 ff.

ten[53]. (Damit wird erneut deutlich, dass die Funktion des AA mit seinen Missionen in der NS-Gewaltpolitik in erster Linie darin bestand, diese abzuschirmen und zu flankieren.)

Im Gegensatz dazu sieht der Bericht der Historikerkommission eine „reibungslose Zusammenarbeit zwischen inneren Behörden und Auswärtigem Amt bei der Emigrantenüberwachung"[54]. Doch gerade diese Annahme erscheint im Fall Stockholm fraglich und wäre anhand weiterer Forschungen zu einzelnen Missionen zu untersuchen.

In Hinsicht auf die Überwachung und Spionage durch die SD-Beauftragten und Polizei-Attachés kann für das AA größtenteils von einer Passivtäterschaft gesprochen werden. Durch die Bereitstellung der diplomatisch-konsularischen Infrastruktur ermöglichte es die Ausführung der Gewaltpolitik dieser autonom agierenden „SS-Diplomaten", es hatte aber nur geringen Anteil an Tatziel und Tatdynamik. Konflikte entstanden zwischen AA und SS auf institutioneller Ebene. Gegen die inhaltliche Arbeit der Polizei-Attachés hatte das AA hingegen kaum Bedenken[55].

6. Das Auswärtige Amt gegen sich selbst – Die Fälle Erich Heberlein und Ekkehard Tertsch[56]

Im Zuge der außenpolitischen Umsetzung der NS-Gewaltpolitik gerieten nicht nur ausländische Personen und fremde Staaten ins Visier, sondern auch die deutschen Diplomaten selbst. Das Vorgehen gegen unliebsame Amtsangehörige vollzog sich dabei sogar teilweise mit Hilfe von Diplomaten gegen Diplomaten.

So hielt sich in Spanien der Gesandte Dr. Erich Heberlein aus gesundheitlichen Gründen zwischen Januar und Mai 1944 mit seiner Frau auf einem kleinen Landgut nahe Toledo auf. Der 1889 in Ostpreußen geborene Heberlein war seit 1919 im Auswärtigen Dienst, wo er bis 1934 unter anderem an den Auslandsmissionen in Athen und Buenos Aires eingesetzt wurde. Zwischen 1937 und 1943 versah er Dienst in Spanien, ehe er in die Berliner Zentrale zurückkehrte. Nach wenigen Monaten ging Heberlein wieder nach Spanien, wo er als Vertreter des Botschafters fungierte, sich aber zeitweise im Krankenurlaub befand.

Durch Frau Heberlein wurden in Madrider Kreisen angeblich Äußerungen laut, dass ihr Mann des Todes sei, solle er nach Deutschland zurückkehren. Der Anlass dafür bleibt undurchsichtig. An der Deutschen Botschaft stufte man jedoch daraufhin den weiteren Verbleib der Heberleins in Spanien als „unerwünscht und gefährlich" ein. So berichtete es jedenfalls nachträglich der Madrider Gesandtschaftsrat Richard Kempe am 26. Juni 1944. Folglich „mußten Wege gefunden werden, die beiden so rasch wie möglich zum Verlassen des Landes zu bewegen". Alles Zureden habe keine Wirkung gezeigt, weshalb Polizei-Attaché Paul Winzer der letzte Ausweg gewesen sei[57].

In Absprache mit der Botschaft verhaftete ein bestochener spanischer Polizist das Ehepaar auf dem Gut in der Nacht vom 17. auf den 18. Juni 1944. Der Polizist übergab seine Gefangenen einigen SD-Angehörigen aus der Dienststelle Winzers. Das Paar wurde in die

---

[53] Ebenda, S. 325 ff.
[54] Conze u. a., Das Amt, vor allem S. 81.
[55] Vgl. Weitkamp, SS-Diplomaten, S. 368.
[56] Beide Fälle sind geschildert in Weitkamp, SS-Diplomaten. Der Fall Heberlein hat keine Erwähnung im Kommissionsbericht gefunden.
[57] Aufzeichnung Kempes vom 26. 6. 1944, in: Bundesarchiv (BArch) Hoppegarten, Dok. P 1922.

Botschaft gefahren, von wo aus Erich Heberlein am nächsten Morgen zum Flugplatz Barajas gebracht wurde. Dort hatte der Gehilfe des Luftwaffen-Attachés bereits eine Privatmaschine verfügbar gemacht, in der man Heberlein ins französische Biarritz flog. Seine Gattin wurde unterdessen in der Botschaft angehalten, einen Brief zu schreiben, um die Abwesenheit des Ehepaares zu erklären. Sie teilte darin mit, man sei zu einem Besuch des verwundeten Sohnes nach Deutschland aufgebrochen. Der SD fuhr die Frau danach ebenfalls nach Biarritz, wo das Paar in Gewahrsam des SD blieb. Später erfolgte die weitere Verbringung nach Berlin. Ribbentrop, die Personalabteilung und die Gruppe Inland II wurden über die Aktion vertraulich informiert[58]. Gesandtschaftsrat Kempe hoffte indessen, die Angelegenheit könne durch die fingierten Briefe vertuscht werden[59].

Doch die spanischen Behörden kamen schnell dahinter, dass die unvorhergesehene Abreise der Heberleins nicht mit rechten Dingen zugegangen sein konnte. Der spanische Botschafter in Berlin legte energischen Protest ein, da deutsche Stellen gegen spanische Gesetze verstoßen und die spanische Ehre beleidigt hätten. Zur Klärung verlangte er eine Stellungnahme der Heberleins, dass es ihr freier Entschluss gewesen sei, nach Deutschland zurückzukehren. Staatssekretär Gustav Adolf Steengracht von Moyland wies die Vorwürfe trotz besseren Wissens zurück und entgegnete: „Das Ganze schiene mir ein Märchen zu sein, das von einem Agent provocateur herrühre, der sich bemühe, solchen Ammenmärchen den Schein der Wahrheit zu geben." Heberlein habe sich seines Wissens eine Tropenkrankheit zugezogen und sei nicht ganz normal[60].

Der bis September 1944 amtierende Deutsche Botschafter in Madrid, Hans-Heinrich Dieckhoff, sah die spanische Demarche im Grunde veranlasst durch die USA und Großbritannien, die mit Verweisen auf deutsche Eigenmächtigkeiten die spanische Neutralität unterminieren und Spanien zu schärferen Maßnahmen gegen Deutschland bringen wollten. Um den Konflikt zu entschärfen, schlug er vor, dem spanischen Botschafter mitzuteilen, das Paar habe gegenüber der deutschen Regierung die Erklärung abgegeben, alle Behauptungen einer Entführung seien unwahr. Ferner verwehrte sich Dieckhoff dagegen, die Botschaft habe irgendeine Auskunft in der Sache erteilt. Es habe im Juli eine inoffizielle Anfrage der Spanier beim Polizei-Attaché gegeben, worauf dort erwidert worden sei, das Paar sei wegen des kranken Sohnes in die Heimat zurückgekehrt[61].

Um die ohnehin brüchige Geheimhaltung besorgt, fragte das AA beim RSHA nach. Am 15. September telefonierte Vizekonsul Adolf Sonnenhol von der Gruppe Inland II mit einem Gestapo-Beamten, der mitteilte, das Ehepaar befinde sich in Polizeigewahrsam im Hauptquartier der Gestapo in Berlin. Die Gefahr, dass die Entführung bekannt werde, „dürfte wohl kaum gegeben sein"[62].

Wenige Tage später war Polizei-Attaché Winzer persönlich in Berlin und beriet mit den Diplomaten das weitere Vorgehen. Heberlein sei bereit, einen Brief an ihm bekannte Persönlichkeiten zu richten, denen er angeben wolle, es gehe ihm gut und die Abreise sei aus freien Stücken erfolgt. In Wirklichkeit war Heberlein krank und in ärztlicher Behandlung[63]. Der Gestapo gegenüber bestritt er, er habe aus politischen Gründen in Spanien

---

[58] Vgl. Dienstliches Schreiben Geigers an Wagner vom 20.6.1944, in: PA AA, Inland IIg 13.
[59] Vgl. Aufzeichnung Kempes vom 26.6.1944, in: BArch Hoppegarten, Dok. P 1922.
[60] Vgl. Aufzeichnung Steengrachts für Ribbentrop vom 4.9.1944, in: Ebenda.
[61] Vgl. Dienstliches Schreiben Dieckhoffs vom 5.9.1944, in: Ebenda. Das Schreiben lag Ribbentrop vor.
[62] Dienstliches Schreiben Sonnenhols an Büro RAM vom 15.9.1944, in: Ebenda.
[63] Vgl. Dienstliches Schreiben Sonnenhols an Steengracht vom 21.9.1944, in: Ebenda.

bleiben wollen; dies sei vielmehr seinem schlechten Gesundheitszustand geschuldet gewesen. In einer Besprechung mit Winzer und den Diplomaten Sonnenhol und Hans Schroeder von der Personalabteilung vertrat der Polizei-Attaché allerdings die Auffassung, die Emigrationsabsichten stünden außer Zweifel.

Der sehr wahrscheinlich auf Initiative, mindestens aber mit Billigung und Unterstützung des AA entführte Heberlein blieb bis Kriegsende inhaftiert, bevor er im Mai 1945 von amerikanischen Truppen in Südtirol befreit wurde.

Heberlein war nicht der einzige Diplomat, der in das Visier von SS-Führer Winzer geriet. Nach dem erfolglosen Attentat auf Hitler am 20. Juli 1944 ergaben sich Zweifel an der Zuverlässigkeit des stellvertretenden Leiters der Madrider Presseabteilung Ekkehard Tertsch. Er war gebürtiger Österreicher und bereits seit 1933 Mitglied der NSDAP und SA. Seit 1940 beschäftigte ihn das AA in Berlin, Vichy und Zagreb als Pressereferent.

Doch man hatte aus den Komplikationen der Heberlein-Entführung gelernt, und das AA bestellte Tertsch im August 1944 unter einem Vorwand nach Berlin, wo er dann verhaftet werden sollte. In einem Schreiben an den Personalchef des AA Schroeder riet der Madrider Gesandte Freiherr von Bibra zur größten Geheimhaltung, damit Tertsch nicht erfahre, warum er in Wirklichkeit in die Reichshauptstadt reise[64].

In der Presseabteilung des AA wurde dem Ahnungslosen schließlich der Pass abgenommen, und die Gestapo nahm ihn fest. Bei den anschließenden Verhören belastete Tertsch seinen Vorgesetzten Josef Hans Lazar, der so ebenfalls in die Schusslinie von Gestapo und Polizei-Attaché geriet. Die beiden Diplomaten standen im Verdacht, von dem Attentat zuvor gewusst zu haben. Aus Sorge, Lazar würde bei einer fingierten Einberufung nach Berlin untertauchen, übernahm Winzer auf Ribbentrops Weisung die Vernehmung vor Ort in Madrid. Lazar, welcher nach Winzers Urteil „nach seinem rassischen Erscheinungsbild keinen Tropfen deutschen Blutes in sich trägt"[65], konnte sich jedoch einigermaßen entlasten. Tertsch blieb hingegen bis Kriegsende im KZ Sachsenhausen inhaftiert.

Glimpflicher als Heberlein und Tertsch kam Fritz von Twardowski davon. Im neutralen Istanbul, wo Twardowski 1944 als Generalkonsul amtierte, wandten sich die Geister, die Ribbentrop an die Missionen gelassen hatte, ebenfalls gegen das diplomatische Personal. Hier war kein Polizei-Attaché eingesetzt, aber im Konsulatsgebäude war eine SD-Stelle untergebracht, die von SS-Obersturmbannführer Bruno Wolff geleitet wurde, den RSHA-Chef Ernst Kaltenbrunner „als Vice-Konsul amtierende[n] Gestapo-Chef" nannte[66].

Wolff betrachtete die politische Verlässlichkeit des Generalkonsuls mit Skepsis. Insbesondere durch den Umgang mit Personen, die später vom SD des Landesverrats bezichtigt wurden, geriet Twardowski in Verdacht[67]. Das AA bestellte auch ihn ebenfalls unter dem Vorwand der Berichterstattung nach Berlin, wo Twardowski aber von der Gestapo vernommen wurde. Die Verratsvorwürfe konnten durch AA-Personalchef Schroeder und SD-Auslandschef Walter Schellenberg schließlich ausgeräumt werden.

In den beschriebenen Fällen ist eine gängige Praxis erkennbar. Ermittlung, Entführung, Festnahme und Haft erfolgten in der Regel durch RSHA und SS. Das AA leistete den Maßnahmen dabei vielfältige Unterstützung und schirmte die Vorfälle mit unwahren

---

[64] Vgl. Dienstliches Schreiben Bibras an Schroeder vom 14.8.1944, in: PA AA, Inland IIg 59.
[65] Schriftbericht Winzers an RSHA vom 2.9.1944, in: Ebenda.
[66] Dienstliches Schreiben Kaltenbrunners an Führerhauptquartier vom 26.2.1944, in: PA AA, Inland IIg 464.
[67] Weitkamp, SS-Diplomaten, S. 129f.

Äußerungen außenpolitisch ab. Im Fall Heberlein war die Madrider Botschaft offenbar sogar der Initiativtäter der Entführung, um Heberlein mithilfe des Polizei-Attachés loszuwerden.

7. Vertreibung und Mord – NS-Gewaltpolitik bei dem Achsen-Partner Kroatien

Ein Ausdruck für die wachsende Heterogenität des Auswärtigen Dienstes und die Durchlässigkeit gegenüber fachfremdem Personal sind die SA-Gesandten bei den osteuropäischen Achsenpartnern ab 1941[68]. Diese Gesandten sind aber zugleich auch ein Anzeichen für die willentliche Bereitschaft der AA-Führung, die nationalsozialistische Neuordnung Europas aktiv mit umzusetzen, denn nun wurden keine klassischen Diplomaten mehr zu Exponenten der Außenpolitik gemacht, sondern Parteileute.

Die neuen Gesandten bekleideten ab 1941 die leitenden Posten in den Missionen in Sofia, Budapest, Zagreb, Bukarest und Pressburg. Alle waren zuvor langjährige Mitglieder der NSDAP und hohe SA-Führer gewesen. Die Forschung hat bisher ihr Wirken jedoch fast ausschließlich im Bezug auf die Judenvernichtung beleuchtet. Die sonstige „Außenpolitik" dieser SA-Gesandten ist bislang nicht einheitlich untersucht worden.

Dabei fanden bei den osteuropäischen Achsenpartnern in den frühen Kriegsjahren – begünstigt durch die weitreichenden Gebietsverschiebungen – tausendfache Vertreibungen und zahlreiche politische und nationalistische Morde statt. Das hegemoniale Deutschland duldete, deckte und forcierte diese Taten unter der Prämisse der rassepolitischen Neuausrichtung, insbesondere unter den verschiedenen Ethnien Osteuropas. Die Unterstützung der hierfür verantwortlichen Regierungen und faschistischen Gruppen erfolgte auch über eben diese SA-Gesandten und das AA.

Ein näherer Blick auf das Ustascha-Regime in Kroatien zeigt das AA erneut als Kooperativtäter und verweist zugleich auf die Grenzen der Kooperation. Nach dem Sieg über Jugoslawien im April 1941 wurde unter deutscher Führung der unabhängige Staat Kroatien geschaffen, dessen politische Macht bei der faschistischen Ustascha-Bewegung lag. Vertreter in der Deutschen Gesandtschaft Agram war SA-Obergruppenführer Siegfried Kasche. Seine Karriere hatte ihn nach dem Ersten Weltkrieg von den Freikorps in die SA (1925) und die NSDAP (1926) geführt[69].

Der Historiker Alexander Korb bezeichnet den Gesandten Kasche und die deutsche Mission in Kroatien als „die wichtigste politische Stütze des Ustascha-Regimes"[70]. Zugleich werden anhand der Gesandtschaft aber auch die Probleme deutlich, vor die die Kooperation bei den Verbündeten gestellt wurde. Zum einen lieferte sich Kasche mit den SS- und Wehrmachtsstellen in Kroatien endlose institutionelle Grabenkämpfe, zum anderen gelang es Kasche auf Dauer nicht, die Ustascha-Milizen einer deutschen Kontrolle zu unter-

---

[68] Vgl. Döscher, SS und Auswärtiges Amt, S. 205f. Es waren die SA-Obergruppenführer Hanns Elard Ludin (1941–1945 Gesandter in Pressburg, Slowakei), SA-Obergruppenführer Dietrich von Jagow (1941–1944 Gesandter in Budapest, Ungarn), SA-Gruppenführer Adolf Beckerle (1941–1944 Gesandter in Sofia, Bulgarien), SA-Obergruppenführer Siegfried Kasche (1941–1945 Gesandter in Agram, Kroatien), SA-Obergruppenführer Manfred von Killinger (1941–1944 Gesandter in Bukarest, Rumänien).
[69] Vgl. Ladislaus Hory/Martin Broszat, Der kroatische Ustascha-Staat 1941–1945, Stuttgart 1964, S. 60f.
[70] Alexander Korb, Im Schatten des Weltkriegs. Massengewalt der Ustaša gegen Serben, Juden und Roma in Kroatien 1941–1945, Hamburg 2013, S. 111.

werfen. Ihm fehlten als Gesandtem dazu schlicht die Mittel[71]. Im Gegenteil förderte die stetige Uneinigkeit der deutschen Besatzungsorgane die kroatischen Alleingänge. Es kam zu Eigenmächtigkeiten seitens Kroatiens, welches sich bei ethnischen Vertreibungen und Morden keine Vorschriften machen ließ. Weder AA und Wehrmacht noch die SS konnten daran viel ändern. Hatte der Partner erst einmal den Verhandlungstisch verlassen, waren AA und Gesandtschaft relativ hilflos beim Versuch der politischen Einflussnahme.

Besonders drastisch waren die innerdeutschen Konflikte infolge der weitreichenden Zwangsvertreibungen der serbischen Bevölkerung. Die Massenvertreibungen waren von deutscher Seite gewollt, wurden aber von kroatischer Seite durchgeführt. AA und Gesandtschaft stützten dieses Vorgehen, auch wenn sich die Annahme, die Vertreibungen kontrollieren zu können, bald als Trugschluss erwies. RSHA-Chef Reinhard Heydrich hätte dagegen die „Umsiedlungen" am liebsten in Eigenregie ohne Einschaltung der Ustascha geregelt[72]. Weitere Faktoren verschärften die Konflikte zwischen SS und AA. Polizei-Attaché Hans Helm trug auf seine Weise dazu bei. Der in der Gesandtschaft installierte SS-Sturmbannführer agierte autonom und verfolgte, auf eigene Netzwerke gestützt, die Ziele der SS.

Letztlich lagen die Wurzeln des Konflikts auch in der jahrelangen Konkurrenz zwischen SS und SA. Martin Luther, 1940–1943 Leiter der einflussreichen Abteilung Deutschland im AA, war stärker der SA und NSDAP als der SS zugeneigt. Die Entsendung der SA-Gesandten zu den osteuropäischen Verbündeten kann daher als gezielter Versuch gewertet werden, dem wachsenden Einfluss der SS im verbündeten und besetzten Europa zu begegnen[73].

Bei allen Divergenzen und Konflikten zwischen SS und Gesandtschaft hebt Korb jedoch hervor, dass im Hinblick auf die Umsetzung der „Endlösung" weitgehende Übereinstimmung geherrscht habe. Die Deportationen aus Kroatien ab 1942 seien die „einzige Ausnahme" der Einigkeit im spannungsgeladenen Feld der beiden Besatzungsorgane gewesen[74].

Wie bei den Massenvertreibungen musste Kasche auch bei der Führung des erbitterten Partisanenkampfs zunehmend seine institutionelle Ohnmacht erkennen, so etwa bei der deutsch-kroatischen Operation Fruška Gora im August 1942, in deren Verlauf Ustascha-Einheiten eigenmächtig Massenerschießungen durchführten. Kasche intervenierte und kritisierte die Gewalttaten, die enormen politischen Schaden angerichtet hätten. Die auf höchsten Befehl abziehenden Ustascha-Einheiten mordeten aber auf ihrem Weg nach Zagreb einfach weiter. Dabei ist ebenfalls festzuhalten, dass sich Kasche aus politischem Kalkül auch gegen verschiedene Tötungsaktionen der Wehrmacht und Waffen-SS wandte[75]. Wie im Fall Fruška Gora geschah dies aber meist nachträglich und oftmals ohne Tiefenwirkung.

Das Ustascha-Regime hat in Kroatien etliche Gräueltaten und den Mord an schätzungsweise 310 000 Serben, 26 000 Juden und 20 000 Roma zu verantworten. Dies geschah mit deutscher Unterstützung, nicht zuletzt auch durch die deutsche Gesandtschaft. Kasche blieb bis Kriegsende ein wohlwollender Partner der Ustascha. Er tolerierte unter anderem die Untaten im kroatischen KZ Jasenovac und stellte die Verfolgungs- und Kriegsmaßnah-

---

[71] Hory und Broszat sehen Kasche wegen mangelnder Qualifikation und parteipolitischer Fixierung nicht als wichtigen Faktor. Sie bezeichnen ihn als „Don Quichotte der deutschen Diplomatie", vgl. Hory/Broszat, Der kroatische Ustascha-Staat, S. 61 bzw. 149.
[72] Korb, Im Schatten des Weltkriegs, S. 112ff., 169ff. und 253. Zu den Vertreibungen vgl. auch Hory/Broszat, Der kroatische Ustascha-Staat, S. 94ff., und Tvrtko P. Sojcic, Die „Lösung" der kroatischen Frage zwischen 1939 und 1945. Kalküle und Illusionen, Stuttgart 2008, S. 216ff.
[73] Vgl. Döscher, SS und Auswärtiges Amt, S. 205f.
[74] Korb, Im Schatten des Weltkriegs, S. 114.
[75] Vgl. Hory/Broszat, Der kroatische Ustascha-Staat, S. 169.

men nicht allgemein infrage, auch wenn er deren Umsetzung teilweise im Detail kritisierte. Dies ist vor allem auf die persönliche nationalsozialistische Haltung und die damit verbundene ideologische Nähe zum kroatischen Faschismus zurückzuführen. Kasche war hier in erster Linie Nationalsozialist und in zweiter Linie Diplomat. Umso bemerkenswerter ist, dass selbst extrem nationalsozialistisch eingestellte Vertreter des AA wie Kasche nicht in der Lage waren, bei der Umsetzung der NS-Gewaltpolitik im Beziehungsgeflecht der Besatzungsinstitutionen einen stärkeren Einfluss auszuüben.

8. Bezugsgröße Holocaust? Das AA als Kooperativtäter

In knapper Darstellung erfolgte ein Überblick über verschiedene Felder der NS-Gewaltpolitik, an denen sich das AA auf unterschiedliche Weise beteiligte. Es kann konstatiert werden, dass das AA als Instrument der NS-Führung weitgehend deren verbrecherischen Richtlinien folgte und die Gewaltpolitik außenpolitisch applanierte und unterstützte. Der Wirkungsgrad dabei war jedoch höchst unterschiedlich. Die eigentliche Ausübung der Gewalt übernahmen die konventionellen Verfolgungsbehörden des „Dritten Reiches": SS, SD und Sicherheitspolizei. Hinzu kamen nach Kriegsbeginn auch Wehrmacht und Waffen-SS. Das AA dagegen besaß keine Exekutivgewalt, arbeitete aber bei der Verfolgung und Vernichtung kooperativ mit diesen Institutionen zusammen.

Legt man die gebildeten Kategorien von Initiativ-, Kooperativ- und Passivtäterschaft zugrunde, wirkte das AA in erster Linie kooperativ bei der Umsetzung der NS-Gewaltpolitik mit. Die Initiativtäterschaft lag bei der NS-Führung oder den exekutiven Institutionen wie Wehrmacht oder SS. Sehr wohl konnte das AA innerhalb der Tatkomplexe initiativ werden, und es versuchte, im Rahmen seiner Möglichkeiten mit unterschiedlichem Erfolg Einfluss auf die NS-Gewaltpolitik zu nehmen.

Insbesondere kommt dem AA hinsichtlich der Vorbereitung eines Angriffskrieges und der außenpolitischen Abschirmung und Vertuschung von Kriegsverbrechen eine erhöhte Mitverantwortung zu. Nach der „Endlösung" sind es die wohl schwerwiegendsten Verbrechen im Rahmen der NS-Gewaltpolitik, an denen sich das AA beteiligte. In der Ermordung des kriegsgefangenen Generals Mesny 1944/45 kulminierte exemplarisch die verbrecherische Kooperation zwischen AA, SS und Wehrmacht: Im letzten Kriegsjahr gab sich das AA sogar dazu her, eine völkerrechtswidrige Tötung mit zu planen und zu verschleiern. Das Beispiel des Bündnispartners Kroatiens zeigt jedoch klar die Grenzen der Partizipation und den schwindenden Einfluss des AA auf.

Im Hinblick auf die SD-Beauftragten und Polizei-Attachés stellte das AA zwar die Infrastruktur zur Verfügung, hatte aber kaum Einfluss auf die Arbeit dieser „SS-Diplomaten", weshalb es zu ständigen Kompetenzkonflikten kam. An der allgemeinen Tätigkeit der Polizei-Attachés bestanden hingegen kaum Bedenken. Ganz im Gegenteil nutzten die Diplomaten die „Auslands-Gestapo", um sich unliebiger Kollegen zu entledigen oder kroatische Juden anzuzeigen, die im Verdacht standen, dem Widerstand anzugehören. In diesen Fällen wurde das AA, obwohl in der Sache ein Passivtäter, im Detail ein Initiativtäter.

Allgemein ist festzuhalten, dass im Zeichen des Sieges in den Jahren 1940 bis 1942 die Partizipation des AA vergleichsweise hoch war. Diplomaten entwickelten im Rahmen ihrer Zuständigkeiten eigene Impulse zur Einflussnahme, wie die kurze Episode des „Madagaskarplanes" zeigt. Dabei ging es 1940 um die mögliche Aussiedlung der jüdischen Bevölkerung auf diese Insel. Der Madagaskarplan ist aber auch ein gutes Beispiel dafür, wie solche Initiativen nicht selten endeten. Die Idee der geschlossenen Aussiedlung, die es bereits seit den 1880er Jahren gab, wurde 1940 maßgeblich im AA durch den Judenreferenten Franz Rademacher und Unterstaatssekretär Luther ausgearbeitet. Nach Bekanntwerden der Details okkupierten SS und RSHA sehr rasch den Madagaskarplan und betrieben ihn in Eigenregie weiter, wenngleich ohne Ergebnis[76]. Im Zeichen der drohenden Niederlage ab 1943 wurde das AA, dessen Wirkungsmöglichkeiten sich weiter einschränkten, dann immer mehr vom Partner zum Komplizen.

Der Bericht der Historikerkommission betont dagegen die initiative Rolle und treibende Kraft des AA in der Judenverfolgung ab 1933, wogegen die übrige NS-Gewaltpolitik nicht eingehender analysiert wird. Allerdings verweisen die Autoren etwa zur Thematik der Zwangsarbeiterrekrutierungen und Geiselerschießungen in Frankreich zu Recht darauf, dass die Wirkungsmöglichkeiten der Diplomaten eingeschränkt waren und die eher moderate Einstellung der Deutschen Botschaft nicht durchdrang[77]. Derartige Befunde hätten anregen können, die Beteiligung des AA auch bei der Ingangsetzung der Judenvernichtung ab 1940 zu differenzieren. Dies ist nicht geschehen, sondern es wird versucht, anhand solcher Beispiele aufzuzeigen, dass sich die mäßigende Haltung des AA nur auf die nicht-jüdische Bevölkerung bezogen habe. Die Autoren ordnen damit vieles der Bezugsgröße Holocaust unter.

Löst man die allgemeine NS-Gewaltpolitik aber aus dieser Bezugsgröße, bleibt die Frage, warum das AA ausgerechnet in der Judenvernichtung ein Initiativtäter gewesen sein soll, während es in der übrigen Gewaltpolitik ein Kooperativtäter blieb. Die Autoren des Kommissionsberichts weisen auf eine allgemeine antisemitische Einstellung des deutschen Diplomatischen Korps hin, welche seit 1933 stetig virulenter geworden sei[78]. Aber warum waren dann angeblich antisemitische, national-konservative Karrierediplomaten bei der Initiierung und Umsetzung der Judenverfolgung und -vernichtung einflussreicher und effektiver als explizit nationalsozialistisch eingestellte Gesandte wie der SA-Führer Kasche in Kroatien bei der Umsetzung der allgemeinen NS-Gewaltpolitik? Diese Frage bleibt weitgehend offen.

In der Tat bestand seit 1940 auf kaum einem anderen Feld der Außenpolitik zwischen AA und NS-Führung ein derartig weitgehender Konsens wie bei der Vertreibung und späteren Vernichtung der jüdischen Bevölkerung im deutschen Machtbereich. Das Beispiel Kroatien hat dies gezeigt: Während in vielen Bereichen Meinungsverschiedenheiten zwischen AA und SS herrschten, bestand einzig bei der Vernichtung der Juden Einigkeit. Aber wie in der NS-Gewaltpolitik war das AA auch in der Judenvernichtung zumeist ein Mittäter. Es hatte jedoch nur wenig Skrupel, willfährig und willentlich mit den Tätern zu kooperieren und sich an deren Verbrechen zu beteiligen.

Der Blick auf die Beteiligung des AA an den Verbrechen der NS-Gewaltpolitik jenseits des Holocaust relativiert nicht seinen Anteil an der „Endlösung", sondern betont im Gegenteil deren Singularität. Es wäre also erneut die Frage zu stellen, warum gerade beim Mord an den europäischen Juden die Partizipation und Kooperationsbereitschaft so groß waren. Eine These kann sein, dass das AA in erster Linie befasst war mit der Deportation

---

[76] Vgl. Hans Jansen, Der Madagaskar-Plan. Die beabsichtigte Deportation der europäischen Juden nach Madagaskar, München 1997, und Magnus Brechtken, „Madagaskar für die Juden". Antisemitische Idee und politische Praxis 1885–1945, München 1997.
[77] Vgl. Conze u. a., Das Amt, S. 232–236.
[78] Vgl. ebenda, S. 34f. und 178.

der jüdischen Bevölkerung aus dem verbündeten Ausland und den zum Teil souverän gebliebenen, besetzten Staaten wie Frankreich oder Dänemark. Hinzu kam die Behandlung von internierten Juden mit neutralen oder feindstaatlichen Nationalitäten. In diesen Fällen waren die konventionellen Mechanismen der Diplomatie noch weitgehend intakt geblieben und damit die Gestaltungsmöglichkeiten des AA am größten. Die außenpolitischen Verhandlungen zwischen souveränen Staaten hätte der Hauptträger der Vernichtung – die SS – in dieser Form nicht führen können. Die SS war somit auf das AA angewiesen. In der NS-Gewaltpolitik diesseits und jenseits der „Endlösung" determinierten demnach die klassischen diplomatisch-außenpolitischen Parameter die Einflussmöglichkeiten des AA.

Die Darstellung der NS-Gewaltpolitik zeigt aber vor allem den Forschungsbedarf auf, der bei Verbrechen jenseits der „Endlösung" in hohem Maße vorhanden ist. Dazu zählen geschlossene Studien zu Komplexen wie Zwangsarbeit, Kriegsverbrechen oder politischer Verfolgung vor und nach 1939. Ergänzt werden könnten diese Arbeiten durch detaillierte politische, biographische und strukturelle Analysen einzelner diplomatischer Vertretungen, um die Umsetzung der Gewaltpolitik vor Ort in den einzelnen Staaten konkret zu beleuchten. Auch dezidiert biographische Betrachtungen im Kontext der Täterforschung ließen neue Ergebnisse erwarten, insbesondere auf der Ebene der Abteilungs- und Referatsleiter, denn genau auf dieser Ebene trafen sich die Weisungen von oben und die entsprechenden Umsetzungen nach unten. Zu beachten wären die fundamentalen Personalrevirements in der Amtsführung des AA 1938 und 1943. Wie überzeugt waren die Diplomaten und Amtsangehörigen von der NS-Gewaltpolitik? Michael Mayer hat dies anhand einer Kollektivbiographie für die leitenden Angehörigen der Politischen Abteilung 1940 und 1943 versucht. In der Analyse der Partei- und SS-Mitgliedschaften kommt er zu dem Schluss, dass die Politische Abteilung nicht stark von NS-Parteigängern besetzt gewesen sei[79]. Der Gradmesser der reinen Zugehörigkeit zu NSDAP und SS für die persönliche Nähe zum Nationalsozialismus bleibt jedoch fragil. Es wäre im Einzelfall zu untersuchen, inwiefern auch Nicht-Parteimitglieder sich aktiv an der Gewaltpolitik beteiligten oder NSDAP-Mitglieder vielleicht sogar in manchen Fällen hemmend wirkten.

Für die in letzter Zeit zunehmende, biographisch orientierte Täterforschung wäre die Beteiligung einzelner Diplomaten an der NS-Gewaltpolitik ein lohnendes Objekt. Ein weiterer lohnender Untersuchungsgegenstand war, wie Diplomaten und AA mit dem eigenen Personal umgingen, welches sich offenbar nicht mehr auf nationalsozialistischer Linie befand wie im Fall Heberlein? Für die aktiven Widerstandskämpfer in den Reihen des AA ist dies bereits geschehen, aber wie verhielt es sich diesbezüglich mit den kleineren Fällen im „Alltagsgeschäft"? Inwieweit haben Diplomaten den Verfolgungsmethoden der Gestapo gegenüber anderen Diplomaten Vorschub geleistet? All dies kann der vorliegende Beitrag nicht leisten.

Derartige Forschungsimpulse sind aus dem Bericht „Das Amt" bisher kaum hervorgegangen. Stattdessen erlebt der alte Topos „AA und Widerstand" eine weitere Belebung[80]. Der Bericht der Historikerkommission hat die übrige NS-Gewaltpolitik nicht dezidiert untersucht und hier keine Akzente gesetzt. Eine Tiefenanalyse steht noch aus.

---

[79] Vgl. Michael Mayer, Akteure, Verbrechen und Kontinuitäten. Das Auswärtige Amt im Dritten Reich – Eine Binnendifferenzierung, in: VfZ 59 (2011), S. 509–532.
[80] Vgl. jüngst Jan Erik Schulte/Michael Wala (Hrsg.), Widerstand und Auswärtiges Amt. Diplomaten gegen Hitler, München 2013.

Eckart Conze
„Verbrecherische Organisation"
Genese, Anwendung und Reichweite einer Rechtsfigur

Als eine „kriminelle Vereinigung"[1] bezeichnete Albrecht von Kessel, ein ehemaliger deutscher Diplomat, der dem Auswärtigen Dienst von 1927 bis 1945 und dann erneut von 1951 bis 1959 angehört hatte, im Jahr 1972 die Deutschland-Abteilung des Auswärtigen Amts zur Zeit des Nationalsozialismus. Alle Berufsdiplomaten seien damals [in der NS-Zeit] und auch später dieser Auffassung gewesen[2]. Kessels Aussage fügt sich gut in das Bild jener, mittlerweile gut untersuchten geschichts- und erinnerungspolitischen Anstrengungen von Diplomaten, die dem Auswärtigen Amt des Dritten Reiches angehört hatten und von denen nicht wenige in der Nachkriegszeit ihre Karriere im Auswärtigen Dienst der Bundesrepublik fortsetzten, die Beteiligung des Auswärtigen Amts und deutscher Diplomaten an den nationalsozialistischen Verbrechen innerhalb des Ministeriums einigen wenigen Einheiten, darunter der von Kessel erwähnten Deutschland-Abteilung und insbesondere ihrem „Judenreferat" zuzuschreiben und dadurch den Rest des Amts, seine Vertretungen im Ausland und das Gros der deutschen Diplomaten zu entlasten[3]. Dennoch ist die Verwendung des Ausdrucks „kriminelle Vereinigung", eines Rechtsbegriffs aus dem Strafgesetzbuch, dessen Paragraph 129 die Bildung einer solchen Vereinigung oder die Mitgliedschaft unter Strafe stellt, bemerkenswert.

Fast vier Jahrzehnte später und wenige Tage vor Erscheinen der Studie „Das Amt und die Vergangenheit"[4] veröffentlichte der „Spiegel" ein Gespräch mit dem Verfasser dieses Beitrags, der zwischen 2005 und 2010 Sprecher der Unabhängigen Historikerkommission zur Geschichte des Auswärtigen Amts gewesen war. Auf die Frage der „Spiegel"-Redakteure, wie aktiv das Amt an den Verbrechen des Nationalsozialismus beteiligt gewesen sei, antwortete der Interviewte: „Das Ministerium hat an den nationalsozialistischen Gewaltverbrechen bis hin zur Ermordung der Juden als Institution mitgewirkt. Insofern kann

---

[1] Der Verfasser dankt Susanne Raidt (Marburg) für wertvolle Hilfe bei der Identifikation und Beschaffung von Quellen und Literatur.
[2] Brief Albrecht v. Kessels an Hans-Jürgen Döscher, 30.4.1972 (Kopie im Besitz des Verfassers). Der Verfasser dankt Hans-Jürgen Döscher für die Überlassung des Schreibens. Zu Kessel s. Biographisches Handbuch des deutschen Auswärtigen Dienstes 1871–1945, hrsg. vom Auswärtigen Amt, Bd. 2: G–K, Paderborn u.a. 2005, S. 511f.
[3] Siehe beispielsweise Eckart Conze, „Es wurde ganz wacker Widerstand geleistet". Geschichtsbilder und Personalpolitik im Auswärtigen Amt nach 1945, in: Jan Erik Schulte/Michael Wala (Hrsg.), Widerstand und Auswärtiges Amt. Diplomaten gegen Hitler, München 2013, S. 271–285; ders., Neuigkeiten für das Auswärtige Amt? Völkermord als Problem der Diplomatie, in: Norbert Kampe/Peter Klein (Hrsg.), Die Wannsee-Konferenz am 20. Januar 1942. Dokumente, Forschungsstand, Kontroversen, Köln 2013, S. 259–275, besonders S. 264f.; Dirk Pöppmann, Im Schatten Weizsäckers? Auswärtiges Amt und SS im Wilhelmstraßen-Prozess, in: Kim C. Priemel/Alexa Stiller (Hrsg.), NMT. Die Nürnberger Militärtribunale zwischen Geschichte, Gerechtigkeit und Rechtschöpfung, Hamburg 2013, S. 320–352; Annette Weinke, Das „neue" Auswärtige Amt und der Widerstand, in: Manuel Becker/Christoph Studt (Hrsg.), Die Ämter und ihre Vergangenheit im „Dritten Reich". „Horte des Widerstandes" oder „verbrecherische Organisationen"?, Augsburg 2013, S. 73–86.
[4] Eckart Conze u.a., Das Amt und die Vergangenheit. Deutsche Diplomaten im Dritten Reich und in der Bundesrepublik, München 2010.

man sagen: Das Auswärtige Amt war eine verbrecherische Organisation."[5] Das Urteil, in dem Buch selbst nicht enthalten, wurde in der Debatte über „Das Amt" vielfach zitiert. Der amerikanische Historiker Christopher Browning, selbst Verfasser einer wichtigen Studie über den Anteil des Auswärtigen Amts am Holocaust, bezeichnete es als „wenig hilfreich". Sein englischer Kollege Richard Evans hingegen stimmte der Bewertung zu[6]. Für trivial, aber deswegen ja nicht falsch, hielten manche das Urteil „angesichts des allgemeinen Verbrechenscharakters der NS-Herrschaft"; doch zugleich wurde es als überzogen kritisiert „in seiner spezifizierenden moralischen Qualität, die das AA unter Verwendung des aus dem Nürnberger Prozess stammenden Begriffs auf eine Stufe mit der SS stellte"[7]. In jedem Fall ist die Bewertung des Auswärtigen Amts des Dritten Reiches als „Verbrecherische Organisation" ein integraler Bestandteil der Rezeptions- und Wirkungsgeschichte von „Das Amt und die Vergangenheit", zu deren Verästelungen auch gehört, dass im Einstellungstest für den Höheren Auswärtigen Dienst Bewerber im Jahr 2012 die Frage zu beantworten hatten: „Frage Nr. 23: Wer hat das Auswärtige Amt als ‚verbrecherische Organisation' bezeichnet?" Folgende Antwortmöglichkeiten standen in einem Multiple-Choice-Verfahren zur Verfügung: „1. Alex Tsipras, Chef der radikalen griechischen Linkspartei ‚Syriza', 2. Robert H. Jackson, Chefankläger bei den Nürnberger Prozessen, 3. Heinrich v. Brentano, Außenminister der Bundesrepublik Deutschland, 4. Professor Eckart Conze, Mitglied der ‚Unabhängigen Historikerkommission' und Mitautor der Studie ‚Das Amt und seine [sic!] Vergangenheit'"[8].

Der folgende Beitrag setzt sich aber nicht mit der Frage auseinander, ob es angemessen sei, das Auswärtige Amt des Dritten Reiches als eine „Verbrecherische Organisation" zu bezeichnen. Dazu sind in der Debatte über „Das Amt" die wesentlichen Argumente schon formuliert worden. Wohl aber bietet das Echo, das die Verwendung des Begriffs hervorgerufen hat, einen Anlass dafür, Begriff und Konzept der „Verbrecherischen Organisation" beziehungsweise des „Organisationsverbrechens" in der Entwicklung und Anwendung völkerstrafrechtlicher Normen und damit der Völkerstrafrechtspolitik am Ende des Zweiten Weltkriegs zu beleuchten[9]. Und weil es in der historischen Auseinandersetzung mit der Entwicklung des Völkerstrafrechts heute als ausgemacht gilt, dass völkerstrafrechtliche Normen und ihre Anwendung aus der Zeit um 1945 das heutige Völkerstrafrecht, so wie es sich seit 1990 als Norm und Praxis entwickelt hat, entscheidend beeinflusst haben, richtet dieser Aufsatz seinen Blick zumindest kurz auch auf das Fortwirken des völkerstrafrechtlichen Tatbestands der Organisationskriminalität bis an die Schwelle der Gegenwart.

---

[5] „Verbrecherische Organisation" (Interview von Jan Friedmann und Klaus Wiegrefe mit Eckart Conze), in: Der Spiegel 43/2010, 25.10.2010.
[6] Christopher R. Browning, zit. nach: Der Tagesspiegel, 27.10.2010; Interview von Michael Hesse mit Richard J. Evans, in: Frankfurter Rundschau, 8.7.2011.
[7] Christian Mentel/Martin Sabrow, Das Auswärtige Amt und seine umstrittene Vergangenheit, in: Dies. (Hrsg.), Das Auswärtige Amt und seine umstrittene Vergangenheit. Eine deutsche Debatte, Frankfurt a. M. 2014, S. 9–46, hier S. 33.
[8] Die Fragen im schriftlichen Auswahlverfahren für den Höheren Auswärtigen Dienst des Jahres 2012 waren im Juni 2013 auf der Homepage des Auswärtigen Amts (http://www.auswaertiges-amt.de/DE/AusbildungKarriere/AA-Taetigkeit/HoehererDienst/AuswahlverfahrenUnterlagen.html?nn=372142) veröffentlicht. Derzeit (30.4.2014) befinden sich dort die entsprechenden Fragen des Auswahlverfahrens 2013.
[9] Zu Begriff und zum geschichtswissenschaftlichen Forschungsfeld der Völkerstrafrechtspolitik s. Eckart Conze, Völkerstrafrecht und Völkerstrafrechtspolitik, in: Jost Dülffer/Wilfried Loth (Hrsg.), Dimensionen internationaler Geschichte, München 2012, S. 189–209.

Zumindest in dieser Beziehung ist der Befund einer Entwicklung „von Nürnberg nach Den Haag" nicht völlig abwegig[10].

Organisationskriminalität als Konzept amerikanischer Ahndungspolitik 1944/45

Im Vorfeld des Nürnberger Hauptkriegsverbrecherprozesses 1945/46 nämlich wurde der Begriff als eine „innovative Rechtsfigur" (Donald Bloxham) geprägt, um strafrechtlich, völkerstrafrechtlich, um präzise zu sein, mit den Kriegsverbrechen und der Massengewalt des NS-Regimes umzugehen[11]. Freilich war der Begriff von Anfang an kein reiner Rechtsbegriff, sondern in ihm verbanden sich juristische, politische und moralische Bewertungen, die sowohl auf die Verwendung des Begriffs (primär durch die Alliierten) als auch auf seine Wahrnehmung (primär durch die Deutschen) nicht ohne Einfluss blieben. Das konnte in der rechtlichen Auseinandersetzung mit dem Nationalsozialismus und seinen Verbrechen kaum anders sein, denn in den Strafverfahren nach 1945 ging es nie nur um punktuelle oder isolierte kriminelle Handlungen und deren Ahndung, sondern stets auch um die Geschichte des Nationalsozialismus, und in den Verfahren, beginnend mit dem Hauptkriegsverbrecherprozess vor dem Internationalen Militärtribunal in Nürnberg, entstanden, zum Teil in konkurrierender Dynamik, Geschichtsbilder und Vorstellungen der nationalsozialistischen Herrschaft, die zwangsläufig auch politisch und moralisch aufgeladen waren. Das entsprach durchaus der Absicht der Alliierten, zumal der Vereinigten Staaten, die Deutschen auch in den Gerichtsverfahren mit ihrer Geschichte und ihren Verbrechen in der Zeit zwischen 1933 und 1945 zu konfrontieren und diese Verfahren dadurch in die Politik der „re-education" zu integrieren.

Das zeigte sich schon geraume Zeit vor Kriegsende und lange bevor am 18. Oktober 1945 der Prozess gegen die deutschen Hauptkriegsverbrecher eröffnet wurde, in dem nicht nur 24 Spitzenrepräsentanten des Dritten Reiches angeklagt wurden – 21 von ihnen saßen in Nürnberg auf der Anklagebank –, sondern auch sechs „Gruppen und Organisationen", die, wie es in der Anklageschrift vom 6. Oktober 1945 hieß, „als kriminell erklärt" werden sollten: die Reichsregierung, das Korps der politischen Leiter der NSDAP, die SS (einschließlich des SD), die Gestapo, die SA sowie der Generalstab und das Oberkommando der Wehrmacht (OKW)[12]. Der völkerstrafrechtliche Tatbestand des „Organisationsverbrechens" hatte 1944 im amerikanischen Kriegsministerium Gestalt angenommen, wo angesichts der absehbaren deutschen Niederlage Strategien entwickelt wurden, die nationalsozialistischen Ver-

---

[10] Kritisch zu dieser Linearität Annette Weinke, Die Nürnberger Prozesse, München 2006, S. 116-121, sowie dies., „Von Nürnberg nach Den Haag"? Das Internationale Militärtribunal in historischer Perspektive, in: Justizministerium des Landes Nordrhein-Westfalen (Hrsg.), Leipzig – Nürnberg – Den Haag. Neue Fragestellungen und Forschungen zum Verhältnis von Menschenrechtsverbrechen, justizieller Säuberung und Völkerstrafrecht, Düsseldorf 2008, S. 20-33. Vgl. auch Donald Bloxham, Genocide on Trial. War Crimes Trials and the Formation of Holocaust History and Memory, Oxford 2001.

[11] Donald Bloxham, Pragmatismus als Programm. Die Ahndung deutscher Kriegsverbrechen durch Großbritannien, in: Norbert Frei (Hrsg.), Transnationale Vergangenheitspolitik. Der Umgang mit deutschen Kriegsverbrechen in Europa nach dem Zweiten Weltkrieg, Göttingen 2006, S. 140-159, hier S. 147.

[12] Der Prozess gegen die Hauptkriegsverbrecher vor dem Internationalen Militärgerichtshof Nürnberg. 14. November 1945-1. Oktober 1946 (künftig: IMG), 42 Bde., Nürnberg 1947, Bd. 1, S. 29-99, hier S. 86-90.

brechen zu ahnden, die deutsche Gesellschaft auf allen Ebenen von nationalsozialistischen Einflüssen zu säubern und zugleich ein Wiedererstarken des Nationalsozialismus als Bedrohung des Friedens und der Menschenrechte zu verhindern. Die Überlegungen im *Department of War* richteten sich dabei zum einen gegen Vorschläge summarischer Hinrichtungen größerer oder kleinerer Personengruppen ohne Gerichtsverfahren, wie sie seit 1943 sowohl von britischer als auch von sowjetischer Seite vorgeschlagen worden waren[13]. Zum anderen aber waren sie eine – politische – Reaktion der Spitze des amerikanischen Kriegsministeriums und insbesondere von US-Kriegsminister Henry L. Stimson auf den berühmt-berüchtigten „Morgenthau-Plan", jenes „Program to Prevent Germany from Starting a World War III", das der amerikanische Finanzminister Henry M. Morgenthau im September 1944 Präsident Franklin D. Roosevelt vorlegte, der bis dahin die Kriegsverbrecherproblematik nicht zu seiner Angelegenheit gemacht hatte. Morgenthaus Plan, der bekanntlich einen kathargischen Frieden vorsah und im Kern auf eine Agrarisierung Deutschlands hinauslief, enthielt – das ist weniger bekannt – auch Vorschläge für Maßnahmen gegen deutsche Kriegsverbrecher, zu denen sowohl die Erschießung von nicht näher spezifizierten „Erzverbrechern" ohne Gerichtsverfahren gehörte als auch die Inhaftierung aller Angehörigen nationalsozialistischer Organisationen in Arbeitslagern bis zum Beweis ihrer Unschuld[14].

Wenn sich aus dem Kriegsministerium in Washington Widerstand gegen den Morgenthau-Plan erhob, dann geschah dies nicht, zumindest aber nicht in erster Linie wegen der Vorschläge zum Umgang mit deutschen Kriegsverbrechen, sondern weil man in Stimsons Umgebung die radikale Deindustrialisierung Deutschlands für falsch hielt. Die Argumente dagegen reichten von der hohen Zahl an Hungertoten, die eine Agrarisierung Deutschlands kosten würde, über die gesamteuropäischen, aber auch transatlantischen ökonomischen Folgen einer Entindustrialisierung Zentraleuropas, bis hin zu der Gefahr einer dauerhaften Entfremdung der Deutschen von den westlichen Alliierten, von der am Ende nur die Sowjetunion profitieren würde. Für die amerikanische und alliierte Kriegsverbrecherpolitik ergab sich daraus der Primat einer gerichtlichen und zugleich rechtsstaatlichen Lösung, ein Gegenmodell zu einer Politik der Säuberung. Das musste freilich auch einer Kritik begegnen, wie sie beispielsweise Hannah Arendt im Herbst 1944 entwickelte. Arendt zeigte sich überzeugt, dass „die alliierten Bestimmungen über die Bestrafung der Kriegsverbrecher sich als leere Drohungen deshalb erweisen werden, weil man niemanden finden wird, auf den die Definition des Kriegsverbrechers *nicht* zutrifft"[15]. Auch vor solchem Hintergrund waren zwei zentrale Erfordernisse zu berücksichtigen: Zum einen sollten Spitzenrepräsentanten des NS-Regimes vor Gericht gebracht und verurteilt werden können. Diesen aber waren in den meisten Fällen individuelle Täterschaft und entsprechende strafrechtliche Verantwortung nicht nachzuweisen. Zum anderen sollte die alliierte Ahndungspolitik nicht auf eine kleine Gruppe Hauptverantwortlicher beschränkt bleiben, sondern der Tatsache gerecht werden, dass die nationalsozialistischen Verbrechen nicht von einigen wenigen Tätern begangen worden sein konnten, sondern in ihrem ganzen Ausmaß und ihrer systematischen Durchführung ohne die Kooperation verschiedenster Institutionen

---

[13] Siehe Weinke, Nürnberger Prozesse, S. 11f.
[14] Die in unserem Zusammenhang einschlägigen Passagen des Morgenthau-Plans sind abgedruckt in: Bradley F. Smith (Hrsg.), The American Road to Nuremberg. The Documentary Record 1944–1945, Stanford 1982, S. 27–29.
[15] Hannah Arendt, Organisierte Schuld, in: Die Wandlung 1 (1945/46), S. 333–344. Der Karl Jaspers gewidmete Text entstand im Herbst 1944 und wurde erstmals, in englischer Übersetzung, im Januar 1945 in der Zeitschrift „Jewish Frontier" veröffentlicht.

und Organisationen aus Partei, Staatsverwaltung, Militär, Wirtschaft und Industrie, also aus der ganzen Breite der deutschen Gesellschaft, nicht denkbar gewesen wären[16].

Aus diesem doppelten Imperativ, wie ihn das amerikanische Kriegsministerium der alliierten Ahndungspolitik seit Herbst 1944 zugrunde legte, ergaben sich zwei wichtige völkerstrafrechtliche Rechtsfiguren, die sich, im *War Department* entwickelt, zunächst innerhalb der amerikanischen Administration durchsetzten und dann, im Laufe des Sommers 1945, Eingang in die alliierte Deutschlandpolitik und insbesondere in die Grundlagen des Internationalen Militärtribunals in Nürnberg (IMT) fanden. Als geistiger Vater dieser Überlegungen kann der New Yorker Rechtsanwalt Murray C. Bernays (1894–1970) gelten, der, in den Kriegsjahren als Offizier im Dienst der US Army, in einem Spezialstab des Kriegsministeriums tätig war und am 15. September 1944 eine Denkschrift vorlegte unter dem Titel „Trial of European War Criminals"[17]. Dieses Memorandum ist ganz allgemein ein zentrales Dokument jenes völkerstrafrechtlichen Verdichtungsschubs am Ende des Zweiten Weltkriegs, es ist aber auch im spezielleren Zusammenhang dieses Beitrags von Bedeutung. Zwei Vorschläge Bernays' sind herauszuheben: Zunächst sollte der Tatbestand der Verschwörung („conspiracy to commit murder, terrorism, and the destruction of peaceful populations in violation of the laws of war") nicht nur eine Anklageerhebung und einen – aus Sicht der Anklage – erfolgreichen Prozess gegen Spitzenvertreter des NS-Regimes ermöglichen, sondern durch die Rechtsfigur der Verschwörung auch eine strafrechtliche Erfassung von Handlungen, die vor Kriegsbeginn 1939 lagen, innerhalb Deutschlands stattfanden und damit eigentlich keine Kriegsverbrechen im engeren Sinne konstituierten.

Im Entwurf einer Denkschrift der amerikanischen Außen- und Kriegsminister für den Präsidenten vom 11. November 1944, die auf Bernays' Memorandum basierte, war entsprechend davon die Rede, dass die der NS-Führung und NS-Organisationen zur Last gelegten Verbrechen keine vereinzelten Exzesstaten darstellten, wie es sie in jedem Krieg gebe, sondern vielmehr die Ergebnisse eines planvollen und systematischen Handlungsmusters, das entwickelt worden sei, um die Weltherrschaft zu errichten. Folgerichtig müsse es nun darum gehen, nicht nur individuelle Verbrecher für ihr individuelles Handeln zu bestrafen, sondern den verbrecherischen Plan hinter jedem einzelnen Verbrechen aufzuzeigen und zu verurteilen[18]. Und wenig später hieß es dann aus dem Außen- und dem Kriegsministerium zum Anklagepunkt der Verschwörung: „Under such charge there would be admissible in evidence the acts of any of the conspirators, regardless of the fact that, separately considered, certain of these acts could not be prosecuted as war crimes in the accepted and most limited definition of that term. The pertinent proof would include, among other things, atrocities committed before there was a state of war, and those committed by the Nazis against their own nationals on racial, religious, and political grounds."[19]

---

[16] Vgl. Jonathan A. Bush, The Prehistory of Corporations and Conspiracy in International Criminal Law: What Nuremberg Really Said, in: Columbia Law Review 109 (2009), S. 1094–1262, hier S. 1102.
[17] Colonel Murray C. Bernays, Trial of European War Criminals, 15.9.1944, abgedruckt in: Smith (Hrsg.), American Road, S. 33–37.
[18] Draft Memorandum for the President, 27.11.1944, abgedruckt in: Smith (Hrsg.), American Road, S. 41–44.
[19] Memorandum for the President (Secretary of War, Secretary of State), 27.11.1944, abgedruckt in: Smith (Hrsg.), American Road, S. 61–67, hier S. 63; zur Rechtsfigur der „Verschwörung" in der Entwicklung und Anwendung völkerstrafrechtlicher Normen s. auch Christoph Safferling, Die Strafbarkeit wegen „Conspiracy" in Nürnberg und ihre Bedeutung für die Gegenwart, in: Kritische Vierteljahresschrift für Gesetzgebung und Rechtswissenschaft 93 (2010), S. 65–82.

Während die Rechtsfigur der Verschwörung eher auf führende Vertreter des NS-Regimes und seiner Institutionen zielte, sollte das Konzept der „Verbrecherischen Organisation" beziehungsweise der „Organisationsschuld" („organizational guilt") eine größere Breitenwirkung entfalten. Die Idee, die Mitgliedschaft in bestimmten NS-Organisationen zu kriminalisieren, war schon 1943 in den Beratungen der *United Nations War Crimes Commission* (UNWCC) aufgetaucht. Um die deutschen Massenverbrechen zu ahnden, hatte die französische Delegation in einem UNWCC-Unterausschuss vorgeschlagen, bei Mitgliedern bestimmter nationalsozialistischer Organisationen eine Schuld vorauszusetzen und damit vom Prinzip der Unschuldsvermutung abzuweichen[20]. Der Gedanke, der 1944 in den Überlegungen von Murray Bernays aufgegriffen und weiterentwickelt wurde, richtete sich gegen die Vielzahl jener Deutschen, die auf unterschiedliche Weise an den Verbrechen des Dritten Reiches mitgewirkt hatten, für deren Beteiligung an den Straftaten aber zum einen in vielen Fällen keine individuellen Beweise vorlagen und deren Zahl in den Augen Bernays' zum anderen viel zu hoch war, um sie einzeln anzuklagen und individuelle Strafverfahren gegen sie durchzuführen. Diese sowohl prozeduralen als auch beweisführungsbezogenen Schwierigkeiten liefen letztlich auf die inakzeptable Alternative von entweder Straffreiheit oder einer Bestrafung ohne Prozess hinaus. Um diesem Dilemma zu entkommen, schlug Bernays vor, vor einem internationalen Tribunal der Alliierten die nationalsozialistische Regierung und sowohl ihre staatlichen Institutionen als auch ihre Parteiorganisationen, einschließlich der SA, der SS und der Gestapo, anzuklagen. Auf insgesamt 14 Organisationen, unter ihnen die Deutsche Arbeitsfront (DAF), die Hitlerjugend (HJ), die Vierjahresplanbehörde, die Oberkommandos von Heer, Luftwaffe und Marine, kam man in Washington; erst in den letzten Monaten vor Prozessbeginn wurde die Zahl angesichts der Schwierigkeiten beziehungsweise des notwendigen Ausmaßes der Beweisführung auf die dann tatsächlich angeklagten sechs Organisationen reduziert[21].

Die Konzepte des Verschwörungstatbestands und der Organisationsschuld waren insofern miteinander verknüpft, als die strafrechtliche Schuld der von ihm benannten Organisationen in der Mitwirkung an dem Verbrechen der Verschwörung bestand. Die der Verschwörung angeklagten individuellen Personen sollten entsprechend auch als Repräsentanten der angeklagten Organisationen ausgewählt werden. Aus einem Schuldspruch des Gerichts gegen die Organisationen ergebe sich dann automatisch auch eine individuelle Schuld jedes einzelnen Mitglieds der Reichsregierung und der angeklagten beziehungsweise verurteilten Organisationen. Ganz undifferenziert lag diese Schuld in der Konzeption von Bernays in der Zugehörigkeit zu diesen Organisationen. Einen Nachweis individueller Beteiligung an Verbrechen hielt Bernays darüber hinaus nicht für notwendig: „Every member of the mentioned Government and organizations would be subject to arrest, trial and punishment in the national courts of the several United Nations. Proof of membership, without more, would establish guilt of participation in

---

[20] Siehe Ciara Damgaard, Individual Criminal Responsibility for Core International Crimes, Berlin/Heidelberg 2008, S. 189; vgl. auch History of the United Nations War Crimes Commission and the Development of the Laws of War, hrsg. von der UNWCC (United Nations War Crimes Commission), London 1948, S. 294.
[21] „The Nazi Government and its Party and State agencies, including the SA, SS, and Gestapo". Colonel Murray C. Bernays, Trial of European War Criminals, 15.9.1944, abgedruckt in: Smith (Hrsg.), American Road, S. 33–37, hier S. 36; s. auch Weinke, Nürnberger Prozesse, S. 27f.

the mentioned conspiracy, and the individual would be punished in the discretion of the court."[22]

Dass das Konzept der „Verbrecherischen Organisation" gerade in der amerikanischen Ahndungspolitik eine wichtige Rolle spielte, lag aber nicht nur an der Überzeugung der mit der Frage befassten Experten im Kriegs- und im Außenministerium, hier einen pragmatischen Ansatz zur Ahndung der deutschen Massenverbrechen gefunden zu haben, sondern auch daran, dass der Gedanke organisierter Kriminalität seit den 1920er, 1930er Jahren Einzug in Rechtsdenken und Rechtspraxis der Vereinigten Staaten gehalten hatte. Von internationalen und völkerstrafrechtlichen Bezügen war diese Entwicklung zwar weit entfernt, aber der Begriff war etabliert, konnte also auch in seiner international-strafrechtlichen Ausformung als konsequente Anwendung amerikanischer Kriminalitätsvorstellungen gelten. Der Begriff des „organized crime", wie er zu Beginn der 1920er Jahre zunächst in der *Chicago Crime Commission* auftauchte, bezog sich auf neue Formen der Kriminalität in den rasch wachsenden urbanen Ballungsräumen der USA. Kriminalität in den Großstädten, so sah man es, war nicht länger gekennzeichnet durch individuelles und sporadisches Handeln, sondern durch planvolle und geschäftsmäßige Aktivitäten – „organisierte Kriminalität". Bezeichnete „organisierte Kriminalität" damit zunächst einen gesellschaftlichen Missstand, war also eine Art sozialer Problembeschreibung, so richtete sich die politische Aufmerksamkeit vor dem Hintergrund der Weltwirtschaftskrise und in der Zeit der Depression immer stärker auf die Verfolgung und Bekämpfung von Verbrechersyndikaten und Banden. Der Begriff der „kriminellen Organisationen" gewann vor diesem Hintergrund im öffentlichen und politischen Sprachgebrauch an Verbreitung und Bedeutung, und gerade in der beginnenden Ära Roosevelt wurde die Bekämpfung „organisierter Kriminalität" und „krimineller Organisationen" zu einem wichtigen und öffentlichkeitswirksamen Feld politischen Handelns[23]. Bis in die Spitze der Roosevelt-Administration, einschließlich des Präsidenten selbst, war der Begriff in den Jahren des Zweiten Weltkriegs, als es um die Bewertung der deutschen Massenverbrechen und den geeigneten Umgang mit ihnen ging, damit nicht nur bekannt, sondern auch etabliert.

Nürnberg 1945/46: Anklage, Verteidigung, Urteil

In den internationalen Verhandlungen während der Schlussphase des Zweiten Weltkriegs setzte sich also ahndungspolitisch nicht nur die Idee eines internationalen Militärgerichtshofs zur Bestrafung der deutschen Verbrechen durch, sondern auch die Rechtsfigur der „Verbrecherischen Organisation". So enthielt schon das Londoner Abkommen zwischen den USA, Großbritannien, Frankreich und der Sowjetunion vom 8. August 1945 zur Errichtung eines Internationalen Militärgerichtshofs (IMG/IMT) einen Hinweis auf

---

[22] Colonel Murray C. Bernays, Trial of European War Criminals, 15. 9. 1944, abgedruckt in: Smith (Hrsg.), American Road, S. 33–37, hier S. 36.
[23] Ich folge hier Klaus von Lampe, Organized Crime. Begriff und Theorie organisierter Kriminalität in den USA, Frankfurt a. M. u. a. 1999, S. 54; vgl. auch ders., Not a Process of Enlightenment: The Conceptual History of Organized Crime in Germany and the United States of America, in: Forum on Crime and Society 1 (2001), S. 99–116; ders., Definitions of Organized Crime, unter: www.organized-crime.de/organizedcrimedefinitions.htm (13. 05. 2014); sowie Almir Maljevic, „Participation in a Criminal Organisation" and „Conspiracy". Different Legal Models against Criminal Collectives, Berlin 2011, S. 3f.

den nun nicht mehr rein amerikanischen, sondern alliierten Willen, deutsche Kriegsverbrecher nicht nur individuell zu bestrafen, sondern auch in ihrer Eigenschaft als Angehörige nationalsozialistischer Gruppen oder Organisationen[24]. Die IMT-Charta, verschiedentlich auch IMT-Statut genannt, nahm diese Bestimmung in Artikel 6 auf, wurde aber in ihren Artikeln 9, 10 und 11 noch spezifischer. Hier gewannen Begriff und Konzept der „Verbrecherischen Organisation" unmittelbar völkerstrafrechtliche Bedeutung. Es ging dabei nicht allein darum, bestimmte nationalsozialistische Organisationen oder Institutionen für „verbrecherisch" zu erklären (Artikel 9), sondern darum, aus dieser Erklärung individual-strafrechtliche Folgerungen abzuleiten. Wenn der Gerichtshof eine Organisation für verbrecherisch erklärt hatte, so konnten die Alliierten in weiteren Verfahren Angehörige dieser Organisation vor Gericht stellen, ohne den verbrecherischen Charakter der Organisation nochmals beweisen zu müssen. Artikel 11 schließlich machte deutlich, dass bereits die Zugehörigkeit zu einer verbrecherischen Organisation zur Verurteilung eines einzelnen Angeklagten und zur Verhängung einer Strafe ausreichte[25]. Juristisch gesprochen war also die Mitgliedschaft in einer „Verbrecherischen Organisation" sowohl ein Straftatbestand beziehungsweise ein Tatbestandsmerkmal als auch eine Möglichkeit der Zurechnung von Straftaten beziehungsweise Tatbeiträgen.

Noch einmal wird hier klar erkennbar, dass mit dem Konzept der „Verbrecherischen Organisation" eine strafrechtliche Breitenwirkung erreicht werden sollte, dass also die Ahndungspraxis nicht auf die im Nürnberger Hauptkriegsverbrecherprozess beschuldigten Angeklagten und andere Spitzenrepräsentanten des NS-Regimes beschränkt bleiben sollte, sondern dass sie die deutsche Gesellschaft breit erfassen sollte: dies freilich nicht im Sinne einer Kollektivschuldzuschreibung, sondern über die, wenn auch noch so massenhafte Zugehörigkeit zu NS-Organisationen und damit letztlich doch individualisierbar. Die Feststellung des verbrecherischen Charakters einer Organisation durch die Nürnberger Richter sollte, so betonte es der amerikanische Chefankläger Robert A. Jackson noch einmal in seinem Eröffnungsplädoyer am 21. November 1945, „ihre Mitglieder einer Bestrafung aussetzen, die später durch besondere Gerichte bestimmt werden wird". Das schloss eine differenzierte Strafzumessung ebenso wenig aus wie die Anerkennung von Schuldausschließungs- oder Schuldmilderungsgründen, aber die Absicht der alliierten Ankläger, in Ausführung der ahndungspolitischen Entwicklungen seit 1943/44, war eindeutig: „Der Schuldspruch des Gerichts gegen diese Organisationen wird [...] Tausende und Abertausende von Mitgliedern, die sich jetzt im Gewahrsam der amerikanischen Streitkräfte und anderer Armeen befinden prima facie für schuldig erklären."[26]

Was die Nürnberger Anklagebehörde erstrebte und was von deutscher Seite weithin befürchtet wurde, dass nämlich die richterliche Deklaration verschiedener Organisationen als verbrecherisch zur Verurteilung einer enormen Zahl von Deutschen führen würde, trat in den Jahren nach 1945 nicht ein. Das Rechtsinstrument der „Verbrecherischen Organisation" erwies sich als weit weniger wirksam als erwartet. Schon die Nürnberger Richter selbst setzten seiner Breitenwirksamkeit klare Grenzen; ein Übriges tat dann die Umsetzung des alliierten Anspruchs in der Ahndungspraxis der einzelnen Besatzungs-

---

[24] Londoner Viermächte-Abkommen vom 8.8.1945, abgedruckt in: IMG, Bd. 1, S. 7–9.
[25] Statut für den Internationalen Militärgerichtshof, abgedruckt in: IMG, Bd. 1, S. 10–18.
[26] Robert H. Jackson, Eröffnungsplädoyer, 21.11.1945, abgedruckt in: IMG, Bd. 2, S. 115–183, hier S. 179f.

mächte zusammen mit den Auswirkungen des sich verschärfenden Kalten Kriegs auf die Entnazifizierungs- und Strafverfolgungspolitik der Alliierten.

Am 14. Januar 1946 verlangten die Nürnberger Richter von der Anklage, den kriminellen Charakter jeder einzelnen Organisation, die für verbrecherisch erklärt werden sollte, präzise darzustellen. Das deutet darauf hin, dass die Richter nicht ohne weiteres bereit waren, den Vorstellungen der Anklage im Hinblick auf die „Verbrecherischen Organisationen" zu folgen. Die Ausführungen von US-Ankläger Jackson vom 28. Februar 1946 zur Frage der Organisationen können neben und über die Anklageschrift sowie das Eröffnungsplädoyer hinaus als der Kern der organisationsbezogenen Anklageerhebung gelten. In seiner Darlegung bündelte Jackson noch einmal alle Überlegungen und Argumente im Hinblick auf den Umgang mit den „Verbrecherischen Organisationen".

Einleitend begegnete Jackson dem im Nürnberger Gerichtssaal, aber auch in der deutschen Öffentlichkeit immer häufiger auftauchenden Vorwurf, der von Anfang an eine selbstentlastende Funktion hatte, die Alliierten allgemein und insbesondere die Nürnberger Anklage unterstellten den Deutschen eine Kollektivschuld. Gerade die Aufgabe des Gerichtshofs, so Jackson, bestimmte Organisationen für verbrecherisch zu erklären, diene jedoch dem Zweck, „zwischen den einander widerstrebenden Elementen der Bevölkerung zu unterscheiden"[27]. Die NS-Organisationen seien als „die organisierten Werkzeuge und Triebfedern" mitverantwortlich für die geschehen Verbrechen; sie nicht zu verurteilen, würde als Entlastung ihrer Mitglieder ausgelegt werden. Der Nürnberger Prozess aber diene nicht dazu, „das ganze deutsche Volk mit Ausnahme der 22 Männer auf der Anklagebank freizusprechen". Der amerikanische Chefankläger warnte vor der Gefahr eines „neuen Nazitums", wenn man „lediglich einige Oberführer bestrafen wollte, aber dieses Netz von Organisationen mitten im Nachkriegsdeutschland bestehen ließe". Auch darum sei es notwendig, „dass durch Verurteilung und Bestrafung ihr Prestige und ihr Einfluss beseitigt werden". Damit wurde das Vorgehen gegen die „Verbrecherischen Organisationen" zum integralen Element der alliierten Entnazifizierungs- und Säuberungspolitik erklärt. Die Auswahl der in Nürnberg angeklagten Organisationen sei vor diesem Hintergrund alles andere als willkürlich erfolgt. Vielmehr handele es sich bei den sechs in der Anklage benannten Organisationen in ihrer Gesamtheit um „das eigentliche Machtreservoir des Nazi-Regimes; sie waren nicht nur die machtvollsten, sondern auch die verderblichsten Organisationen des Regimes". Durch die Mitgliedschaft in einer solchen Organisation sei der Einzelne strafrechtlich verantwortlich für Handlungen, die er zwar nicht persönlich begangen habe, die aber durch die Handlung des Mitglieds erleichtert oder veranlasst worden seien: „Die strafbare Handlung besteht darin, dass man sich mit anderen zusammenschließt und an den gemeinsamen ungesetzlichen Bestrebungen teilnimmt, mögen die Handlungen, die der Teilnehmer persönlich begeht, in sich selbst betrachtet noch so harmlos sein."

Der Kritik, die Rechtsfigur der „Verbrecherischen Organisation" mit ihren individualstrafrechtlichen Folgen verstoße gegen das Rückwirkungsverbot, begegnete Robert Jackson nicht nur mit Hinweisen auf Maßnahmen gegen Organisationen im Bereich des Staatsschutzes und der organisierten Kriminalität (Verbrechersyndikate) in der Gesetzgebung der vier Alliierten, sondern auch auf einschlägige Bestimmungen des deutschen Strafgesetzbuches, vor allem dessen Paragraphen 128 und 129, die sich gegen „Geheim-

---

[27] Robert H. Jackson, 28. 2. 1946, in: IMG, Bd. 8, S. 387–415 (dort auch die folgenden direkten oder sinngemäßen Zitate).

bündelei" und gegen „staatsfeindliche Verbindungen" richteten, und die, insbesondere im Paragraph 128 StGB, allein die Teilnahme an einer solchen Verbindung mit einer Gefängnisstrafe belegen. Jackson verwies aber auch auf verschiedene Republikschutzmaßnahmen aus der Zeit der Weimarer Republik, darunter ein Gesetz vom 22. März 1921 gegen paramilitärische Organisationen, ein Gesetz vom 21. Juli 1922 gegen Organisationen, die den Sturz der Reichsverfassung zum Ziel haben, sowie Gerichtsurteile, in denen sowohl die Kommunistische Partei (1927/28) als auch die NSDAP (1924) für verbrecherisch erklärt worden seien. Das Konzept der „Verbrecherischen Organisation" sei also im deutschen Strafrecht und der deutschen Rechtspraxis alles andere als unbekannt.

Weil die Beweislast für den verbrecherischen Charakter der Organisationen der Anklagebehörde zufalle, lieferte Jackson am 28. Februar 1946 auch viel präziser als in seinem Eröffnungsplädoyer vom November 1945 einen Katalog von Merkmalen einer „Verbrecherischen Organisation", die die Grundlage für „ein Urteil deklaratorischen Charakters", wie Jackson es nannte, darstellten[28]. In diesem Katalog spielte der Zusammenschluss „in feststellbarer Beziehung zu einem gemeinsamen, allgemeinen Zweck" ebenso eine Rolle wie die Freiwilligkeit der Mitgliedschaft, wobei Jackson in politischen oder ökonomischen Opportunitätserwägungen keine Einschränkung der Freiwilligkeit eines Beitritts erblickte. Die Ziele einer Organisation müssten dann als verbrecherisch gelten, wenn sie auf Handlungen abgestellt gewesen seien, die das Londoner IMT-Statut als Verbrechen gekennzeichnet habe, also Verbrechen gegen den Frieden, Kriegsverbrechen und Verbrechen gegen die Menschlichkeit. Ferner müssten die Ziele und Wege der Organisation solcher Art gewesen sei, dass man ihren Mitgliedern zur Last legen könne, von ihnen gewusst zu haben. Interpretationsspielraum bot der letzte Punkt in Jacksons Katalog, der feststellte, dass ein einzelner Angeklagter Mitglied der Organisation gewesen sein und wegen einer Handlung verurteilt werden müsse, auf Grund derer die Organisation für verbrecherisch erklärt worden sei. Das bezog sich vermutlich auf die Angeklagten des Nürnberger Tribunals, die, so Jackson, auch unter der Prämisse ausgewählt worden seien, dass jede angeklagte Organisation in Nürnberg durch mindestens eines ihrer führenden Mitglieder vertreten sein müsse. Damit waren die individuelle Strafverfolgung und das Vorgehen gegen die nationalsozialistischen Organisationen integral miteinander verflochten.

Genau wie den individuellen Nürnberger Angeklagten waren auch den Organisationen vom Gericht Verteidiger zugewiesen worden: Egon Kubuschok (Reichskabinett), Robert Servatius (Korps der politischen Leiter der NSDAP), Ludwig Babel, Horst Pelckmann, Carl Haensel, Hans Gawlik (SS und SD), Rudolf Merkel (Gestapo), Franz Exner, Hans Laternser (Generalstab und OKW)[29]. Manche dieser Verteidiger wirkten in Nürnberg zugleich als Anwälte individueller Angeklagter: Franz Exner für Alfred Jodl, Robert Servatius für Fritz Sauckel und Egon Kubuschok für Franz von Papen. In ihren Reaktionen auf die Darlegungen der Anklage betonten die Verteidiger zum einen die strafrechtliche Neuartigkeit des Vorgehens gegen die Organisationen und kritisierten damit nicht nur implizit einen angeblichen Verstoß gegen das Rückwirkungsverbot. Zum anderen argumentierten

---

[28] IMG, Bd. 8, S. 404f.
[29] Wirken und Wirkung der Verteidigung sowie einzelner Verteidiger in Nürnberg sind bislang noch nicht systematisch untersucht; hier klafft eine erhebliche Forschungslücke. Siehe im Überblick: Christoph Safferling/Philipp Graebke, Strafverteidigung im Nürnberger Hauptkriegsverbrecherprozess. Strategien und Wirkung, in: Zeitschrift für die gesamte Strafrechtswissenschaft 123 (2011), H. 1, S. 47–63. Vgl. auch, spezieller, einzelne Beiträge in: Priemel/Stiller (Hrsg.), NMT.

sie verfahrensrechtlich und beanstandeten, dass es sich „um ein Gesamtverfahren gegen die individuellen Mitglieder der Organisationen handelt". Dabei bezog sich die Verteidigung nicht zuletzt auf das in der Zwischenzeit erlassene Kontrollratsgesetz Nr. 10 vom 20. Dezember 1945, das bereits – ganz im Sinne der ursprünglichen alliierten Absicht – die bloße Mitgliedschaft in einer vom Internationalen Militärgerichtshof für verbrecherisch erklärten Organisation unter Strafe stelle und lediglich persönliche Schuldausschließungsgründe zulasse. Das von den Alliierten vorgesehene Verfahren schneide ein strafrechtlich unabdingbares Verfahren gegen jedes einzelne Mitglied der Organisationen ab und verletzte damit grundlegende Angeklagtenrechte. Vor allem aber bestritten die Verteidiger, dass alle Angehörigen Kenntnis von den angeblich verbrecherischen Zielen der Organisation und von deren Begehung gehabt hätten, und wiesen darauf hin, dass also „neben Schuldigen auch eine ungeheure Zahl von Unschuldigen" bestraft werden solle[30].

Nicht zuletzt auf Grund dieser Einlassungen der Verteidiger ordnete das Nürnberger Gericht in einem Beweisbeschluss am 13. März 1946 eine Zeugenvernehmung zu der Frage an, ob die „Zwecke und Tätigkeiten" der angeklagten Organisationen „allgemein den Mitgliedern zur Kenntnis gekommen sind". Den Verteidigern wurden Besuche in insgesamt 80 alliierten Internierungslagern ermöglicht, um Zeugen für eine Vernehmung auszuwählen. 603 Internierte wurden nach Nürnberg gebracht, 101 von ihnen wurden dort von einem Beauftragten des Gerichts, dem amerikanischen Militärrichter Oberstleutnant Airey M. Neave, vernommen, 22 erschienen in der Hauptverhandlung. Unter den Zeugen der Verteidigung im Zusammenhang mit der Frage der „Verbrecherischen Organisationen" waren die NSDAP-Gauleiter Hoffmann (Westfalen-Süd), Kaufmann (Hamburg) und Wahl (Schwaben), der ehemalige Sipo-Chef Werner Best, eine Reihe von Mitarbeitern Adolf Eichmanns aus dem Reichssicherheitshauptamt, weitere Angehörige der SS, die Generalfeldmarschälle Rundstedt, List und Manstein sowie der ehemalige Staatssekretär Schlegelberger, der in den Kriegsjahren das Reichsjustizministerium geleitet hatte. Vorgelegt wurden ferner 1677 eidesstattliche Erklärungen, darunter allein 1200 für den Generalstab, sowie rund 313 000 Kollektiverklärungen, primär von politischen Leitern der NSDAP und von SS-Angehörigen[31].

Die Schlussplädoyers der Verteidiger der angeklagten Organisationen sowie der Anklage dauerten vom 22. bis zum 30. August 1946. Die Verteidigerplädoyers fassten die wesentlichen Argumente gegen eine Verurteilung der Organisationen als „verbrecherisch" noch einmal zusammen. Immer wieder war davon die Rede, dass hier Gesetze mit rückwirkender Kraft angewendet würden. Kein Verteidiger leugnete die begangenen Verbrechen, aber alle wehrten sich gegen den Vorwurf der Organisationsschuld, der immer wieder als zentrales Element eines Kollektivschuldvorwurfs dargestellt wurde. Es dürfe, so Robert Servatius, der Verteidiger des NSDAP-Führerkorps, „das Maß der Sühne nicht von dem Gedanken beherrscht werden können, dass den Millionen Opfern auch notwendigerwei-

---

[30] Darlegungen der Verteidiger der angeklagten Organisationen, in: IMG, Bd. 8, S. 431–539, Zitate auf S. 433 und 436 (Egon Kubuschok); vgl. auch: Gerhard Rauschenbach, Der Nürnberger Prozess gegen die Organisationen. Grundlagen, Probleme, Auswirkungen auf die Mitglieder und strafrechtliche Ergebnisse, Bonn 1954, S. 40–43. Gerhard Rauschenbach war zwischen 1946 und 1949 Verteidiger in mehreren Nürnberger Nachfolgeprozessen.
[31] Zahlen und Namen nach Heinz Boberach, Das Nürnberger Urteil gegen verbrecherische Organisationen und die Spruchgerichtsbarkeit der Britischen Zone, in: Zeitschrift für Neuere Rechtsgeschichte 12 (1990), S. 40–50, hier S. 42, sowie IMG, Bd. 42, S. 2–5. Der Neave-Report über die Zeugenvernehmungen ist abgedruckt in: Ebenda, S. 1–153.

se Millionen Schuldige entsprechen müssten, die zu sühnen hätten"[32]. OKW-Anwalt Hans Laternser spitzte diese Argumentation in typischer und später in der juristischen und politischen Auseinandersetzung mit dem Nationalsozialismus und seinen Verbrechen noch oft gehörter Weise zu. Da Hitler tot sei, lasse die Anklage seine Person im Hintergrund und suche andere Verantwortliche. Niemand könne aber „leugnen, dass Hitler allein die Macht des Reiches in Händen hatte und damit auch die alleinige Verantwortung"[33]. Zynisch musste es klingen, wenn Rechtsanwalt Servatius das strafrechtliche Vorgehen der Alliierten gegen die NS-Organisationen mit den Maßnahmen des NS-Regimes gegen die „Politischen Kommissare" oder die „Juden" verglich,[34] oder wenn Gestapo-Verteidiger Rudolf Merkel der Anklage beziehungsweise den Alliierten vorwarf, durch die Ausdehnung von Urteilsfolgen auf den „großen, schuldlosen Teil des deutschen Volkes" nicht nur dem Weltfrieden entgegenzuwirken, sondern auch „den Gedanken Hitlers, ein Volk – das jüdische – kollektiv zu strafen und auszurotten, mutatis mutandis [zu] wiederholen"[35]. Aber auch andere Argumente späterer deutscher Entlastungs- und Selbstentlastungsdiskurse tauchten im Sommer 1946 in Nürnberg auf, wenn beispielsweise der Gestapo-Verteidiger Rudolf Merkel sich dafür einsetzte, einen „übergesetzlichen Notstand" als Schuldausschließungsgrund anzuerkennen, nicht Heroismus und Märtyrertum zu verlangen und den Angehörigen, in diesem Falle der Gestapo, zuzumuten, „Verlust der Existenz, Not der Familie, Konzentrationslager und vielleicht sogar schimpflichen Tod auf sich zu nehmen"[36]. Und fast drohend musste es wirken, wenn SS-Verteidiger Horst Pelckmann vor der „Begehung eines Massenunrechts in gesetzlicher Form" warnte, „vor der Schaffung einer Masse der Verdammten und Geächteten im Herzen Europas"[37]. Auch im Hinblick auf die Frage der „Verbrecherischen Organisationen" gilt also, was für die Nürnberger Prozesse insgesamt gilt, dass in den alliierten Gerichtsverfahren der ersten Jahre nach 1945 viele derjenigen Rechtfertigungs- und Entlastungsargumente erstmals auftauchten und sich ausformten, die in den späteren deutschen vergangenheitsbezogenen Diskursen einen festen Platz hatten.

Die Vertreter der Anklage fassten in ihren abschließenden Plädoyers ihre Argumente ebenfalls noch einmal zusammen. Sie betonten die Bedeutung der angeklagten Organisation für die Durchführung der nationalsozialistischen Verbrechen, die nicht von den in Nürnberg angeklagten Einzelpersonen allein begangen worden sein konnten. Nicht nur in den Augen von US-Anklagevertreter Telford Taylor war das Dritte Reich „eine politische und eine militärische Maschine"[38]. David Maxwell-Fyfe, der britische Ankläger, hielt es aus prinzipiellen Gründen nicht für ausreichend, nur die Befehlsgeber an der Spitze zur Rechenschaft zu ziehen, nicht aber diejenigen, die die Befehle ausgeführt hätten. Immer sei es irgendein anderes Staatsorgan, das verantwortlich gewesen sei; „aber diesen Staat zu unterstützen und mit jenen anderen Staatsorganen zusammenzuarbeiten, wird nicht bemängelt", kritisierte Maxwell-Fyfe die Argumentation der Verteidiger und ließ auch dabei die Absicht der Anklagebehörde erkennen, über die Rechtsfigur der „Verbrecherischen Organisation" die Verantwortlichen für die NS-Verbrechen auf allen Ebenen

---

[32] IMG, Bd. 21, S. 545.
[33] IMG, Bd. 22, S. 70.
[34] IMG, Bd. 21, S. 502.
[35] Ebenda, S. 601.
[36] Ebenda, S. 592.
[37] Ebenda, S. 689f.
[38] IMG, Bd. 22, S. 310.

zur Rechenschaft zu ziehen und dadurch zugleich ein Bild der deutschen Gesellschaft nach 1933 zu zeichnen, das die intendierte breite Entnazifizierungs- und Umerziehungspolitik der Alliierten nach 1945 rechtfertigen konnte[39]. Die in Nürnberg angeklagten Organisationen für verbrecherisch zu erklären, hatte schließlich noch einen weiteren Grund. US-Anklagevertreter Thomas J. Dodd knüpfte an das Eröffnungsplädoyer von Robert Jackson an, wenn er am Ende des Prozesses die zukunftsgerichtete und weit über den deutschen Fall hinausweisende Bedeutung des Nürnberger Urteils unterstrich. Dodd sprach von einer „Warnung an die ganze Welt". Die Menschheit solle wissen: „Verbrechen bleiben nicht straflos, weil sie im Namen einer politischen Partei oder eines Staates begangen worden sind; über Verbrechen wird nicht hinweg gesehen, weil sie zu umfangreich sind; Verbrecher werden nicht straflos davon kommen, weil ihrer zu viele sind."[40]

Der Internationale Militärgerichtshof verkündete sein Urteil zu den „Verbrecherischen Organisationen" am 30. September 1946 noch vor den Urteilssprüchen über die Einzelangeklagten. Dabei folgte das Tribunal der Anklage nur mit Einschränkungen. Während das Korps der politischen Leiter der NSDAP, SS und SD sowie Gestapo zu „Verbrecherischen Organisationen" erklärt wurden, entsprachen die Richter dem Antrag der Anklagebehörde, die SA, die Reichsregierung und den Generalstab und das OKW zu „Verbrecherischen Organisationen" zu erklären – mit allen Konsequenzen für die Strafverfolgung ihrer Mitglieder – nicht. Bei der SA wurde der Urteilsspruch vor allem damit begründet, dass die SA nach 1934 – und die Zuständigkeit des Tribunals bezog sich ja laut Statut auf Verbrechen in der Zeit des Krieges, also seit 1939 – an politischer Bedeutung verloren und als Gesamtorganisation weder an der Planung zur Führung eines Angriffskriegs noch an der Begehung von Kriegsverbrechen oder Verbrechen gegen die Menschlichkeit beteiligt gewesen sei. Für Reichsregierung und Generalstab/OKW kamen die Richter zu dem Schluss, dass diese nicht als „Gruppen" oder „Organisationen" im Sinne des IMT-Statuts tätig gewesen seien. Die Reichsregierung umfasse überdies so wenige Personen, dass gegen diese auch individuell vorgegangen werden könne, wie es im Hauptkriegsverbrecherprozess und in späteren Verfahren auch geschah. Für den Generalstab und das OKW stellte das Gericht die Freiwilligkeit des Beitritts in Zweifel; die Zugehörigkeit zu Generalstab oder OKW habe sich durch militärische Laufbahnverläufe ergeben, eine Vereinigung „Generalstab und OKW" habe es vor 1945 nicht gegeben, sie sei erst durch die Anklageschrift 1945 entstanden[41]. Auch dieser Urteilsspruch verhinderte freilich in keiner Weise individuelle Strafverfolgungen, nicht zuletzt im amerikanischen OKW-Prozess 1947/48, in dem jedoch einzelne Angehörige des OKW vor Gericht standen, nicht das OKW als Institution[42].

Eine weitere Einschränkung des Urteilsspruchs gegenüber der Forderung der Anklage und letztlich auch den ahndungspolitischen Vorstellungen der Alliierten und insbesondere der USA war die Position des Gerichtshofs, dass es sich bei dem Vorgehen gegen „Verbrecherische Organisationen" mit all den Konsequenzen für deren Mitglieder um „ein weit reichendes neues Verfahren" handelte, dessen Anwendung „ohne die erforderlichen

---

[39] Ebenda, S. 199.
[40] Ebenda, S. 307.
[41] Urteilspassagen zu den „Verbrecherischen Organisationen", in: Ebenda, S. 567-595 (dort auch die hier zitierten Einzelargumente).
[42] Zum OKW-Prozess s. ausführlicher: Valerie Hébert, Befehlsempfänger und Helden oder Verschwörer und Verbrecher? Konzeptionen, Argumente und Probleme im OKW-Prozess, in: Priemel/Stiller (Hrsg.), NMT, S. 255-287, sowie dies., Hitler's Generals on Trial. The Last War Crimes Tribunal at Nuremberg, Lawrence 2010.

Sicherheitsbestimmungen [...] zu groben Ungerechtigkeiten" führen könnte. So bestätigten die Richter zwar grundsätzlich die „Theorie der Gruppenkriminalität", verbanden dies aber mit einem deutlichen Bekenntnis zu „anerkannten Rechtsgrundsätzen". Zu deren wichtigsten gehöre, so der Nürnberger Gerichtshof, „dass strafrechtliche Schuld eine persönliche ist und dass Massenbestrafungen zu vermeiden sind". Die Erklärung einer Organisation als verbrecherisch müsse also in einer Weise erfolgen, die Gewähr dafür leiste, dass „unschuldige Personen nicht bestraft werden". Mit diesen Urteilsbestimmungen verpflichtete das Nürnberger Tribunal künftige Gerichtsverfahren auf eine nicht summarische, sondern individuelle Befassung mit den Angehörigen der „Verbrecherischen Organisationen". Insbesondere seien von einer strafrechtlichen Verfolgung beziehungsweise Verurteilung diejenigen Mitglieder auszuschließen, die „keine Kenntnis der verbrecherischen Zwecke oder Handlungen der Organisationen hatten"[43].

Entnazifizierung und Spruchgerichte: Die Umsetzung des Nürnberger Urteils

Immerhin wurden in den zwölf so genannten Nürnberger Nachfolgeverfahren, die unter amerikanischer Regie und vor amerikanischen Militärgerichten zwischen 1946 und 1949 stattfanden, von insgesamt 184 Angeklagten 75 auch wegen ihrer Zugehörigkeit zu einer „Verbrecherischen Organisation" verurteilt, elf von ihnen sogar ausschließlich aus diesem Grund. Bei diesen lag das verhängte Strafmaß zwischen zweieinhalb und zehn Jahren Haft[44]. Zu ihnen gehörte eine Reihe von führenden Angehörigen des SS-Rassen- und Siedlungshauptamts, aber auch der Chef der NSDAP-Auslandsorganisation und zeitweilige Staatssekretär im Auswärtigen Amt Ernst Wilhelm Bohle. In diesen Prozessen ging es freilich noch immer um führende Repräsentanten des Systems, also um begrenzte Zahlen. Das Gros der Mitglieder der NSDAP-Führerschaft, der SS, des SD oder der Gestapo war von diesen Verfahren nicht betroffen, und für deren Strafverfolgung bedeutete das Nürnberger Urteil von 1946 eine enorme Herausforderung.

Das bereits erwähnte Kontrollratsgesetz Nr. 10 aus dem Dezember 1945, das eine zonenübergreifende Rechtsgrundlage für die Verfolgung und Ahndung nationalsozialistischer Verbrechen auch unter Beteiligung deutscher Gerichte und Justizbehörden schaffen sollte, fixierte die Zugehörigkeit zu einer Organisation, deren verbrecherischer Charakter durch den Internationalen Militärgerichtshof in Nürnberg festgestellt worden sei, als ein zu verurteilendes Verbrechen. Ein genaues Strafmaß wurde nicht festgelegt; die in dem Gesetz genannten Strafmöglichkeiten reichten aber von der Todesstrafe über Freiheits- und Geldstrafen mit oder ohne Zwangsarbeit bis hin zum Verlust der bürgerlichen Ehrenrechte. Konnten die Alliierten zum Zeitpunkt der Gesetzgebung noch davon ausgehen, dass die Verbrecherischkeitserklärung des Nürnberger Gerichtshofs eine vergleichsweise schnelle Aburteilung großer Zahlen individueller Angehöriger von „Verbrecherischen Organisationen" ermöglichen würde, wie es auch der ursprünglichen ahndungspolitischen Intention der Besatzungsmächte entsprach, so stellte sich die Situation nach dem Nürnberger Urteilsspruch anders und komplizierter dar. So sehr auch schon vor dem Nürnberger Urteil individuelle Verfahren und Verurteilungen vorgesehen und erforderlich waren, so sehr musste nun in diesen Verfahren insbesondere der individualisierte Nachweis darü-

---

[43] IMG, Bd. 22, S. 568f.
[44] Zahlen nach: Boberach, Nürnberger Urteil, S. 45.

ber geführt werden, dass der einzelne Angeklagte von den „verbrecherischen Zwecken oder Handlungen der Organisation Kenntnis gehabt" hatte[45]. Es scheint, dass diese Veränderung die Strafverfolgungs- und Ahndungspraxis in den vier Besatzungszonen in je unterschiedlicher Weise beeinflusste.[46]

In der amerikanischen und, in ähnlicher Weise, auch in der französischen Besatzungszone wurde die Verfolgung der Angehörigen „Verbrecherischer Organisationen" im Sinne des Nürnberger Urteils im April 1947 den Entnazifizierungsbehörden übertragen, wie sie nach dem „Gesetz zur Befreiung von Nationalsozialismus und Militarismus" der amerikanischen Militärregierung vom 5. März 1946 in der US-Zone gebildet worden waren. Zwar ergab sich aus der Verfahrensordnung der Entnazifizierung in der US-Zone eine Umkehr der Beweislast, die Betroffenen mussten also den Mangel an Kenntnis oder auch die Unfreiwilligkeit ihres Beitritts zu einer Organisation selbst beweisen. Dafür aber verhängten die Spruchkammern keine gerichtlichen Strafen, wie sie das Kontrollratsgesetz vorgesehen hatte. In der französischen Zone übertrug eine Verordnung der Militärregierung vom 25. Februar 1946 die Verfolgung nach Kontrollratsgesetz Nr. 10 zunächst Gerichten der Militärregierung; in einer weiteren Verordnung etwa ein Jahr später (18. Februar 1947) erhielten dann die Regierungen der Länder die Zuständigkeit für die Entnazifizierung, die daraufhin Entnazifizierungsgesetze erließen und auf deren Basis auch die Mitglieder der in Nürnberg für verbrecherisch erklärten Organisationen überprüften. Auch hier fanden also keine gerichtlichen Strafverfahren – weder durch deutsche noch durch französische Gerichte – wegen des Tatbestands der Zugehörigkeit zu einer „Verbrecherischen Organisation" statt[47].

Ein völlig anderer Weg wurde in der britischen Besatzungszone eingeschlagen. Ende Dezember 1946 erließ die britische Militärregierung ihre Verordnung Nr. 69 zu den „Verfahren gegen Angehörige verbrecherischer Organisationen". Bezugnehmend auf Kontrollratsgesetz Nr. 10 und das Urteil des IMT sah diese Verordnung die Bildung deutscher Spruchgerichte zur „Aburteilung und Bestrafung der Angehörigen verbrecherischer Organisationen" vor. Diese deutschen Gerichte sollten aus mehreren Kammern mit je einem Vorsitzenden mit der Befähigung zum Richteramt und zwei Schöffen (Laien) bestehen. Jeweils in der Nähe eines britischen Internierungslagers untergebracht, wurden sechs Spruchgerichte mit insgesamt 82 Spruchkammern gebildet sowie als – einzige – Revisionsinstanz ein Oberster Spruchgerichtshof, angesiedelt in Hamm, mit mehreren Spruchsena-

---

[45] IMG, Bd. 22, S. 569.
[46] Die Rechtsfigur der „Verbrecherischen Organisation" bzw. der Organisationskriminalität findet sich, ohne dass dies schon umfassend und systematisch untersucht wäre, auch außerhalb der alliierten bzw. besatzungsrechtlichen Ahndungspolitik in Deutschland. So erklärte 1947 der Oberste Gerichtshof Polens die gesamte deutsche Besatzungsregierung des Generalgouvernements zur „Verbrecherischen Organisation" und dehnte damit den Kreis der strafrechtlich zu Verfolgenden auf hunderte Personen aus: von Hans Franks Stellvertreter Joseph Bühler bis hin zu den deutschen Kreishauptleuten. Im Tokioter Kriegsverbrecherprozess 1946/48 konnten individuelle Angeklagte auf Grund ihrer Mitgliedschaft in bestimmten „Verbrecherischen Organisationen" belangt werden. Eine Verbrecherischerklärung ganzer Organisationen wie in Nürnberg erfolgte jedoch nicht. Vgl. Andrea Gattini, A Historical Perspective: from Collective to Individual Responsibility and Back, in: André Nollkaemper/Harmen van der Wilt (Hrsg.), System Criminality in International Law, Cambridge 2009, S. 101–126.
[47] Vgl. Rauschenbach, Nürnberger Prozess, S. 123–125. Zur Entnazifizierung in der amerikanischen Zone und der französischen Zone im Überblick s. noch immer Clemens Vollnhals (Hrsg.), Entnazifizierung. Politische Säuberung und Rehabilitierung in den vier Besatzungszonen 1945–1949, München 1991.

ten, bestehend aus einem Berufsrichter und zwei weiteren Volljuristen. Ein Großer Spruchsenat aus fünf Richtern entschied bei Streitfragen zwischen einzelnen Spruchsenaten. Zu den Spruchgerichten gehörten auch Anklagebehörden mit insgesamt 142 Anklägern, die wiederum die Befähigung zum Richteramt haben mussten. Die Verantwortung für Organisation und Durchführung der Spruchgerichtsverfahren lag bei einem Generalinspekteur, der direkt dem Präsidenten des Zentraljustizamts der britischen Zone unterstellt und in Hamburg angesiedelt war. Der Generalinspekteur, während der gesamten Zeit der unbelastete Oldenburger Jurist und spätere niedersächsische Justizstaatssekretär Friedrich Meyer-Abich (1895-1972), war auch der Verbindungsmann der britischen Militärregierung, die über seine Dienststelle den Gang der Verfahren beobachtete[48].

Eine Denkschrift Meyer-Abichs aus dem Jahr 1950, also nach Ende seiner Tätigkeit als Generalinspekteur, enthält Hinweise darauf, warum die britische Militärregierung, wenn auch auf andere Weise als die amerikanische und französische, deutschen Gerichten die Ahndung der Mitgliedschaft in einer „Verbrecherischen Organisation" übertrug. Das Hauptargument dürfte die Überforderung britischer Kräfte angesichts der gewaltigen Zahlen möglicher Angeklagter gewesen sein. Darüber hinaus traute man unbelasteten deutschen Richtern und Schöffen eine bessere Kenntnis der Verhältnisse in der Zeit des Dritten Reiches zu und hielt es im Sinne eines fairen Prozesses für wichtig, dass Angeklagte und Verteidiger weder einer fremden Strafverfahrensordnung ausgesetzt würden noch unter der Zweisprachigkeit der Verhandlung zu leiden hätten[49]. Aber man wollte doch, anders als in der französischen oder der amerikanischen Zone, gegen die Angehörigen „Verbrecherischer Organisationen" auf völkerstrafrechtlicher Grundlage und durch entsprechende Strafgerichte vorgehen. Anders als insbesondere in der amerikanischen Entnazifizierungspraxis verhinderte die Spruchgerichtskonstruktion in der britischen Zone ein Nachlassen der Strafverfolgungs- und Ahndungsintensität in den späten 1940er Jahren. Erwähnenswert ist ferner die Tatsache, dass die Etablierung einer speziell für das „Organisationsverbrechen" zuständigen strukturierten und ausdifferenzierten deutschen Gerichtsbarkeit auch zu einer systematischen rechtswissenschaftlichen und rechtspraktischen Auseinandersetzung mit den Fragen des Vorgehens gegen die Mitglieder „Verbrecherischer Organisationen" führte. Generalinspekteur Meyer-Abich begründete dazu 1947 als Beilage zum Zonenjustizblatt der britischen Zone die Zeitschrift „Die Spruchgerichte", in der die Rechtsprechung zum Komplex „Organisationsverbrechen" vielschichtig und durchaus kontrovers von Rechtswissenschaftlern und Rechtspraktikern diskutiert wurde[50].

Eine umfassende Auswertung der Ahndungspraxis der Spruchgerichte, so wichtig diese fraglos ist, kann dieser Beitrag nicht leisten[51]. Ausgangspunkt der Verfahren war die in

---

[48] Zahlen und formale Angaben zu den britischen Spruchgerichten nach Sebastian Römer, Mitglieder verbrecherischer Organisationen nach 1945. Die Ahndung des Organisationsverbrechens in der britischen Zone durch die Spruchgerichte, Frankfurt a. M. u. a. 2005, S. 19-23.
[49] Vgl. Dienststelle des Generalinspekteurs für die Spruchgerichte der britischen Zone (Hrsg.), Denkschrift über das Spruchgerichtsverfahren in der britischen Zone, Hamburg 1950, Teil A, S. 1.
[50] Die Spruchgerichte, hrsg. vom Generalinspekteur für die Spruchgerichte in der Britischen Zone (Beilage zum Zentral-Justizblatt für die Britische Zone), Jahrgänge 1-3 (1947-1949). Die Zeitschrift, die für diesen knappen Beitrag nicht systematisch ausgewertet werden konnte, stellt eine zentrale Quelle für den deutschen justiziellen Umgang nicht nur mit der Frage des „Organisationsverbrechens" dar, sondern auch mit der frühen deutschen Rezeption völkerstrafrechtlicher Normen und ihrer Anwendung auf die nationalsozialistischen Verbrechen.
[51] Einen ersten knappen Blick bietet Boberach, Nürnberger Urteil, S. 45-49; vgl. aber auch umfassender die rechtswissenschaftlich-rechtshistorische Untersuchung von Römer, Mitglieder.

der Verordnung Nr. 69 der britischen Militärregierung festgelegte Anklage, die dahin lautete, „dass der Angeklagte Mitglied in einer verbrecherischen Organisation gewesen ist in Kenntnis, dass diese für Handlungen verwendet wurde, die gemäß Artikel 6 des Statuts des Internationalen Militärgerichtshofs als verbrecherisch erklärt worden sind"[52]. Wenn David Bloxham, einer der besten Kenner der Völkerstrafrechtsentwicklung und -praxis in den Jahren unmittelbar nach 1945, schreibt, dass Großbritannien keine Anstalten machte, gegen jene 19 500 Mitglieder krimineller Organisationen vorzugehen, die sich in der Zeit nach dem Nürnberger IMT in britischem Gewahrsam befanden, dann trifft das lediglich in dem Sinne zu, dass es keine von britischen Gerichten oder Militärgerichten durchgeführten Verfahren gegen die Mitglieder „Verbrecherischer Organisationen" gab[53]. Die von der britischen Militärregierung eingesetzten deutschen Spruchgerichte, die zwischen 1947 und 1949 tätig waren, führten hingegen Ermittlungen gegen insgesamt 27 748 Personen durch, von denen etwa 19 000 bereits in der britischen Zone interniert waren; hinzu kamen Internierte aus anderen Zonen, die in die britische Zone abgeschoben wurden, sowie später auch nicht internierte Angehörige „Verbrecherischer Organisationen"[54]. 24 154 Ermittlungsverfahren wurden abgeschlossen, in 21 292 Fällen kam es zu Strafverfahren vor den Spruchgerichten. 12 748 dieser Verfahren (60 Prozent) wurden durch ein Urteil beendet, 6295 (30 Prozent) durch einen Strafbescheid und 2249 (10 Prozent) endeten insbesondere durch Verfahrenseinstellungen. Durch Urteile und Strafbescheide wurde in 5614 Fällen eine Gefängnisstrafe verhängt, in 10 110 Fällen eine Geldstrafe, 3319 Angeklagte wurden freigesprochen. Bis auf einen kleinen Anteil galten sowohl die Gefängnis- als auch die Geldstrafen durch die Internierung als verbüßt. Nur 16 Prozent aller Gefängnisstrafen mussten noch verbüßt werden und 10,4 Prozent der Geldstrafen. Todesurteile fielen nicht, und auch die im Kontrollratsgesetz Nr. 10 vorgesehenen höheren Freiheitsstrafen wurden nur selten verhängt: Fünf Angeklagte, ein in Riga eingesetzter Gestapo-Angehöriger, drei SS-Führer aus Konzentrationslagern sowie ein NSDAP-Gauleiter, erhielten zehn Jahre, je einmal war die Strafe neun beziehungsweise acht Jahre Freiheitsentzug, dreimal kam es zu einer siebenjährigen Haftstrafe, neunmal zu einer sechsjährigen und in 25 Fällen zu einer fünfjährigen. Während bei Angehörigen von Gestapo und SD 64,2 Prozent der schuldig gesprochenen Angeklagten zu einer Gefängnisstrafe verurteilt wurden und 35,8 Prozent zu einer Geldstrafe, war das Verhältnis beim Führerkorps der NSDAP sowie bei der SS etwa umgekehrt: Von den schuldig gesprochenen NSDAP-Führern erhielten 31,3 Prozent eine Freiheitsstrafe, von den SS-Angehörigen 31,7 Prozent; rund zwei Drittel der Schuldsprüche führten in diesen beiden Gruppen zu Geldstrafen[55].

---

[52] Zit. nach: Ebenda, S. 15.
[53] Bloxham, Pragmatismus als Programm, S. 154.
[54] Diese und die folgenden Zahlen nach: Boberach, Nürnberger Urteil, S. 48f., sowie Römer, Mitglieder, S. 105–107, die beide ihre geringfügig voneinander abweichenden Angaben aus statistischen Zusammenstellungen der Dienststelle des Generalinspekteurs für die Spruchgerichte in der britischen Zone gewonnen haben.
[55] Zu den Strafzumessungen s. Römer, Mitglieder, S. 107–109, der beispielsweise darauf hinweist, dass zwar prinzipiell Angehörige höherer Dienstgrade oder Ranggruppen härter bestraft werden sollten, dass es aber weitaus schwieriger gewesen sei, ein höherrangiges Organisationsmitglied zu einer härteren Strafe zu verurteilen als ein rangniedrigeres. Römer erklärt das nicht zuletzt mit der großen Anzahl von Entlastungszeugen für höherrangige Organisationsmitglieder, während es auf der Ebene mittlerer und unterer Organisationsangehöriger leichter gewesen sei, Belastungszeugen zu identifizieren und zur Aussage zu bringen.

Eine Debatte entwickelte sich schon kurz nach dem Ende der Tätigkeit der Spruchgerichte über die Folgen einer Verurteilung und insbesondere die Verzeichnung der Strafen im Strafregister. Immer wieder wurde hier kritisiert, dass die Angehörigen verbrecherischer Organisationen in den verschiedenen Besatzungszonen unterschiedlich behandelt würden. In der britischen Zone würden Organisationsangehörige mit strafregisterrelevanten Kriminalstrafen zur Rechenschaft gezogen, in der amerikanischen und französischen Zone mit ihren Entnazifizierungsverfahren hingegen nicht. Für alle Befürworter einer raschen Reintegration von NS-Belasteten und insbesondere ihrer Rückkehr in berufliche Laufbahnen war diese Diskrepanz ein willkommenes Argument. Schon 1951 verfügte vor diesem Hintergrund beispielsweise der niedersächsische Innenminister, Verurteilungen durch Spruchgerichte nicht mehr in polizeiliche Führungszeugnisse einzutragen, und das Straffreiheitsgesetz des Bundes vom Juli 1954 tilgte schließlich alle Verurteilungen bis zu einer Freiheitsstrafe von fünf Jahren aus dem Strafregister. So hatte vergangenheitspolitisch betrachtet der allergrößte Teil der Spruchgerichtsurteile keine andere Wirkung als die Spruchkammerverfahren in den anderen westlichen Zonen[56].

Blickt man auf das Vorhaben der Alliierten, auch über den völkerstrafrechtlichen Tatbestand der Mitgliedschaft in einer „Verbrecherischen Organisation" nationalsozialistische Makro- und Massenkriminalität zu ahnden und der breiten gesellschaftlichen Verankerung des Nationalsozialismus strafrechtlich Rechnung zu tragen, so wird man angesichts der hier skizzierten Entwicklungen in den Nachkriegsjahren zu einer insgesamt ernüchternden Bilanz gelangen. Sowohl in der juristischen und rechtshistorischen als auch in der zeitgeschichtlichen Literatur überwiegen Urteile, die nicht nur den ahndungspolitischen Erfolg der Rechtsfigur der „Verbrecherischen Organisation" für die Zeit unmittelbar nach 1945 bestreiten – und oftmals auch begrüßen –, sondern die auch den Nutzen der Rechtsfigur insgesamt skeptisch betrachten. Als 1947/48 die Vereinten Nationen die Völkermordkonvention vorbereiteten, schlugen die sowjetischen Unterhändler vor, auch Organisationen, die Völkermord begingen oder dazu aufrufen, zu bestrafen, konnten sich damit allerdings nicht durchsetzen. Als Grund dafür wird neben der sich zu der Zeit verschärfenden Ost-West-Konfrontation auch die in Deutschland erwiesene Problematik des Konzepts genannt[57]. So wird man dem Generalinspekteur für die Spruchgerichte in der britischen Zone, Friedrich Meyer-Abich, nicht unbedingt zustimmen müssen in seiner Einschätzung von 1947, der deutschen Justiz sei die Aufgabe zugefallen, „Schrittmacher zu sein" bei der „Fortentwicklung des strafrechtlichen Schutzes für alle Kulturvölker"[58]. Aber auch wenn die Mitgliedschaft in einer „Verbrecherischen Organisation" heute nicht explizit als völkerstrafrechtlicher Tatbestand auftaucht, verlieren sich die Spuren des Organisationsverbrechens doch in der seitherigen Entwicklungen von Völkerstrafrecht und Völkerstrafrechtspolitik nicht völlig.

---

[56] Siehe Römer, Mitglieder, S. 134; vgl. auch Norbert Frei, Vergangenheitspolitik. Die Anfänge der Bundesrepublik und die NS-Vergangenheit, München 1999.
[57] Bush, Prehistory, S. 1227; vgl. auch Nehemiah Robinson, The Genocide Convention. Its Origins and Interpretation, New York 1949, S. 21, sowie Jost Dülffer, The United Nations and the Origins of the Genocide Convention 1946–1948, in: Eckart Conze/Christoph Safferling (Hrsg.), The Genocide Convention Sixty Years after its Adoption, Den Haag 2010, S. 55–68, hier S. 60–62.
[58] Zit. nach: Boberach, Nürnberger Urteil, S. 49.

Organisationskriminalität und kollektive Haftung im Völkerstrafrecht seit 1990

Das ergibt sich nahezu zwangsläufig aus dem spezifischen Charakter von Völkerrechtsverbrechen beziehungsweise Makrokriminalität, deren wesentliches Merkmal es nach Herbert Jäger, der den Begriff der Makrokriminalität geprägt hat, im Gegensatz zu anderen Straftaten ist, dass „das individuelle Handeln nicht als isolierte Tat und punktuelles Ereignis – als individuell abweichendes Verhalten – denkbar ist, sondern nur als Teil des konformen Handelns organisierter Großkollektive, also eines Aktionszusammenhangs, der eine nicht wegzudenkende Rahmenbedingung des individuellen Handelns darstellt"[59]. Auch die gegenwärtige Völkerstrafrechtslehre argumentiert, dass Völkerstraftaten und insbesondere Massenverbrechen selten von Einzelpersonen begangen würden, sondern in der Regel bedingt seien durch einen größeren Zusammenschluss von Personen in einem strengen hierarchischen Ordnungssystem[60]. Ob kriminologische Konzepte wie „organisationelle Devianz" oder die Denkfigur „kriminogener Organisationen" auf völkerstrafrechtliche Kontexte anwendbar sind, wird durchaus diskutiert. Solche Überlegungen gehören auch in den weiteren Zusammenhang von Argumenten, die die Tendenz des Völkerstrafrechts zu einem strafrechtlichen Individualismus kritisieren, der systemischer Kriminalität nicht gerecht werden könne. Dahinter steht zudem nicht selten eine Kritik an der in jüngerer Zeit weithin konstatierten Individualisierung des Völkerrechts.[61]

Als sich nach 1990 – und zunächst in der Auseinandersetzung mit Völkerstraftaten im ehemaligen Jugoslawien – Entwicklung und Anwendung nach dem Ende des Ost-West-Konflikts redynamisierten, trugen internationale Strafgerichte dieser „kriminologischen Sonderkonstellation" (Christoph Safferling) in ihrer Spruchpraxis durchaus Rechnung. In einer Reihe von Verfahren und Urteilen entwickelte insbesondere der 1993 eingesetzte Internationale Strafgerichtshof für das ehemalige Jugoslawien das Zurechnungsmodell des „Joint Criminal Enterprise", ein „institutionalistisch-partizipatorisches oder systemisches Zurechnungsmodell", in dem die Zurechnung sich auch aus dem Vorwurf der Mitgliedschaft in einem kriminellen Zweckverband speist[62]. In mehreren Urteilen, so beispielsweise in dem Berufungsverfahren gegen die Verurteilung des Serben Duško Tadić, stützten sich die Richter bei der Definition von „Joint Criminal Enterprise" auf Fallmaterial sowohl des Nürnberger Hauptkriegsverbrecherprozesses als auch der Nachfolgeprozesse, in dem „Joint Criminal Enterprise" auch im Sinne der „Mitgliedschaft in einer kriminellen Organisation" als eines strafrechtlich relevanten kollektiven Haftungsbegriffs verstanden und angewandt wurde[63]. Zwar ist das Modell des „Joint Criminal Enterprise" nicht identisch mit der Rechtsfigur der Organisationskriminalität, aber die Verbindungen sind evident und

---

[59] Herbert Jäger, Versuch über Makrokriminalität, in: Strafverteidiger 8 (1988), S. 172–179, hier S. 172.
[60] Vgl. zum Beispiel Christoph Safferling, Internationales Strafrecht. Strafanwendungsrecht, Völkerstrafrecht, Europäisches Strafrecht, Berlin/Heidelberg 2011, S. 126.
[61] Vgl. zum Beispiel Maurice Punch, Why Corporations Kill and Get Away with it: the Failure of Law to Cope with Crime in Organizations, in: Nollkaemper/van der Wilt (Hrsg.), System Criminality, S. 42–68; Gerry Simpson, Men and Abstract Entities: Individual Responsibility and Collective Guilt in International Criminal Law, in: Ebenda, S. 69–100; oder, mit starken Nürnberg-Bezügen, Nina H. B. Jørgensen, Criminality of Organizations under International Law, in: Ebenda, S. 201–221.
[62] Ebenda, S. 131.
[63] Siehe dazu Verena Haan, Joint Criminal Enterprise. Die Entwicklung einer mittäterschaftlichen Zurechnungsfigur im Völkerstrafrecht, Berlin 2008, S. 307.

werden in Rechtswissenschaft und Rechtspraxis mit Bezug auf die Nachkriegsrechtsprechung verstanden und daher zum Bestandteil des Völkergewohnheitsrechts erklärt[64].

Im Statut des 1998 errichteten und seit 2002 operierenden Internationalen Strafgerichtshofs in Den Haag wird im Zusammenhang mit der Strafbarkeit der Teilnahme an Völkerrechtsverbrechen auch auf die Unterstützung eines Gruppenverbrechens verwiesen, für dessen Begehung der Tatbeitrag des Angeklagten weder wesentlich noch kausal sein muss. Eine wie auch immer geartete physische oder psychisch-moralische Unterstützungshandlung genügt, subjektiv sogar die bloße Kenntnis des Gruppenverbrechens. Einigkeit besteht aber darüber, dass es sich hier um eine Auffangvorschrift handelt, deren Anwendung erst dann in Betracht zu ziehen ist, wenn andere Täterschafts- oder Teilnahmeformen nicht greifen[65]. Das Argument einer auxiliaren Funktion des Delikts des Organisationsverbrechens war, wie oben gezeigt, auch um 1945 bereits aufgetaucht. Ferner wird in der Gegenwart gelegentlich im Zusammenhang mit kriminellem Handeln von Unternehmen auf die Denkfigur der Organisationskriminalität aus der Zeit um 1945 zurückgegriffen[66]. Die Diskussionen, die in jüngerer Zeit in diesem Zusammenhang geführt werden, kreisen immer wieder – und wie in der Zeit nach Ende des Zweiten Weltkriegs – um die Frage, ob eine Mitgliedschaft in einer kriminellen oder auch terroristischen Organisation strafbar sein könne, bei der es um die reine Organisationszugehörigkeit geht.

Auf soziale oder politische Zusammenhänge und deren geschichtswissenschaftliche Bewertung sind die juristischen Begriffe und Diskussionen sicherlich nicht unmittelbar übertragbar. Dafür unterscheiden sich die Kriterien und Bedingungen juristischer und historischer Urteilsbildung zu stark. Nichtsdestoweniger verbietet sich ihre Verwendung außerhalb der Sprache des Rechts deshalb nicht grundsätzlich. Darüber hinaus lohnt für den Historiker die Auseinandersetzung mit juristischen Konzepten und Denkfiguren, gerade auch auf dem Feld des Völkerstrafrechts mit seinem Anspruch, Systemunrecht, staatsverstärkte Kriminalität oder Makrokriminalität fassbar, verfolgbar und bestrafbar zu machen. Denn hinter der Entwicklung und Anwendung von Rechtsbegriffen steht immer wieder der Versuch, auf nationaler wie auf internationaler Ebene, soziale Wirklichkeiten und insbesondere als Unrecht verstandenes soziales Handeln auf präzise Begriffe zu bringen. Rechtsbegriffe sind also nicht per se für die historische Analyse zu verwerfen, sondern auf die Entwicklungen zu befragen, die sie zu fassen versuchen, und auf die Ideen und Interessen, die sich mit ihnen und ihrer sowohl normativen wie praktischen Wirkung verbinden[67].

---

[64] Vgl. beispielsweise Gerhard Werle, Völkerstrafrecht, Tübingen ³2012, S. 224f., Damgaard, Individual Criminal Responsibility, S. 132, oder Christoph Barthe, Joint Criminal Enterprise (JCE). Ein (originär) völkerstrafrechtliches Haftungsmodell mit Zukunft?, Berlin 2009, S. 37–44.
[65] Vgl. Safferling, Internationales Strafrecht, S. 135f., oder Werle, Völkerstrafrecht, S. 221.
[66] Vgl. Bush, Prehistory, S. 1238–1240.
[67] Dazu in zeithistorischer Perspektive allgemein: Norbert Frei/Michael Stolleis/Dirk van Laak (Hrsg.), Geschichte vor Gericht. Historiker, Richter und die Suche nach Gerechtigkeit, München 2000.

Abkürzungen

AA	Auswärtiges Amt
AAPD	Akten zur Auswärtigen Politik der Bundesrepublik Deutschland
Abs.	Absatz
a.D.	außer Dienst
ADAP	Akten zur deutschen auswärtigen Politik
AN	Archives Nationales
Anm.	Anmerkung
AO	Auslandsorganisation
APA	Außenpolitisches Amt
APuZ	Aus Politik und Zeitgeschichte
Art.	Artikel
BArch	Bundesarchiv
BArch-MA	Bundesarchiv-Militärarchiv
BdS	Befehlshaber der Sicherheitspolizei
Bl.	Blatt
CDJC	Centre de Documentation Juive Contemporaine
D	Deutschland
DAF	Deutsche Arbeitsfront
DDR	Deutsche Demokratische Republik
Dok.	Dokument
DR	Dienststelle Ribbentrop
Gestapo	Geheime Staatspolizei
H.	Heft
HJ	Hitlerjugend
HLKO	Haager Landkriegsordnung
HSSPF	Höherer SS- und Polizeiführer
HStAS	Hauptstaatsarchiv Stuttgart
HZ	Historische Zeitschrift
IfZ	Institut für Zeitgeschichte
IKL	Isänmaallinen kansanliike (Vaterländische Volksbewegung)
IMG/IMT	Der Prozeß gegen die Hauptkriegsverbrecher vor dem Internationalen Militärgerichtshof/Trial of the Major War Criminals before the International Military Tribunal
JCE	Joint Criminal Enterprise

JMH	Journal of Modern History
KA	Kansallisarkisto (Staatsarchiv)
KGW	Kriegsgefangenenwesen
Kl.	Klasse
KZ	Konzentrationslager
LNRW-HstA	Landesarchiv Nordrhein-Westfalen – Hauptstaatsarchiv
MBF	Militärbefehlshaber in Frankreich
NL	Nachlass
NMT	Nürnberger Militärtribunale
NS	Nationalsozialismus
NSDAP	Nationalsozialistische Deutsche Arbeiterpartei
o.D.	ohne Datum
OKW	Oberkommando der Wehrmacht
OSS	Office of Strategic Services
PA AA	Politisches Archiv des Auswärtigen Amts
pag.	paginiert
Pg	Parteigenosse
RAM	Reichsaußenminister
Ref.	Referat
RFSS	Reichsführer-SS
RGBl.	Reichsgesetzblatt
RSHA	Reichssicherheitshauptamt
SA	Sturmabteilung
SD	Sicherheitsdienst
Sipo	Sicherheitspolizei
SPD	Sozialdemokratische Partei Deutschlands
SS	Schutzstaffel
StA	Staatsarchiv
Stalag	Stammlager
StGB	Strafgesetzbuch
UdSSR	Union der Sozialistischen Sowjetrepubliken
UNWCC	United Nations War Crimes Commission
URSS	Union des républiques socialistes soviétiques
US	United States
USA	United States of America
VEJ	Die Verfolgung und Ermordung der europäischen Juden durch das nationalsozialistische Deutschland 1933–1945 (Edition)

VfZ	Vierteljahrshefte für Zeitgeschichte
WHA	Wissenschaftliche Hilfsarbeiter
YV	Yad Vashem

Die Autorinnen und Autoren dieses Bandes

Magnus Brechtken, Dr., stellvertretender Direktor des Instituts für Zeitgeschichte München-Berlin und Privatdozent an der Ludwig-Maximilians-Universität München; veröffentlichte u. a.: „Madagaskar für die Juden". Antisemitische Idee und politische Praxis 1885–1945, München ²1998; Scharnierzeit 1895–1907. Persönlichkeitsnetze und internationale Politik in den deutsch-britisch-amerikanischen Beziehungen vor dem Ersten Weltkrieg, Mainz 2006; als Hrsg.: Life Writing and Political Memoir – Lebenszeugnisse und Politische Memoiren, Göttingen 2012.

Eckart Conze, Dr., Professor für Neuere Geschichte und Ko-Direktor des Internationalen Forschungs- und Dokumentationszentrums Kriegsverbrecherprozesse (ICWC) an der Universität Marburg; veröffentlichte u. a.: Die Suche nach Sicherheit. Eine Geschichte der Bundesrepublik von 1949 bis in die Gegenwart, München 2009; zusammen mit Norbert Frei, Peter Hayes und Moshe Zimmermann: Das Amt und die Vergangenheit. Deutsche Diplomaten im Dritten Reich und in der Bundesrepublik, München 2010; als Hrsg. zusammen mit Christoph Safferling: The Genocide Convention Sixty Years after its Adoption, Den Haag 2010; Das Auswärtige Amt. Vom Kaiserreich bis zur Gegenwart, München 2013.

Johannes Hürter, Dr., wissenschaftlicher Mitarbeiter am Institut für Zeitgeschichte München-Berlin und apl. Professor für Neueste Geschichte an der Johannes Gutenberg-Universität Mainz; veröffentlichte u. a.: Wilhelm Groener. Reichswehrminister am Ende der Weimarer Republik (1928–1932), München 1993; als Hrsg.: Paul von Hintze. Marineoffizier, Diplomat, Staatssekretär. Dokumente einer Karriere zwischen Militär und Politik, 1903–1918, München 1998; Hitlers Heerführer. Die deutschen Oberbefehlshaber im Krieg gegen die Sowjetunion 1941/42, München 2006, ²2007; als Hrsg. zusammen mit Gian Enrico Rusconi: Die bleiernen Jahre. Staat und Terrorismus in der Bundesrepublik Deutschland und Italien 1969–1982, München 2010.

Bernd Isphording, Dr., Referent im Politischen Archiv des Auswärtigen Amts; veröffentlichte u. a.: Germans in Jerusalem 1830–1914, Jerusalem 2009; als Bearbeiter zusammen mit Gerhard Keiper und Martin Kröger: Biographisches Handbuch des deutschen Auswärtigen Dienstes 1871–1945, hrsg. vom Auswärtigen Amt, Bände 4 und 5, Paderborn 2012/2014.

Michael Jonas, Dr., wissenschaftlicher Mitarbeiter an der Professur für Neuere Geschichte der Helmut-Schmidt-Universität Hamburg; veröffentlichte u. a.: NS-Diplomatie und Bündnispolitik 1935–1944. Wipert von Blücher, das Dritte Reich und Finnland, Paderborn 2011; "Can one go along with this?" German Diplomats and the Changes of 1918–19 and 1933–4, in: Journal of Contemporary History 47 (2012), S. 240–269; The Politics of an Alliance: Finland in Nazi Foreign Policy and War Strategy, in: Tiina Kinnunen/Ville Kivimäki (Hrsg.), Finland in World War II. History, Memory, Interpretations, Leiden 2012, S. 93–138.

Martin Kröger, Dr., Referent im Politischen Archiv des Auswärtigen Amts; veröffentlichte u. a.: Die Karawane des Gesandten und andere Reiseberichte deutscher Diplomaten, Göttingen 2009; Widerstand und Wiedergutmachung. Der traurige Fall des Otto von Strahl, in: Jan Erik Schulte/Michael Wala (Hrsg.), Widerstand und Auswärtiges Amt. Diplomaten gegen Hitler, München 2013, S.50–68; Im wilden Kurdistan – Die militärische Expedition in der Osttürkei 1914–1916, in: Wilfried Loth/Marc Hanisch (Hrsg.), Erster Weltkrieg und Dschihad. Die Deutschen und die Revolutionierung des Orients, München 2014, S.145–165.

Lars Lüdicke, Dr., Lehrbeauftragter am Historischen Institut der Universität Potsdam; veröffentlichte u. a.: Griff nach der Weltherrschaft. Die Außenpolitik des Dritten Reiches 1933–1945, Berlin 2009; Kapitel 1 und 2, in: Eckart Conze/Norbert Frei/Peter Hayes/Moshe Zimmermann, Das Amt und die Vergangenheit. Deutsche Diplomaten im Dritten Reich und in der Bundesrepublik, München 2010, S.25–142; Offizier und Diplomat. Ernst von Weizsäcker in Kaiserreich, Weimarer Republik und „Drittem Reich", in: Michael Wala/Jan Erik Schulte (Hrsg.), Widerstand und Auswärtiges Amt. Diplomaten gegen Hitler, München 2013, S.225–250; Constantin Freiherr von Neurath. Eine politische Biographie, Paderborn 2014.

Michael Mayer, Dr., Referent für Zeitgeschichte an der Akademie für Politische Bildung Tutzing, Lehrbeauftragter an der Universität Augsburg; veröffentlichte u. a.: als Bearbeiter zusammen mit Mechthild Lindemann: Akten zur Auswärtigen Politik der Bundesrepublik Deutschland (AAPD) 1962, 3 Bde., München 2009; als Bearbeiter zusammen mit Daniela Taschler und Amit Das Gupta: AAPD 1978, 2 Bde., München 2010; Staaten als Täter. Ministerialbürokratie und „Judenpolitik" in NS-Deutschland und Vichy-Frankreich. Ein Vergleich, München 2010; als Bearbeiter zusammen mit Katja Happe und Maja Peers: Die Verfolgung und Ermordung der europäischen Juden durch das nationalsozialistische Deutschland 1933–1945, Bd.5: West- und Nordeuropa 1940–Juni 1942, München 2012.

Wolfgang Michalka, Prof. Dr., ehemaliger Leiter der Erinnerungsstätte für die Freiheitsbewegungen in der deutschen Geschichte in Rastatt; veröffentlichte u. a.: zusammen mit Christiane Scheidemann: Walther Rathenau, Berlin 2006; Walther Rathenau – Begründer einer liberalen Außenpolitik?, in: Jahrbuch zur Liberalismus-Forschung 22 (2010), S.9–36; Rathenaus blockierter Weg in die Politik, in: Sven Brömsel/Patrick Küppers/Clemens Reichhold (Hrsg.), Walther Rathenau im Netzwerk der Moderne, Berlin 2014, S.200–223.

Marie-Luise Recker, Dr., em. Professorin für Neueste Geschichte an der Johann Wolfgang Goethe-Universität Frankfurt am Main, Präsidentin der Kommission für Geschichte des Parlamentarismus und der politischen Parteien, Berlin; veröffentlichte u. a.: Geschichte der Bundesrepublik Deutschland, 3. überarbeitete und erweiterte Auflage, München 2009; Die Außenpolitik des Dritten Reiches, 2., um einen Nachtrag erweiterte Auflage, München 2010.

Annette Schmidt-Klügmann, Doktorandin am Fachbereich Geschichte und Kulturwissenschaften der Philipps-Universität Marburg, Thema der Dissertation: Bernhard Wilhelm von Bülow (1885–1936). Eine Biographie.

Georges-Henri Soutou, Dr., em. Professor an der Universität Paris IV – Sorbonne und Membre de l'Académie des Sciences morales et politiques; veröffentlichte u.a.: L'Or et le sang. Les buts de guerre économiques de la Première Guerre mondiale, Paris 1989; L'Alliance incertaine. Les rapports politico-stratégiques franco-allemands, 1954–1996, Paris 1996; La Guerre de Cinquante Ans. Les relations Est-Ouest 1943–1990, Paris 2001 (Neuausgabe: unter dem Titel „La Guerre froide 1943–1990", Paris 2011); L'Europe de 1815 à nos jours, Paris 2007.

Sebastian Weitkamp, Dr., wissenschaftlicher Mitarbeiter der Stiftung Gedenkstätte Esterwegen und Dozent an der Universität Osnabrück; veröffentlichte u.a.: Braune Diplomaten. Horst Wagner und Eberhard von Thadden als Funktionäre der „Endlösung", Bonn 2008; SS-Diplomaten. Die Polizei-Attachés des Reichssicherheitshauptamtes, in: Deutsche Hochschule der Polizei (Hrsg.), Die Polizei im NS-Staat, Frankfurt a.M. 2009, S.339–370; Zwischen SA und Justiz. Die Verfahren gegen SA-Oberführer und Regierungsdirektor Werner Schäfer 1938 und 1950, in: Albrecht Pohle/Martin Stupperich/Wilfried Wiedemann (Hrsg.), NS-Justiz und Nachkriegsjustiz, Schwalbach a. Ts. 2014, S.149–171.

Moshe Zimmermann, Dr., Koebner Professor (emeritus) of German History an der Hebrew University, Jerusalem; veröffentlichte u.a.: Deutsch-jüdische Vergangenheit: Der Judenhaß als Herausforderung, Paderborn u.a. 2005; Deutsche gegen Deutsche. Das Schicksal der Juden 1938–1945, Berlin 2008 [Hebr. 2013]; Die Angst vor dem Frieden. Das israelische Dilemma, Berlin 2010; zusammen mit Eckart Conze, Norbert Frei und Peter Hayes: Das Amt und die Vergangenheit. Deutsche Diplomaten im Dritten Reich und in der Bundesrepublik, München 2010.

Personenregister

Kursiv gesetzte Zahlen verweisen auf Namen in den Anmerkungen.

Abetz, Otto   54f., 69, 72, 177–185, 187f., 192–195, 204f.
Achenbach, Ernst   189f.
Achilles, Wilhelm   30
Adenauer, Konrad   19, 75
Ahnert, Hans   192
Albrecht, Erich   30, 208
Altenburg, Günther   174
Altenthann und Weyershaus, Werner von Grundherr zu   138

Baerecke, Emil   32
Barandon, Paul   7
Barbier, Jean   71
Bardenheuer, Ernst   180
Bauer, Werner   173
Beck, Ludwig   74, 101, 124
Beckerle, Adolf   213
Below, Carl von   134
Benoist-Méchin, Jacques   71
Bérard, Armand   67
Bérard, Léon   65
Bergery, Gaston   65
Bernard, Hans   32
Bernstorff, Albrecht Graf von   6
Bertling, Heinz   27
Best, Werner   136f., 143–145, 147, 179, 182f., 229
Bibra, Sigismund Freiherr von   212
Bielfeld, Harald   162
Bismarck, Otto Fürst von   59
Bleyert, Fritz   30
Bloch, Charles   202
Blomberg, Werner von   82, 93
Blücher, Wipert von   139–145, 147
Blum, Léon   64
Bobrik, Rudolf   207
Bobrikoff, Nikolai   142
Böhme, Horst   209
Bogs, Alexander   7
Bohle, Ernst Wilhelm   48–50, 54, 57, 84, 100, 154, 200, 232
Bonnet, Georges   62
Bräuer, Curt   137, 145–147
Braun, Franz   27
Bredow, Ferdinand von   96
Breer, Franz   17
Breitmann, Richard   168
Bressy, M. Pierre   64
Briand, Aristide   61f.

Brinon, Fernand de   189f., 192
Brodowski, Friedrich von   206–208
Browning, Christopher   87–89, 163, 197, 220
Brüning, Heinrich   61, 94f.
Brugère, Raymond   73
Bühler, Joseph   233
Bülow, Bernhard Wilhelm von   40–42, 44f., 47, 52, 61, 85, 93, 95f., 104, 111, 113–121, 123, 124–128, 152
Bülow-Schwante, Vicco von   7, 45f., 50f., 54, 133, 152f., 169f.
Bürgam, Carl   32
Buhl, Vilhelm   136
Burckhardt, Carl J.   107
Bussche, Axel von dem   16

Canaris, Wilhelm   73–75
Chamberlain, Neville   102
Charles-Roux, François   61, 64f., 70, 72, 74
Charvériat, Émile   64
Chauvel, Jean   62, 66f., 72f.
Churchill, Winston   63
Ciano, Galeazzo   100, 104f.
Comert, Pierre   65
Conze, Eckart   11, 69, 88, 220
Corbin, Charles   65, 73
Coulondre, Robert   64
Cuno, Wilhelm   134

Dankwort, Werner   134
Dannecker, Theodor   153, 162, 184, 189f., 192, 195
Darlan, François   68, 71, 192
Davidsen, Hermann   30
Déat, Marcel   71
Dieckhoff, Hans-Heinrich   48, 111, 113–116, 127f., 211
Dirksen, Herbert von   115
Dodd, Thomas J.   208, 231
Dönhoff, Bogislav Graf   32
Dönitz, Karl   193
Dörnberg zu Hausen, Alexander Freiherr von   51
Döscher, Hans-Jürgen   88f., 138, 163, 197, 202
Dollfuß, Engelbert   96
Doriot, Jacques   71
D'Ormesson, Wladimir   64
Doß, Kurt   87
Dulles, Allen   74
Dulles, John Foster   74

Personenregister

Duroselle, Jean-Baptiste 60

Eichmann, Adolf 153, 155, 158, 160, 162, 166, 173, 175, 187, 195, 229
Engelmann, Rudolf *32*
Erfurth, Waldemar 139

Feine, Gerhard 86
Franco, Francisco 98
François-Poncet, André 65
Frank, Elke 4
Frank, Gottlob *24*
Frank, Hans *233*
Frei, Norbert 88
Frenzel, Ernst 54f.
Freytag, Gustav 166
Frick, Wilhelm 43
Friedrich, Gottfried *32*
Fuchs, Walter *6*

Gaulle, Charles de 63, 67f., 70, 73, 75, 178
Gaus, Friedrich Wilhelm 30, 111, 113–116, 119f., 122–124, 127f., 203
Gerlach, Walter *31*
Gerth, Erich *6*
Goebbels, Joseph 98, 100, 144
Goerdeler, Carl Friedrich 86
Göring, Hermann 7, 44, 84, 99f., 102, 104f., 133, 157, 159, 161, 169f.
Gompel, Roger 177, 188f., 191
Granaß, Erich 29
Greiser, Arthur 173
Grünau, Werner von 48, *114*
Gyssling, Georg *32*

Haeften, Hans Bernd von 17, 86
Hagen, Herbert 153, 155
Hahn, Bruno *6*
Hahn, Fritz Gebhardt von 57
Halifax, Edward Frederick Lindley Wood, 1. Earl of 99
Hanneken, Hermann von 144
Harnack, Ernst von 22f.
Hassell, Ulrich von 40f., 50, 57, 64, 72, 86, 104, 108, 126, 144
Haussmann, Adolf *24*
Hayes, Peter 88
Heberlein, Erich 210–213, 217
Helm, Hans 214
Henlein, Konrad 102
Henry-Haye, Gaston 65
Hentig, Werner Otto von 63, 68, 70, 154
Heß, Rudolf 48–50, 152f.
Hewel, Walther 54f.
Hey, Siegfried 47, *121f.*
Heydrich, Reinhard 153, 155, *156*, 157–162, 171f., 182–184, 186, 188, 195, 214

Hilger, Gustav 106
Hillgruber, Andreas 84
Himmler, Heinrich 45, 49, 100f., 144, 158f., 161, 168, 173f., 199, 206f.
Hindenburg, Paul von 39–47, 85, 96
Hinrichs, Walter 45, 51, 154
Hirsch, Donald Freiherr von *6*
Hirschfeld, Hans-Richard 16
Hitler, Adolf 7, 10, 17, 41f., 44f., 47–49, *51*, 53f., 61–63, 68–71, 73f., 80–86, 89–91, 93, 95–109, 112, 117–126, 128f., 133f., 137, 143f., 146, 156f., 159, 164, 168, 170, 172f., 176–178, 185, 188, 193–195, 199, 201–206, 212, 230
Hoesch, Leopold von 40f., 47, *113f.*
Hoffmann, Otto *23*, 229
Hoover, Herbert C. 94
Hoppenot, Henri 64, 68
Horthy, Miklós 69
Hoßbach, Friedrich 81, 83, 99
Hürter, Johannes 11, 167

Jacobsen, Hans-Adolf 3f., 11, 84, 202
Jagow, Dietrich von *213*
Jardin, Jean 67
Jodl, Alfred 193, 228
Jordan, Heinrich *6*
Jureit, Ulrike 17

Kaltenbrunner, Ernst 207f., 212
Kasche, Siegfried 213–216
Kaufman, Theodore N. 194
Kaufmann-Asser, Heinrich Ritter von *6*
Keitel, Wilhelm 193, 206
Kempe, Richard 210f.
Keppler, Wilhelm 50, 200f.
Kessel, Albrecht von 86, 219
Kiesinger, Kurt 14
Killinger, Manfred von *213*
Klimek, Stanislaus 17
Klingenfuß, Kurt Otto 57
Knipping, Franz *125*
Knochen, Helmut 182–184
Koch, Erich 147
Köpke, Gerhard 47, *113f.*
Koeppen, Werner 193
Köster, Adolf 41
Köster, Roland 41, 47, *113*
Kolbe, Fritz 21, *30*, 86
Kopf, Alexander 31f.
Korb, Alexander 213f.
Kordt, Erich 74, 86
Kordt, Theodor 74, 86
Krausnick, Helmut *159*
Krauss, Joseph *24*
Kriebel, Hermann 44, 51f.
Krieger, Rudolf 208

Personenregister 249

Kundt, Ernst 30

Labonne, Eirik 65, 67, 72
Laloy, Jean 73
Lang, Theodor *30*
Laval, Pierre 65, 67f., *125*, 160, *178*, 194
Lazar, Josef Hans 212
Leahy, William D. 67
Léger, Alexis 61–65, 71
Lehnstaedt, Stephan 15
Lenin, Wladimir Iljitsch 75
Lentz, Dietrich Freiherr von 6
Lerchenfeld auf Köfering und Schönberg, Hugo Graf von und zu 6
Leyden, Friedrich 6
Likus, Rudolf 56f.
Lipski, Josef 121, 123
Lischka, Kurt 191
Litwinow, Maxim Maximowitsch *119*
Luckwald, Erich von *32*
Ludin, Hanns Elard *213*
Luther, Hans 7, 44
Luther, Martin 51–57, 136, 160–162, 172, 174, 176, 184, 214, 216

Mackensen, Hans Georg von 42, 48f., 50, 52
Mahnke, Ludwig 179
Mannerheim, Carl Gustaf Emil 139f.
Margerie, Robert de 62, 65, 69, 73
Margerie, Roland de 59, 63, 65, 69, 73
Marx, Jean 64–66
Massigli, René 62–65, 73
Maulucci, Thomas 19
Mayer, Michael 217
Mesny, Maurice 206, 208, 215
Metternich, Klemens Wenzel Lothar Fürst von 59
Meurer, Friedrich 208
Meyer, Richard 47, *113f.*, 119–121
Meyer-Abich, Friedrich 234, 236
Meynen, Erich 134
Mirbach-Geldern-Egmont, Lato Graf von 17
Moltke, Helmuth James Graf von 74, 86
Mommsen, Hans 156
Mosse, George 166
Mühlen, Ewald 20
Müller, Adolf *6*, 42
Müller, Claus M. 19f.
Müller, Herbert 57
Müller, Klaus-Jürgen 142
Mussolini, Benito 40f., 52, 96f., 105, *125*

Nadolny, Rudolf 40, 43, 96, 118–120, 133
Neumann, Ernst *32*
Neurath, Constantin Freiherr von 7, 37–50, 52, 56f., 72, 82, 85, 89, 93, 99–101, 104, 111, 118, 120, 126, 133, 152f., 172, 176, 200

Noeggerath, Felix 10
Noël, Léon 65
Nøkleby, Berit 146

Oberg, Carl Albrecht 185
Ohlendorf, Otto 207
Ostrorog, Stanislas 67

Panzinger, Friedrich 207f.
Papen, Franz von 41f., 44, 54, 61, 94, 228
Payart, Jean 62, 67, 73
Peretti della Rocca, Jean-Pierre de 65
Pétain, Philippe 65, 68, 70, *178*
Picot, Werner 56f.
Pietri, François 65
Poincaré, Raymond 59
Prittwitz und Gaffron, Friedrich von *6*, 42f., *116*
Prüfer, Curt von 48, 51
Puaux, Gabriel 65
Pusch, Rolf 56f.

Quisling, Vidkun 143, 146

Rademacher, Franz 45f., 56f., 139, 159–162, 166, 171f., 174f., 195, 216
Radowitz, Otto von *32*
Raeder, Erich 193
Randow, Elgar von *32*
Reimers, Jacobus 18
Renthe-Fink, Cécil von 136, 143f.
Reynaud, Paul 62f.
Rheindorf, Kurt 10
Ribbentrop, Joachim von 4, 7, 16, 27, 33, 37, 47–57, 59f., 64, 68, 84–86, 88f., 97, 100f., 103–108, 126f., 139, 144, 146, 157, 159, 161f., 171, 174, 176f., 181, 192–195, 200–202, 204–208, 211f.
Richter, Johannes *32*
Riesser, Hans 6
Ritter, Karl 53, 200
Rochat, Charles 61f., 64, 67, 71–73
Röhm, Ernst 96
Röhr, Paul *33*
Röhrecke, Hans Felix 45
Roland, George *23*
Rosenberg, Alfred 7, 84, 100, *118*, 146, 163, 169
Rosenberg, Frederic von 134
Roth, Daniel B. 135, 203, 209
Rothfels, Hans 146
Rüdt von Collenberg, Heinrich Freiherr 42
Rühle, Gerhard 53f., 56
Ryti, Risto 139

Sainte-Suzanne, Raymond de 63, 66
Sasse, Heinz Günther 3, 11

Saurma, Ludwig Anton Graf von, Freiherr von und zu der Jeltsch 6
Scavenius, Erik 136
Schacht, Hjalmar 84, 98–100, 104
Schatz, Walter 33
Schaumburg-Lippe, Stefan Prinz zu 7
Scheliha, Rudolf von 86
Schellenberg, Walter 212
Schleicher, Kurt von 94, 96
Schleier, Rudolf 176, 190–192
Schlesinger, Moritz 6
Schlink, Bernhard 166
Schoen, Hans von 6
Schöneberg, Fritz 174
Scholz, Herbert 6
Schroeder, Hans 48, 51, 212
Schröder, Manfred Freiherr von 16
Schubert, Carl von 41, 61
Schüler, Edmund 37, 39, 41f., 87, 133
Schulenburg, Friedrich-Werner Graf von der 72, 86, 106
Schulte, Jan Erik 12
Schultheiss, Tassilo 7
Schumburg, Emil 45f., 51, 152–154, 157f., 168–170, 172f., 175f.
Schurman, Jacob 114
Seldte, Franz 45
Seligsohn, Julius 174
Selzam, Eduard von 32
Seyß-Inquart, Arthur 143
Siedler, Adolf 30
Sievers, Johannes 6
Simon, Hugo-Ferdinand 6
Simon, Sir John 115
Six, Franz Alfred 55f., 156, 176
Sonnenhol, Adolf 211f.
Soutou, Jean-Marie 67
Stahlberg, Gerhard 17
Stahmer, Heinrich Georg 54
Stalin, Josef 62, 81, 91, 106–108, 203
Stauffenberg, Claus Schenk Graf von 86
Stauning, Thorvald 136
Steengracht von Moyland, Gustav Adolf 54f., 86, 175, 211
Steensen-Leth, Vincens 144
Stöbe, Ilse 14
Stresemann, Gustav 39–41, 44, 61, 86, 106, 113
Stülpnagel, Carl Heinrich von 185, 190
Stülpnagel, Otto von 178, 185

Tadić, Duško 237
Tarbé de Saint-Hardouin, Jacques 67
Tannenberg, Wilhelm 17
Taylor, Alan J.P. 171
Taylor, Telford 230
Terboven, Josef 137, 143, 147
Tertsch, Ekkehard 210, 212
Thadden, Eberhard von 45, 160, 172, 175f., 202, 207
Thierry, Adrien 64
Thomsen, Hans 134, 209
Tirpitz, Alfred von 40
Tischendorf, Paul von 32
Todenhöfer, Gerhard 57
Treitschke, Heinrich von 38f.
Trevor-Roper, Hugh 171
Trott zu Solz, Adam von 86
Tugendhat, Ernst 198
Twardowski, Fritz von 12f., 212

Ulrich, Johannes 7

Vallat, Xavier 192
Veesenmayer, Edmund 200
Visser 't Hooft, Willem Adolf 74

Wagner, Horst 54–57, 175, 202, 207
Waldeck und Pyrmont, Josias Prinz zu 7, 44f., 54
Weber, Kuno 23
Weizsäcker, Ernst von 42f., 48, 50, 52, 54f., 72, 85f., 95, 99–102, 104f., 107f., 146, 155, 166–168, 170, 173, 176, 182, 200f., 204
Welczeck, Johannes Graf von 48
Wellesley, William Robert 154
Wender, Hans 7
Weygand, Maxime 70
Wied, Viktor Prinz zu 7, 32, 133f.
Wildt, Michael 17
Wilson, Woodrow 102
Winzer, Paul 210–212
Wisliceny, Dieter 153, 162
Woermann, Ernst 50, 52, 162, 200f., 204
Wolff, Bruno 212

Zechlin, Walter 6, 42
Zeitschel, Carl-Theo 190, 192–195
Zetterberg, Kent 134
Zimmermann, Moshe 88, 187, 193f.

Bei Fragen zur Produktsicherheit wenden Sie sich bitte an:
If you have any questions regarding product safety,
please contact:

Walter de Gruyter GmbH
Genthiner Straße 13
10785 Berlin
productsafety@degruyterbrill.com